中国职业技术教育学会科研项目优秀成果

The Excellent Achievements in Scientific Research Project of Chinese Society of Technical and Vocational Education

高等职业教育汽车专业“双证课程”培养方案规划教材

汽车车身焊接技术

高等职业技术教育研究会 审定

高元伟 吴兴敏 主编

Jointing and Sealing Technique for Car Body

人 民 邮 电 出 版 社

北 京

图书在版编目（CIP）数据

汽车车身焊接技术 / 高元伟，吴兴敏主编. —北京：人民邮电出版社，2009.9（2022.1 重印）
高等职业教育汽车专业“双证课程”培养方案规划教材. 中国职业技术教育学会科研项目优秀成果
ISBN 978-7-115-20083-9

Ⅰ. 汽… Ⅱ. ①高…②吴… Ⅲ. 汽车－车体－焊接－高等学校：技术学校－教材 Ⅳ. U463.820.6

中国版本图书馆CIP数据核字（2009）第143224号

内 容 提 要

本书按照项目式教学的要求组织内容，主要介绍汽车车身修复中常用的焊接方法。

本书内容包括手工电弧焊、气焊与气割、气体保护焊、等离子弧焊与切割、电阻焊，共 5 个项目。每个项目包含若干实际工作任务，每个任务按照“任务分析—相关知识—任务实施”的形式编排。本书除介绍车身修复中常用的焊接方法外，还在“知识与能力拓展”部分介绍较深入的理论知识、相关焊接方法实例及其他焊接方法等。

本书可作为高职高专院校汽车类相关专业的教材，也可供从事焊接工作的工程技术人员参考。

中国职业技术教育学会科研项目优秀成果

高等职业教育汽车专业“双证课程”培养方案规划教材

汽车车身焊接技术

◆ 审　　定　高等职业技术教育研究会
　主　　编　高元伟　吴兴敏
　责任编辑　赵慧君

◆ 人民邮电出版社出版发行　　北京市丰台区成寿寺路 11 号
　邮编　100164　　电子邮件　315@ptpress.com.cn
　网址　http://www.ptpress.com.cn
　大厂回族自治县聚鑫印刷有限责任公司印刷

◆ 开本：787×1092　1/16
　印张：16.5　　　　2009 年 9 月第 1 版
　字数：406 千字　　2022 年 1 月河北第 20 次印刷

ISBN 978-7-115-20083-9

定价：28.00 元

读者服务热线：(010)81055256　印装质量热线：(010)81055316
反盗版热线：(010)81055315

职业教育与职业资格证书推进策略与“双证课程”的研究与实践课题组

组　长：

俞克新

副组长：

李维利　张宝忠　许　远　潘春燕

成　员：

林　平　周　虹　钟　健　赵　宇　李秀忠　冯建东　散晓燕　安宗权
黄军辉　赵　波　邓晓阳　牛宝林　吴新佳　韩志国　周明虎　顾　晔
吴晓苏　赵慧君　潘新文　李育民

课题鉴定专家：

李怀康　邓泽民　吕景泉　陈　敏　于洪文

高等职业教育汽车专业“双证课程”培养方案规划教材编委会

丛书出版前言

职业教育是现代国民教育体系的重要组成部分，在实施科教兴国战略和人才强国战略中具有特殊的重要地位。党中央、国务院高度重视发展职业教育，提出要全面贯彻党的教育方针，以服务为宗旨，以就业为导向，走产学结合的发展道路，为社会主义现代化建设培养千百万高素质技能型专门人才。因此，以就业为导向是我国职业教育今后发展的主旋律。推行“双证制度”是落实职业教育“就业导向”的一个重要措施，教育部《关于全面提高高等职业教育教学质量的若干意见》（教高［2006］16 号）中也明确提出，要推行“双证书”制度，强化学生职业能力的培养，使有职业资格证书专业的毕业生取得“双证书”。但是，由于基于双证书的专业解决方案、课程资源匮乏，双证书课程不能融入教学计划，或者现有的教学计划还不能按照职业能力形成系统化的课程，因此，“双证书”制度的推行遇到了一定的困难。

为配合各高职院校积极实施双证书制度工作，推进示范校建设，中国高等职业技术教育研究会和人民邮电出版社在广泛调研的基础上，联合向中国职业技术教育学会申报了《职业教育与职业资格证书推进策略与“双证课程”的研究与实践》课题（中国职业技术教育学会科研规划项目，立项编号 225753）。此课题拟将职业教育的专业人才培养方案与职业资格认证紧密结合起来，使每个专业课程设置嵌入一个对应的证书，拟为一般高职院校提供一个可以参照的“双证课程”专业人才培养方案。该课题研究的对象包括数控加工操作、数控设备维修、模具设计与制造、机电一体化技术、汽车制造与装配技术、汽车检测与维修技术等多个专业。

该课题由教育部的权威专家牵头，邀请了中国职教界、人力资源和社会保障部及有关行业的专家，以及全国 50 多所高职高专机电类专业教学改革领先的学校，一起进行课题研究，目前已召开多次研讨会，将课题涉及的每个专业的人才培养方案按照“专业人才定位—对应职业资格证书—职业标准解读与工作过程分析—专业核心技能—专业人才培养方案—课程开发方案”的过程开发。即首先对各专业的工作岗位进行分析和分类，按照相应岗位职业资格证书的要求提取典型工作任务、典型产品或服务，进而分析得出专业核心技能、岗位核心技能，再将这些核心技能进行分解，进而推出各专业的专业核心课程与双证课程，最后开发出各专业的人才培养方案。

根据以上研究成果，课题组对专业课程对应的教材也做了全面系统的研究，拟开发的教材具有以下鲜明特色。

1. 注重专业整体策划。本套教材是根据课题的研究成果——专业人才培养方案开发的，每个专业各门课程的教材内容既相互独立又有机衔接，整套教材具有一定的系统性与完整性。

2. 融通学历证书与职业资格证书。本套教材将各专业对应的职业资格证书的知识和能力要求都嵌入到各双证教材中，使学生在获得学历文凭的同时获得相关的国家职业资格证书。

3. 紧密结合当前教学改革趋势。本套教材紧扣教学改革的最新趋势，专业核心课程、双证课程按照工作过程导向及项目教学的思路编写，较好地满足了当前各高职高专院校的需求。

为方便教学，我们免费为选用本套教材的老师提供相关专业的整体教学方案及相关教学资源。

经过近两年的课题研究与探索，本套教材终于正式出版了，我们希望通过本套教材，为各高职高专院校提供一个可实施的基于双证书的专业教学方案。我们也热切盼望各位关心高等职业教育的读者能够对本套教材的不当之处给予批评指正，提出修改意见，并积极与我们联系，共同探讨教学改革和教材编写等相关问题。来信请发至 panchunyan@ptpress.com.cn。

前　言

“汽车车身焊接技术”是高职汽车整形技术专业的一门专业基础课程。该门课程在内容上要求“精炼先进”、“与实际工作紧密结合”，在形式上要求“充分体现做中学”的职业教育理念。目前市场上已经出版的此类教材，很多都不能满足这些要求。

为了适应新的高职教育模式的要求，使学生能够系统地学习汽车车身焊接的知识与技能，并确实体现“做中学”的教学理念，我们组织高职院校资深教师及企业专家编写了本书。

本书共分5个项目，分别介绍了汽车车身修复中常用的五类焊接方法，即手工电弧焊、气焊与气割、气体保护焊、等离子弧焊与切割和电阻焊。每个项目又分为若干个任务，每个任务均按认知习惯设计为任务分析、相关知识、任务实施3个步骤的学习流程。每个步骤相当于一个小的模块，3个模块之间有紧密的前后关联性。在“任务分析”中，主要介绍相关焊接方法的实质、特点及应用；在“相关知识”中，主要介绍相关操作技能学习所必需的理论知识；在“任务实施”中，主要介绍相关焊接方法的操作工艺。每个项目还包含知识与能力拓展和习题。在“知识与能力拓展”中，主要介绍较深入的理论知识、相关焊接的实例及其他焊接方法，如钎焊、电渣焊、螺柱焊、高能量密度焊、摩擦焊等；“习题”中列出了与本项目相关内容的问答类题目。

本书的学习流程设计，符合学生的认知习惯，并充分体现了“做中学”的职业教育教学理念。本书适合的教学学时数为90～110学时，具体学时分配如下。

序　号	项　目	教学时数			
		小　计	讲　课	实　验	讨论辅导
1	项目一　手工电弧焊	28	14	12	2
2	项目二　气焊与气割	14	6	8	
3	项目三　气体保护焊	38	20	16	2
4	项目四　等离子弧焊与切割	10	6	4	
5	项目五　电阻焊	10	6	4	
合计		100	52	44	4

本书由高元伟、吴兴敏主编，另外还有鞠峰、耿炎、黄艳玲、赵耀、李泰然、张义、罗少武等也参与了本书的编写工作。在本书的编写过程中，沈阳丰发进口汽车维修行汽车钣金技师关守冰先生及辽宁省交通高等专科学校实习工厂高级焊工林庆平先生为本书相关焊接方法的操作工艺知识提供了宝贵的技术支持，在此表示衷心的感谢。

由于编者水平有限，书中难免存在错误和疏漏之处，敬请广大读者批评指正。

编　者

2009年7月

目　录

项目一

手工电弧焊

手工电弧焊是目前最重要、也是最常用的一类焊接方法。手工电弧焊（简称手弧焊）是以手工操作的焊条和被焊接工件作为两个电极，利用焊条与焊件之间的电弧热量熔化金属进行焊接的方法。手工电弧焊不仅可以焊接各种碳钢、低合金结构钢、不锈钢、铸铁以及部分高合金钢，还能焊接多种有色金属，如铝、铜、镍及其合金等。手工电弧焊方法的应用范围已涉及67%以上的可焊金属和90%以上的常用金属材料。

在汽车车身修复作业中，手工电弧焊可用于断裂零件的焊接及磨损零件焊补等。其特点是操作灵活，适应性强，焊接速度快、强度高，零件变形小。

本项目主要介绍电弧焊的基本原理，电弧焊设备结构与工作原理，重点介绍手工电弧焊的操作工艺。

任务一　平敷焊

【学习目标】

1. 能够根据平敷焊的特点合理选择焊接工艺参数
2. 能够正确使用焊机及工具进行平敷焊的焊接操作
3. 能够培养良好的安全与卫生习惯

一、任务分析

平敷焊是手工电弧焊中一类焊接操作的统称。平敷是在平焊位置上堆敷焊道的一种焊接操作方式，通常将使用这种操作方式的焊接方法称为平敷焊。平敷焊是所有焊接操作方法中最简单、最基础的方法。通过平敷焊的操作练习，读者应熟练掌握电弧焊操作的各种基本动作和焊接工艺参数的选择，熟悉焊机和常用工、量具的使用方法，为以后的各种操作技能的学习打下基础。

二、相关知识

（一）手工电弧焊概述

1. 手工电弧焊的焊接过程

如图 1-1 所示，手工电弧焊由焊接电源、焊接电缆、焊钳、焊条、焊件、电弧构成回路，焊接时采用焊条和工件接触引燃电弧，然后提起焊条并保持一定的距离，在焊接电源提供合适电弧电压和焊接电流下，电弧稳定燃烧，产生高温，焊条和焊件局部被加热到熔化状态。焊条端部熔化的金属和被熔化的焊件金属熔合在一起，形成熔池。在焊接中，电弧随焊条不断向前移动，熔池也随着移动，熔池中的液态金属逐步冷却结晶后便形成了焊缝，将两焊件焊接在一起。

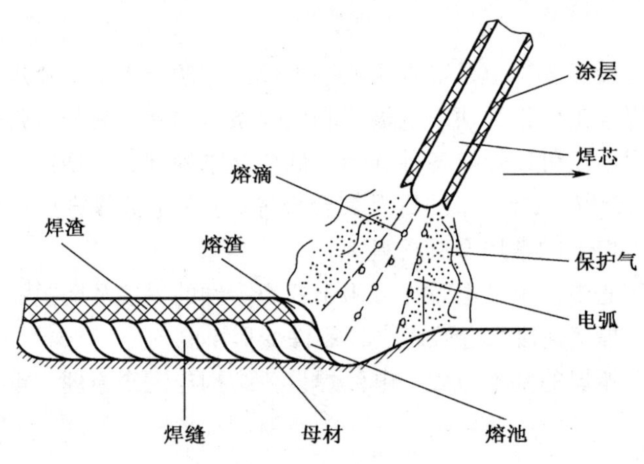

图 1-1　手工电弧焊的焊接过程

在焊接中，焊条的焊芯熔化后以熔滴形式向熔池过渡，同时焊条涂层产生一定量的气体和液态熔渣。产生的气体充满在电弧和熔池周围，以隔绝空气。液态熔渣密度比液态金属密度小，浮在熔池表面，从而起到保护熔池的作用。熔池内金属冷却凝固时，熔渣也随之凝固，形成焊渣覆盖在焊缝表面，防止高温的焊缝金属被氧化，并且降低焊缝的冷却速度。在焊接过程中，液态金属与液态熔渣和气体间进行脱氧、去硫、去磷、去氢和渗合金元素等复杂的冶金反应，从而使焊缝金属获得合适的化学成分和组织。

2. 手工电弧焊的特点

手工电弧焊操作灵活、适应性强，能适用于常用钢种、不同厚度及各种空间位置的焊件，特别是对一些结构形状复杂、不同接头形式、小尺寸、直焊缝或不规则的曲折焊缝等，只要焊条能够达到的地方都能进行焊接。采用交流弧焊电源和直流焊电源，设备结构都比较简单，且质量小，便于移动，便于现场维护和维修，使用、安装方便，投资少，成本低。焊件在焊接过程中，因为受到焊接热循环的作用，必然会产生应力和变形，大焊件、长焊缝和结构复杂的焊缝更为突出。采用手工电弧焊，可以通过调整焊接工艺参数来控制焊接应力与变形，如采用对称焊、分段焊、退步焊等方法来改善应力分布和减少变形量。但手工电弧焊的生产效率低，焊工劳动条件差；在焊接过程中，要进行清渣、更换焊条等工作，焊接过程不能连续进行；焊工劳动强度大，受弧光辐射、焊接高温、有害烟尘等影响，劳动保护要求高；焊接质量在一定程度上取决于焊工的实际操作技术水平。

（二）焊接电弧

电弧是一种气体放电现象。如图 1-2 所示，当两电极之间有一定的电位差时，电极间的气体便能够导电而形成电弧。电弧其实就是带电粒子通过两电极之间气体空间的一种导电过程。

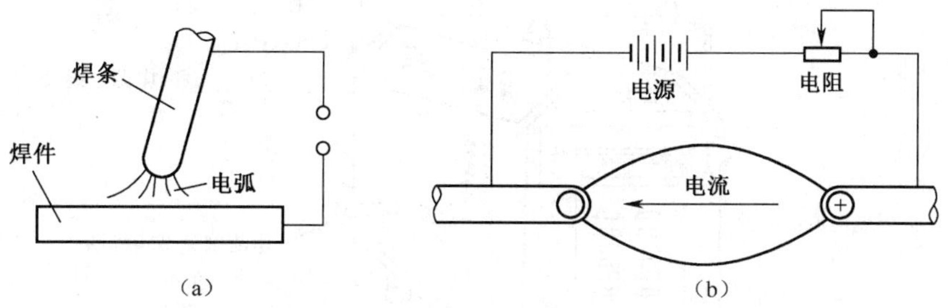

图 1-2　电弧示意图

引起电弧燃烧的过程称为电弧引燃。电弧引燃有两种方法：一是高频高压引弧法，主要用于钨极惰性保护焊中；二是接触短路法，用于手工电弧焊中。接触短路引弧法的电弧引燃过程如图 1-3 所示。

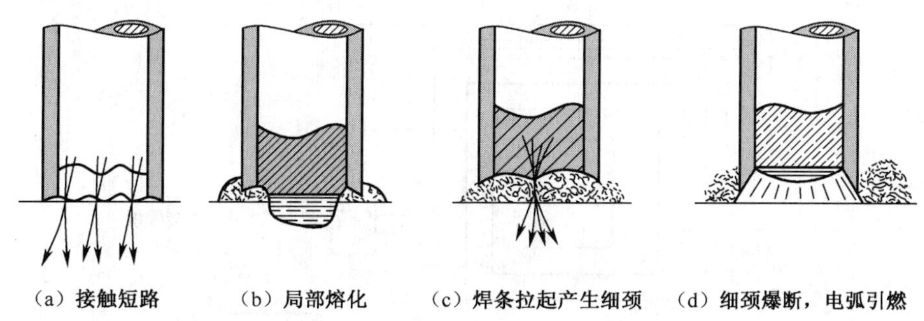

图 1-3　手工电弧焊的电弧引燃过程

（三）常用弧焊设备与使用

1. 常用的弧焊设备

（1）弧焊变压器

弧焊变压器又称交流弧焊机，俗称交流电焊机，是以交流电形式向焊接电弧供电的设备。弧焊变压器实际上是一台具有陡降外特性的变压器。按获得陡降外特性方式的不同，弧焊变压器可分为串联电抗器式弧焊变压器和增强漏磁式弧焊变压器两大类。串联电抗器式弧焊变压器按结构不同可分为同体式和分体式两类；增强漏磁式可分为动铁芯式（BX1 系列）、动圈式（BX3 系列）和抽头式（BX6 系列）等 3 类。

动铁芯式弧焊变压器是目前应用较广泛的交流弧焊电源，属于 BXl 系列，常用的型号有 BX1-160、BX1-330、BX1-400、BX1-630 等。这种电源结构简单，维护方便。现以 BX1-330 型动铁芯式弧焊变压器为例介绍其构造和工作原理，如图 1-4 所示。

如图 1-5 所示，该电源由固定铁芯（主铁芯）、活动铁芯、一次绕组、二次绕组、接线板等组成。一次绕组 Ⅰ 绕在一个主铁芯柱上。二次绕组线圈分为 Ⅱ、Ⅲ 两部分，Ⅱ 绕在一次绕组线圈外部，起降压作用；Ⅲ绕在另一个铁芯柱上，起电抗线圈作用。活动铁芯与丝杠连接，转动丝杠端部的手柄，可使铁芯在垂直于纸面内的方向移动。

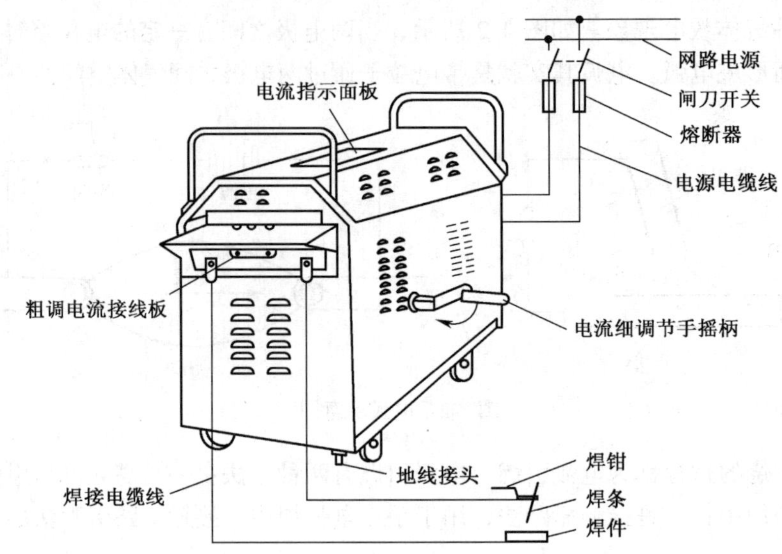

图 1-4　BX1-330 型弧焊变压器外形及外部接线

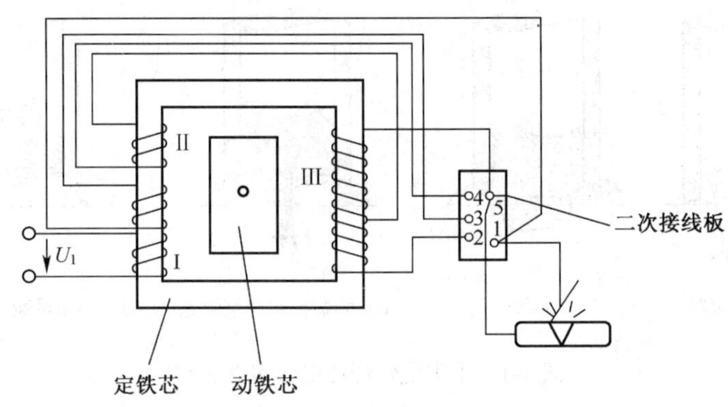

图 1-5　BX1-330 型弧焊变压器原理图

当焊接电流增大时，二次绕组线圈Ⅲ感抗增大，使焊机输出电压降低，从而获得下降的外特性。动铁芯起磁分路作用，铁芯向外移动时，磁阻增大，分路漏磁下降，焊接电流增大；铁芯向内移动时，分路漏磁增加，焊接电流减小。

焊接电流分粗调节和细调节两部分。改变二次绕组线圈接线板上的接法为粗调节，通过转动手柄来改变铁芯的位置可进行细调节。动铁芯式弧焊变压器电流的调节与铁芯的移动近于线性关系，电流调节连续而均匀。

（2）弧焊整流器

弧焊整流器是一种将工业交流电经变压器降压，并经整流元件整流变为直流电，再以直流或交流的形式输出而对焊接回路供电的一种弧焊电源。在手工电弧焊中多为直流输出的形式，因此一般将弧焊整流器划归为直流弧焊电源。

根据整流元件和获得外特性的控制方式不同，弧焊整流器可分为硅弧焊整流器、晶闸管式弧焊整流器、晶体管式弧焊整流器和逆变式弧焊整流器 4 种基本类型。

① 硅弧焊整流器。硅弧焊整流器以硅二极管作为弧焊整流器的整流元件，基本组成和原理如图 1-6 所示。硅弧焊整流器一般由降压变压器、硅整流器、输出电抗器和外特性调节机构等组成。它利用降压变压器将 50Hz 的单相或三相工业交流电降为几十伏的电压，并经硅整流器整流，由输出电抗器滤波，从而获得直流电，再由外特性调节机构调节，得到所需的外特性，对焊接电弧供电。

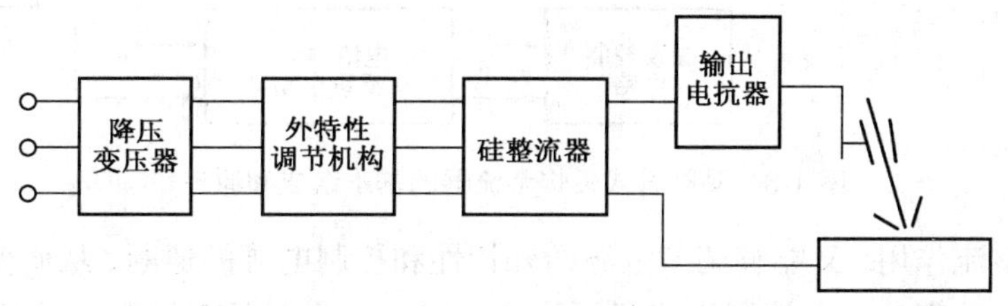

图 1-6 弧焊整流器基本组成和原理图

图 1-7 所示为 ZXG-300 型硅弧焊整流器的外形及外部接线。

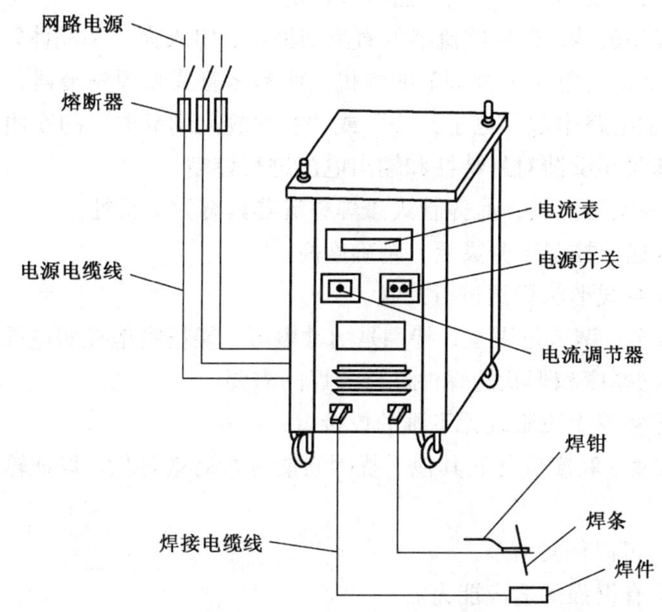

图 1-7 ZXG-300 型硅弧焊整流器的外形及外部接线

与直流弧焊发电机比较，硅弧焊整流器的主要优点是结构简单、坚固、耐用、工作可靠、噪声小、维修方便、效率高。但与电子控制的弧焊电源比较，由于它不是采用电子电路进行控制和调节，可调节的焊接工艺参数少，调节不够灵活，也不够精确，焊接电流网路电压波动影响较大，功率因数低，因此，只能用在一般质量产品的焊接中。

② 晶闸管式弧焊整流器。如图 1-8 所示，晶闸管式弧焊整流器主要由三相降压变压器，晶闸管整流器，输出电抗器，触发控制电路和电流、电压反馈电路等组成。

三相工频网路电压经三相降压变压器降压后变为几十伏的低压交流电，然后经晶闸管整流器整流变为脉动直流电，再经输出电抗器滤波变为滤形较平滑的直流电输出。触发控制电路产生与三相交流电同步的一个电压脉冲信号，然后提供给晶闸管的控制极，使晶闸管导通，并且它接收由电流、电压电路提供的电流、电压变化的信号，经过处理后改变晶闸管导通角，以获得所需电源外特性。

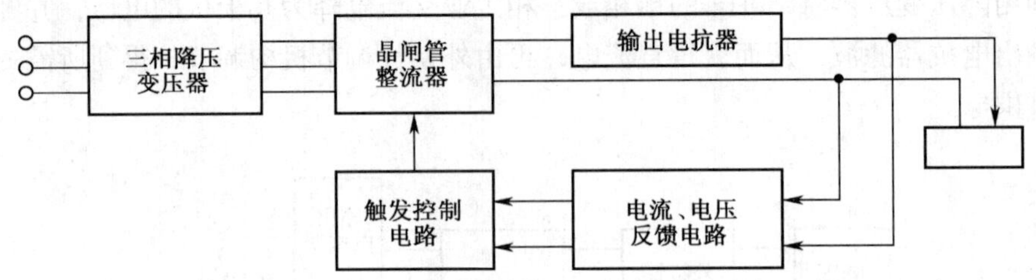

图 1-8 晶闸管式弧焊整流器的基本组成和原理

晶闸管既起整流作用，又能够调节电源的外特性和控制电源的通断，从而使结构大为简化；可以用较小的触发功率信号来控制整流器的输出电流（电压），易于控制；利用不同的反馈方式可获得各种外特性，而且易于进行无级调节；采用电子线路进行控制，反应速度快，与磁放大器式控制的硅弧焊电源相比，其动态反应速度提高了十几倍。晶闸管式弧焊整流器空载功率损失较小，功率因数较大、效率高；焊接工艺参数稳定。

③ 晶体管式弧焊整流器。在硅整流器的直流回路中，串入大功率晶体管组，以获得所需任意类型的外特性和对电流、电压无级调节的焊机，叫晶体管式弧焊整流器，它是由电子控制的弧焊电源。晶体管在主电路中起“电子开关”或“线性放大调节器”的作用，以“开关式”或“模拟式”晶体管组和闭环反馈对外特性和输出电流进行控制。

与晶闸管式弧焊整流器比较，晶体管式弧焊整流器具有如下特性。

a. 晶体管通断迅速、控制十分灵活，精确度高。

b. 可以对外特性曲线形状任意进行控制。

c. 可调焊接参数多，调节范围宽，特别是脉冲电源，能精密地控制电弧能量，以适应各种位置、各种材料、不同厚度和形状的焊件进行弧焊的需要。

d. 动特性好，可实现少飞溅或无飞溅的焊接。

e. 对网络电压波动、温度变化和其他干扰因素能进行有效补偿，保证输出电流和电压的稳定性。

f. 脉冲频率高，可以任意调节。

g. 对微机控制具有很强的适应能力。

h. 设备质量大、成本高、维修较困难。

④ 逆变式弧焊整流器。将直流电变为交流电的过程称为逆变，采用逆变技术制造的弧焊电源称为逆变式弧焊整流器，其基本组成和工作原理如图 1-9 所示。

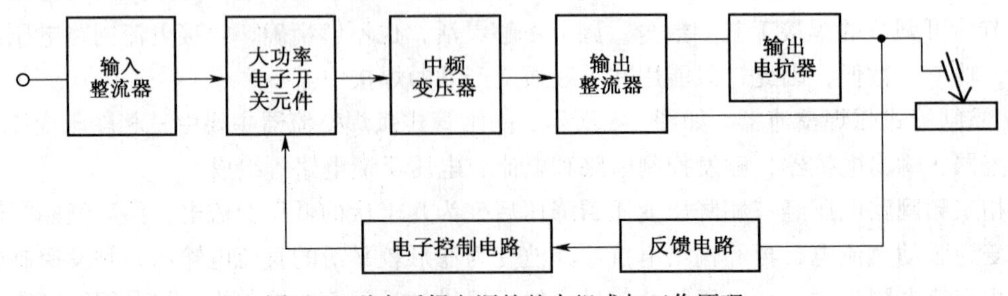

图 1-9 逆变弧焊电源的基本组成与工作原理

单相或三相 50Hz 交流电经输入整流器进行第一次整流，成为高压直流电，通过大功率电子开关元件构件的逆变器，变频为几千至几万赫兹的中频高压交流电，再由中频变压器降低电压，成为中频低压交流电，由输出整流器进行第二次整流，经输出电抗器滤波，得到焊接所需的低、大直流电输出，向焊接电弧供电。

利用反馈电路和电子控制电路对大功率电子开关元件进行控制，可实现焊接电流和电压的无级调节，得到所需的电源外特性。

逆变式弧焊整流器由于采用了变频技术，提高了变压器的工作频率，使主变压器体积大大减小，整机体积约为整流焊机的 1/6 左右，接近一只小手提箱；功率因数达到 0.95～0.99，总体效率可达到 85%～92%，空载耗电只有 30～50W，节能效果明显；全部采用电子控制，可获得各种所需外特性，为焊接工艺提供了最理想的电弧特性，并可一机多用；采用模块化设计，各单元可方便地拆下单独维修，因此整机维护、修理方便。

2. 直流弧焊电源的极性与应用

使用直流弧焊电源焊接时，工件与电源输出端正、负极的接法，称为电源的极性。

直流弧焊电源（如弧焊整流器）有两个极，正极和负极，分别接工件和焊钳。由直流电弧的温度分布和热量分布知，正极区比负极区温度高，产生的热量也多，因此工件与电源接法不同，对电弧燃烧的稳定性和焊接质量的影响不同，所以有两种接法：正接和反接，如图 1-10 所示。

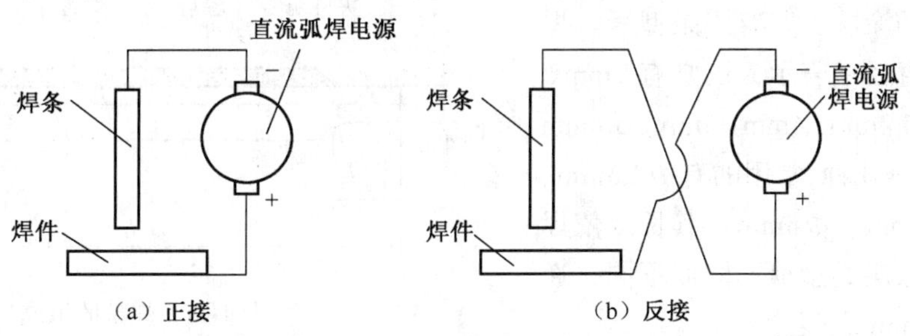

图 1-10 直流弧焊电源的正接与反接

对于交流弧焊电源，因其极性是周期性改变的，所以不存在正接与反接。

不同接法在工件处的焊接温度和热量不同，在焊接不同焊件时利用这一特点，可获得良好的工艺性和焊接质量。例如，使用酸性焊条焊接较厚工件时，采用正接，以获得较大熔深，提高生产率，减少电力消耗；焊接薄板时采用反接，以防止烧穿，获得良好的工艺性。

在使用碱性低氢钠型焊条焊接重要结构时，无论焊接厚板或薄板，必须使用直流弧焊电源，并且采用反接，以减少飞溅现象和减小气孔倾向，并能使电弧稳定性良好。

3. 弧焊电源的使用与维护

对弧焊电源的正确使用和合理维护，不仅能保证工作性能稳定，而且可延长其使用寿命。弧焊电源在使用中应注意下列事项。

① 焊机接入电网时，应注意电网电压、相数与焊机铭牌标示相符，以防烧坏设备。

② 若电网为不接地的三相制时，焊机外壳接地；电网电源为三相四线制时，外壳接零。

③ 电源线和焊接电缆线的导线截面积和长度要合适，以保证在额定负载下电源线压降不大于网路电压的 5%，焊接电缆线压降不大于 4V，电源线与焊接电缆绝缘良好。

④ 焊机应尽可能放在通风良好而又干燥的地方，远离热源，并应保持平稳。

⑤ 焊前要仔细检查各部接线是否正确，特别是焊接电缆接头是否紧固，以防止因接触不良而造成过热烧损。

⑥ 在焊接过程中，不得随意打开机壳顶盖：焊接回路的短路时间不宜过长，应按照焊机规定的工作电流、额定负载持续率使用，防止因过载而烧损。

⑦ 改变焊接接法时应在切断电源的情况下进行，调节电流时应在空载时进行。

⑧ 防止焊机受潮。保持机内干燥、清洁，定期用干燥的压缩空气吹净内部灰尘，特别是弧焊整流器。

⑨ 发生故障、工作完毕及临时离开工作场地，都应及时切断焊机电源。

（四）电焊条

焊条就是带有涂层的供手工电弧焊使用的熔化电极。焊条由焊芯和涂层（药皮）两部分组成。在手工电弧焊焊接时，焊条既作为电极，用来引燃和维持电弧，熔化后又作为填充金属，与被熔化的母材熔合在一起形成焊缝。因此，焊条不但能够使焊接正常进行，而且直接影响焊缝金属的化学成分和力学性能。

1. 焊条的组成与作用

如图 1-11 所示，焊条由焊芯和涂层组成，头部为引弧端，尾部为夹持端，有一段无涂层覆盖的裸焊芯，便于焊钳夹持和利于导电。在靠近夹持端的涂层上印有焊条型号。焊条规格以焊芯直径来表示，通常有 2mm、2.5mm、3mm、3.2mm、4mm、5mm、5.8mm 或 6mm、10mm 等几种，常用的有Φ2.5mm、Φ3.2mm、Φ4mm、Φ5mm，其长度依焊条规格材料、涂层类型等不同而不同，通常在 200～500mm 之间。

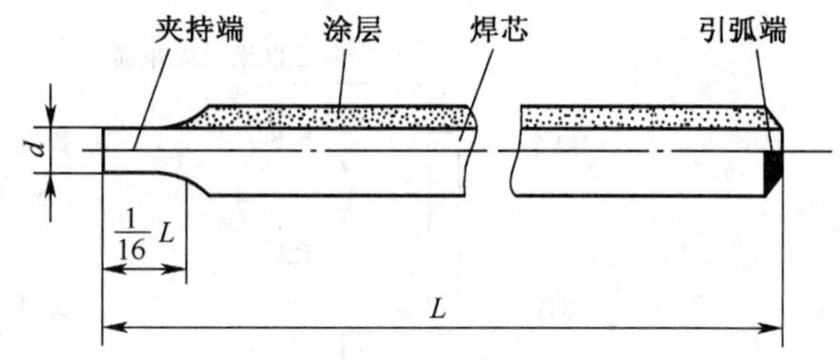

图 1-11 焊条的组成

（1）焊芯

焊芯就是被涂层覆盖的金属芯，其作用是传导电流，产生电弧，并且在熔化后作为填充金属与被熔化的母材熔合形成焊缝。焊芯金属约占整个焊缝金属的 50%～70%，因此焊芯的化学成分直接影响焊缝质量。焊芯为焊接专用钢丝，经特殊冶炼制成，单独规定了其牌号和化学成分。当用于埋弧焊、电渣焊、气体保护焊、气焊等熔焊方法中作为填充金属时，称为焊丝。

① 焊芯的化学成分。焊芯中通常含有碳（C）、锰（Mn）、硅（Si）、铬（Cr）、镍（Ni）、硫（S）、磷（P）等合金元素，其中硫（S）、磷（P）元素为有害杂质，会降低焊缝的力学性能，因此其含量越少越好，通常不超过 0.04%，在焊接重要结构时，不得超过 0.03%。其他几种成分如含量适当，一般来说是对钢有益的合金元素，可提高焊缝的力学性能；但含量过高时则会带来不利影响，降低焊接质量。

② 焊芯的分类及牌号。根据焊芯的成分不同，国标《碳钢电焊条用焊芯》（GB/T 14957—94）将用于焊芯的专用钢丝分为碳素结构钢、合金结构钢和不锈钢 3 类。

焊芯的牌号，采用所含成分的化学元素符号和表示其含量的数字相结合的方法表示。与钢号表示方法相似，牌号前第一个符号为“H”，表示焊接用钢丝，即“焊”字汉语拼音的第一个字母；H 之后是 2 位或 1 位数字，表示含碳量；其后是所含合金成分的化学元素符号及含量（数字）；最后如有字母“A”，表示是高级优质钢，如有字母“E”，表示是特级钢材，未注明的，表示一般钢材。举例如下：

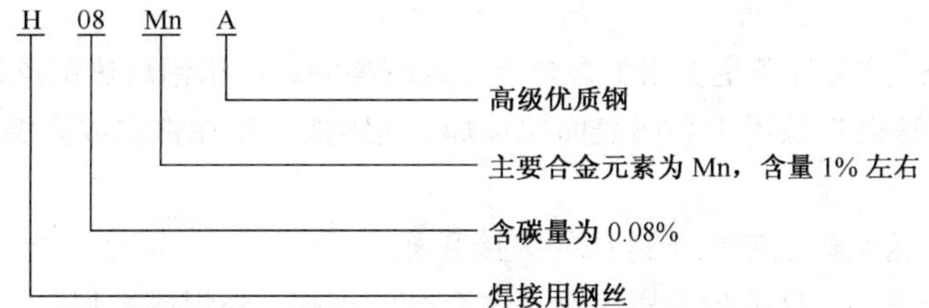

（2）涂层。压涂在焊芯表面上的涂料层称为涂层（又称药皮）。焊条涂层在焊接过程中起着复杂的冶金反应，发生物理、化学变化，因此，涂层也是决定焊缝金属性能的主要因素。

① 涂层的作用。

a. 保护作用。焊接时，涂层熔化后产生大量的气体，使熔化金属与空气隔离开来，形成一个很好的保护层。涂层熔化后形成熔渣，覆盖着熔滴和熔池。这样不仅隔离开空气中的氧气、氮气，保护焊缝金属，而且降低了焊缝冷却速度，促进熔池中气体逸出，减少气孔生成，并改善焊缝成形和结晶。

b. 冶金作用。涂层中加有脱氧剂，通过熔渣与熔化金属的化学反应，减少氧、硫等有害杂质对焊缝金属的危害，使焊缝获得符合要求的力学性能。

c. 渗合金作用。在焊条涂层中加入铁合金或纯合金元素，涂层熔化时过渡到焊缝金属中，以弥补合金元素的烧损，提高焊缝的力学性能。

d. 改善焊接工艺性能。在涂层中加入低电离电位的物质，可以提高电弧燃烧的稳定性；焊接时，在焊条端头形成一小段涂层套管，套管使电弧热量更集中，使电弧燃烧更稳定，并可减少飞溅，有利于熔滴向熔池过渡，提高了熔敷效率。

② 涂层的成分。焊条涂层的组成成分相当复杂，每种涂层配方通常都含有7～10种成分。按其在焊接过程中所起的作用不同，可分为以下几种。

- 稳弧剂。稳弧剂的主要作用是改善焊条引弧性能，提高焊接电弧稳定性。它一般多采用碱金属及碱土金属的化合物，如钾、钠、钙的化合物。
- 造渣剂。造渣剂能形成具有一定物理、化学性能的熔渣，产生良好的保护作用和冶金处理作用。
- 造气剂。造气剂的主要作用是造成保护气氛，同时也有利于熔滴过渡。
- 脱氧剂。脱氧剂的主要作用是对熔渣和焊缝金属脱氧。
- 合金剂。合金剂的主要作用是向焊缝金属中掺入必要的合金成分。常用的合金剂有铬、铂、锰、硅、钛、钨、钒的铁合金和金属铅、锰等纯金属。
- 稀释剂。稀释剂的主要作用是降低焊接熔渣的黏度，增加熔渣的流动性。常用的稀释剂有萤石、长石、钛铁矿、钛白粉、金红石、锰矿等。
- 黏结剂。黏结剂的主要作用是将涂层牢固地黏结在焊芯上。
- 增塑剂。增塑剂的主要作用是改善涂料的塑性和润滑性，使之易于用机器压涂在焊芯上。

2. 焊条的分类与型号

（1）焊条的分类

根据焊条的用途不同，按国家标准划分如下。

① 碳素钢焊条。这类焊条主要用于强度等级较低的低碳钢和低合金钢的焊接。

② 低合金钢焊条。这类焊条主要用于低合金高强度钢、含合金元素较低的钼和铬钼耐热钢及低温钢的焊接。

③ 不锈钢焊条。这类焊条主要用于含合金元素较高的钼和铬钼耐热钢及各类不锈钢的焊接。

④ 堆焊焊条。这类焊条用于金属表面层堆焊，其熔敷金属在常温或高温中具有较好的耐磨性和耐腐蚀性。

⑤ 铸铁焊条。这类焊条专用于铸铁的焊接和补焊。

⑥ 镍及镍合金焊条。这类焊条用于镍及镍合金的焊接、补焊或堆焊。其中某些焊条可用于铸铁补焊或异种金属的焊接。

⑦ 铜及铜合金焊条。这类焊条用于铜及铜合金的焊接、补焊或堆焊。其中某些焊条可用于铸铁补焊或异种金属的焊接。

⑧ 铝及铝合金焊条。这类焊条用于铝及铝合金的焊接、补焊或堆焊。

⑨ 特殊用途焊条。这类焊条指用于水下焊接、切割的焊条及管状焊条等。

（2）焊条型号编制方法

焊条型号一般都由焊条类型代号，加上表征焊条熔敷金属的力学性能或化学成分、涂层类型、焊接位置和焊接电路的分类代号组成。各类焊条的代号如表 1-1 所示。

表 1-1　焊条的分类及代号

类　别	代　号	类　别	代　号
碳素钢焊条	E	铜及铜合金焊条	ECu
低合金钢焊条	E	铸铁焊条	EZ
不锈钢焊条	E	铝及铝合金焊条	TAl
堆焊焊条	ED	特殊用途焊条	TS

① 碳素钢焊条型号的编制方法。碳素钢焊条型号根据熔敷金属的力学性能、涂层类型、焊接位置和焊接电流划分。按照熔敷金属抗拉强度不同，碳素钢焊条分为两个系列，即 FA3 系列（熔敷金属抗拉强度≥420MPa）和 E50 系列（熔敷金属抗拉强度≥490MPa）。

按国标《碳钢焊条》（GB/T 5117—1995）规定，碳素钢焊条型号编制方法如下：首字母“E”表示焊条；前两位数字表示熔敷金属抗拉强度的最小值，其单位为 ×9.8MPa；第 3 位数字表示焊条的焊接位置，“0”和“1”表示焊条适用于全位置焊接（平焊、立焊、仰焊、横焊），“2”表示焊条适用于平焊和平角焊，“4”表示焊条适用于向下立焊，当第 3 位和第 4 位数字组合使用时，表示涂层类型和焊接电流的种类，如表 1-2 所示；在第 4 位数字后附加“R”表示耐吸潮焊条，附加“M”表示耐吸潮和力学性能有特殊规定的焊条，附加“-1”表示冲击性能有特殊规定的焊条。

表 1-2　碳素钢和低合金钢焊条的涂层类型

焊 条 型 号	涂 层 类 型	焊 接 位 置	电 流 种 类
E× ×00	特殊型	干焊、立焊、横焊、仰焊	交流或直流正、反接
E× ×01	钛铁矿型		
E× ×03	钛钙型		

续表

<table>
<tr><th>焊条型号</th><th>涂层类型</th><th>焊接位置</th><th>电流种类</th></tr>
<tr><td>E××10</td><td>高纤维钠型</td><td rowspan="8">干焊、立焊、横焊、仰焊</td><td>直流反接</td></tr>
<tr><td>E××11</td><td>高纤维钾型</td><td>交流或直流反接</td></tr>
<tr><td>E××12</td><td>高钛钠型</td><td>交流或直流正接</td></tr>
<tr><td>E××13</td><td>高钛钾型</td><td rowspan="2">交流或直流正、反接</td></tr>
<tr><td>E××14</td><td>铁粉钛型</td></tr>
<tr><td>E××15</td><td>低氢钠型</td><td>直流反接</td></tr>
<tr><td>E××16</td><td>低氢钾型</td><td rowspan="2">交流或直流反接</td></tr>
<tr><td>E××18</td><td>铁粉低氢型</td></tr>
<tr><td>E××20</td><td rowspan="2">氧化铁型</td><td rowspan="6">平焊、平角焊</td><td rowspan="4">交流或直流正接</td></tr>
<tr><td>E××22</td></tr>
<tr><td>E××23</td><td>铁粉钛钙型</td></tr>
<tr><td>E××24</td><td>铁粉钛型</td></tr>
<tr><td>E××27</td><td>铁粉氧化铁型</td><td>交流或直流正接</td></tr>
<tr><td>E××28</td><td rowspan="2">铁粉低氢型</td><td rowspan="2">交流或直流反接</td></tr>
<tr><td>E××48</td><td>平焊、立焊、横焊、仰焊、向下立焊</td></tr>
</table>

低碳钢焊条 E4315 的含义如下：

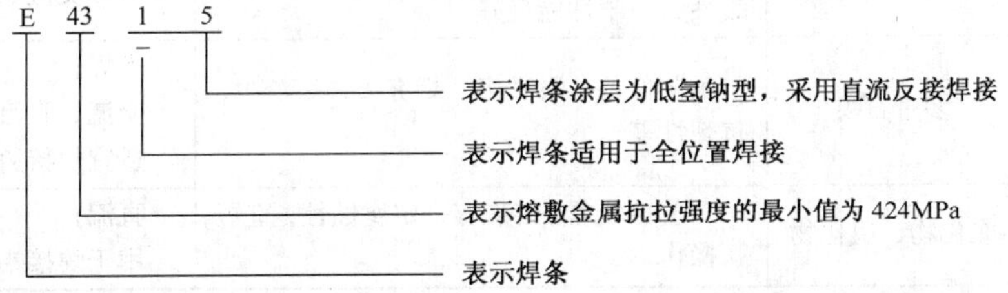

② 低合金钢焊条型号的编制方法。低合金钢焊条的型号根据熔敷金属的力学性能、化学成分、涂层类型、焊接位置和焊接电流划分。型号的前一部分 E×××× 与碳素钢焊条相同，但后一部分有短划“-”与前面数字分开，后缀字母为熔敷金属的化学成分分类代号。其中 A 表示碳—钼钢焊条；B 表示铬—钼钢焊条；C 表示镍—钢焊条；NM 表示镍—钼钢焊条；D 表示锰—钼钢焊条；C、M 或 W 表示其他低合金钢焊条，字母后的数字表示同一等级焊条中的编号。如还附加化学成分时，附加化学成分直接用元素符号表示，并以短划“-”与前面后缀字母分开。焊条型号举例如下：

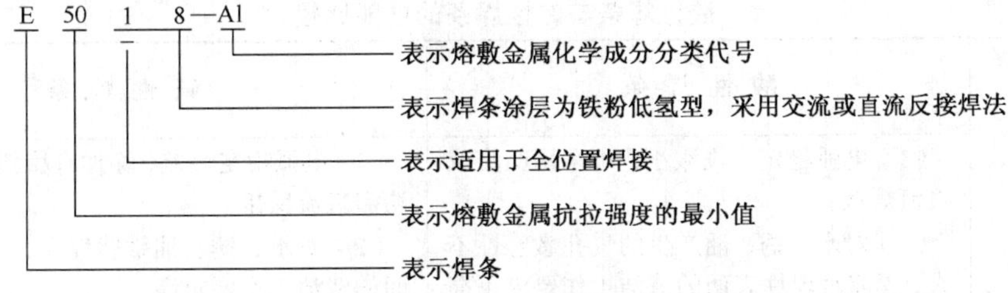

3. 焊条的使用

（1）焊条涂层的类型与适用范围

手工电弧焊焊条涂层分为 8 种类型，各类型的主要面成分、工艺性能特点和适用范围如表 1-3 所示。

表 1-3　各类型的主要面成分、工艺性能特点和适用范围

涂层类型	主要组成物质	工艺性能及焊缝力学性能	焊接位置、电源种类及适用
钛型	TiO_2	焊接工艺性良好，熔深较浅，电弧稳定，飞溅少，脱渣容易，焊波美观，但焊缝金属塑性及抗裂性差	全位置； 交流、直流； 适宜薄板焊接
钛钙型	TiO_2、$CaCO_3$或$MgCO_3$	焊接工艺性能与钛型相似，焊缝金属塑性和韧性比钛型好	全位置； 交流、直流
钛铁矿型	钛铁矿	熔深一般，电弧稳定，飞溅一般，焊波整齐	全位置； 交流、直流
氧化铁型	氧化铁、多量锰铁	焊接工艺性能较差，飞溅稍多，电弧稳定，熔深大，生产率高，焊缝金属抗裂性好	平焊； 交流、直流； 适宜中厚钢板焊接
纤维素型	TiO_2有机物	工艺性一般，飞溅一般，熔深大，熔化速度快，熔渣少，脱渣容易	全位置； 交流、直流
低氢型	$CaCO_3$萤石	工艺性一般，焊波粗糙，飞溅大，脱渣较难；焊时要求涂层干燥，焊接表面清理干净，短弧操作；焊缝金属含氢量低，抗裂性、力学性能良好	全位置； 低氢钠型为直流反接，低氢钾型可交流、直流
石墨型	多量石墨	工艺性差，飞溅多，烟雾大，熔渣少，抗裂性差	平焊； 交流、直流； 适宜焊接铸铁或堆焊
盐基型	氯化物、氟化物	工艺性较差，熔渣有一定腐蚀性，宜短弧操作	直流； 用于焊接铝及其合金

对钢焊条来说，由于在钛型、钛钙型、钛铁矿型、氧化铁型和纤维素型的焊条涂层中，强碱性氧化物较少，而酸性氧化物较多，故一般将这 5 种类型涂层的焊条称为酸性焊条。酸性焊条具有良好的工艺性能，广泛用于一般性结构的焊接，尤其是低碳钢和强度级别不高的低合金结构钢焊件。低氢钠型和低氢钾型焊条涂层中含有较多的大理石和萤石，碱性较强，故称为碱性焊条。碱性焊条具有低的氧化性和高的抗裂性及塑性、韧性，用于焊接重要结构（如压力容器、承受动载荷的构件）和低温钢、耐热钢、铬不锈钢、低合金高强度钢等。

酸性焊条与碱性焊条的性能比较如表 1-4 所示。

表 1-4　酸性焊条与碱性焊条的性能比较

焊条 性能	酸 性 焊 条	碱 性 焊 条
工艺性能	（1）电弧稳定，飞溅小，可采用交流或直流焊接 （2）对水、锈、油产生的气孔敏感性不大，焊前对焊件表面的清洁工作要求不高	（1）电弧稳定性差，除加有稳弧剂的焊条外，均需直流反接 （2）对水、锈、油敏感性大，焊前对焊件表面的清洁工作要求高

续表

焊条 性能	酸性焊条	碱性焊条
工艺性能	（3）焊前视需要烘干，烘焙温度为75～150℃，保温1h （4）焊接电流大，可长弧操作 （5）熔渣流动性好，覆盖均匀，焊波细密，成形美观 （6）熔渣多呈玻璃状，较疏松，易脱渣 （7）焊接烟尘较少，毒性较小	（3）焊前一般均须烘干，烘焙温度为350～450℃，保温1～2h （4）焊接电流较同直径酸性焊条约小10%，须短弧操作，否则易产生气孔 （5）熔渣覆盖性较差，焊波粗糙，焊缝形状凸起，向上立焊时较易操作 （6）熔渣多呈晶体状，较密实，坡口内脱渣较难 （7）焊接烟尘较多，毒性较大
焊缝金属性能	（1）合金成分烧损大，过渡系数较小 （2）塑性、韧性一般，抗裂性较差	（1）合金成分烧损小，过渡系数较大 （2）塑性、韧性较高，抗裂性好

（2）焊条的选用原则

焊条的选用一般应考虑以下原则。

① 工件的力学性能和化学成分。

- 低碳钢、中碳钢和低合金钢，通常要求焊缝金属与母材等强度，应选用抗拉强度等于或稍高于母材的焊条。
- 合金结构钢，通常要求焊缝金属的主要合金成分与母材金属相同或相近。
- 在焊接结构刚性大、接头应力高、焊缝容易产生裂纹的情况下，应选用比母材强度低一级的焊条，避免因结构刚性过大而使焊缝撕裂。但遇到焊后要进行热处理的焊件，则应防止焊缝强度过低和应有合金元素含量达不到要求。

② 工件的使用性能与工作条件。

- 承受动载荷和冲击载荷的工件，除满足强度要求外，还要保证焊缝金属具有较好的塑性和韧性，应选用塑性和韧性指标较高的低氢型焊条。
- 接触腐蚀介质的工件，应根据介质的性质及腐蚀特征，选用相应的不锈钢焊条或其他耐腐蚀焊条。
- 在高温或低温条件下工作的工件，应选用相应耐高温或低温的低合金钢焊条。

③ 工件的结构特点和受力状态。

- 焊接部位难以清理干净的工件，应选用抗氧化性强，对铁锈、氧化皮、油污不敏感的酸性焊条。
- 结构开关复杂，刚性大、厚度大的工件，在焊接中产生应力较大，易使焊缝产生裂纹，应选用抗裂性能好的低氢型焊条。
- 受条件限制不能翻转的工件，有些焊缝处于非平焊位置，应选用全位置焊接焊条。
- 当工件中碳及硫、磷等元素含量偏高时，焊缝易产生裂纹，应选用抗裂性能较好的低氢型焊条。

④ 施工条件及设备。

- 没有直流焊接电源，而焊接结构又必须使用低氢型焊条的场合，应选用交、直流两用低氢型焊条。

- 在狭小或通风条件差的场合，选用酸性或低尘焊条。

⑤ 改善工艺性能。在满足工件性能要求的条件下，尽量选用电弧稳定、飞溅小、焊缝成形好、容易脱渣等工艺性能好的酸性焊条。

⑥ 降低成本，提高生产率。在满足使用性能要求和工艺性能要求的前提下，应尽量选用成本低、效率高的焊条。例如，钛铁矿型焊条比钛钙型焊条成本低很多，所以应尽量使用钛铁矿型焊条。对于工作量大的焊接结构，应尽量采用高效率焊条，如铁粉焊条，高效不锈钢焊条、重力焊条等；应选用专用焊条（如封底焊条、向下立焊焊条），以提高劳动生产率。

上述各原则不是孤立的，它们既相互联系又相互矛盾。在选用焊条时应统一考虑，全面分析，根据具体情况，甚至通过必要的试验，才能最后确定。

（五）焊接接头、坡口和焊缝

1. 焊接接头

（1）焊接接头的组织和性能

用各种焊接方法连接的接头叫焊接接头，如图 1-12 所示。

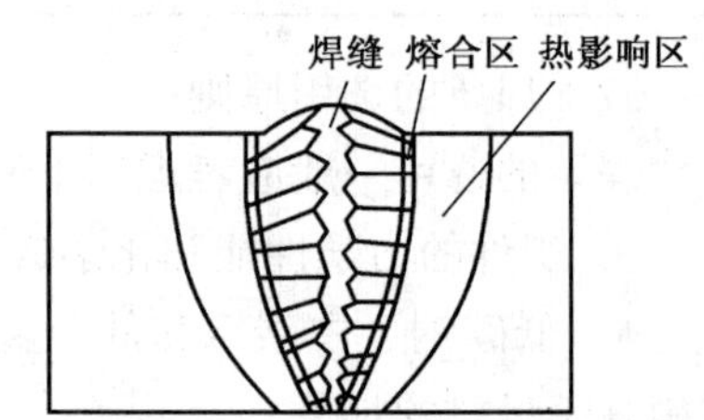

图 1-12　焊接接头示意图

焊接接头由 3 部分组成：焊缝、熔合区和热影响区。

焊缝是工件经焊接后形成的结合部分，通常由熔化的母材和焊材组成。

热影响区是焊接过程中未熔化，但因受焊接热量影响而发生组织和力学性能变化的区域。

熔合区介于焊缝与热影响区中间，是焊缝与母材交接过渡，它是刚好加热到熔点与凝固温度区间，处于半熔化状的部分。

① 焊缝金属的组织和性能。焊缝金属由高温的液体状态冷却至常温的固体状态，经历了两次结晶过程，即从液相转变为固相的一次结晶过程和在固相焊缝金属中发生组织转变的二次结晶过程。焊缝金属的结晶过程对其组织和性能有较大影响。

焊缝一次结晶过程中，由于冷却速度快，焊缝金属的不同化学成分来不及扩散，因此，元素合金分布是不均匀的，这种现象称为偏析。偏析对焊缝金属的质量影响很大，它不仅会由于化学成分不均匀而导致性能改变，同时也是产生裂纹、气孔、夹杂物等焊接缺陷的主要原因之一。

焊接熔池一次结晶后，转变为固态焊缝。高温的焊缝金属冷却到室温时，要经过一系列的相变过程，这种相变过程称为二次结晶。

焊缝金属二次结晶的组织和性能与焊缝的化学成分、冷却速度及焊后热处理有关。例如，低碳钢平衡状态下的二次结晶组织是铁素体和少量珠光体，随着冷却速度的增加，珠光体含量增多，铁素体减少，焊缝强度、硬度有所提高，而塑性、韧性下降。

② 熔合区的组织和性能。熔合区紧邻焊缝金属，温度在固相线与液相线之间。熔合区很窄，金属处于部分熔化状态，晶粒粗大，化学成分与组织很不均匀，冷却后的组织为过热组织。当焊缝金属和母材化学成分相差较大或异种钢焊接时，在熔合区附近还会发生碳和合金元素的相互扩散，成分和组织的差异更大，产生新的不利的组织带。熔合区塑性、韧性下降，往往会使焊接接头产生裂纹或局部脆性破坏，成为焊接接头的薄弱环节。

③ 热影响区的组织和性能。在焊接过程中，热源沿工件移动，距焊缝两侧距离不同的点所经历的热循环不同。距离越近，加热的最高温度越高。由于这种加热和冷却的不均匀性，导致热影响区内距焊缝不同距离处的金属组织和性能不一致。

低碳钢焊接接头热影响区的组织分布如图 1-13 所示，可分为过热区、正火区（又称相变重结晶区或细晶区）、不完全重结晶区和再结晶区。

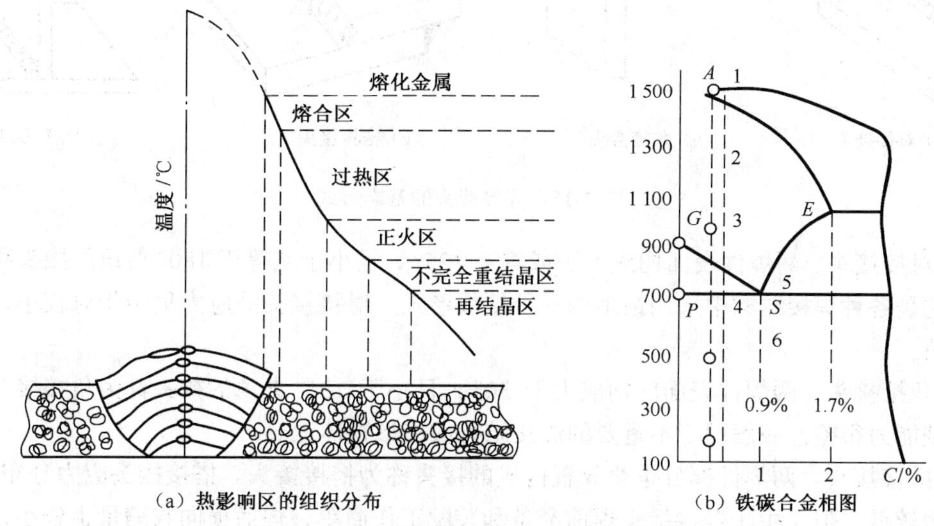

图 1-13 低碳钢热影响区的组织分布

对于低合金钢，其焊接接头热影响区的组织不但与加热温度有关，还与冷却速度有关。淬火倾向小的低合金钢，如 16Mn、15MnV 钢等，其热影响区与低碳钢相似；而淬火倾向大的低合金钢，将出现马氏体组织。低合金钢热影响区的组织分布如图 1-14 所示。

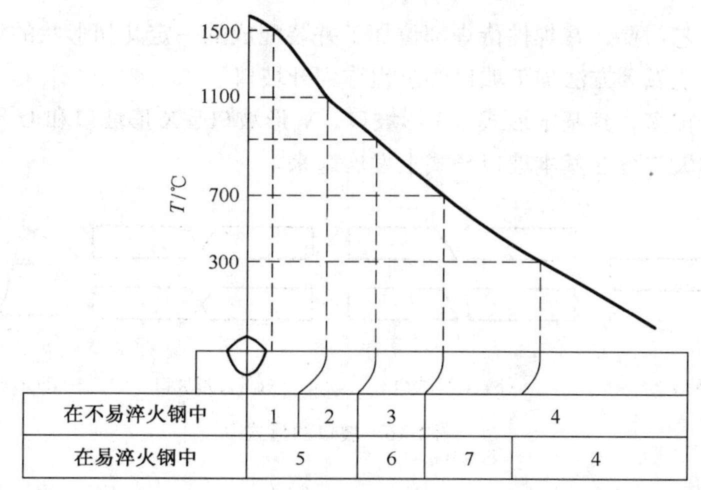

图 1-14 低合金钢热影响区的组织分布

（2）焊接接头的形式

在手工电弧焊中，由于焊件厚度、结构形状以及使用条件和质量要求不同，其接头形式也不相同。焊接接头的形式很多，其基本形式可分为 4 种：对接接头、T 形接头、角接接头和搭接接头，如图 1-15 所示。其他类型的接头有十字接头、端接接头、斜对接接头、卷边接头、套管接头、锁底对接接头等。

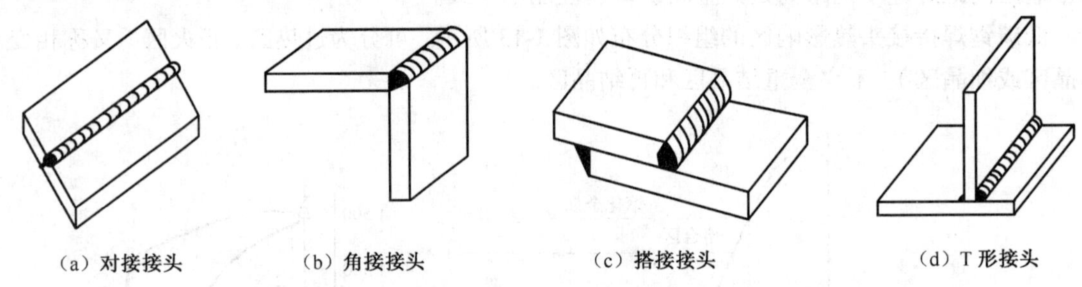

图 1-15　焊接接头的基本形式

① 对接接头。两焊件表面构成大于或等于 135°，且小于或等于 180° 夹角的接头称为对接接头，它是各种焊接结构中采用最多的一种接头形式。对接接头的应力集中相对较小，能承受较大载荷。

② 角接接头。两焊件表面间构成大于 30°，且小于 135° 夹角的接头称为角接接头。这种接头承载能力很差，一般用于不重要的焊接结构或箱形物体上。

③ 搭接接头。两焊件部分重叠放置构成的接头称为搭接接头。搭接接头应力分布不均匀，承载能力较低，但是由于搭接接头焊前准备和装配工作简单，焊后横向收缩量也较小，因此在焊接结构中仍得到应用。

④ T 形接头。一焊件的端面与另一焊件表面构成直角或近似直角的接头称为 T 形接头。T 形接头承载能力低，应力分布不均匀，但它能承受各种方向的力和力矩，在生产中应用也很普遍。

2. 焊接坡口

根据设计或工艺需要，在焊件待焊部位加工并装配成的一定几何形状的沟槽，称为坡口。利用机械、火焰或电弧等方法加工坡口的过程称为开坡口。

坡口的形式有很多，其基本形式有 I 形坡口、V 形坡口、X 形坡口和 U 形坡口，如图 1-16 所示。其他类型的坡口可在基本坡口形式上发展起来。

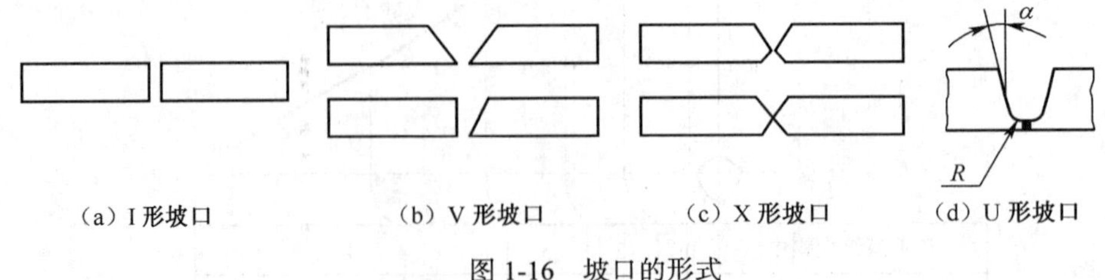

图 1-16　坡口的形式

3. 焊缝

根据不同的分类方法焊缝具有不同的形式。通常情况下，焊缝是以所在空间位置、结合形式和焊缝连续情况进行分类的。

根据焊缝所在空间位置的不同，焊缝可分为平焊缝、横焊缝、立焊缝、仰焊缝 4 种形式，如图 1-17 所示。对相应空间位置的焊缝的焊接分别称为平焊、横焊、立焊、仰焊。

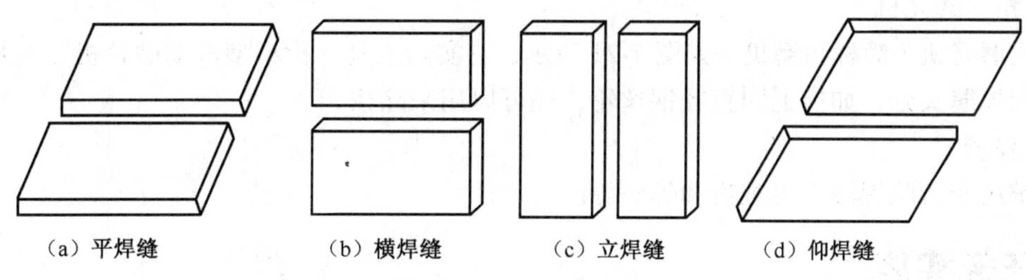

（a）平焊缝　（b）横焊缝　（c）立焊缝　（d）仰焊缝

图 1-17　焊缝的空间位置

根据结合形式的不同，焊缝主要分为对接焊缝和角接焊缝，另外还有塞焊缝和端接焊缝。对接焊缝各部分的名称如图 1-18 所示。角接焊缝各部分的名称如图 1-19 所示。

根据焊缝的连续情况，焊缝可分为连续焊缝和断续焊缝，且大部分应用连续焊缝。

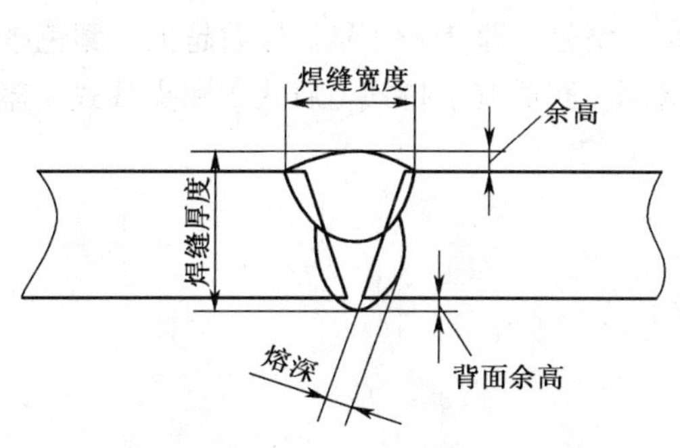

图 1-18　对接焊缝各部分的名称

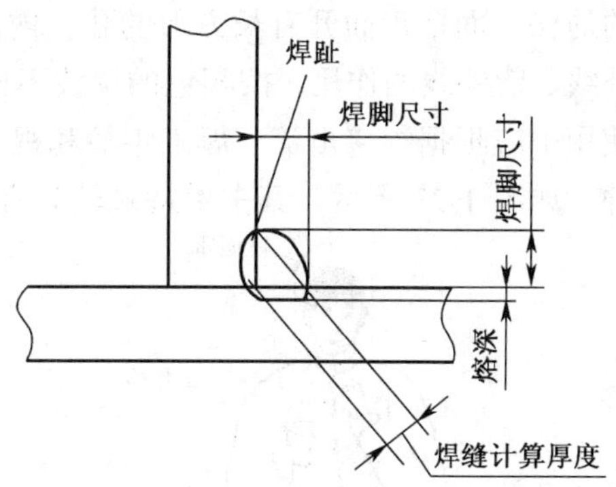

图 1-19　角接焊缝各部分的名称

（六）手工电弧焊的常用工具

1. 焊钳

焊钳是用来夹持焊条并传导焊接电流以进行焊接的工具，如图 1-20 所示，常用焊钳的型号有 300A、500A 两种。

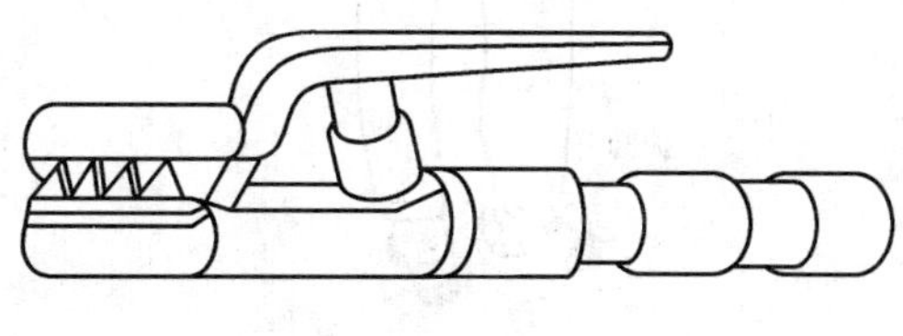

图 1-20　焊钳

2. 焊接电缆

焊接电缆是连接焊接电源与焊钳、工件的导线，其作用是传导焊接电流。

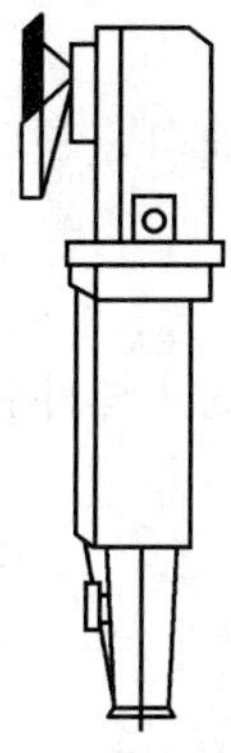

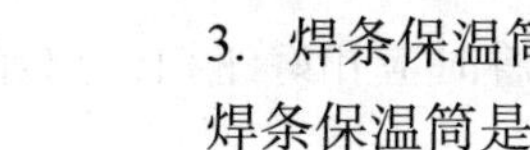

3. 焊条保温筒

焊条保温筒是焊工在施工现场携带的可存储少量焊条的一种保温容器。焊条保温筒能使焊条从烘箱内取出后继续保温，以保持焊条涂层在使用中的干燥度，其内部工作温度一般为 150℃～200℃。焊条保温筒利用焊接电源输出端作为加热能源。

4. 敲渣锤和钢丝刷

敲渣锤和钢丝刷的作用主要是清理焊缝表面、焊缝层间的焊渣及焊件上的铁锈、油污。常用的敲渣锤有 0.5kg、0.7kg、1.5kg 3 种，锤的峡谷端常磨成圆锥形或扁铲形。

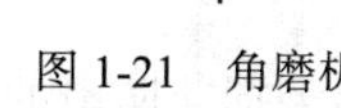

图 1-21　角磨机

5. 角向磨光机

角向磨光机（简称角磨机）如图 1-21 所示，它实际上是一种小型电动砂轮机，主要用于打磨坡口和焊缝头处，如换上同直径钢丝轮，还可以用来除锈。

6. 扁铲

扁铲用于清除焊渣、飞溅物和焊瘤等。

三、任务实施

（一）劳动保护

手工电弧焊焊工常用的劳动保护用品如图 1-22 所示。

1. 面罩

面罩是用来保护面部、颈部的一种遮蔽工具，以防止焊接时的飞溅、弧光及熔池和焊件高温的灼伤。面罩正面开有长方形的孔，内嵌白色玻璃和黑色玻璃。黑色玻璃有减弱弧光和过滤红外线、紫外线的作用，按颜色的深浅不同分为 6 个型号，即 7～12 号。号数越大，颜色越深，在使用中应根据焊接电流、焊工年龄和视力情况选用。面罩有手持式（盾式）和头戴式（盔式）两种，如图 1-23 所示，其中手持式较为常用。

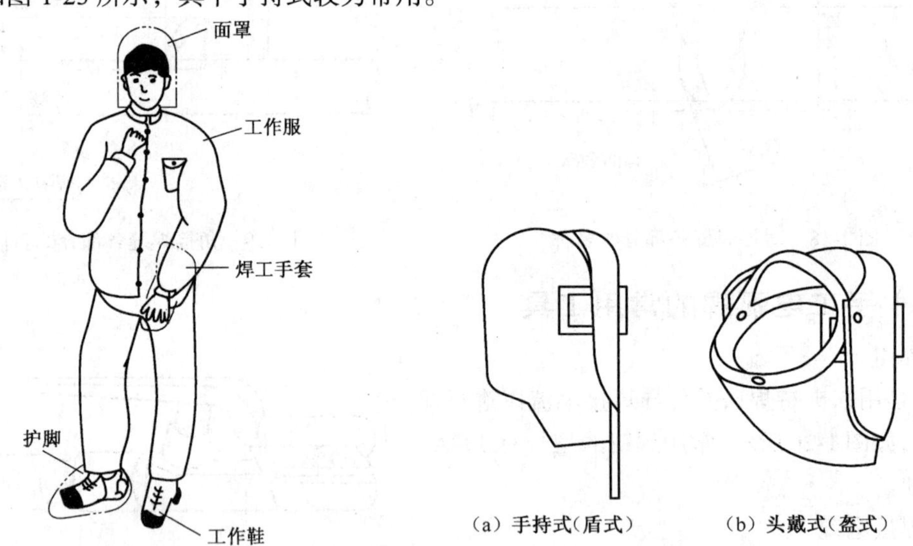

图 1-22　手工电弧焊焊工常用的劳动保护用品

图 1-23　面罩

2. 工作服

工作服是防止弧光及火花灼伤人体的防护用品，在穿着时应扣好纽扣，扣好袖口、领口、袋口，上衣不要束在裤腰内。

3. 焊工手套

焊工手套是保护焊工手臂和防止触电的专用护具。工作中不要戴手套直接拿灼热焊件和焊条头，破损时应及时修补或更换。

4. 护脚

护脚通常用耐热且不易燃烧的材料制作，以防止脚部烫伤。

5. 工作鞋

焊工工作鞋是用来防止脚部烫伤、触电的，应使用绝缘、抗热、不易燃、耐磨损、防滑的材料制作。

6. 口罩

口罩是用来减少焊接烟尘吸入危害的防护用品。

7. 平光防护眼镜

在清理焊渣时，应佩戴平光防护眼镜，以防止灼热焊渣进入眼内。

（二）焊接工艺参数的选用

1. 焊条的选择

（1）焊条型号的选择

在焊缝金属中，填充金属占 50%～70%，因此焊条型号对焊缝金属的化学成分和力学性能起着重要作用。

（2）焊条直径的选择

焊条直径的大小主要取决于下列因素。

① 焊件厚度。焊件厚度越大，选用的焊条直径也相应越大；反之，薄焊件的焊接应选用小直径的焊条。在一般情况下，焊条直径与焊件厚度的关系如表 1-5 所示。

表 1-5　　焊条直径与焊件厚度的关系

焊件厚度/mm	≤1.5	2	3	4～5	6～12	≥12
焊条直径/mm	1.5	2	3.2	3.2～4	4～5	4～6

② 焊缝位置。在焊件厚度相同的条件下，焊接平焊缝的焊条直径应大些。立焊焊条直径最大不能超过 5mm，仰焊、横焊焊条的最大直径不能超过 4mm，这样可形成较小的熔池，减少熔化金属下淌。

③ 焊接层数。在进行多层焊道焊接时，第一层焊道应选用直径较小的焊条焊接，一般直径为 2.5mm 或 3.2mm 的焊条。这是因为第一层采用的焊条直径过大时，焊条不能深入坡口根部，从而会造成电弧过长，产生未焊透缺陷。

2. 焊接电流的选择

焊接电流是手工电弧焊中最重要的焊接参数。影响焊接电流大小的因素很多，如焊条直径、焊条型号、涂层类型、焊件厚度、接头形式、焊接位置和焊道、焊层等，但主要是焊条直径、焊接位置和焊道、焊层。

（1）焊条直径与焊接电流的关系

焊条直径越大，熔化焊条所需的热量就越多，所需要的焊接电流也就越大。每种直径的焊条都有一个合适的焊接电流范围，如表 1-6 所示。

表 1-6　　各种直径焊条使用的电流参考值

焊条直径/mm	1.6	2.0	2.5	3.2	4.0	5.0	5.8
焊接电流/A	25～40	40～65	50～80	100～130	160～210	220～270	260～300

焊接电流还可以用下面的经验公式计算：

$$I=(35\sim45)d \qquad (1\text{-}1)$$

式中：I——焊接电流（A）；

d——焊条直径（mm）。

（2）焊接位置与焊接电流的关系

在其他焊接条件相同的情况下，平焊可选择偏大的焊接电流，横焊、立焊、仰焊的焊接电流应小些，约小10%～20%。

（3）焊道与焊接电流的关系

通常焊接打底焊道时，使用的焊接电流应小些，便于焊接操作和保证焊接质量；焊接填充焊道时，使用较大的焊接电流，以提高效率，保证熔合良好；焊盖面焊道时使用的焊接电流应小些，以防止咬边，获得美观的焊缝成形。

3. 电弧电压的选择

手工电弧焊的电弧电压与电弧长度成正比。在焊接过程中，电弧不宜过长，平焊时一般取焊条直径的0.5～1倍。在立焊、仰焊时电弧长度比平焊时更短些，以利于熔滴过渡，防止熔池下淌。

4. 焊接速度的选择

焊接过程中焊条沿焊接方向移动的速度，即单位时间内完成的焊缝长度，称为焊接速度。焊接速度应均匀适当。如过快，会造成焊缝变窄，高低不平，形成未焊透、熔合不良等缺陷；如过慢则会使热量输入增多，热影响区宽度增加，接头晶粒粗大，力学性能降低，焊件变形加大，当焊件较薄时易被烧穿。焊接速度的快慢应根据具体情况灵活掌握。

5. 焊接层数的选择

中厚板焊接时，需开坡口，然后进行多层焊。根据实际经验，每层厚度约等于焊条直径时生产率较高，也容易操作。焊层厚度过大时，对焊缝金属塑性有不利影响，因此焊层厚度最好不超过4～5mm。

6. 能量的选择

熔化焊时，由焊接能源输入给单位长度焊缝上的能量，称为线能量。在手工电弧焊中，线能量与焊接电流和电弧电压成正比，与焊接速度成反比。

线能量对焊接接头的金相组织和力学性能有着重要影响。对于具体钢种和具体焊接方法，存在一个最佳的线能量数值，在焊接中应在其他焊接参数合理的原则下选择合适的线能量。

（三）引弧

手工电弧焊时引燃电弧的过程称为引弧。常用的引弧方法有划擦引弧法和直击引弧法，如图1-24所示。

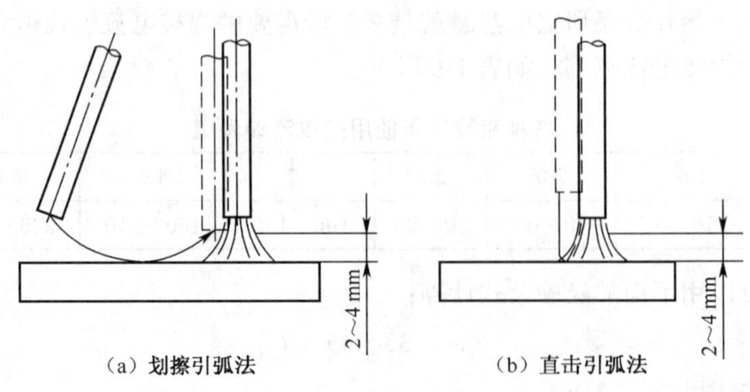

（a）划擦引弧法　　（b）直击引弧法

图1-24　引弧方法

划擦法引弧的操作要领：先将焊条末端对准焊件，然后将手腕扭转一下，像划火柴似的将焊条在焊件表面轻轻划擦一下，引燃电弧，再迅速将焊条提起 2～4mm，使电弧引燃，并保持电弧长度，使之稳定燃烧。

划擦法引弧操作简单，易于初学者掌握，但易损坏焊件表面，造成焊件表面有电弧划伤痕迹，在正式焊接时应尽量少采用。

直击法引弧的操作要领：将焊条末端对准焊件，然后将手腕下弯，使焊条轻微碰一下焊件后迅速提起 2～4mm，即引燃电弧。引弧后，手腕放平，使电弧长度保持在与所用焊条直径相适应的范围内，使电弧稳定燃烧。

直击法引弧不会划伤焊件表面，不受焊件大小和形状限制，是正式焊接生产中采用的主要引弧方法。采用直击法引弧时不可使焊条敲击过猛，以防涂层脱落，造成保护不良。

在操作中，当焊条与焊件粘住时，可将焊条左右摆动几下，即可使焊条脱离。如仍不奏效，应立即将焊钳脱离焊条，待焊条冷却后再用手扳下。

（四）焊接操作

焊接操作时，焊工左手持面罩，右手握焊钳，如图 1-25 所示。

焊条工作角（焊条轴线在和焊条前进方向垂直的平面内的投影与工件表面间的夹角）为 90°。焊条前倾角为+10°～20°（正倾角表示焊条向前进方向倾斜，负倾角表示焊条向前进方向的反方向倾斜），如图 1-26 所示。

图 1-25　平敷焊的操作图

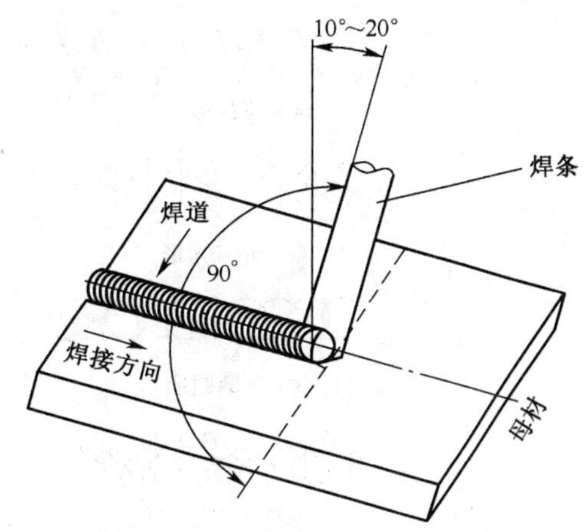

图 1-26　平敷焊的焊条角度

1. 焊道的起头

起头时焊件温度较低，所以起点处熔深较浅，可在引弧后将电弧稍微拉长，对起头处预热，然后再适当缩短电弧进行正式焊接。

2. 运条

在正常焊接时，焊条的运动可分为 3 种基本形式：沿焊条中心线向熔池送进，沿焊接方向移动和焊条的横向摆动。焊条的横向摆动如图 1-27 所示，平敷焊练习时可以不摆动。

焊条向熔池方向送进的目的是向熔池添加填充金属，也是为了在焊条熔化后，继续保持一定的电弧长度。焊条送进速度应与焊条熔化速度相适应。电弧长度通常为 2～4mm，碱性焊条较酸性焊条弧长要短些。

焊条沿焊接方向移动：随着焊条的不断熔化，逐渐形成一条焊道，若焊条移动速度太慢，则焊道会过高、过宽，外形不整齐，焊接薄板时会发生烧穿现象；若焊条移动速度太快，则焊条与焊件熔化不均，焊道较窄，甚至产生未焊透等缺陷。

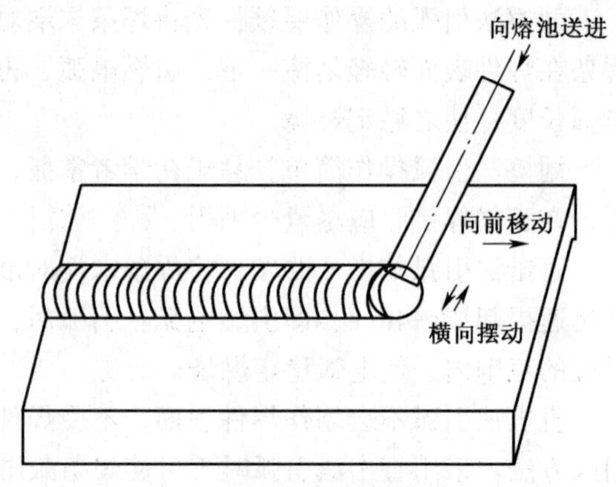

图 1-27 焊条的基本运动

焊条的横向摆动是为了对焊件输入足够的热量，利于熔渣上浮和气体逸出，并获得一定宽度的焊缝，其摆动范围根据焊件厚度、焊条直径、坡口形式和焊道层次等确定。

焊条的 3 个基本运动不能机械地分开，而应有机融合在一起。运条的关键是均匀平稳，只有这样，才能焊出外形美观的焊缝。

厚板对接焊时，为了获得较宽的焊缝，焊条沿焊缝横向作有规律的摆动，根据摆动规律的不同，常有以下运条方法，如图 1-28 所示。

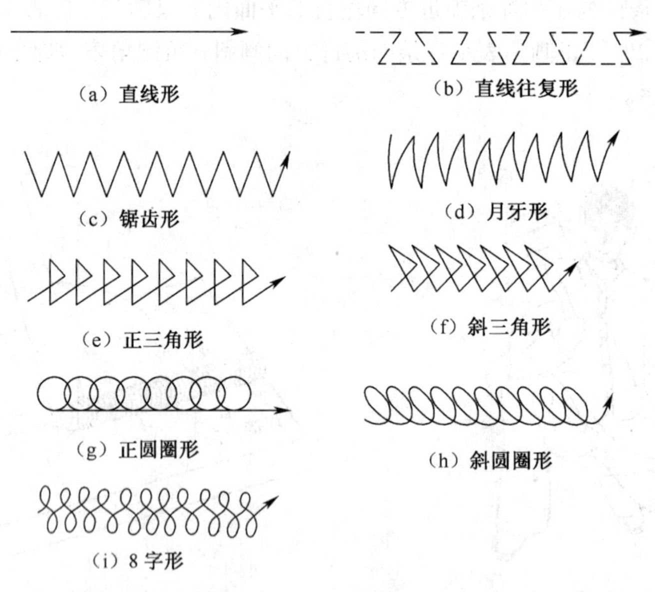

图 1-28 手工电弧焊的运条方法

① 直线形运条法。直线形运条法常用于 I 形坡口的对接平焊和多层多道焊。

② 直线往复运条法。这种运条法的特点是焊接速度快、焊缝窄、散热快，适用于薄板或接头间隙较大的多层焊第一层焊道。

③ 锯齿形运条法。焊接时，焊条末端作锯齿形连续摆动和向前移动，并在两边稍停片刻，以防产生咬边，这种方法较易掌握，生产中应用较多。

④ 月牙形运条法。这种运条方法熔池存在时间长，易于熔渣上浮和气体析出，焊缝质量较高。

⑤ 正三角形运条法。这种方法一次能焊出较厚的焊缝断面，不易夹渣，生产率高，适用于开坡口的对接接头。

⑥ 斜三角形运条法。这种运条方法能够借助焊条的摇动来控制熔化金属，促使焊缝成形良好，适用于 T 形接头的平焊和仰焊以及开有坡口的横焊。

⑦ 正圆圈形运条法。这种运条方法熔池存在时间长，温度高，便于熔渣上浮和气体析出，一般只用于较厚焊件的平焊。

⑧ 斜圆圈形运条法。这种运条方法有利于控制熔池金属不下淌，适用于 T 形接头的平焊和仰焊，对接接头的横焊。

⑨ 8 字形运条法。这种运条方法能保证焊缝边缘得到充分加热，熔化均匀，保证焊透，适用于带有坡口的厚板对接焊。

3. 焊道的连接

焊道连接一般有以下 4 种方式，如图 1-29 所示。

（1）尾头相接

尾头相接是以先焊焊道尾部接头的连接形式，这种接头形式应用最多。接头时在先焊焊道尾部前方约 10mm 处引弧，弧长比正常焊接时稍长些（碱性焊条不可拉长，否则易产生气孔），待金属开始熔化时，将焊条移至弧坑前 2/3 处，填满弧坑后即可向前正常焊接，如图 1-30 所示。

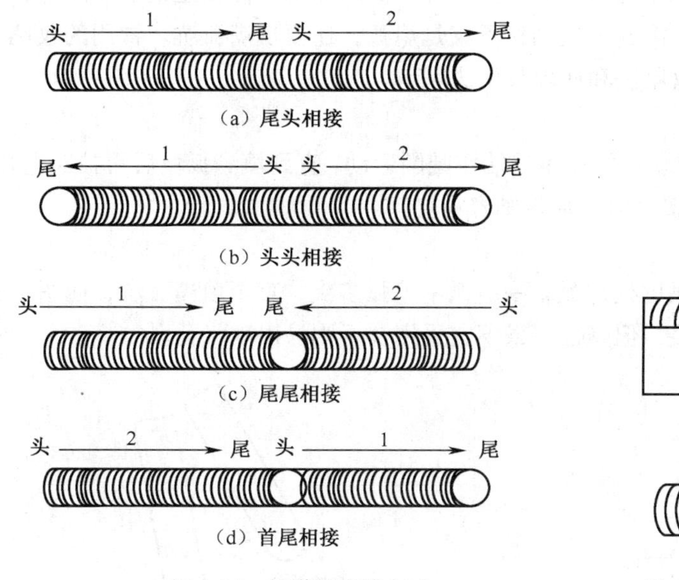

图 1-29 焊道的连接方式

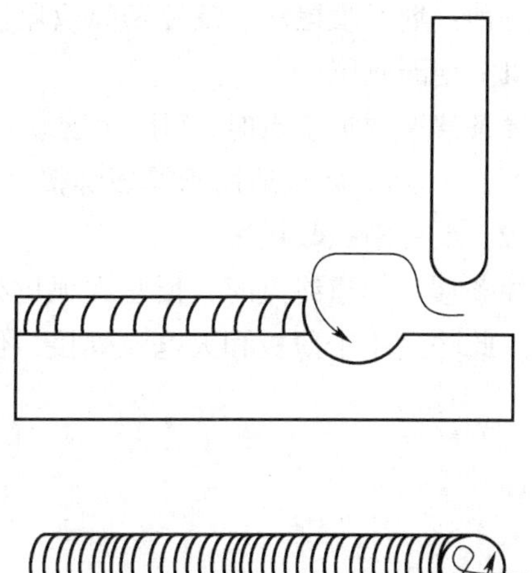

图 1-30 从先焊焊道末尾处接头的方法

（2）头头相接

头头相接是从先焊焊道起头处续焊接头的连接方式。这种接头形式要求先焊焊道的起头处要略低些，接头时从先焊焊道的起头略前处引弧，并稍微拉长电弧，将电弧拉到起头处，并覆盖其端头，待起头处焊平后再向焊道相反的方向移动，如图 1-31 所示。

（3）尾尾相接

尾尾相接就是后焊焊道从接口的另一端引弧，焊到前焊道的结尾处，焊接速度略慢些，以填满弧坑；然后以较快的焊接速度再向前焊一小段再熄弧，如图 1-32 所示。

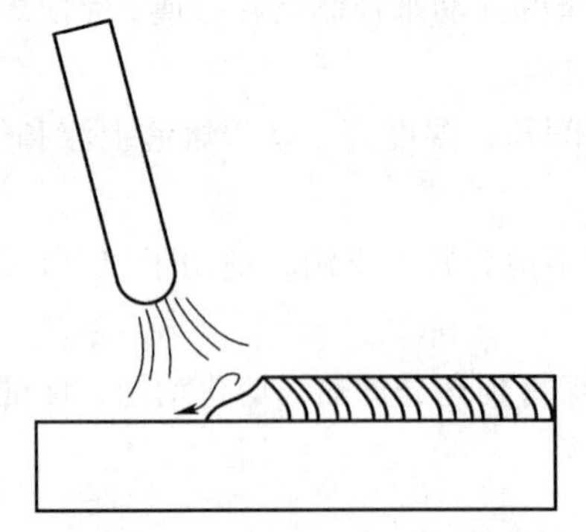

图 1-31　从先焊焊道起头处接头的方法

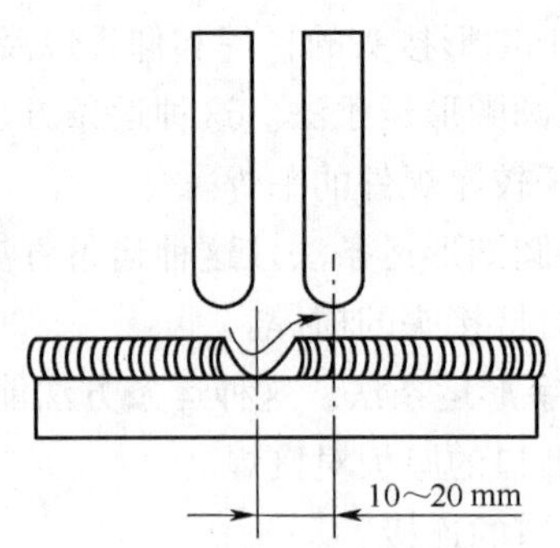

图 1-32　焊道接头的熄弧

（4）首尾相接

首尾相接是后焊焊道的结尾与先焊焊道的起头相连接，利用结尾时的高温重复熔化先焊焊道的起头处，将焊道焊平后快速收尾。

4. 焊道的收尾

焊道的收尾是指一条焊道结束时如何收弧。焊接时由于电弧吹力，使熔池呈凹坑状，如收尾时立即拉断电弧，则会产生一个低于焊道表面甚至焊件平面的弧坑，使收尾处强度降低，并容易产生应力集中而形成弧坑裂纹。因此收尾动作不仅是熄弧，还要填满弧坑。常用的收尾方法有三种：划圈收尾法、反复断弧收尾法和回焊收尾法。

（1）划圈收尾法

焊条移至焊道终点时，利用手腕动作使焊条尾端作圆圈运动，直到填满弧坑后再拉断电弧，如图 1-33 所示。此法适用于厚板焊接，对于薄板则容易烧穿。

（2）反复断弧收尾法

焊条移至焊道终点时，反复在弧坑处熄弧，一引弧一熄弧多次，直至填满弧坑，如图 1-34 所示。此法适用于薄板和大电流焊接，但碱性焊条不宜采用，否则易出现气孔。

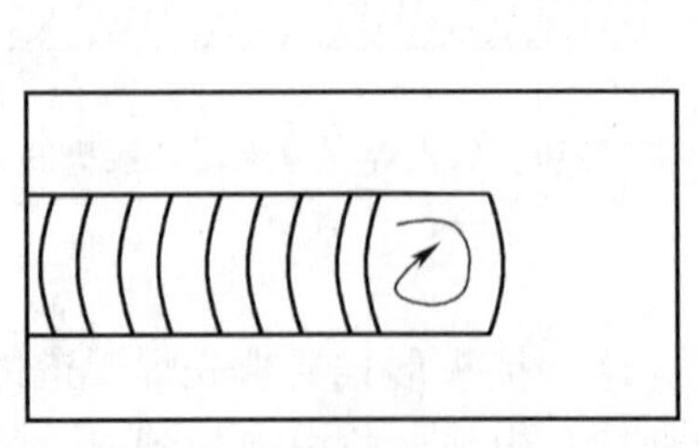

图 1-33　划圈收尾法

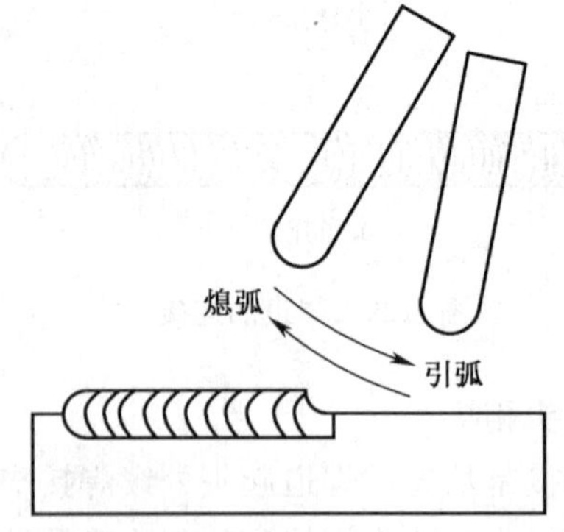

图 1-34　反复断弧收尾法

（3）回焊收尾法

焊条移至焊道收尾处即停止，但不熄弧，适当改变焊条角度，如图 1-35 所示，焊条由位置 1 转到位置 2，填满弧坑后再转到位置 3，然后慢慢拉断电弧，碱性焊条常使用此方法熄弧。

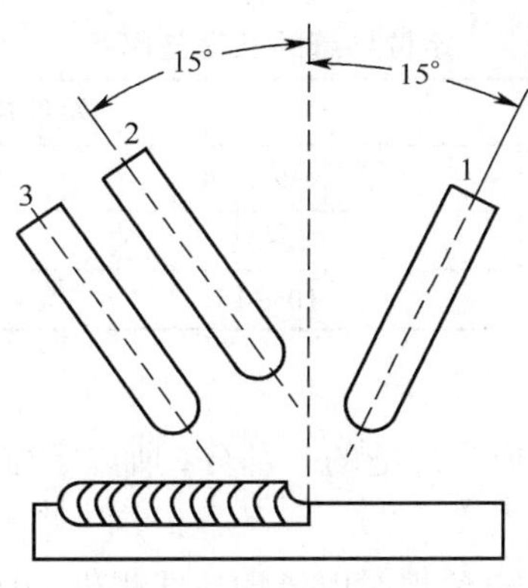

图 1-35　回焊收尾法

任务二　平对接焊

【学习目标】

1. 能够根据平对接焊的特点合理选择焊接工艺参数
2. 能够正确使用焊机及工具进行平对接焊的焊接操作
3. 能够培养良好的安全与卫生习惯

一、任务分析

当需要焊接连接的两块板件处于平焊位置时，所采用的焊接方法称为平对接焊。采用平对接焊时，为了焊透接缝，薄板件（板厚小于 2mm）可不开坡口；中厚板件（板厚 3～6mm）需开 I 型坡口；厚板件（板厚大于 6mm）需开 V 形、X 形或 U 型坡口。

二、相关知识与技能

（一）中厚板的平对接焊

1. 装配及定位焊

焊件装配时应保证两板对接处平齐，板厚时应留有一定的间隙，以保证焊透，间隙的大小取决于板厚，如表 1-7 所示。

表 1-7　　I 形坡口对接接头的装配间隙

项　目	无　垫　板		有　垫　板	
焊件厚度/mm	3～3.5	3.5～6	3～4	4～6
装配间隙/mm	0～1	2～2.5	0～2	2～3

焊件的装配间隙用定位焊缝来保证，定位焊缝是指焊前为装配和固定焊件接头的位置而焊接的短焊缝，其长度和间距取决于板厚，如表 1-8 所示。

表 1-8 定位焊缝的长度与间距

焊件厚度/mm	定位焊缝尺寸	
	长度/mm	间距/mm
3～4	5～10	50～100
4～6	10～15	100～150

对定位焊的要求如下。

① 焊接时定位焊缝被熔化，成为焊缝的一部分，所以定位焊缝所用的焊条应和正式焊接时使用的焊条相同。

② 为防止出现未焊透缺陷，定位焊时电流比正式焊低 10%～15%。

③ 定位焊缝的余高应低些，以防止正式焊接后余高过高，遇有交叉焊缝时，定位焊缝离交叉处 50mm 以上。

④ 如定位焊缝开裂，必须将裂纹处焊缝铲除后重新定位焊。

⑤ 定位焊后，如接口不平齐，应校正后再正式焊接。

2. 焊接操作

焊接下面选用 3.2mm 的焊条，电流为 90～120A，直线运条，短弧焊接。为获得较大熔深和焊缝宽度，运条速度稍慢些，使熔深达到板厚的 2/3，焊缝宽度为 5～8mm，余高小于 1.5mm，如图 1-36 所示。

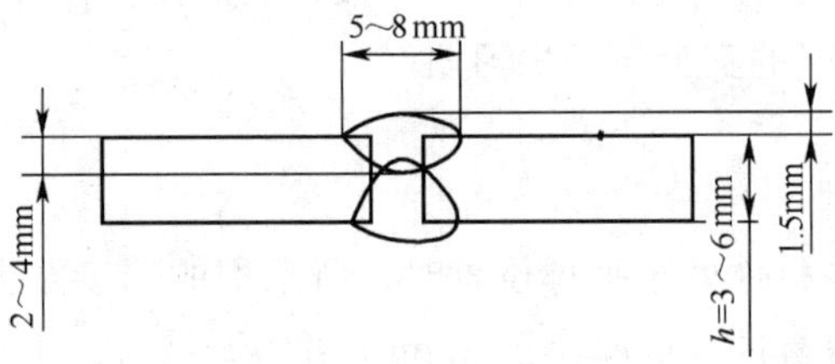

图 1-36 I 形坡口对接焊缝的外形尺寸

焊接时，焊缝的起点、连接、收尾与平敷焊相同。焊条的角度如图 1-37 所示。

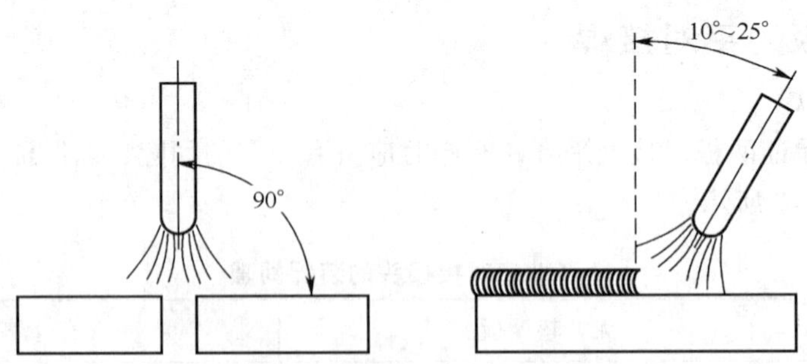

图 1-37 平对接焊时焊条的角度

焊接时，如发现熔渣与熔化金属混合不清，可把电弧稍拉长些，同时增大焊条前倾角，并向熔池后面扒送熔渣，这样熔渣被推到熔池后面，如图 1-38 所示，可防止产生夹渣缺陷。当进行反面封底焊时，焊前应清除焊根熔渣，适当增大焊接电流，运条稍快。

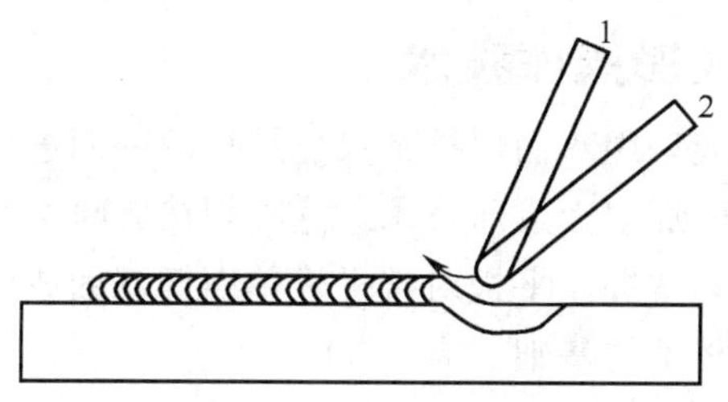

图 1-38　推送熔渣的方法

（二）薄板的平对接焊

薄板焊接时，易产生烧穿、焊缝成型不良、焊后变形大等缺陷，因此操作时应注意以下几点。

① 装配间隙不超过 0.5mm，剔除接头处后刺。

② 定位焊缝应短，近似点状，间距也应小些。

③ 宜采用短弧快速直线或直线往复式运条方式，以防止烧穿。

④ 最好采用下坡焊，即将焊件的一边垫起，使其倾斜 15°～20°，这样可提高焊速，减小熔深，防止烧穿，如图 1-39 所示。

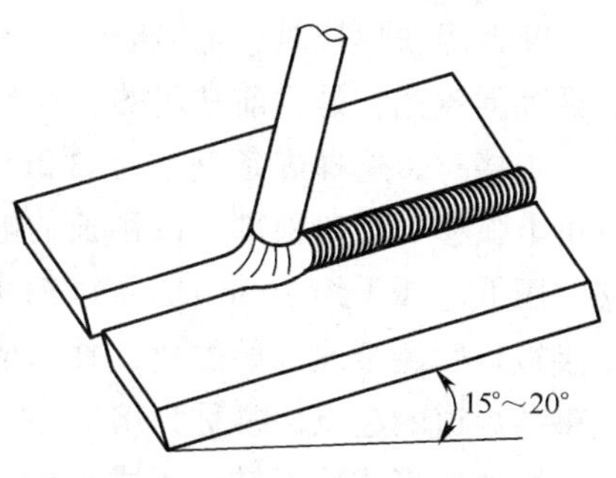

图 1-39　下坡焊操作示意图

⑤ 焊接后应进行校正。

（三）厚板的平对接焊

厚板焊接时应开坡口，以保证根部焊透，还根据需要采用多层焊或多层多道焊，如图 1-40 所示。

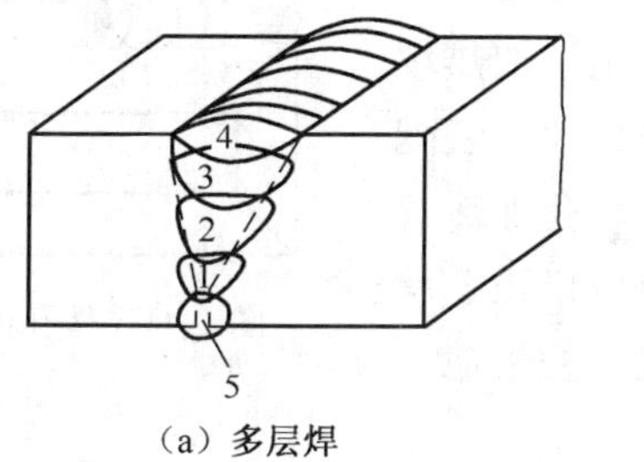

（a）多层焊

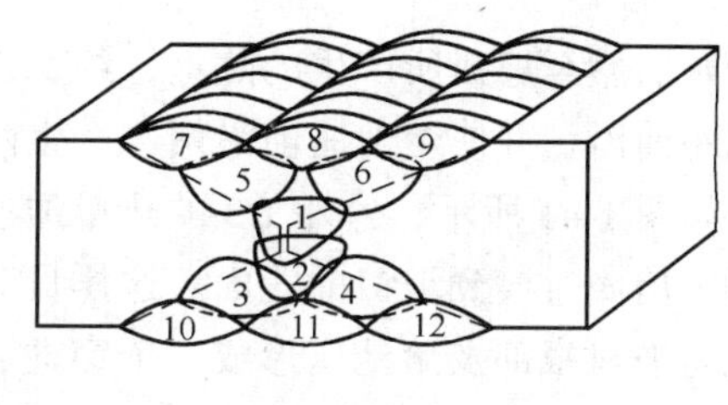

（b）多层多道焊

图 1-40　多层焊和多层多道焊

多层焊指熔敷两个以上焊层才完成整个焊道，且每层一般有一条焊道的焊接方法；多层多道焊是指有的层次要有两个或两个以上焊道的多层焊方法。

1. 打底层（第一层）焊道

选用较小直径焊条（一般为 3.2mm），运条因间隙大小而定。间隙较小时，采用直线形运条法；间隙较大时，采用直线往复运条法，以防烧穿。

2. 其他层焊道

用角磨机或扁铲将焊渣清除干净，选用直径 4mm 的焊条。第二层焊道采用直线形或小锯齿形运条，其余各层采用锯齿形运条，摆动范围逐渐加宽。注意每层焊道不要太厚，以防熔渣流到熔池前面而造成夹渣。多层多道焊时，每条焊道可都采用直线形运条法。

（四）单面焊双面成形操作技术

在有些焊接结构中，不能采用双面焊接，只能从焊缝一面进行焊接，而又要求完全焊透，这种熔透焊道焊接法即为单面焊双面成形技术。这种焊接有时可在坡口背面加垫板，有时不能采用任何辅助装置，因此不易掌握。平板对接平焊单面焊双面成形的操作是板状焊件各种位置及管状焊件单面焊双面成形技术的基础。

1. 打底层的焊接

单面焊双面成形的主要要求是焊件背面能焊出质量符合要求的焊缝，其关键是打底层的焊接。打底层的焊接目前有断弧焊和连弧焊两种方法。

（1）断弧焊法

断弧焊法焊接时，电弧时燃时灭，靠调节电弧燃、灭时间长短来控制熔池温度，工艺参数选择范围较宽，是目前常用的一种打底层方法。

焊接时，选择焊条直径为 3.2mm，焊接电流为 95～105A。首先在定位焊缝上引燃电弧，再将电弧移到坡口根部，以稍长的电弧（约 3.2mm）在该处摆动 2～3 个来回进行预热，然后立即压低电弧（约 2mm），约 1s 后可听到电弧穿透坡口而发出的“噗噗”声，同时定位焊缝及相接坡口两侧金属开始熔化，并形成熔池，这时迅速提起焊条，熄灭电弧。此处所形成的熔池是整条焊道的起点，常称为熔池座。

熔池座形成后即转入正式焊接。焊接时采用短弧焊，焊条前倾角为 40°～60°。正式焊接引燃电弧的时机应在熔池座金属未完全凝固，熔池中心半熔化，从护目镜下观察该部分呈黄亮色的状态；重新引燃电弧的位置在坡口的某一侧，并盖住熔池座金属的 2/3 处。电弧引燃后立即向坡口的另一侧运条，在另一侧稍作停顿之后迅速向斜后方提起熄弧，这样便完成了第一个焊点的焊接。

电弧从开始引燃至熄弧所产生的热量，约 2/3 用于加热坡口的正面熔池座前沿，并使熔池座前沿两侧产生两个大于装配间隙的熔孔，如图 1-41 所示；另外 1/3 的热量透过熔孔加热背面金属，同时将熔滴过渡到坡口的背面。这样贯穿坡口正、反两面的熔滴就与坡口根部及熔池座形成一个穿透坡口的熔池，凝固后形成穿透坡口的焊点。

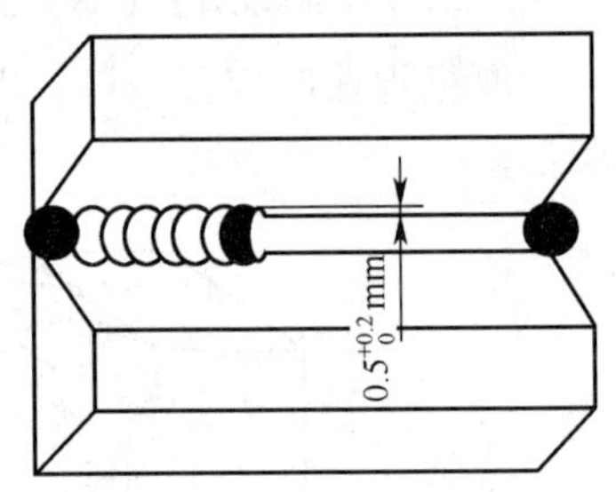

图 1-41　熔孔的位置与大小

下一个焊点的操作与第一个焊点相同，操作中应注意每次引弧的间距和电弧燃灭的节奏要保持均匀平稳，以保证坡口根部熔化深度一致，焊道宽窄、高低均匀。电弧燃、灭节奏一般在每分钟 45～55 次，每个焊点使焊道前进 1～1.5mm，正、反两面焊道高在 2mm 左右。更换焊条动作要快，使焊道在较高温度下连接，以保证连接处的质量。

（2）连弧焊法

用连弧焊法进行打底层焊接时，电弧连续燃烧，采用较小的根部间隙，选用较小的焊接电流，焊接时电弧始终处于燃烧状态并做有规则的摆动，使熔滴均匀过渡到熔池。连弧焊法背面成形较好，热影响区分布均匀，焊接质量较高，是目前推广使用的一种打底层焊接方法。

焊接时，选取焊条直径为 3.2mm，焊接电流为 75～85A，从一端施焊，在定位焊缝上引弧后，在坡口内侧采用 U 形运条方式，如图 1-42 所示。

电弧从坡口一侧到另一侧作一次 U 形运动后，即完成一个焊点的焊接。焊条摆动节奏为每分钟完成约 50 个焊点，逐个重合约 2/3，一个焊点使焊道前进约 1.5mm，焊接中熔孔明显可见，坡口根部熔化缺口约 1mm，电弧穿透坡口的“噗噗”声非常清楚。

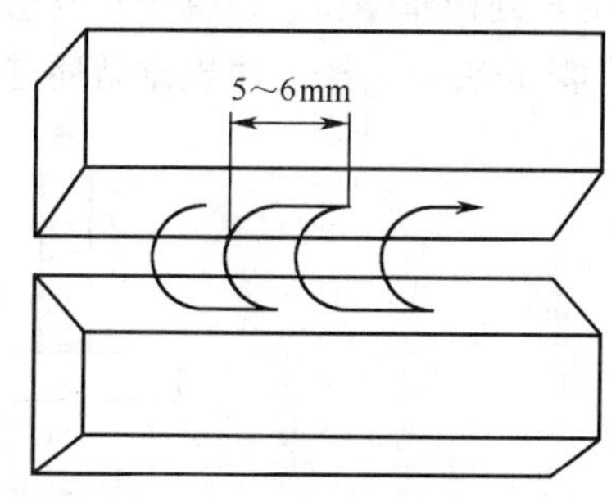

图 1-42　连弧法的运条方式

接头时，在弧坑后 10mm 处引弧，然后以正常速度运条至熔池的 1/2 处，将焊条下压击穿熔池，再将焊条提起 1～2mm，在熔化熔孔前沿的同时向前运条施焊。

收弧时，应缓慢将焊条向左或右后方带一下，随后即收弧，这样可避免在弧坑表面产生冷缩孔。

2. 其他各层的焊接

选用直径为 4mm 的焊条，填充层电流为 150～170A，盖面层为 140～160A，弧长 2mm，层间严格清渣。盖面层施焊时，电弧的 1/3 弧柱将坡口边缘熔合 1.5～2mm，并在坡口边缘稍停，以防止咬边。

任务三　角焊

【学习目标】

1. 能够根据角焊的特点合理选择焊接工艺参数
2. 能够正确使用焊机及工具进行角焊的焊接操作
3. 能够培养良好的安全与卫生习惯

一、任务分析

在焊接结构中，除大量采用对接接头外，还广泛采用 T 形接头、搭接接头和角接接头等形式，这些接头形成的焊缝叫角焊缝，对角焊缝横焊位置的焊接叫做横角焊。角焊时不仅要保证焊缝接头质量，还要使焊角尺寸符合要求，以保证接头的强度。焊接时根据焊脚尺寸选择焊接方式。焊脚尺寸小于 8mm 时，采用单层焊；焊脚尺寸为 8～10mm 时，采用多层焊；焊脚尺寸大于 10mm 时，采用多层多道焊。

二、相关知识与技能

（一）单层焊

由于角焊焊接热量向 3 个方向扩散，散热快，不易烧穿，所以焊接电流比同厚度板对接平焊大 10%左右。焊条的工作角度，当两板等厚时为 45°，厚度不等时应偏向薄板一侧（电弧偏向厚板），以使两板温度趋于均匀，如图 1-43 所示。

对于焊脚尺寸为 5～8mm 的焊缝，可采用斜锯齿形或斜圆圈形运条法，但要注意各点的运条速度不一样，否则易产生咬边、夹渣、边缘熔合不良等缺陷。T 形接头平角焊斜圆圈形运条方法如图 1-44 所示，在 a 处要慢些，以保证横板的熔深；由 a 到 b 稍快，以防熔化金属下淌；

在 b 处稍作停留，以保证熔化金属与立板熔合良好，防止咬边；b 到 c 稍慢，以保证根部焊透并防止夹渣。按上述规律循环进行，注意收尾时填满弧坑。

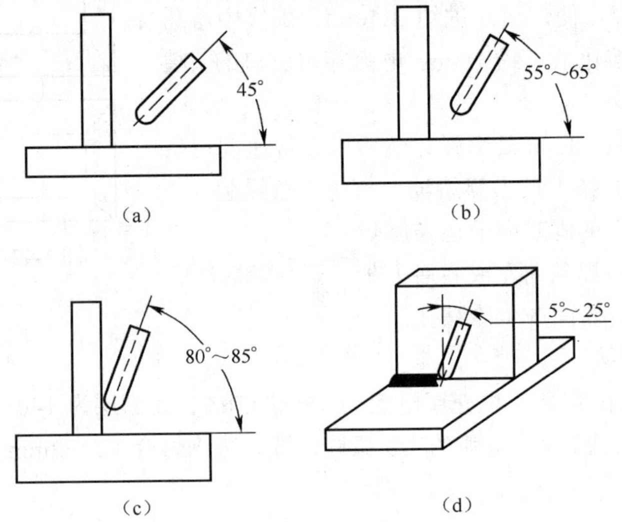

图 1-43　T 形接头角焊时的焊条角度

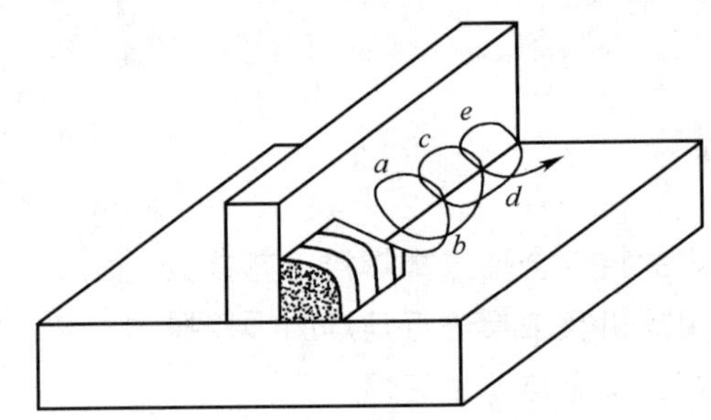

图 1-44　T 形接头平角焊的斜圆圈形运条方法

（二）多层焊

焊脚尺寸为 8～10mm 时，可采用两层两道焊法。

焊第一层：选用直径 3.2mm 的焊条，焊接电流稍大些（100～120A），以获得足够的熔深。采用直线形运条，注意收尾时把弧坑填满或略高些，以防在第二层收尾时因焊缝温度增高而产生弧坑过低现象。

焊第二层：在焊接第二层之前，必须将第一层熔渣清除干净。如有夹渣，应用小直径焊条修补，然后再进行第二层焊接，以保证层间熔合紧密。

选用直径 4mm 的焊条，焊接电流不宜过大，否则易产生咬边。采用斜圆圈形运条方法，如第一层有咬边时，在咬边处稍作停留，以弥补第一层的咬边缺陷。

（三）船形焊

在实际生产中，焊件如能转动，可将 T 形接头翻转 45°，使焊条在垂直面内进行施焊，叫船形焊，如图 1-45 所示。船形焊时，熔池处于水平位置，相当于平焊，焊缝质量好，而且易于操作。焊接时可采用较大直径的焊条和较大电流，采用月牙形或锯齿形运条方法。焊第一层仍用小直径焊条及稍大电流，其他各层与开坡口的平对接焊操作相似。

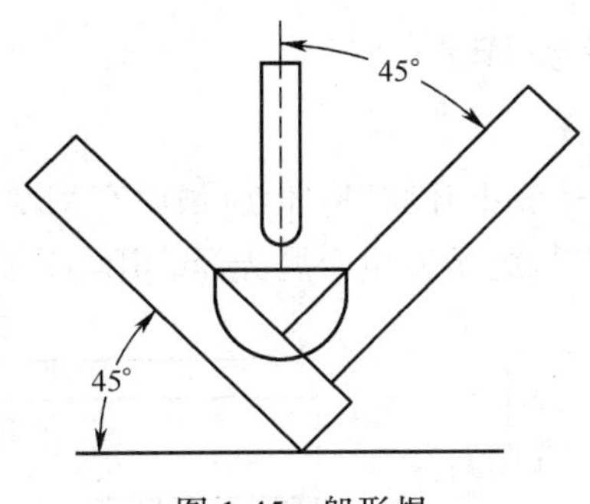

图 1-45　船形焊

任务四　对接横焊

【学习目标】

1. 能够根据对接横焊的特点合理选择焊接工艺参数
2. 能够正确使用焊机及工具进行对接横焊的焊接操作
3. 能够培养良好的安全与卫生习惯

一、任务分析

对接横焊是焊件处于垂直位置而接口处于水平位置的焊接操作。

横焊操作时，由于熔化金属受重力作用，有下淌倾向，使焊缝上边出现咬边，下边出现焊瘤、未焊透、夹渣等缺陷。由于横焊时通常采用多层多道焊法，熔化金属的下淌倾向使焊缝表面具有瓦楞状焊道重叠的特征，焊缝表面常形成条状凹槽，影响焊缝成形。此外，若熔化金属流到下侧坡口上，还会造成熔合不良或未焊透，因此横焊的操作技术对焊接质量有很大影响。为克服重力作用的影响，施焊时应保持合适的焊条角度和运条方法，采用较小的焊条直径和焊接电流，短弧焊接，以保证焊接质量。

二、相关知识与技能

对接横焊的焊接姿势如图 1-46 所示。

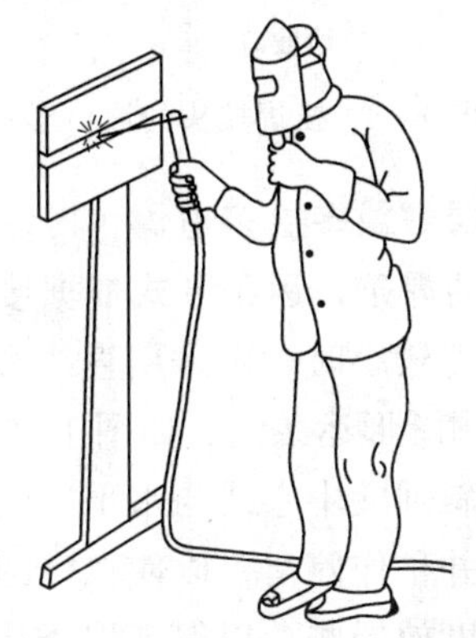

图 1-46　对接横焊的焊接姿势

（一）I 形坡口的横焊操作

1. 装配及定位焊

当焊件厚度小于 5mm 时，一般不开坡口，但应预留有宽度为板厚 1/2 左右的间隙，采用双面焊接。首先将待焊处用角磨机打磨至露出金属光泽，用与正式焊接相同的焊条，在焊件两端头 10mm 处进行定位焊。

2. 正面焊接

在定位焊的背面进行焊接。选用直径 3.2mm 的焊条，焊接电流比对接平焊时小 10%～15%，焊条工作角度如图 1-47 所示。操作中注意，当熔渣超前时，要用焊条前沿轻轻拨掉，以防熔滴金属随之下淌。运条方式：当焊件较薄时，可采用往复直线形运条；当焊件较厚时，可采用短弧直线形或小斜圆圈形运条方法。采用小斜圆圈形运条时，圆圈倾斜约 45°。

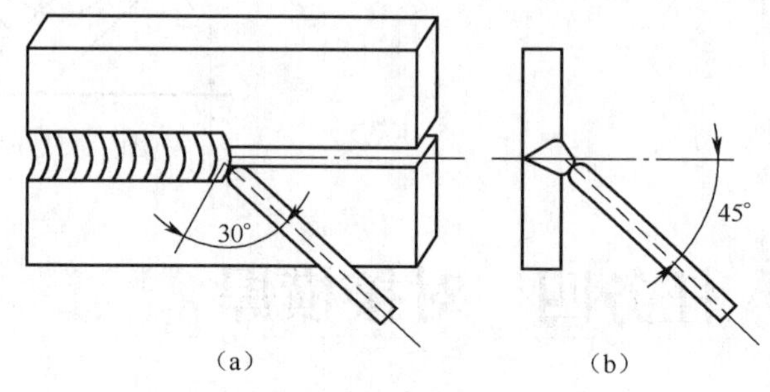

图 1-47　对接横焊的焊条角度

3. 背面焊接

背面焊接方法与正面焊接基本相同。

（二）开坡口的横焊操作

当焊件较厚时，一般可开 V 形、U 形坡口，坡口间隙为 2～3mm，钝边为 1～3mm。横焊坡口的特点是下面焊件不开坡口或坡口角度小于上面的焊件，如图 1-48 所示，这样有助于避免熔池金属下淌，有利于焊缝成形。

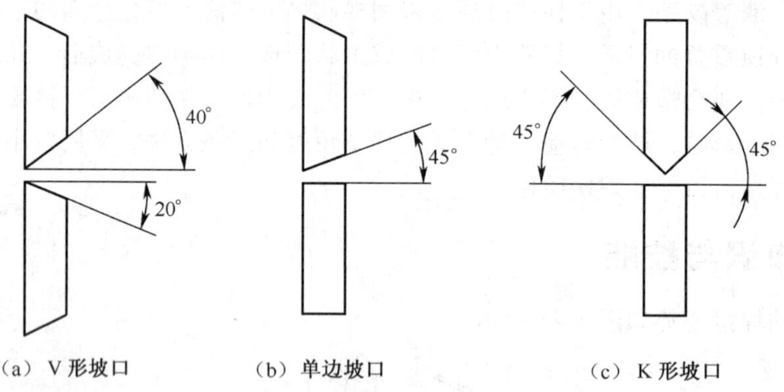

图 1-48　横焊接头的坡口形式

对于开坡口的焊件，应采用多层焊或多层多道焊，其焊道排列如图 1-49 所示。焊打底层焊道时，应选用较小直径（3.2mm）的焊条，运条方式根据接头根部间隙的大小而定，若间隙较大时，可采用直线往复形运条；间隙较小时，可采用直线形运条。焊接第二焊道时，可选用直径 3.2mm 或 4mm 的焊条，采用斜圆圈形运条法，如图 1-50 所示。为防止焊缝上侧出现咬边和下侧熔池金属出现下淌现象，每个斜圆圈中心线与水平方向夹角不超过 45°，当运条至斜圆圈上方时，电弧长度比下方稍短些，并稍作停留，以使较多的熔滴过渡到上侧，防止上侧出现咬边；由上到斜下方运条时，运条速度放慢些，以保证焊透；由下到斜上方运条时，运条速度稍快些，以防熔池下淌。运条时应注意均匀平稳，短弧焊接，使焊缝成形良好。

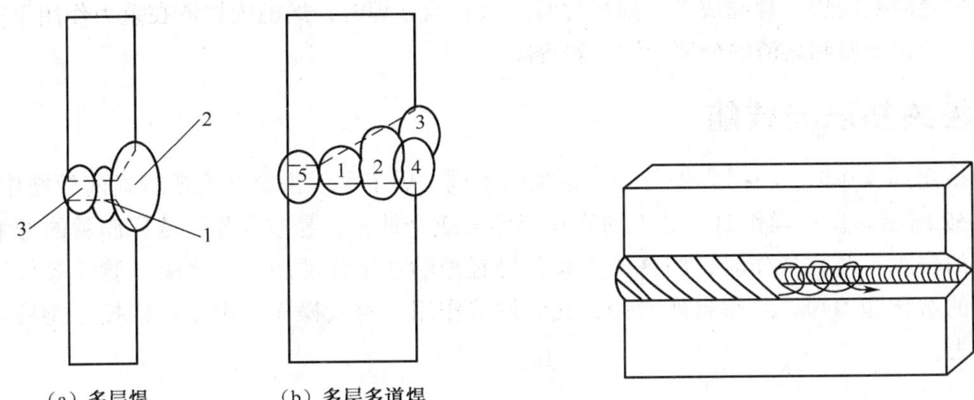

图 1-49　开坡口横焊焊道的排列顺序

图 1-50　开坡口横焊时的斜圆圈形运条法

背面封底焊时，首先进行清渣，选用直径 3.2mm 的焊条，较大的焊接电流，直线形运条进行焊接。

对于多层多道焊，可选用直径 3.2mm 的焊条，直线形或小圆圈形运条，并根据焊道位置适当调整焊条角度，始终保持短弧和适当的焊接速度，以获得较好的焊缝成形，如图 1-51 所示。

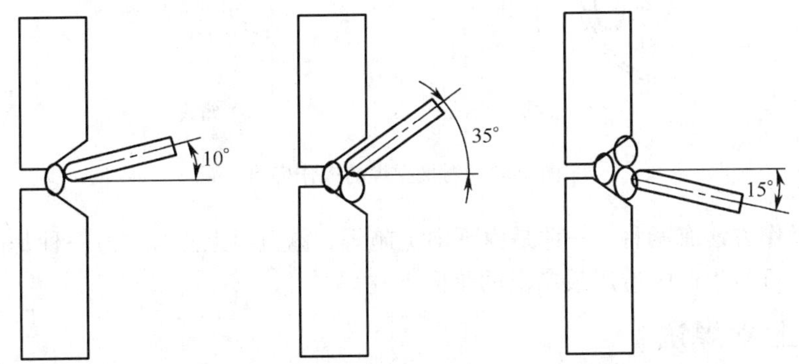

图 1-51　开坡口多层多道焊横焊的焊条工作角度

任务五　对接立焊

【学习目标】

1. 能够根据对接立焊的特点合理选择焊接工艺参数
2. 能够正确使用焊机及工具进行对接立焊的焊接操作
3. 能够培养良好的安全与卫生习惯

一、任务分析

当所连接的两块板件均处于垂直位置，且焊缝也处于垂直位置时，所实施的焊接操作称为对接立焊。对接立焊操作比平焊操作困难，主要原因是熔池及熔滴在重力作用下易下淌，产生焊瘤及焊缝两侧咬边，焊缝成形不如平焊时美观。但立焊时，熔池内熔渣在重力作用下容易下淌，便于熔化金属和熔渣的分离，清渣较容易。

二、相关知识与技能

对接立焊操作时，根据焊件与焊工距离的不同，焊工可以采取立式或蹲式两种操作姿势，如图 1-52 所示。立式操作时，焊工的胳膊半伸开或全伸开，悬空操作，依靠胳膊的伸缩来调节焊条的位置；蹲式操作时，胳膊的大臂可轻轻地贴在上体的肋部、大腿、膝盖等位置。随着焊条的熔化和缩短，胳膊自然前伸，起到调节作用。蹲式操作时由于有依托，较易掌握，也较省力。

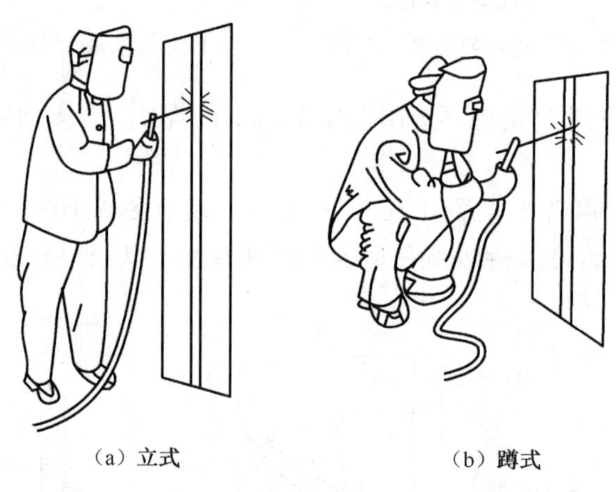

图 1-52　对接立焊的操作姿势

对接立焊操作方法有两种：一种是由下向上施焊，称为向上立焊；另一种是由上向下施焊，称为向下立焊。目前生产中应用最广泛的是向上立焊。

（一）向上立焊法

向上立焊的操作要领如下。

① 焊接时应选用较小直径（2.5～4mm）的焊条，较小的焊接电流（比平对接焊小 10%～15%），这样熔池体积小，冷却凝固快，可以减少和防止熔化金属下淌。

② 采用短弧焊接，电弧长度不大于焊条直径，利用电弧吹力托住熔池，同时短弧操作利于熔滴过渡。

③ 焊条工作角度为 90°，前倾角为−10°～−30°，即焊条向焊接方向的反方向倾斜，这样电弧吹力对熔池产生向上的推力，防止熔化金属下淌。

④ 为便于右手操作和观察熔池情况，焊工身体不要正对焊缝，要略向左偏。

（二）I 形坡口的对接立焊方法

I 形坡口对接立焊的操作方法主要有两种，即跳弧法和灭弧法。

1. 跳弧法

跳弧法操作要领是当熔滴脱离焊条末端过渡到熔池后，立即将电弧向上提起约 10mm，使熔化金属有凝固的机会，通过护目玻璃可以看到熔池中白亮的熔化金属迅速凝固，白亮部分迅速缩小，形成一个“台阶”。当熔池缩小至焊条直径的1～1.5倍时，再将电弧迅速拉回到“台阶”上面，在“台阶”上形成一个新熔池，如此不断地重复熔化→冷却→凝固→再熔化的过程，就能由下向上形成一条焊缝。在提起电弧时应注意电弧长度不可过长，最大不超过6mm，以防止空气侵入熔池，如图1-53所示，运条可采用月牙形或锯齿形运条法。

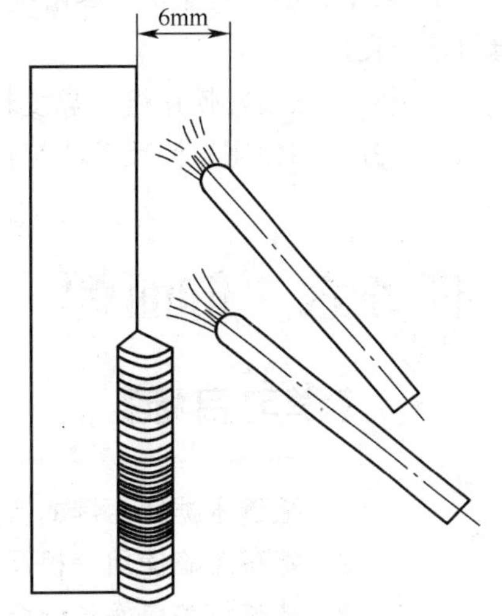

图1-53　I形坡口对接立焊跳弧法

2. 灭弧法

灭弧法的操作要领是当熔滴脱离焊条末端过渡到对面的熔池后，立即将电弧拉断熄灭，使熔化金属有瞬时凝固的机会，随后重新在弧坑引燃电弧，使燃弧、灭弧交替地进行。灭弧的时间在开始时可以短些，因为此时焊件温度较低，随着焊接时间的增长，灭弧时间也要稍长一些，以避免烧穿和形成焊瘤。在焊缝收尾时灭弧法用得比较多，因为这样可以避免收弧时熔池宽度增加，产生烧穿及焊瘤等缺陷。

无论用跳弧法还是灭弧法进行焊接，在起头时，当电弧引燃后，应将电弧稍微拉长，以对焊缝接头进行预热，然后再压低电弧进行焊接。在施焊过程中要注意熔池形状，如发现椭圆形熔池的下部边缘由比较平直的轮廓逐渐鼓肚变圆时，表示温度稍高或过高，如图1-54所示，此时应立即灭弧，降低熔池温度，避免产生焊瘤。待熔池冷却后，再继续引弧施焊。

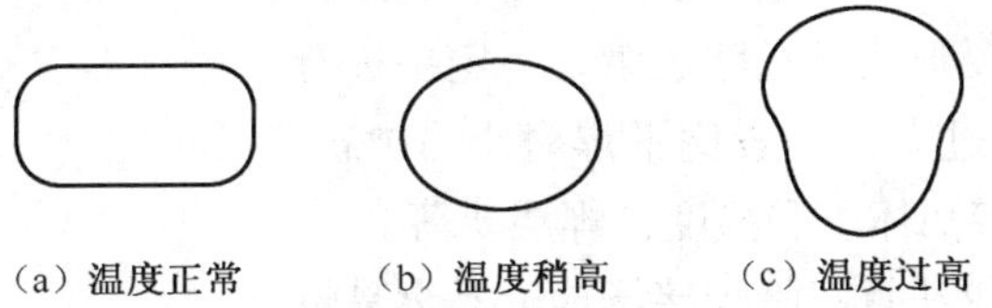

（a）温度正常　（b）温度稍高　（c）温度过高

图1-54　立焊时熔池形状与熔池温度的关系

对接立焊的接头也比较困难，容易产生夹渣和焊缝过高等缺陷。因此，最好采用热接法，更换焊条要迅速。接头时，如发现有熔化金属拉不开或熔渣与熔化金属混合在一起的现象，主要是由更换焊条过慢、引弧后预热时间不足或焊条角度不正确等原因引起的，此时应将电弧稍微拉长一些，并适当延长在接头处的停留时间，同时减少焊条前倾角，使前倾角为零，这样熔渣便自然滚落下去。

（三）向下立焊法

向下立焊法只适用于薄板和不甚重要结构的焊接，因为向下立焊比向上立焊熔化金属及熔渣更易下坠，焊缝易产生夹渣和气孔等缺陷。向下立焊法的特点是焊接速度快，熔深浅，熔宽窄，不易烧穿，焊缝成形美观，操作简单，但需要熟练掌握操作技巧。其操作要点如下。

① 焊接电流应适中，保证熔合良好。

② 焊接时，焊条应垂直于焊件表面，用直击法引弧，运条时采用较大的焊条前倾角，为

30°～40°，利用电弧吹力托住熔池，防止熔池下淌。

③ 采用直线形运条法，尽量避免横向摆动，但有时也可稍作横向摆动，以利于焊缝两侧与母材熔合良好。

向下立焊法最好使用熔渣黏度较大的向下立焊专用焊条。除使用交流焊接电源外，普通直流弧焊电源都应使用直流反接法焊接。

任务六　仰面焊

【学习目标】

1. 能够根据仰面焊的特点合理选择焊接工艺参数
2. 能够正确使用焊机及工具进行仰面焊的焊接操作
3. 能够培养良好的安全与卫生习惯

一、任务分析

对于仰焊缝的焊接称为仰焊。仰焊时，焊条位于焊件下方，焊工仰视焊缝进行焊接。

二、相关知识与技能

几种基本焊接位置中，仰焊是最难操作的一种焊接位置。首先是由于重力作用，熔化金属与熔渣自然坠落倾向很大；再者，重力会阻碍熔滴过渡，因此仰焊时熔滴过渡的主要形式是短路过渡，一定要进行短弧操作，焊接电流不可过大，一般比平焊时小 10%～15%，同时还应注意控制熔池体积和温度，焊层要薄。

仰焊操作时飞溅大，应注意清除焊接场地的易燃易爆物品，特别应加强劳动保护。除要正常穿戴常用防护用品外，尤应注意扣紧领口、袖口，头戴披风帽，颈扎毛巾；上衣不要束在裤腰内；裤脚不能卷起，也不能束在鞋筒内，面罩黑色玻璃要固定牢固，四周不能有缝隙。要严格遵守上述要求，以防止烧伤、烫伤。

在仰焊时，视线要选择最佳位置，两脚成半开步站立，上身要稳，由远而近地运条，如图 1-55 所示。为了减轻臂腕的负担，可将电缆线的一段搭在肩上，或挂在临时设置的钩子上。

图 1-55　仰焊操作

（一）角接仰焊

T 形接头仰焊比对接仰焊相对说来较易掌握。当焊角尺寸小于 6mm 时，宜用单层焊，大于 6mm 时应用多层焊或多层多道焊。第一层采用直线形或直线往复形运条方法，以后各层用斜圆圈形或斜三角形运条法，使用短弧小电流操作，焊条角度如图 1-56 所示。

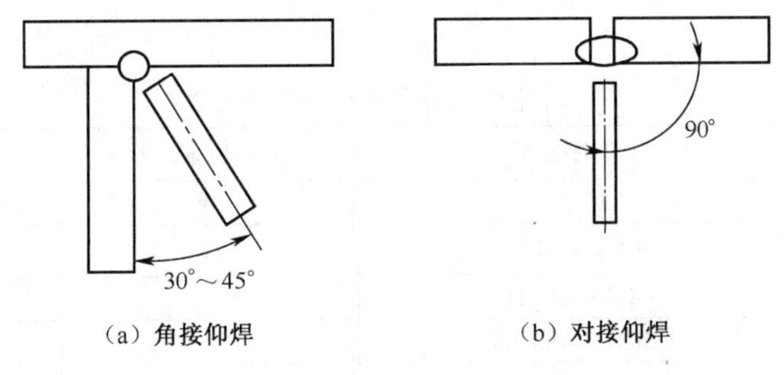

（a）角接仰焊　　（b）对接仰焊

图 1-56　仰焊的焊条工作角度

（二）I 形坡口对接仰焊

厚度 5mm 以下的对接焊缝可用 I 形坡口，并留有适当的间隙，焊接时选用直径 3.2mm 的焊条，焊接电流比平焊时小 10%～15%，焊条工作角度为 90°，焊条前倾角为 10°～20°。在焊接过程中运条要均匀，不要中断，当坡口间隙较小时，采用直线形运条；坡口间隙较大时，采用直线往复形运条。焊接电流比平对接焊时要小，但不可过小，否则熔深不足，电弧稳定性差，不易操作，焊接质量也难以保证。为防止液态金属流淌，熔池不可过大，操作中注意控制熔池的大小和温度，并注意熔渣流动情况。只有熔渣浮出正常，才能保证熔合良好，避免夹渣。收尾动作要快，以免焊漏，但应填满弧坑。在运条过程中，要保持最短的电弧长度，以利熔滴过渡。

知识与能力拓展

电弧作为电弧焊的能量来源，能有效而简便地把弧焊电源输送的电能转换成热能和机械能，供焊接使用。电弧作为导体不同于金属导体，金属导电是通过金属内部自由电子的定向移动形成电流；而电弧导电时，电弧气氛中的电子、正离子、负离子都参与导电，其过程要比金属导电复杂的多。

电弧具有良好的热特性，即它能放出强烈的光，产生大量的热，并且电弧的温度高，热量集中，足以熔化所有金属，因此是一种理想的焊接热源。

（一）焊接电弧的物理基础

正常状态下的气体是不导电的，它是由中性气体分子或原子组成的。要使正常状态下的气体导电，首先必须使其产生带电粒子。电弧焊中，气体粒子电离和阴极电子发射是产生带电粒子的两个基本物理过程，同时也伴随着激励、解离、扩散、复合、负离子产生等过程。

1. 气体粒子电离

在外加能量作用下，使中性的气体分子或原子分离成电子和正离子的过程称为气体电离。气体电离的实质是中性气体粒子（分子或原子）吸收足够的外部能量，使得分子或原子中的电子脱离原子核的束缚而成为自由电子和正离子的过程。中性气体粒子失去第一个电子所需的最小外加能量称为第一电离能，失去第二个电子所需的能量称为第二电离能，依此类推。电弧焊中的气体粒子电离现象主要是一次电离。电离能通常以电子伏特（eV）为单位。1 电子伏特就是指 1 个电子通过电位差为 1 伏的两点间所需做的功，其数值为 1.6×10^{-19}J。为了便于计算，常把以电子伏特为单位的能量用数值上相等的电离电压来表示。电弧气氛中常见的气体粒子的电离电压如表 1-9 所示。

表 1-9　　常见气体粒子的电离电压

气体粒子	电离电压/V	气体粒子	电离电压/V
H	13.5	W	8.0
He	24.5（54.2）	H_2	15.4
Li	5.4(75.3,122)	C_2	12
C	11.3(24.4,48,65.4)	N_2	15.5
N	14.5(29.5,47,73,97)	O_2	12.2
O	13.5(35,55,77)	Cl_2	13
F	17.4(35,63,87,114)	CO	14.1
Na	5.1(47,50,72)	NO	9.5
Cl	13(22.5,40,47,68)	OH	13.8
Ar	15.7(28,41)	H_2O	12.6
K	4.3(32,47)	CO_2	13.7
Ca	6.1(12,51,67)	NO_2	11
Ni	7.6(18)	Al	5.96
Cr	7.7(20,30)	Mg	7.61
Mo	7.4	Ti	6.81
Cs	3.9(33,35,51,58)	Cu	7.68
Fe	7.9(16,30)		

当其他条件（如气体的解离性能、热物理性能等）一定时，气体电离电压的大小反映了带电粒子产生的难易程度。电离电压低，带电粒子容易产生，利于电弧导电；相反，电离电压高，带电粒子不容易产生，不利于电弧导电。若电弧空间同时存在电离电压不同的几种气体，当受到外界能量的作用时，电离电压较低的气体粒子将先被电离，这种气体的存在对电弧的引燃和电弧的稳定燃烧起着重要的作用。

根据外加能量来源的不同，气体电离可分为以下几种：热电离、场致电离和光电离。

（1）热电离

气体粒子受热的作用而产生电离的过程称为热电离。

由分子运动理论可知，气体温度越高，气体粒子（包括中性粒子、电子和离子）运动越剧烈，即动能越大。气体粒子在高速的热运动过程中将频繁地发生相互碰撞，碰撞时粒子间发生能量的传递和转换，若粒子的运动速度足够快（即动能足够大），被碰撞粒子所受的能量达到该粒子的电离能时，则将产生电离。由此可知，热电离实质上是由于粒子受热作用而引起相互碰撞而产生的一种电离现象。

电弧中不仅含有中性粒子（分子或原子），同时也含有电子、正离子等多种粒子。在温度很高的电弧气氛中，所有粒子之间都存在相互碰撞的可能，但是由于电子的质量远小于气体分子、原子或离子等其他粒子的质量，因此，它的速度极快。当电子与其他中性粒子碰撞时，几乎可将其全部动能传递给被碰撞的中性粒子，转换为中性粒子的内能。

电弧中带电粒子数的多少对电弧的稳定起着重要的作用。单位体积内电离的粒子数与气体电离前粒子总数的比值称作电离度，用 x 表示，即

$$x = \frac{\text{电离后的电子或离子密度}}{\text{电离前的中性粒子密度}} \qquad (1\text{-}2)$$

热电离的电离度与温度、气体压力及气体的电离电压有关。随着温度的升高，气体压力的减少及电离电压的降低，电离度随之增加，电弧中带电粒子数增加，电弧的稳定性增强。热电离度（x）与温度（T）的关系如图 1-57 所示。

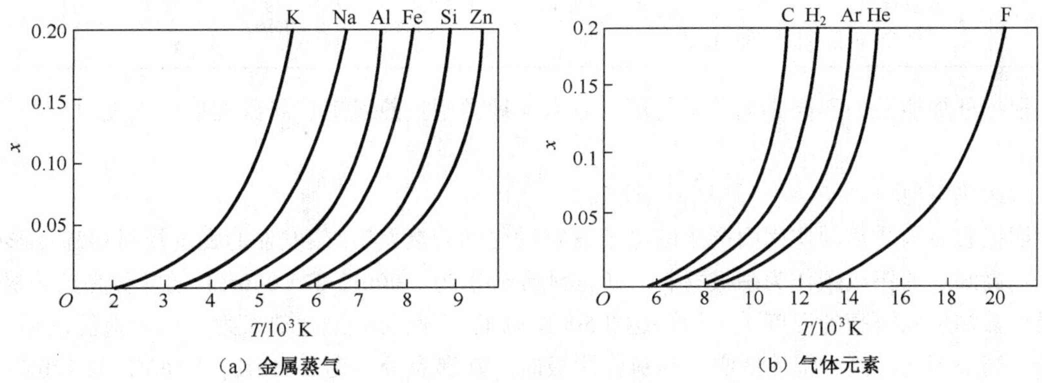

（a）金属蒸气 （b）气体元素

图 1-57 热电离的电离度 x 与温度 T 的关系

当电弧的气体介质为混合气体时，电离电压最低的气体粒子的电离度最大，其数量的多少将对提供电弧中的带电粒子起到非常重要的作用。因此，在实际焊接中，往往采取一些措施使电弧气氛中含有一定量电离电压较低的物质，以得到更多的带电粒子，从而改善电弧的稳定性。

（2）场致电离

在两电极的电场作用下，气体中的带电粒子被加速，当带电粒子的动能达到一定数值时，有可能与中性粒子发生碰撞而使之产生电离，这种电离称为场致电离。

在普通焊接电弧中，因弧柱部分的电场强度较弱，电子由电场作用所获得的动能比之由热作用所获得的动能小得多，所以在弧柱中热电离是获得带电粒子的主要途径，通过电场作用得到带电粒子是次要的。而在阴极区和阳极区，电场强度远高于弧柱区，会产生显著的电场作用下的电离现象。

由上述分析可知，热电离和场致电离本质上都属于碰撞电离。在电弧气氛中，通过电离产生的带电粒子在电弧空间中不断地运动，不断地与其他粒子相互碰撞，并伴随着新的带电粒子的的产生。

（3）光电离

中性气体粒子受到光辐射的作用而产生的电离过程称为光电离。光电离只是电弧中产生带电粒子的一种次要途径。

2. 阴极电子发射

在电弧焊中，电弧气氛中的带电粒子一方面由电离产生，另一方面则由阴极电子发射获得，两者都是电弧产生和维持不可缺少的必要条件。

阴极表面受到一定的外加能量作用，其表面的自由电子逸出的过程称为电子发射。1 个电子从金属表面逸出所需要的最低能量称为逸出功（Ww），单位为电子伏特（eV）。因电子电量为常数 e，故通常用逸出电压（Uw）来表示，Uw = Ww/e，单位为 V。逸出功的大小受电极材料种类及表面状态的影响。表 1-10 列出了几种金属材料的逸出功。由表可见，金属表面存在氧化物时逸出功减少。

表 1-10　　几种金属材料的逸出功

金属种类		W	Fe	Al	Cu	K	Ca	Mg
逸出功 /eV	纯金属	4.54	4.48	4.25	4.36	2.02	2.12	3.78
	表面有氧化物		3.92	3.9	3.85	0.46	1.8	3.31

根据外加能源的不同，电子发射可以分为 4 种类型：热发射、场致发射、光发射和粒子碰撞发射。

（1）热发射

阴极表面因受热的作用而产生的电子发射过程称为热发射。热发射的强度受材料沸点影响。当采用高沸点的钨或碳作为阴极材料时（其沸点分别为 6 000K 和 5 000K，通常称为热阴极），电极可被加热到很高的温度（一般可达 3 500K 以上），此时，通过热发射可为电弧提供足够的电子。当采用钢、铜、铝等低沸点材料作阴极时（其沸点分别为 3 013K、2 868K、2 770K，通常称为冷阴极），阴极加热温度受材料沸点限制不可能很高，热发射能力较弱，必须依靠其他方式补充发射电子。热发射时，逸出的电子将从电极表面带走相当于逸出功的热量，对阴极表面产生冷却作用。

（2）场致发射

当阴极金属表面空间存在一定强度的正电场时，金属内部的电子将受到电场力的作用，当此力达到一定程度时，电子便会逸出金属表面，这种电子发射现象称为场致发射。电弧焊中采用冷阴极时，热发射能力不足，此时向电弧提供电子的主要方式是场致发射电子。

（3）光发射

当金属表面受到强光辐射的作用，金属内的自由电子能量达到一定程度而逸出金属表面的现象称为光发射。光发射在阴极电子发射中居次要地位。

（4）粒子碰撞发射

电弧中高速运动的粒子（主要是正离子）碰撞金属表面时，把能量传递给金属表面的电子，使电子能量增加而逸出金属表面的现象称为粒子碰撞发射。

实际焊接过程中，上述几种电子发射形式常常是同时存在，相互补充的。不同的条件下它们起的作用各不相同。

3. 电弧中的其他物理过程

电弧导电是个复杂的过程，电弧中不仅存在气体粒子电离和阴极电子发射现象，同时还存在激励、扩散、复合和负离子的产生等过程。它们对电弧的导电过程也存在一定的影响。

① 激励。当中性气体粒子受到外加能量的作用，不足以使电子完全脱离原子或分子时，电子从较低的能级跃迁到较高的能级，使中性粒子处于一种不稳定的状态，称为激励。

② 扩散。电弧中的带电粒子从密度高的地方向密度低的地方移动而趋向均匀的现象称为扩散。

③ 复合。电弧空间的正负带电粒子（正离子、负离子和电子），在一定条件下相遇而结合成中性粒子的过程称为复合。

④ 负离子的产生。在一定条件下，有些中性原子或分子能与电子结合形成负离子，从而使电弧导电能力及电弧稳定性下降。

（二）焊接电弧的结构及特性

1. 焊接电弧的结构

焊接电弧可分为 3 个区域：阴极区、阳极区和弧柱区，如图 1-58 所示。电弧的热能由 3 个区域共同产生，但各区域的过程特点不同，所放出的能量及温度的分布也不同。

① 阴极区

电弧中紧靠负极的区域称为阴极区，阴极区很窄，为 10^{-6}～10^{-5}cm，在阴极区的阴极表面有一个明显的光斑点，它是电弧放电时，负极表面上集中发射电子的区域，称为阴极斑点。阴极区的温度一般为 2 130℃～3 230℃，放出的热量占总热量的 36%左右。

② 阳极区

电弧紧靠正电极的区域称为阳极区。阳极区较阴极区宽，为 10^{-4}～10^{-3}cm。在阳极区的阳极表面也有光亮的斑点，它是电弧放电时，正电极表面集中接收电子的区域，称为阳极斑点。阴极发射电子时需消耗一定的能量，而阳极不发射电子，因此当两极材料相同时，阳极区温度略高于阴极区。阳极区温度一般为 2 330℃～3 930℃，放出的热量占总热量的 43%左右。对于交流电弧，因其电源的极性周期性改变，两电极区的温度基本一致。

③ 弧柱区

电弧阴极区与阳极区之间的部分称为弧柱区。阴极区和阳极区都很窄，因此弧柱区的长度基本上等于电弧长度。弧柱区的中心温度高达 5 730℃～7 730℃，与电极材料无关，主要取决于弧柱区气体介质和焊接电流的大小。焊接电流越大，弧柱区温度越高。弧柱区放出的热量占总热量的 21%左右。

电弧两电极之间的电压降称为电弧电压。电弧电压等于阴极区电压降、阳极区电压降和弧柱区电压降之和，而弧柱区电压降与电弧长度成正比，因此电弧越长，弧柱区电压降越大，电弧电压也就越高。

2. 焊接电弧的静特性

（1）电弧静特性曲线

电弧稳定燃烧时，在电极材料、气体介质和弧长一定的情况下，电弧电压随焊接电流的变化关系称为电弧静特性（又称伏安特性），表示它们关系的曲线叫做电弧静特性曲线，如图 1-59 所示。

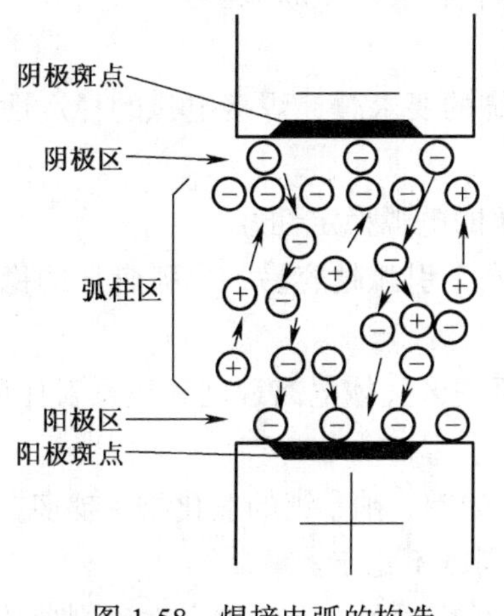

图 1-58　焊接电弧的构造

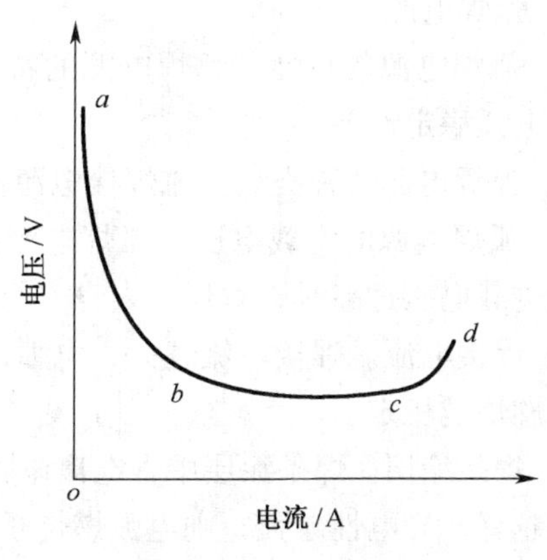

图 1-59　电弧的静特性

从图 1-59 可看出，电弧静特性曲线呈 U 形，可分为 3 个区域。

① 下降特性区。当电流较小时（图 1-59 中 *ab* 段），随着电流的增大，电压降低，所以称为下降特性区。

② 平特性区。当电流稍大时，随着电流增大，电压几乎不变，因此称为平特性区（图 1-59 中 *bc* 段）。

③ 上升特性区。当电流较大时，随着电流增大，电压升高，因此称为上升特性区（图 1-59 中 *cd* 段）。

（2）不同焊接方法的电弧静特性

采用不同的电弧焊方法，焊接电流的范围不同，其焊接电弧的静特性只是曲线的某一区域。

① 手工电弧焊。焊接时，焊接电流一般不超过 500A，其静特性曲线表现为下降特性区（*ab* 段）和平特性区（*bc* 段）。

② 钨极惰性气体保护焊。一般在小电流焊接时，其静特性曲线表现为下降特性区（*ab* 段）；大电流焊接时，表现为平特性区（*bc* 段）。

③ 埋弧自动焊。正常焊接时其静特性曲线表现为平特性区（*bc* 段），大电流焊接时表现为上升特性区（*cd* 段）。

④ 熔化极气体保护焊。因焊接电流大，其静特性为曲线表现上升特性区（*cd* 段）。

（3）电弧静特性的影响因素

① 电弧长度的影响。因电弧电压与电弧长度成正比，所以随电弧长度的增加，电弧静曲线平行上移。

② 介质种类的影响。不同的气体介质，其物理性能不同，会对电弧电压产生显著影响，而改变电弧静特性曲线的位置。例如氩弧焊，在氩气中加入氢气后，电弧电压升高，电弧静特性曲线上移。

③ 气体介质压力的影响。介质压力增大，电弧电压升高，电弧静特性曲线上移。

3. 焊接电弧的稳定性

焊接电弧的稳定性是指电弧保持稳定燃烧而不产生断弧、漂移和磁偏吹等的程度。焊接电弧燃烧是否稳定，直接影响到焊接质量的好坏，焊接过程能否正常进行。影响焊接电弧稳定性的因素主要有以下几方面。

① 焊工操作技术。如焊接操作中电弧长度控制不当，将会产生断弧。

② 弧焊电源。

- 弧焊电源的特性。弧焊电源的特性符合电弧燃烧的要求时，焊接电弧的稳定性较好，反之，电弧稳定性差。
- 弧焊电源的种类。直流焊接电源比交流弧焊电源的电弧稳定性好。
- 弧焊电源的空载电压。弧焊电源的空载电压越高，引弧越容易，电弧燃烧的稳定性越好，但空载电压过高时，对焊工人身安全不利。

③ 焊接电流。焊接电流越大，电弧的温度越高，弧柱区气体电离程度和热发射作用越强，则电弧燃烧越稳定。

④ 焊条涂层。焊条涂层中含电离电位较低的物质（如钾、钠、钙的氧化物）越多，气体电离程度越好，导电性越强，则电弧燃烧越稳定。反之，则越不稳定。

⑤ 电弧长度。电弧长度过短，容易造成短路；电弧长度过长，电弧就会发生剧烈摆动，从

而破坏焊接电弧的稳定性，并且飞溅大。

⑥ 焊接表面状况、气流、电弧偏吹等。焊接处不清洁，如有油脂、水分、锈蚀等存在时电弧稳定性差。气流、大风、电弧偏吹等会降低电弧燃烧的稳定性。

4. 焊接电弧的偏吹

在正常情况下，电弧有一定的刚直性，即其中心轴线总是和焊条电极轴线一致，且随焊条轴线的变化而改变，我们常利用电弧的这一特性来控制焊缝的成形。但在焊接中，有时会因气流干扰、焊条偏心、磁场的作用等原因，电弧中心偏离电极轴线，这种现象称为电弧偏吹。

电弧偏吹的原因主要有以下几点。

① 焊条涂层厚度不均。在制造中，若焊条涂层厚度不均匀，焊接时薄边先熔化，会迫使电弧向外偏吹。

② 气流干扰。例如，在露天大风中焊接时，会因风力影响造成偏吹；在焊接管子时，会因空气在管子中高速流动而造成偏吹；对接接头处间隙较大，焊接时会造成热对流而引起偏吹。对于气干扰造成的偏吹，可通过查明风向，适当遮挡来克服。

③ 磁偏吹。直流电弧焊时，因焊接回路磁场作用而引起的电弧偏吹称磁偏吹。电弧产生实质上是气体电离而导电的过程，因此电弧在电磁力作用下发生偏移，引起偏吹。造成磁偏吹的原因主要有以下几种。

- 铁磁物质的影响。当电弧的周围有铁磁物质（钢板、铁板等）时，因磁场分布不均匀会造成磁偏吹。
- 接地线位置不正确。如接地线位置不正确，也会造成磁场分布不均，引起偏吹。
- 焊条与焊件相对位置不对称。在焊缝起头处，焊条与工件相对位置不对称，会造成电弧周围磁场分布不均匀，再加上热对流的影响，造成电弧偏吹。同理，在焊缝收尾处也会造成偏吹。

在焊接时，磁场由电流所产生的。因此，焊接电流越大，磁场就越强，磁偏吹现象就越明显。需要说明的是使用直流弧焊电源时，才产生磁偏吹现象，而在使用交流电源时，且变化频率很快（50Hz），一般看不到明显的磁偏吹现象。

（三）电弧焊的熔滴过渡

在手工电弧焊焊接时，焊条端部受热熔化，形成液态金属滴，并通过电弧空间过渡到熔池中，这种液态金属滴称为熔滴。熔滴通过电弧空间向熔池转移的过程叫做熔滴过渡。熔滴所以能够从焊条端部过渡到熔池，是各种外力综合作用的结果。

1. 熔滴过渡的作用力

（1）重力

在平焊时，熔滴的重力起促进熔滴过渡的作用，而在立焊及仰焊时重力阻碍熔滴向熔池过渡，通常采用短弧焊以减小重力的影响。

（2）表面张力

附着在焊条端部的液态熔滴与焊条端部界面间存在有表面张力。平焊时，表面张力阻碍熔滴向熔池过渡，但在仰焊等其他焊接位置时，表面张力却有利于熔滴过渡。其原因有二：一是熔滴和熔池的液态金属不易滴落；二是当熔滴和熔池发生接触短路时，在熔池表面张力作用下，熔滴被拉入熔池。

（3）电弧气体的吹力

在手工电弧焊中，焊条涂层的熔化速度比焊芯稍慢，因此在焊条末端形成一小段尚未熔化的喇叭形涂层部分，常称为套管，如图 1-60 所示。在套管内，存在有大量的气体，这些气体大部分由涂层中造气剂在熔化时分解所产生。这些气体在高温作用下体积急剧膨胀，沿套管方向形成挺直而稳定的气流，熔滴在气流作用下被吹入熔池。因此在各种焊接位置中，电弧气体的吹力总是有利于熔滴过渡。

（4）电磁收缩力

沿焊条的径向，焊条和熔滴上受到从四周向中心的电磁力，称为电磁收缩力，其大小与焊接电流大小成正比。当焊接电流较小时，电磁收缩力小，熔滴尺寸大，过渡时飞溅严重，并常使电弧短路，电弧燃烧不稳。反之，当焊接电流较大时，电磁收缩力大，熔滴较小，而且在过渡时方向性强，在各种焊接位置下均沿电弧轴线方向向熔池过渡。

（5）极点压力

在焊接电弧中，带电微粒主要由电子和正离子组成。在电场作用下，电子向阳极高速运动，正离子向阴极高速运动。这些带电质点撞击在两极辉点上，产生机械压力，称为极点压力，它阻碍熔滴过渡。在正接时，正离子压力阻碍熔滴过渡；而反接时，电子压力阻碍熔滴过渡。由于正离子质量大，正离子流的压力也大，因此采用反接容易产生细颗粒过渡，而正接则不易。

（6）等离子流力

锥形电弧在电磁收缩效应形成的轴向推力作用下，高温气体从电极端的 A 区向靠近工件的 B 区流动，如图 1-61 所示。此时电弧周围的气体从电极上方 C 区补充到 A 区，补充进的气体被加热、电离并连续流向月区，对熔池形成动压力，即等离子流力。等离子流力的大小与等离子流速度分布相对应。电弧轴线处的等离子流速度最高，等离子流力也最大。

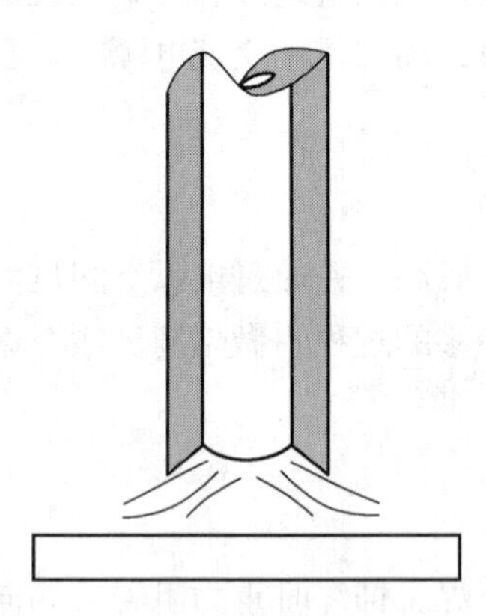

图 1-60　焊条末端的喇叭形套管

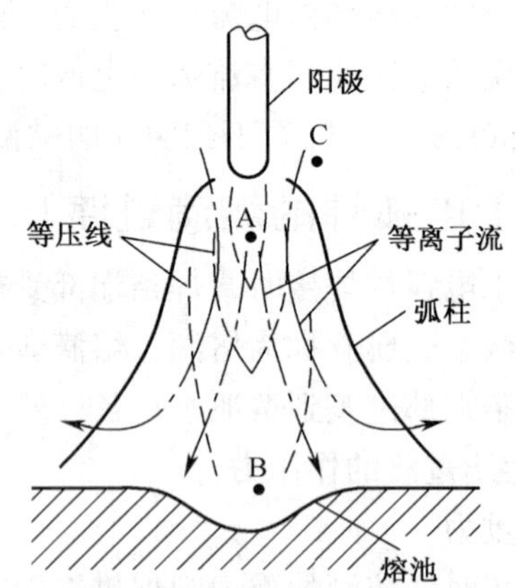

图 1-61　等离子流形成示意图

等离子流力可增大电弧的刚直性，在熔化电极电弧焊时促进熔滴轴向过渡，增大熔深和对熔池的搅拌作用。

（7）短路爆破力

电弧从燃烧状态过渡到短路状态，电弧电流迅速上升，熔滴温度急剧升高，使液柱汽化爆断，产生较大的冲击力，导致飞溅产生，焊接中应设法减小这种力。

2. 熔滴过渡的形式

熔滴过渡有滴状过渡、短路过渡和喷射过渡 3 种形式，滴状过渡与短路过渡如图 1-62 所示。

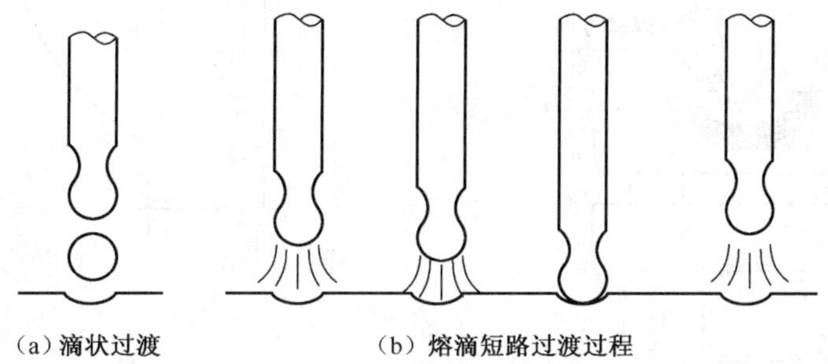

图 1-62 滴状过渡与熔滴短路过渡过程

(1) 滴状过渡

滴状过渡又可分为粗滴过渡和细滴过渡。粗滴过渡飞溅大，电弧不稳，在焊接中应避免。熔滴大小与焊接电流、焊芯、涂层成分有关。

(2) 短路过渡

短路过渡可在小功率电弧下实现稳定过渡和稳定焊接过程，适合于薄板或需低热输入情况下的焊接。

(3) 喷射过渡

喷射过渡熔滴颗粒细，过渡频率高，熔滴沿电弧方向高速流向熔池，而且电弧稳定，飞溅小，熔深大，生产率高，焊缝成形美观。

(四) 母材熔化与焊缝成形

1. 金属熔化

无论什么样的焊接方法都有金属熔化现象的存在。熔化极电弧焊时，焊丝一方面作为电极传导电流，另一方面受热熔化后作为填充金属与熔化的母材共同形成焊缝。因此，焊丝的加热、熔化及熔滴过渡将对焊接过程和焊缝质量产生直接的影响。

电弧焊时，用于加热、熔化的热量主要是电弧热和电阻热。熔化极电弧焊时，焊丝熔化主要靠阴极区（正接）或阳极区（反接）所产生的热量及焊丝自身的电阻热。弧柱区产生的热量对焊丝的加热、熔化作用较小。非熔化极电弧焊时，填充焊丝主要靠弧柱区产生的热量熔化。

2. 焊缝的形成过程

电弧焊中，母材金属和焊丝金属受电弧热作用被熔化。随着电弧的前移，处于电弧正下方的母材依次被加热、熔化，此时，焊丝端头形成的熔滴在电弧力、重力等作用下进入熔化的母材，共同形成具有一定形状和尺寸的熔池，如图 1-63 所示。

熔池中各部分与电弧热源中心距离不同及周围散热条件不同等原因使熔池的温度分布不均匀，如图 1-64 所示。熔池各区域温度分布不均匀决定了熔池的凝固有先后之分。处于电弧正下方（称为头部）的部位温度高，而离电弧稍远部位（称为尾部）的温度低。电弧不断移动，电弧正下方的母材不断被熔化，与填充金属共同构成熔池金属。熔池随电弧的移动不断前移，熔池尾部因远离电弧热源，输入热量少于散失热量，温度下降，先后结晶形成焊缝，直到焊接过程结束。

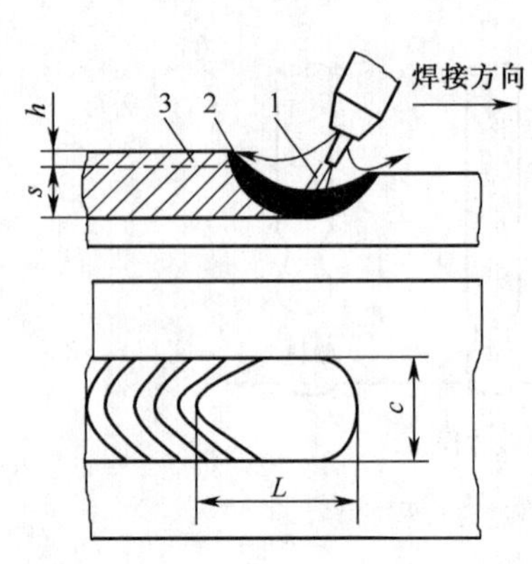

图 1-63　熔池形状示意图

1—电弧　2—熔池金属　3—已凝固的焊缝金属

s—熔池深度　*c*—熔池宽度　*L*—熔池长度　*h*—余高

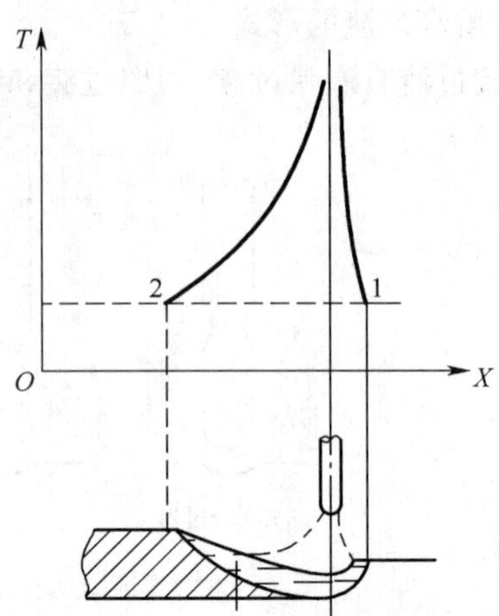

图 1-64　熔池内沿焊缝纵向轴线上的温度分布示意图

1—熔池头部　2—熔池尾部

3. 焊缝形状与焊缝质量的关系

焊缝形状受焊接电流、电弧电压等参数的影响。通常以焊缝横截面的熔深（*s*）、熔宽（*c*）和余高（*h*）来表示焊缝形成情况。常用成形系数（$\varphi=c/s$）和余高系数（$\psi=c/h$）来表征它们之间的关系。图 1-65 所示为对接接头和角接接头焊缝横截面的形状。

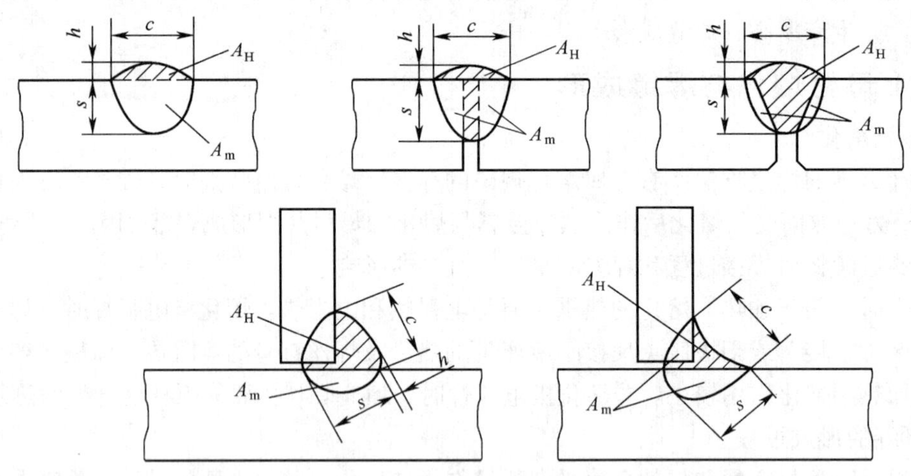

图 1-65　对接接头和角接接头焊缝横截面的形状和尺寸

A_H—填充金属熔化面积　A_m—母材熔化面积　*c*—熔宽　*s*—熔深　*h*—余高

可见，在能保证焊缝充分焊透的情况下，较小的φ既可缩小焊缝宽度方向的无效加热范围，又可提高热效率和减小热影响区。但若φ过小，焊缝截面过窄，则不利于气体从熔池中逸出，容易在焊缝中产生气孔，且使结晶条件恶化，增大产生夹渣和裂纹的倾向。形成系数大小的确定应考虑焊缝产生裂纹和气孔的敏感性。实际焊接时，在保证焊透的前提下，φ要适中。不同的焊接方法对形成系数的要求也不同。比如，埋弧焊时一般要求$\varphi>1.25$；而堆焊时，在保证堆焊成分的前提下可使$\varphi=10$。

除了对焊缝熔宽和熔深的相对大小有要求外，理想的焊缝成形其表面应该是与母材平齐的，即余高为零。因为有余高，焊缝和母材连接处不能平滑过渡，焊接接头承载时在突起处存在应力集中，降低了焊接结构的承载能力。一般对接接头允许 h=0～3mm 或 ψ=4～8。重要结构件应把焊缝磨成与母材平齐。重要的角焊缝还应磨成凹形。

另外，当填充材料与母材不同时，熔合比（γ，$\gamma=A_m/(A_H+A_m)$）的大小将直接影响焊缝的成分和性能。实际焊接中，可通过改变坡口形和焊接参数来改变熔合比，调整焊缝化学成分和组织，这在中碳钢、合金钢和有色金属的焊接中具有非常重要的作用。

4. 焊接工艺参数对焊缝成形的影响

焊接工艺参数包括焊接电流、电弧电压、焊接速度、焊丝直径、电流种类和极性等。不同的焊接工艺参数对焊缝成形的影响也不同。通常将对焊接质量影响较大的工艺参数称为焊接参数。

（1）焊接电流对焊缝成形的影响

焊接电流主要影响焊缝熔深。其他条件一定时，随着电流的增大，电弧力和电弧对工件的热输入量及焊丝的熔化量增大，焊缝熔深和余高增加，而熔宽几乎不变，成形系数减小。

（2）电弧电压对焊缝成形的影响

电弧电压主要影响焊缝熔宽。其他条件一定时，随电弧电压的增大，熔宽显著增加，而熔深和余高略有减小，熔合比稍有增加。

不同的焊接方法对成形系数有自身有特定要求。因此，为得到合适的焊缝成形，一般在改变间接电流时对电弧电压也应适当地调整。

（3）焊接速度对焊缝成形的影响

焊接速度的快慢主要影响母材的热输入量。其他条件一定时，提高焊接速度，单位长度焊缝的热输入量及焊丝金属的熔敷量均减小，故熔深、熔宽和余高都减小，熔合比几乎不变。

提高焊接速度是提高生产率的主要途径之一。要保证一定的焊缝尺寸，必须在提高焊接速度的同时相应地提高焊接电流和电弧电压。

（4）电流种类和极性对焊缝成形的影响

电流种类和极性对焊缝形状的影响与焊接方法有关。熔化极气体保护焊和埋弧焊采用直流反接时，焊件（阴极）产生热量较多，熔深、熔宽都比直流正接大。交流焊接时，熔深、熔宽介于直流正接与直流反接之间。

在钨极氩弧焊或酸性焊条电弧焊中，直流反接熔深小；直流正接熔深大；交流焊接介于上述两者之间。

（5）焊丝直径和伸出长度、钨极端部形状对焊缝成形的影响

当焊接电流、电弧电压及焊接速度给定时，焊丝直径越细，电流密度越大，对焊件加热越集中；同时电磁收缩力增大，焊丝熔化量增多，使得熔深、余高均增大。

焊丝伸出长度增加，电阻增大，电阻热增加，焊丝熔化速度加快，余高增加，熔深略有减小。焊丝电阻率越高，直径越细，伸出长度越长，这种影响越大。

钨极氩弧焊时，钨极端部几何尺寸越小，电弧越集中，电弧力越大，熔深越深。

（6）电极倾角对焊缝成形的影响

电弧焊时，根据电极倾斜方向和焊接方向的关系，分为电极前倾和电极后倾两种，如图 1-66 所示。电极前倾时，熔宽增加，熔深、余高均减小。前倾角越小，这种现象突出。电极后倾时，情况刚好相反。焊条电弧焊时，多数采用电极后倾法，倾角一般在 65°～80° 之间较为合适。

（7）焊件倾角对焊缝成形的影响

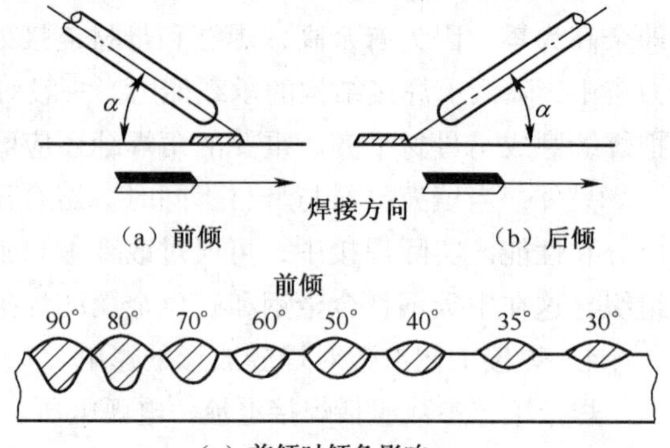

图 1-66 电极倾角对焊缝成形的影响

实际焊接时，有时因焊接结构等条件的限定，焊件摆放存在一定的倾斜，重力作用使熔池中的液态金属有向下流动的趋势，在不同的焊接方向产生不同的影响。下坡焊时，重力作用阻止熔池金属流向熔池尾部，电弧下方液态金属变厚，电弧对熔池底部金属的加热作用减弱，熔深减小，余高和熔宽增大；上坡焊时，熔池金属在重力及电弧力的作用下注射熔池尾部，电弧正下方液体金属层变薄，电弧对熔池底部金属的加热作用增强，因而熔深和余高均增大，熔宽减小，如图 1-67 所示。

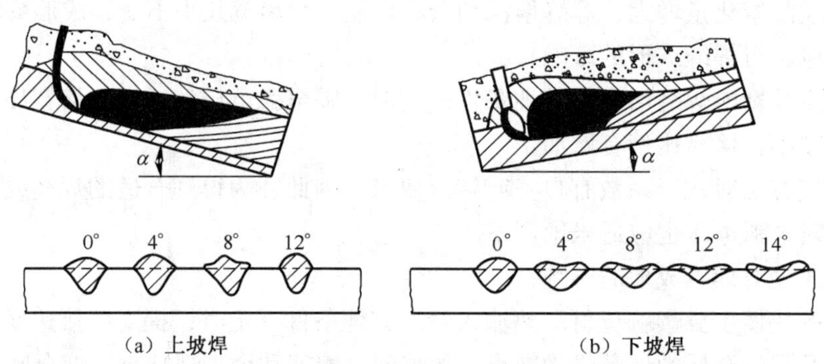

图 1-67 工件倾角对焊缝成形的影响

（8）坡口和间隙对焊缝成形的影响

焊件是否要开坡口，是否要留间隙及留多大尺寸，均应视具体情况确定。采用对接形式焊接薄板时不需留间隙，也不需开坡口。板厚较大时，为了焊透焊件需留一定间隙或开坡口，此时余高和熔合比随坡口或间隙尺寸的增大而减小，如图 1-68 所示。因此，焊接时常采用开坡口来控制余高和熔合比。

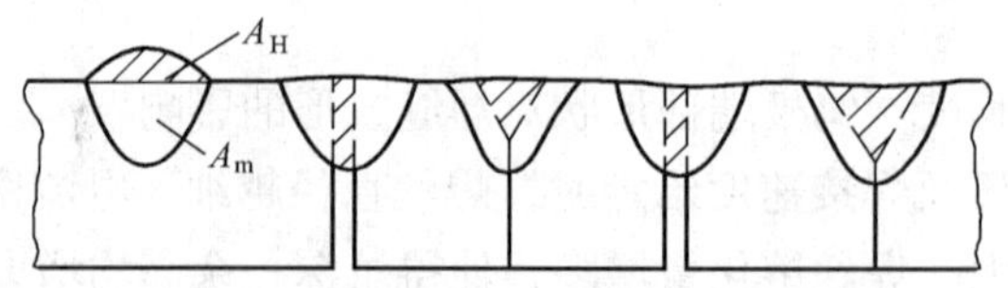

图 1-68 间隙和坡口对焊缝成形的影响

（9）焊件材料和厚度对焊缝成形的影响

不同的焊件材料，其热物理性能不同。相同条件下，导热性好的材料，熔化单位体积金属所需热量多，在热输入量一定时，它的熔深和熔宽就小。材料的密度或液态黏度越大，则电弧对熔池液态金属的排开越困难，熔深越浅。其他条件相同时，焊件厚度越大，散热越多，熔深和熔宽越小。

（10）焊剂、焊条药皮和保护气体对焊缝成形的影响

采用焊剂的种类不同，电弧的稳定性也不同。当焊剂密度小、颗粒度大或堆积高度小时，熔深和余高较小，熔宽也较小。焊条药皮的作用与焊剂相似。不同成分的保护气体对焊缝成形的影响如图 1-69 所示。

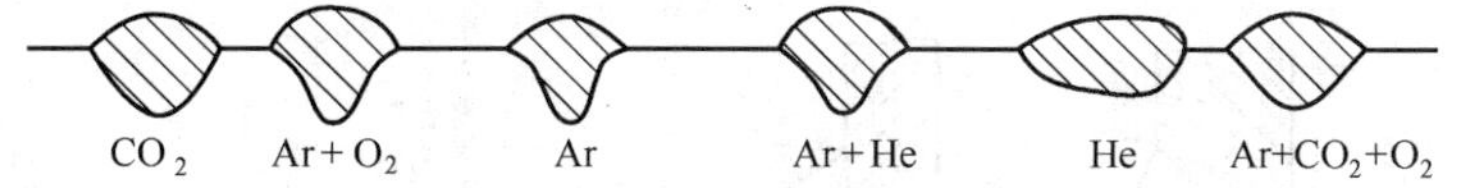

图 1-69　保护气体成分对焊缝成形的影响

另外，诸如焊接夹具等外部散热情况对焊缝成形也有影响。如果夹具导热性好，且夹持部位靠近焊缝，则通过夹具传导散热较多，使熔池获得的热量减小，熔深、熔宽减小。

总之，影响焊缝成形的因素很多，想获得良好的焊缝成形，需根据焊件的材料和厚度、焊缝的空间位置、接头形式、工作条件对接头性能和焊缝尺寸要求等，选择合适的焊接方法和焊接工艺参数。

5. 焊缝成形缺陷及产生原因

电弧焊时，因受焊接方法、焊接材料及焊接工艺等因素的影响，焊缝会产生不同类型的缺陷。

（1）焊缝外形尺寸不符合要求

焊缝外形尺寸不符合要求主要包括焊缝表面高低不平、焊缝波纹粗劣、纵向宽度不均匀、余高过高或过低等，如图 1-70 所示。

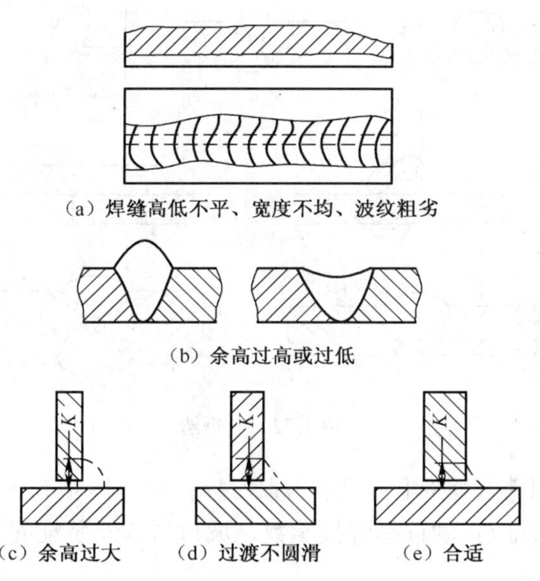

图 1-70　焊缝尺寸不符合要求

上述不符合要求的外形尺寸，除造成焊缝成形不美观外，还影响焊缝与母材金属的结合强度。余高过高，易在焊缝与母材连接处形成应力集中；余高过低，则焊缝承载面积减小，接头的承载能力降低。

产生焊缝尺寸不符合要求的主要原因有焊件所开坡口角度不当、装配间隙不均匀、焊接参数选择不合适及操作人员技术不熟练等。

（2）咬边

焊趾处被熔化的母材因填充金属不足而产生缺口的现象称为咬边（也称咬肉），如图 1-71 所示。由图可见，咬边一方面使接头承载截面减小，强度降低；另一方面造成咬边处应力集中，接头承载后易引起开裂。

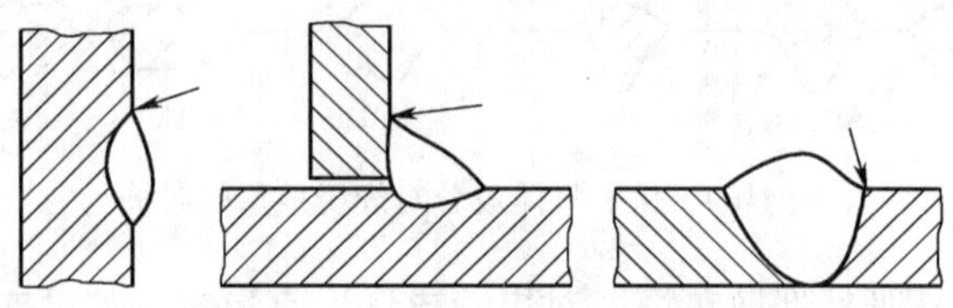

图 1-71 咬边

当采用大电流调整焊接或焊角焊缝时一次焊接的焊脚过大，电压过高或焊枪角度不当，都可能产生咬边现象。因此，正确选择焊接参数，熟练掌握焊接操作技术是防止咬边的有效措施。

（3）未焊透

熔焊时，焊接接头根部未熔透，或在焊道与母材之间、焊道与焊道之间未能完全熔化结合的部分，称为未焊透，如图 1-72 所示。未焊透处易产生应力集中，使接头力学性能下降。

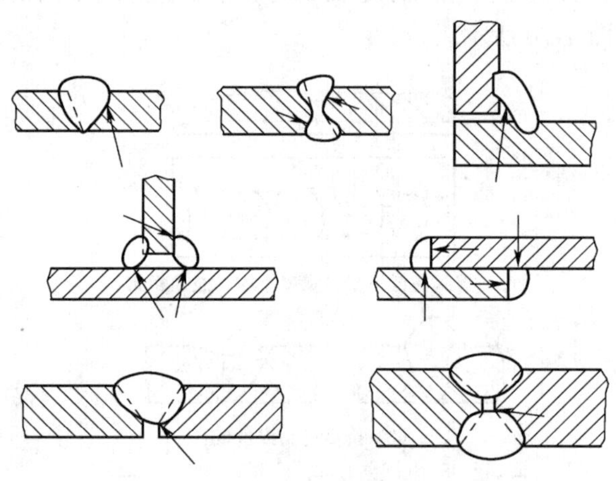

图 1-72 未焊透

形成未焊透的主要原因是焊接电流过小、焊速过高、坡口尺寸不合适及焊丝偏离焊缝中心等。

为防止产生未焊透，应正确选择焊接参数、坡口形式及装配间隙，并确保焊丝对准焊缝中心。

（4）焊瘤

熔焊时，熔化的金属流到焊缝以外未熔化的母材上而形成金属瘤的现象称为焊瘤，也称满溢，如图 1-73 所示。

焊瘤主要是由填充金属量过多引起的。当坡口尺寸较小、焊速过低、电压过低、焊丝偏离焊缝中心以及焊丝伸出长度过长等时都可能产生焊瘤。在各种焊接位置中，平焊时产生焊瘤的可能性最小。

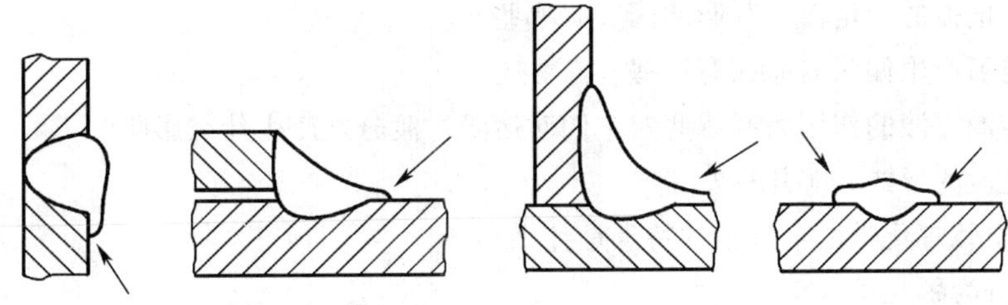

图 1-73　焊瘤

（5）焊穿及塌陷

焊缝上形成穿孔的现象，称为焊穿。熔化的金属从焊缝背面漏出，使焊缝下面下凹，背面凸起的现象，称为塌陷，如图 1-74 所示。

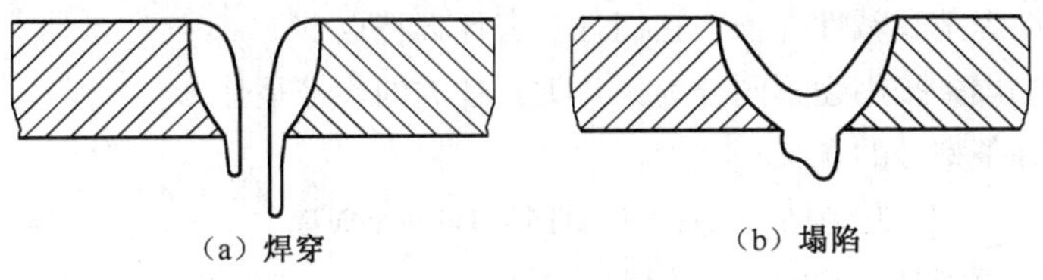

（a）焊穿　（b）塌陷

图 1-74　焊穿及塌陷

形成上述缺陷的主要原因有电流过大、焊速过小或坡口间隙过大等。在气体保护电弧焊时，气体流量过大也可能导致焊穿。

（6）弧坑

焊缝收尾处下陷的现象称为弧坑，如图 1-75 所示。形成弧坑的主要原因是熄弧时电流过大或熄弧过快而造成填充金属不足。

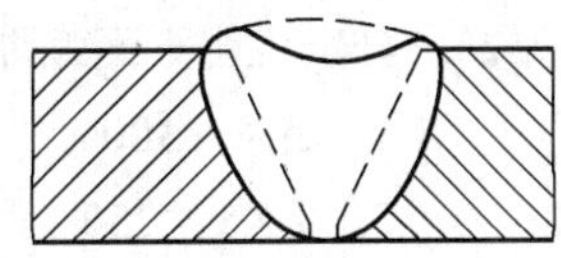

图 1-75　弧坑

为避免产生弧坑，应根据不同的焊接方法采取不同的措施：电弧焊收弧时，应使焊条在收尾处作短暂停留，逐渐拉长电弧，使填充金属填满熔池；埋弧焊收尾时，应分步按下“停止”按钮，不能一次按到底突然熄弧。另外，在焊接设备上设置电流衰减装置，同样可有效避免弧坑产生。

习　题

1. 名词解释

（1）焊接电弧　（2）电弧电压　（3）电弧静特性　（4）电弧偏吹　（5）负载持续率

2. 手工电弧焊有哪些特点？

3. 焊接电弧由哪几部分组成？

4. 电弧电压与电弧长度有何关系？

5. 电弧静特性曲线可分为哪几个区域？不同电弧焊方法在一定条件下其静特性是曲线的哪一部分？

6. 什么是电弧的稳定性？其影响因素有哪些？
7. 焊接电弧产生偏吹的原因有哪些？
8. 影响熔滴过渡的作用力有哪些？它们对熔滴过渡分别产生什么影响？
9. 熔滴过渡的形式有哪几种？
10. 手工电弧焊化学冶金过程的特点是什么？
11. 焊芯分为哪几类？
12. 解释下列焊丝牌号的含义。

（1）H08MnA　（2）H08Mn2Si　（3）HOCrl9Ni9Si2　（4）H00Crl9Ni9

13. 焊条涂层的作用是什么？
14. 焊条涂层按照其在焊接过程中所起的作用不同，通常由哪些成分组成？
15. 焊条涂层有哪些类型？
16. 什么是酸性焊条和碱性焊条？它们各自有什么特点？
17. 手工电弧焊焊条按用途不同分为哪几类？各类的代号是什么？
18. 解释下列焊条型号的含义。

（1）E4303　（2）E5015　（3）E5015－B3－VWB

19. 焊条的选用原则是什么？
20. 手工电弧焊对焊接电源有哪些基本要求？
21. 动铁芯式弧焊变压器是怎样进行电流调节的？
22. 晶闸管弧焊整流器与硅弧焊整流器相比有什么优点？
23. 逆变电源有何突出优点？简要叙述其工作原理。
24. 弧焊电源在使用中应注意哪些事项？
25. 分别说明下面弧焊电源型号的含义。

（1）AX－300　（2）BX－500　（3）ZX－400　（4）ZX7－160

（5）ZX5－250　（6）BXl－500

26. 焊接接头由哪几部分组成？它有哪些基本形式？
27. 什么是正接、反接？应如何选用？
28. 什么是焊接热影响区？低碳钢和不易淬火钢热影响区的组织分布如何？
29. 焊接接头的基本坡口形式有几种？
30. 焊缝按分类方法不同可分为哪些类型？
31. 什么是焊接工艺参数？手工电弧焊的焊接工艺参数有哪些？
32. 手工电弧焊中如何选择焊条直径和焊接电流？
33. 焊接速度对焊缝形状有何影响？
34. 手工电弧焊的引弧方法有哪些？如何正确操作？在焊接中，应尽量使用哪种方法？
35. 手工电弧焊的常用运条方法有哪些？
36. 引弧时如焊条被粘住，应如何处理？
37. 在正常焊接时，焊条有哪些基本运动？
38. 焊道接头的方式有哪些？
39. 为防止收尾时产生弧坑，应使用哪些收尾方法？如何操作？
40. 薄板焊接应注意哪些事项？

41. 焊接操作中，为什么常采用短弧操作？
42. 什么是单面焊双面成形？其关键是什么？
43. 单面焊双面成形的打底焊有哪些操作方法？试述其操作要领。
44. 举例说明平角焊的运条方法。
45. 不同厚度焊件平角焊时，焊条工作角度应如何变化？
46. 船形焊有什么优点？
47. 横焊时，焊件坡口有何特点？为什么？
48. I形坡口横焊时运条方法及特点有哪些？
49. 横焊时易产生哪些缺陷？如何防止？
50. 对接立焊有哪些困难？如何克服？
51. 对接立焊有哪两种操作方法？向下立焊的操作要领是什么？
52. 试述跳弧法和灭弧法的操作要领。
53. 仰焊操作有哪些困难？
54. I形坡口仰焊时，运条有何特点？
55. 仰焊操作时，为什么常采用很短的电弧长度？
56. 仰焊操作时，应特别注意哪些安全操作事项？

在生产实践中，利用可燃气体与助燃气体混合燃烧所释放出的热量作为热源进行金属材料的焊接或切割是金属加工中常用的工艺方法。

生产中，常常利用乙炔气和氧气混合燃烧产生的热能来焊接较薄的钢件、低熔点材料（有色金属及其合金）、需要预热和缓冷的工具钢及铸铁；火焰钎焊、堆焊以及构件变形的火焰矫正等；在钢材的下料及开坡口时也广泛应用气割。

任务一　气焊

【学习目标】

1. 能够正确描述气焊的原理、特点及应用
2. 能够正确描述气焊设备的构成与连接原理
3. 能够正确描述各种气焊设备和工具的作用
4. 能够正确描述气焊火焰的种类，各类型火焰的特点与用途
5. 能够准备气焊操作的各种劳动保护
6. 能够使用气焊设备规范地进行焊接操作

一、任务分析

气焊是利用可燃气体与助燃气体混合燃烧后，产生的高温火焰对金属材料进行熔化焊的一种方法。在汽车钣金作业中，气焊是最常用的方法之一。

二、相关知识

（一）气焊原理及特点和应用

1. 气焊原理

如图 2-1 所示，将乙炔和氧气在焊炬中混合均匀后，从焊嘴喷出燃烧火焰，将焊件和焊丝熔化，形成熔池，待冷却凝固后形成焊缝连接。

气焊所用的可燃气体很多，有乙炔、氢气、液化石油气、煤气等，而最常用的是乙炔气。乙炔气的发热量大，燃烧温度高，制造方便，使用安全，焊接时火焰对金属的影响最小，火焰温度高达 3 100℃～3 300℃。氧气作为助燃气，其纯度越高，耗气越少。因此，气焊也称为氧—乙炔焊。

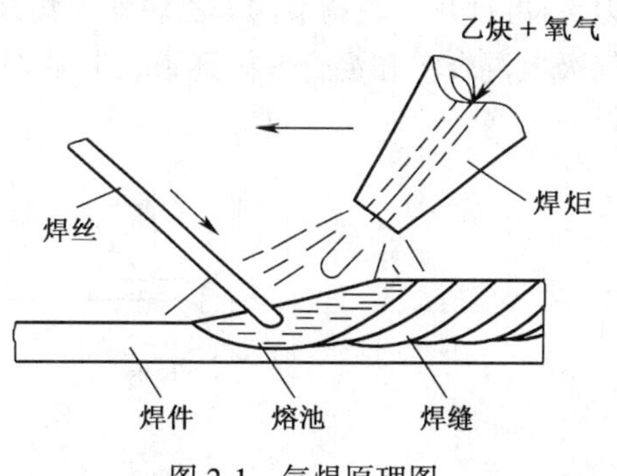

图 2-1　气焊原理图

2. 气焊的特点及应用

① 火焰对熔池的压力及对焊件的热输入量调节方便，故熔池温度、焊缝形状和尺寸、焊缝背面成形等容易控制。

② 设备简单，移动方便，操作易掌握，但设备占用生产面积较大。

③ 焊炬尺寸小，使用灵活，但气焊热源温度较低，加热缓慢，生产率低，热量分散，热影响区大，焊件有较大的变形，接头质量不高。

④ 气焊适于各种位置的焊接，适于焊接在 3mm 以下的低碳钢、高碳钢薄板、铸铁焊补以及铜、铝等有色金属的焊接。在无电或电力不足的情况下，气焊则能发挥更大的作用，常用气焊火焰对工件、刀具进行淬火处理，对紫铜皮进行回火处理，并矫直金属材料和净化工件表面等。此外，由微型氧气瓶和微型溶解乙炔气瓶组成的手提式或肩背式气焊气割装置，在旷野、山顶、高空作业中应用是十分简便的。

（二）气焊设备

气焊所用设备及气路连接如图 2-2 所示。

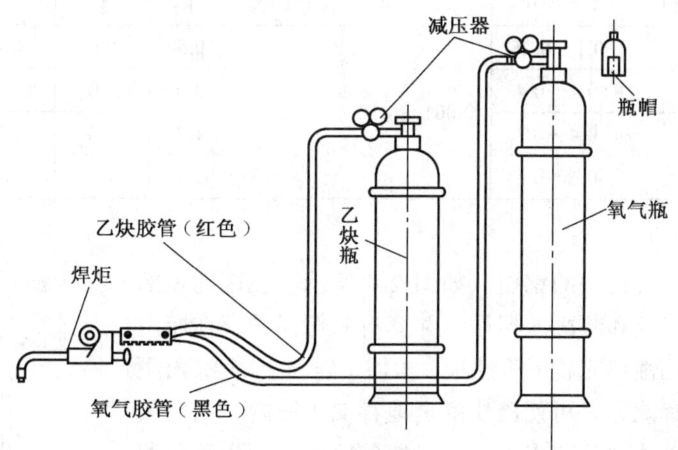

图 2-2　气焊设备及其连接

1. 焊炬

焊炬俗称焊枪。焊炬是气焊中的主要设备，它的构造多种多样，但基本原理相同。焊炬是气焊时用于控制气体混合比、流量及火焰并进行焊接的手持工具。焊炬有射吸式和等压式两种，常用的是射吸式焊炬，如图 2-3 所示。它由主体、手柄、乙炔调节阀、氧化调节阀、喷射管、喷射孔、混合室、混合气体通道、焊嘴、乙炔管接头和氧气管接头等组成。它的工作过程如下：打开氧气调节阀，氧气经喷射管从喷射孔快速射出，并在喷射孔外围形成真空而造成负压（吸力）；再打开乙炔调节阀，乙炔即聚集在喷射孔的外围；由于氧射流负压的作用，乙炔很快被氧气吸入混合室和混合气体通道，并从焊嘴喷出，形成了焊接火焰。

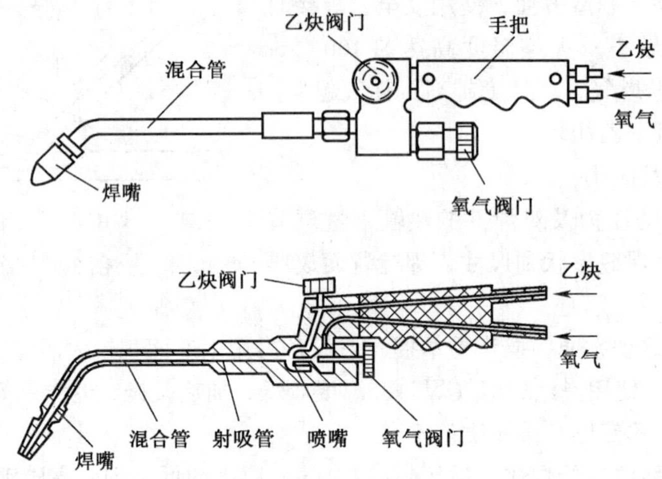

图 2-3　射吸式焊炬外形图及内部构造

射吸式焊炬的型号有 H01—2 和 H01—6 等。

各型号的焊炬均备有 5 个大小不同的焊嘴，可供焊接不同厚度的工件使用。表 2-1 所示为 H01 型焊炬的基本参数。

表 2-1　射吸式焊炬型号及其参数

型号	焊接低碳钢厚度/mm	氧气工作压力/MPa	乙炔使用压力/MPa	可换焊嘴个数	焊嘴直径/mm				
					1	2	3	4	5
H01—2	0.5～2	0.1～0.25	0.001～0.10	5	0.5	0.6	0.7	0.8	0.9
H01—6	2～6	0.2～0.4			0.9	1.0	1.1	1.2	1.3
H01—12	6～12	0.4～0.7			1.4	1.6	1.8	2.0	2.2
H01—20	12～20	0.6～0.8			2.4	2.6	2.8	3.0	3.2

2. 乙炔瓶

乙炔瓶是存储溶解乙炔的钢瓶。如图 2-4 所示，在瓶的顶部装有瓶阀，供开闭气瓶和装减压器用，并套有瓶帽保护；在瓶内装有浸满丙酮的多孔性填充物（活性炭，木屑、硅藻土等），丙酮对乙炔有良好的溶解能力，可使乙炔安全地存储于瓶内，当使用时，溶在丙酮内的乙炔被分离出来，通过瓶阀输出，而丙酮仍留在瓶内，以便溶解再次灌入瓶中的乙炔；在瓶阀下面填充物中心部位的长孔内放有石棉绳，其作用是促使乙炔与填充物分离。

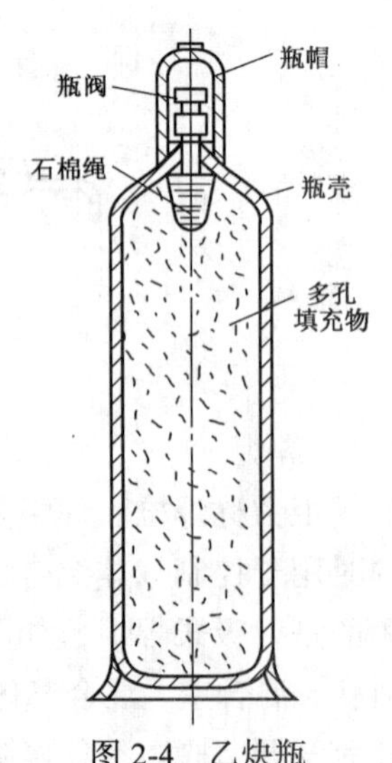

图 2-4　乙炔瓶

乙炔瓶的外壳漆成白色，用红色写明“乙炔”字样和“火不可近”字样。乙炔瓶的容量为 40 L，乙炔瓶的工作压力为 1.5 MPa，而输送给焊矩的压力很小，因此，乙炔瓶必须配备减压器，同时还必须配备回火安全器。

乙炔瓶一定要竖立放稳，以免丙酮流出；乙炔瓶要远离火源，防止乙炔瓶受热，因为乙炔温度过高会降低丙酮对乙炔的溶解度，而使瓶内乙炔压力急剧增高，甚至发生爆炸；乙炔瓶在搬运、装卸、存放和使用时，要防止遭受剧烈的振荡和撞击，以免瓶内的多孔性填充物下沉而形成空洞，从而影响乙炔的存储。

3. 回火安全器

回火安全器又称回火防止器或回火保险器，它是装在乙炔减压器和焊炬之间，用来防止火焰沿乙炔管回烧的安全装置。正常气焊时，气体火焰在焊嘴外面燃烧。但当气体压力不足、焊嘴堵塞、焊嘴离焊件太近或焊嘴过热时，气体火焰会进入嘴内逆向燃挠，这种现象称为回火。发生回火时，焊嘴外面的火陷熄灭，同时伴有爆鸣声，随后有“吱、吱”的声音。如果回火火陷蔓延到乙炔瓶，就会发生严重的爆炸事故。因此，发生回火时，回火安全器的作用是使回流的火焰在倒流至乙炔瓶以前被熄灭，同时应首先关闭乙炔开关，然后再关氧气开关。

图 2-5 所示为干式回火安全器的工作原理图。干式回火安全器的核心部件是粉末冶金制造的金属止火管。正常工作时，乙炔推开单向阀，经止火管、乙炔胶管输往焊炬。产生回火时，高温高压的燃烧气体倒流至回火安全器，带非直线微孔的止火管吸收了爆炸冲击波，使燃烧气体的扩张速度趋近于零，而透过止火管的混合气体流顶上单向阀，迅速切断乙炔源，有效地防止火焰继续回流，并在金属止火管中熄灭回火的火焰。该气焊设备经回火后，不必人工复位，又能继续正常使用。

4. 氧气瓶

氧气瓶是存储氧气的一种高压容器钢瓶，如图 2-6 所示。由于氧气瓶要经受搬运、滚动，甚至还要经受震动和冲击等，因此材质要求很高，产品质量要求十分严格，出厂前要经过严格检验，以确保氧气瓶的安全可靠。氧气瓶是一个圆柱形瓶体，瓶体上有防震圈；瓶体的上端有瓶口，瓶口的内壁和外壁均有螺纹，用来装设瓶阀和瓶帽；瓶体下端还套有一个增强用的钢环圈瓶座，一般为正方形，便于立稳，卧放时也不至于滚动；为了避免腐蚀和发生火花，所有与高压氧气接触的零件都用黄铜制作；氧气瓶外表漆成天蓝色，用黑漆标明“氧气”字样。氧化

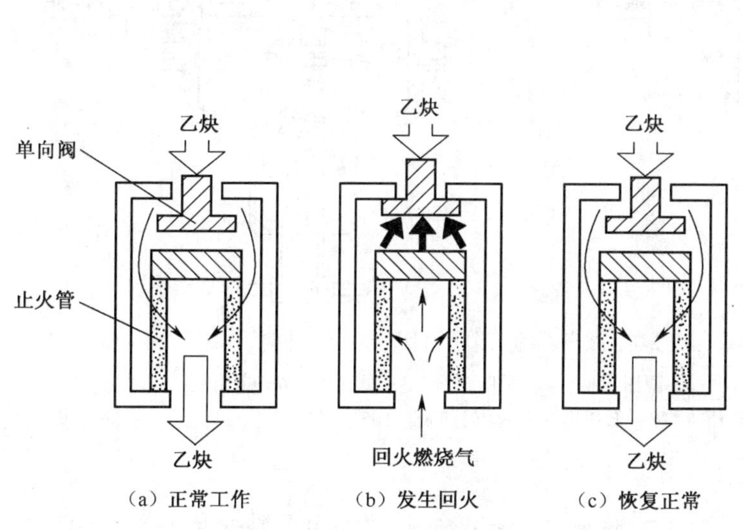

图 2-5 回火安全器的工作原理

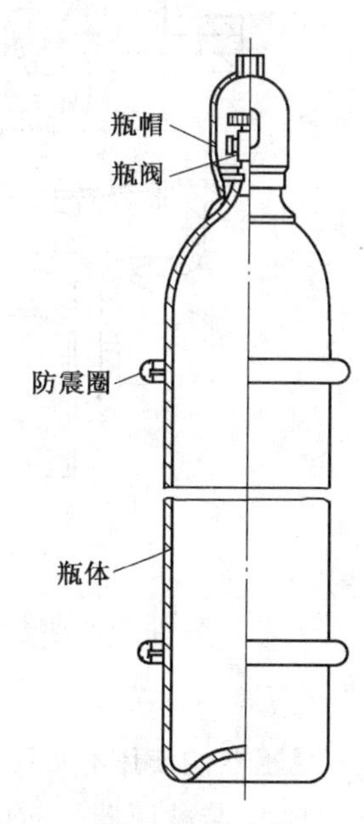

图 2-6 氧气瓶

瓶的容积为 40L，储氧最大压力为 15MPa，但提供给焊矩的氧气压力很小，因此氧气瓶必须配备减压器。由于氧气化学性质极为活泼，能与自然界中绝大多数元素化合、与油脂等易燃物接触会剧烈氧化，引起燃烧或爆炸，所以使用氧气时必须十分注意安全，要隔离火源，禁止撞击氧气瓶，严禁在瓶上沾染油脂，瓶内氧气不能用完，应留有余量等。

5. 减压器

减压器是将高压气体降为低压气体的调节装置，其作用是减压、调压、量压和稳压。气焊时所需的气体工作压力一般都比较低，如氧气压力通常为 0.2MPa～0.4MPa，乙炔压力最高不超过 0.15MPa。因此，氧气瓶和乙炔瓶输出的气体必须经减压器减压后才能使用。

减压器的工作原理如图 2-7 所示。松开调压手柄（逆时针方向），活门弹簧闭合活门，高压气体就不能进入低压室，即减压器不工作，从气瓶来的高压气体停留在高压室的区域内，高压表量出高压气体的压力，也是气瓶内气体的压力。拧紧调压手柄（顺时针方向），使调压弹簧压紧低压室内的薄膜，再通过传动件将高压室与低压室通道处的活门顶开，使高压室内的高压气体进入低压室，此时的高压气体体积膨胀，气体压力得以降低，低压表可量出低压气体的压力，并使低压气体从出气口通往焊炬。如果低压室气体压力高了，向下的总压力大于调压弹簧向上的力，即压迫薄膜和调压弹簧，使活门开启的程度逐渐减小，直至达到焊炬工作压力时，活门重新关闭；如果低压室的气体压力低了，向上的总压力小于调压弹簧向上的力，此时薄膜上鼓，使活门重新开启，高压气体又进入到低压室，从而增加低压室的气体压力；当活门的开启度恰好使流入低压室的高压气体流量与输出的低压气体流量相等时，即稳定地进行气焊工作。减压器能自动维持低压气体的压力，只要通过调压手柄的旋入程度来调节调压弹簧压力，就能调整气焊所需的低压气体压力。

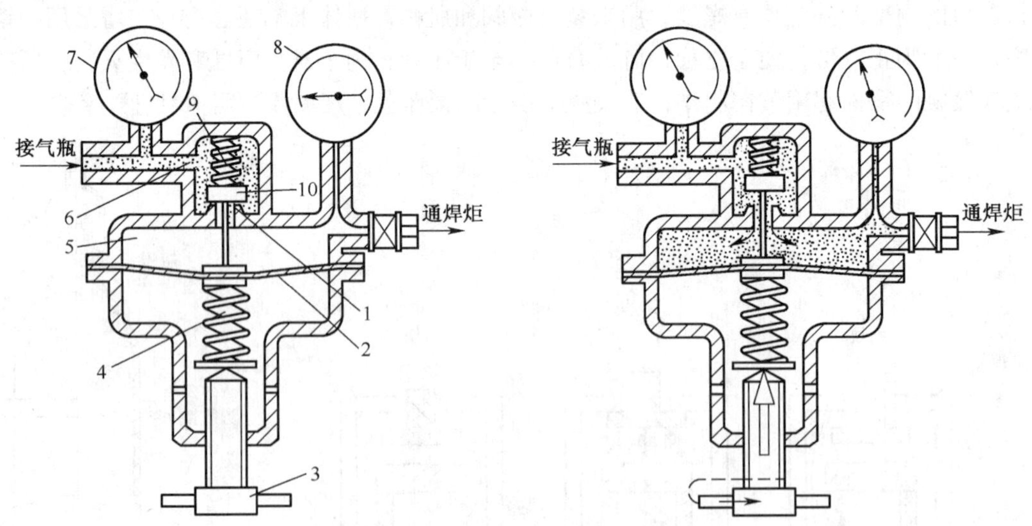

图 2-7 减压器的工作示意图

1—通道 2—薄膜 3—调压手柄 4—调压弹簧 5—低压室 6—高压室
7—高压表 8—低压表 9—活门弹簧 10—活门

减压器的使用有如下注意事项。

① 安装减压器之前，要略打开氧气瓶阀门，吹去污物，以防止水分和灰尘进入减压器。

② 在打开氧气瓶前，必须先松开减压调节螺丝。打开氧气瓶冷门要慢慢开启，不要用力过

猛，以防止损坏减压器。

③ 减压器不得沾有油脂。如有油脂，应选擦干净后再使用。

④ 减压器冻结时，可用热水或蒸汽解冻，不准用火烤。

⑤ 减压器停止使用时，必须把调节螺丝旋松，并把减压器内气体全部放掉，直到低压表指针指向零。

6. 橡胶管

橡胶管是输送气体的管道，分氧气橡胶管和乙炔橡胶管，两者不能混用。国家标准规定：氧气橡胶管为黑色；乙炔橡胶管为红色。氧气橡胶管的内径为 8mm，工作压力为 1.5MPa；乙炔橡胶管的内径为 10mm，工作压力为 0.5MPa 或 1.0MPa；橡胶管长一般为 10～15m。

氧气橡胶管和乙炔橡胶管不可有损伤和漏气发生，严禁明火检漏。特别要经常检查橡胶管的各接口处是否紧固，橡胶管有无老化现象。橡胶管不能沾有油污等。

（三）气焊火焰

常用的气焊火焰是乙炔与氧混合燃烧所形成的火焰，也称氧乙炔焰。根据氧与乙炔混合比的不同，氧乙炔焰可分为中性焰、碳化焰（也称还原焰）和氧化焰 3 种，其构造和形状如图 2-8 所示。

1. 中性焰

氧气和乙炔的混合比为 1.1～1.2 时燃烧所形成的火焰称为中性焰，又称正常焰。它由焰芯、内焰和外焰 3 部分组成。焰芯靠近喷嘴孔，呈尖锥形，色白而明亮，轮廓清楚，在焰芯的外表面分布着乙炔分解所生成的碳素微粒层，焰心的光亮就是由炽热的碳微粒所发出的，温度并不很高，约为 950℃。内焰呈蓝白色，轮廓不清，并带深蓝色线条而微微闪动，它与外焰无明显界限。外焰由里向外逐渐由淡紫色变为橙黄色。火焰各部分温度分布如图 2-9 所示。中性焰最高温度在焰芯前 2～4mm 处，为 3 050℃～3 150℃。用中性焰焊接时主要利用内焰这部分火焰加热焊件。中性焰燃烧完全，对红热或熔化了的金属没有碳化和氧化作用，所以称之为中性焰。气焊一般都采用中性焰。它广泛用于低碳钢、低合金钢、中碳钢、不锈钢、紫铜、灰铸铁、锡青铜、铝及合金、铅锡、镁合金等的气焊。

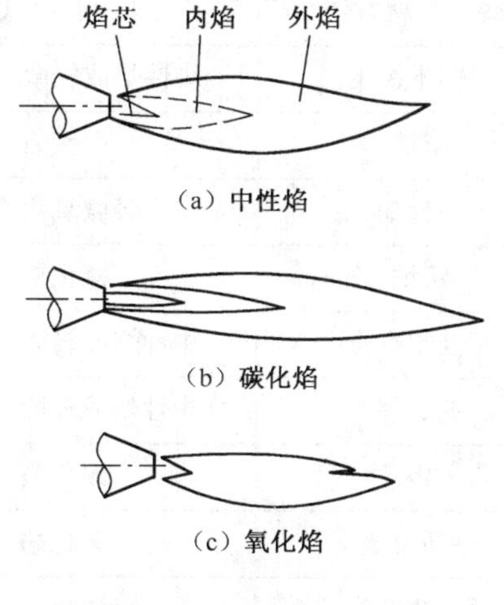

（a）中性焰

（b）碳化焰

（c）氧化焰

图 2-8　氧乙炔焰

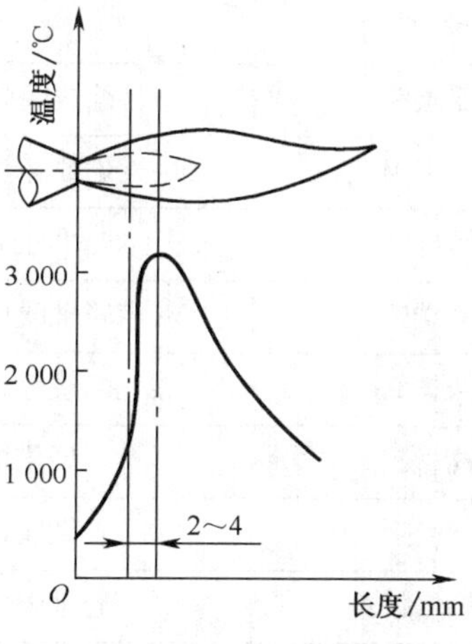

图 2-9　中性焰的温度分布

2. 碳化焰（还原焰）

氧气和乙炔的混合比小于 1.1 时燃烧形成的火焰称为碳化焰。碳化焰的整个火焰比中性焰长而软，它也由焰芯、内焰和外焰组成，而且这 3 部分均很明显。焰芯呈灰白色，并发生乙炔的氧化和分解反应；内焰有多余的碳，故呈淡白色；外焰呈橙黄色，除燃烧产物 CO_2 和水蒸气外，还有未燃烧的碳和氢。

碳化焰的最高温度为 2 700℃～3 000℃，火焰中存在过剩的碳微粒和氢。碳会渗入熔池金属，使焊缝的含碳量增高，故称碳化焰；不能用于焊接低碳钢和合金钢，同时碳具有较强的还原作用，故又称还原焰。游离的氢也会透入焊缝，产生气孔和裂纹，造成硬而脆的焊接接头。因此，碳化焰只使用于高速钢、高碳钢、铸铁焊补、硬质合金堆焊、铬钢等。

3. 氧化焰

氧化焰是氧与乙炔的混合比大于 1.2 时的火焰。氧化焰的整个火焰和焰芯的长度都明显缩短，只能看到焰芯和外焰两部分。氧化焰中有过剩的氧，整个火焰具有氧化作用，故称氧化焰。氧化焰的最高温度可达 3 100℃～3 300℃。使用这种火焰焊接各种钢铁时，金属很容易被氧化而造成脆弱的焊接接头；在焊接高速钢或铬、镍、钨等优质合金钢时，会出现互不熔合的现象；在焊接有色金属及其合金时，产生的氧化膜会更厚，甚至焊缝金属内有夹渣，形成不良的焊接接头。因此，氧化焰一般很少采用，仅适用于烧割工件和气焊黄铜、锰黄铜及镀锌铁皮。它特别适合于黄铜类，因为黄铜中的锌在高温极易蒸发，采用氧化焰时，熔池表面上会形成氧化锌和氧化铜的薄膜，起了抑制锌蒸发的作用。

不论采用何种火焰气焊时，喷射出来的火焰（焰芯）形状应该整齐垂直，不允许有歪斜、分叉或发生“吱吱”的声音。只有这样才能使焊缝两边的金属均匀加热，并正确形成熔池，从而保证焊缝质量。否则不管焊接操作技术多好，焊接质量也要受到影响。所以，当发现火焰不正常时，要及时使用专用的通针把焊嘴口处附着的杂质消除掉，待火焰形状正常后再进行焊接。

以上各种火焰，因其性质不同，适用焊接不同的材料。各种金属材料气焊时火焰各类的选择如表 2-2 所示。

表 2-2 各种金属材料气焊时火焰各类的选择

焊件材料	应用火焰	焊件材料	应用火焰
低碳钢	中性焰或轻微碳化焰	铬镍不锈钢	中性焰或轻微碳化焰
中碳钢	中性焰或轻微碳化焰	紫铜	中性焰
低合金钢	中性焰	锡青铜	轻微氧化焰
高碳钢	轻微碳化焰	黄铜	氧化焰
灰铸铁	碳化焰或轻微碳化焰	铝及铝合金	中性焰或轻微碳化焰
高塑钢	碳化焰	铅、锡	中性焰或轻微碳化焰
锰钢	轻微氧化焰	镍	碳化焰
镀锌铁皮	轻微碳化焰	硬质合金	碳化焰
铬不锈钢	中性焰或轻微碳化焰	蒙乃尔合金	碳化焰

三、任务实施

（一）准备工作

1. 工艺参数的选择

（1）焊丝的选择

一般要求焊丝的熔点应等于或略低于被焊金属的熔点。焊丝的化学成分应基本上与焊件相同。焊丝所焊得的焊缝应具有良好的机械性能。焊缝内部质量要好，无裂纹、气孔、夹渣等缺陷。焊丝熔化时要平衡，不应有强烈的飞溅或蒸发。焊丝表面应洁净，无油脂、油漆和锈蚀等污物。

碳素结构钢焊丝、合金结构钢焊丝、不锈钢焊丝的牌号及用途如表 2-3 所示。铜及铜合金焊丝的牌号及用途如表 2-4 所示。铝及铝合金焊丝的牌号及用途如表 2-5 所示。铸铁气焊丝的牌号及用途如表 2-6 所示。

表 2-3　　钢焊丝的牌号及用途

碳素结构钢焊丝			合金结构钢焊丝			不锈钢焊丝		
牌　号	代　号	用　途	牌　号	代　号	用　途	牌　号	代　号	用　途
焊 08	H08	焊接一般低碳钢结构	焊 10 锰 2 焊 08 锰 2 硅	H10Mn2 H08Mn2Si	用途与 H08Mn 相同	焊 00 铬 19 镍 9	H00Cr19Ni9	焊接超低碳不锈钢
焊 08	H08A	焊接较重要的低、中碳钢及某些低合金钢结构	焊 10 锰 2 钼高	H10Mn2MoA	焊接普通低合金钢	焊 0 铬 19 镍 9	H0Cr19Ni9	焊接 18—8 型不锈钢
焊 08 特	H08E	用途与 H08A 相同，工艺性能较好	焊 10 锰 2 钼钒高	H10Mn2MoVA	焊接普通低合金钢	焊 1 铬 19 镍 9	H1Cr19Ni9	焊接 18—8 型不锈钢
焊 08 锰	H08Mn	焊接较重要的碳素钢及普通低合金钢结构，如锅炉、受压容器等	焊 08 铬钼高	H08CrMoA	焊接铬钼钢等	焊 1 铬 19 镍 9 钛	H1Cr19Ni9Ti	焊接 18—8 型不锈钢
焊 08 锰高	H08MnA	用途与 H08Mn 相同，但工艺性能较好	焊 18 铬钼高	H18CrMoA	焊接结构钢，如铬钼钢、铬锰硅钢等	焊 1 铬 25 镍 13	H1Cr25Ni13	焊接高强度结构钢和耐热合金钢等
焊 15 高	H15A	焊接中等强度工件	焊 30 铬锰硅高	H30CrMnSiA	焊接铬锰硅钢	焊 1 铬 25 镍 20	H1Cr25Ni20	焊接高强度结构钢和耐热合金钢
焊 15 锰	H15Mn	焊接高强度焊件	焊 10 钼铬高	H10MoCrA	焊接耐热合金钢			

表 2-4　　铜及铜合金焊丝牌号及用途

焊丝牌号	名　称	主要化学成分/%	熔点/℃	用　途
丝 201	特制紫铜焊丝	Sn(1.0～1.1)、Si(0.35～0.5)，其余为 Cu	1 050	紫铜的氩弧焊及气焊
丝 202	低磷铜焊丝	P(0.2～0.4)，其余为 Cu	1 060	紫铜的气焊及碳弧焊
丝 221	锡黄铜焊丝	Cu(59～61)、Sn(0.8～1.2)、Si(0.15～0.35)，其余为 Zn	890	黄铜的气焊及碳弧焊，也可用于钎焊铜、钢、铜镍合金、灰铸铁以及镶嵌硬质合金刀具等，其中丝 222 流动性较好，丝 224 能获得较好的机械性能
丝 222	铁黄铜焊丝	Cu(57～59)、Sn(0.7～1.0)、Si(0.05～0.15)、Fe(0.35～1.2)、Mn(0.03～0.09)，其余为 Zn	860	
丝 224	硅黄铜焊丝	Cu(61～69)、Si(0.3～0.7)，其余为 Zn	905	

表 2-5　　铝及铝合金焊丝的牌号及用途

焊丝牌号	名　称	主要化学成分/%	熔点/℃	用　途
丝 301	纯铝焊丝	Al≥99.6	660	纯铝的氩弧焊及气焊
丝 311	铝硅合金焊丝	Si(4～6)，其余为 Al	580～610	焊接除铝镁合金外的铝合金
丝 321	铝锰合金焊丝	Mn(1.0～1.6)，其余为 Al	643～654	铝锰合金的氩弧焊及气焊
丝 331	铝镁合金焊丝	Mg(4.7～5.7)、Mn(0.2～0.6)、Si(0.2～0.5)，其余为 Al	638～660	焊接铝镁合金及铝锌镁合金

表 2-6　　铸铁气焊丝的牌号及用途

焊丝牌号	化学成分/%					用　途
	C	Mn	S	P	Si	
丝 401—A	3～3.6	0.5～0.8	≤0.08	≤0.5	3.0～3.5	焊补灰口铸铁
丝 401—B	3～4.0	0.5～0.8	≤0.5	≤0.5	2.75～3.5	

焊丝直径由工件厚度、接头和坡口形式决定，焊开坡口时第一层应选较细的焊丝。焊丝直径的选用可参考表 2-7。

表 2-7　　不同厚度工件配用焊丝的直径

工作厚度/mm	1.0～2.0	2.0～3.0	3.0～5.0	5.0～10	10～15
焊丝直径/mm	1.0～2.0	2.0～3.0	3.0～4.0	3.0～5.0	4.0～6.0

（2）气焊熔剂的选择

气焊过程中，被加热后的熔化金属极易与周围空气中的氧或火焰中的氧化合生成氧化物，使焊缝产生气孔和夹渣等缺陷。为了防止金属的氧化，消除已形成的氧化物，通常必须采用气焊熔剂。

气焊熔剂要根据焊件的成分及其性质进行选择，一般碳素结构钢气焊时不需要气焊熔剂，而不锈钢、耐热钢、铸铁、铜及铜合金、铝及铝合金气焊时，则必须采用气焊熔剂，才能保证气焊质量。实际选择气焊熔剂时，可参照表 2-8 进行。

表 2-8　　气焊熔剂的牌号、性能及用途

熔剂牌号	代号	名　　称	基 本 性 能	用　　途
气剂 101	CJ101	不锈钢及耐热钢气焊熔剂	熔点为 900℃，有良好的湿润作用，能防止熔化金属被氧化，焊后熔渣易清除	不锈钢及耐热钢气焊时的助熔剂
气剂 201	CJ201	铸铁气焊熔剂	熔点为 650℃，呈碱性反应	铸铁气焊时的助熔剂
气剂 301	CJ301	铜气焊熔剂	系硼基盐类，易潮解，熔点约为 650℃，呈酸性反应，能有效地熔解氧化铜和氧化亚铜	铜及铜合金气焊时的助熔剂
气剂 401	CJ401	铝气焊熔剂	熔点约为 560℃，呈酸性反应，能有效地破坏氧化铝膜，因极易吸潮，在空气中能引起铝的腐蚀，焊后必须将熔渣清除干	铝吸铝合金气焊时的助熔剂

（3）焊接方向的选择

气焊操作是右手握焊炬，左手拿焊丝，可以向右焊（右焊法），也可向左焊（左焊法）。如图 2-10 所示。

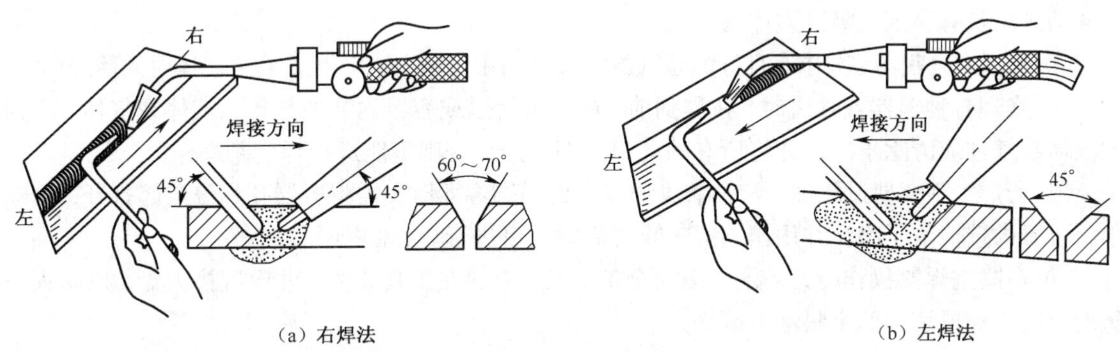

图 2-10　气焊的焊接方向

右焊法是焊炬在前，焊丝在后的焊接方法。这种方法的焊接火焰指向已焊好的焊缝，加热集中，熔深较大，火焰对焊缝有保护作用，可避免气孔和夹渣，但较难掌握。此种方法适用于较厚工件的焊接，而一般厚度较大的工件均采用电弧焊，因此右焊法很少使用。

左焊法是焊丝在前，焊炬在后的焊接方法。这种方法的焊接火焰指向未焊金属，有预热作用，焊接速度较快，可减少熔深和防止烧穿，操作方便，适宜焊接薄板。用左焊法还可以看清熔池，分清熔池中铁水与氧化铁的界线，因此左焊法在气焊中被普遍采用。

（4）焊接速度的选择

焊接时应根据焊工的操作熟练程度，在保证焊接质量的前提下，尽量提高焊接速度，以减少焊件受热的程度并提高生产率。一般来说，对于厚度大、熔点的焊件，焊接速度要慢一些，以避免产生未熔合的缺陷；而对厚度薄、熔点低的焊件，焊接速度要快些，以避免产生烧穿和焊件过热而降低焊接质量。

（5）火焰的性质及能率

气焊火焰的性质对焊接质量影响很大。一般来说气焊时，对需要尽量减少元素烧损的材料，应选用中性火焰；对允许和需要起还原作用和增碳的材料，应选用碳化焰；对母材含有低沸点元素（如锡、锌）的材料，需要生成覆盖在熔池表面的氧化物薄膜，防止低熔点元素蒸发，应

选用氧化焰。各种不同材料的焊接应采用的火焰性质如表 2-2 所示。

火焰能率是指单位时间内可燃气体的消耗量，单位为 L/h。火焰能率的大小主要决定于混合气中氧气的压力及流量和乙炔的压力及流量。流量的粗调是通过更换焊炬型号和焊嘴号码实现的；流量的细调是通过调节焊炬上氧气调节阀和乙炔调节阀来实现的。焊炬型号和焊嘴号越大，火焰能率也越大。

火焰能率应根据焊件的厚度、母材的熔点和导热性及焊缝的空间位置来选择。如果焊件较厚，金属材料熔点较高、导热性较好，焊缝又是平焊位置，则应选择较大的火焰能率；如果焊接薄板或其他位置焊缝时，为防止焊件烧穿或焊缝组织过热，火焰能率要适当减小。在实际生产中，在保证焊接质量的前提下，应尽可能选择较大的火焰能率。

焊炬和焊嘴的选择及其与焊接板厚度之间的关系参照表 2-1。

2. 劳动保护的准备

在气焊和气割时应具备下列劳动保护措施。

① 在气焊和气割时应具备下列劳动保护用品：工作服、工作帽、手套、鞋、有色眼镜、口罩、毛巾等，以防止高温的火焰刺伤眼睛，防止飞溅的金属氧化物和炽热的工件烫伤人，避免扬起的灰尘及有害烟气吸进人体内。

② 气焊和气割场地要求有良好的通风条件，以减小操作过程中产生的有害气体对人体的伤害。

③ 修理各种容器或管道时，在焊割前，应了解管道或容器内装的是什么液体或气体，残存的液体或气体应清除干净，并将所有的阀门全部打开，否则不能进行焊、割操作。

④ 若焊、割存储过原油、汽油、煤油或其他易燃容器时，需将容器孔、盖全部打开，用碱水将容器内壁清洗干净，并用压缩空气吹干后，方可进行焊、割操作。

⑤ 在高空焊割操作时，必须使用安全带。工具要放在工具袋内，并设置接火盘，以防火花溅落引起火灾或切掉的余料落下砸伤人。

3. 焊丝与焊件的处理

焊接前，应彻底清除焊丝和焊接接头处的油污、油漆、铁锈及水分等。焊件可用焊炬火焰烘烤，但在加热后还应用钢丝刷予以清理，也可以用喷砂的方法清理。

4. 定位焊

为保证焊件的装配关系，焊接前，应首先将焊件进行定位焊。若焊件较薄时，定位焊可由中间开始向两头进行，如图 2-11 所示。定位焊焊缝长度为 5～7mm，间距为 50～100mm。若焊件较厚时，定位焊则应从两端开始，如图 2-12 所示。定位焊长度为 20～30mm，间距为 200～300mm，焊点要有一定的深度。

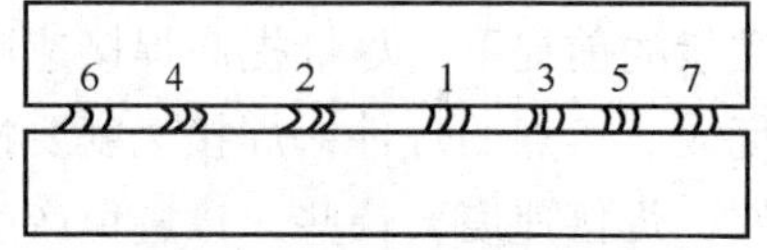

图 2-11 薄板定位焊顺序

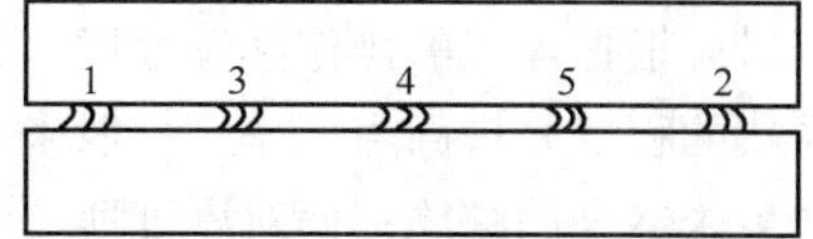

图 2-12 较厚板件定位焊顺序

气焊管子时，则应根据管径的大小，采用不同数量的定位焊点。管径小于 70mm 时，只需定位两处即可；管径在 100～300mm 时，需定位 3～5 处焊点；管径在 300～500mm 时，需定位 5～7 焊点处。气焊开始的起焊点应在两定位焊点的中间，如图 2-13 所示。

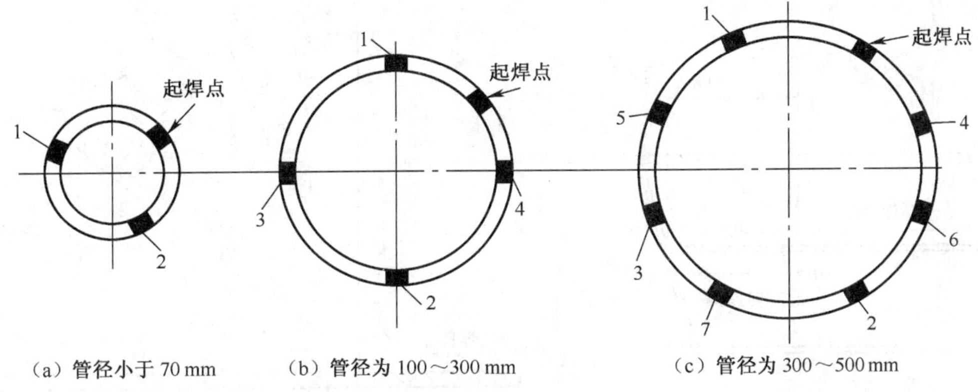

（a）管径小于 70 mm （b）管径为 100～300 mm （c）管径为 300～500 mm

图 2-13 不同管径的定位焊和起焊点

（二）气焊基本操作

1. 点火

点火之前，先把氧气瓶和乙炔瓶上的总阀打开，然后转动减压器上的调压手柄（顺时针旋转），将氧气和乙炔调到工作压力。再打开焊枪上的乙炔调节阀，此时可以把氧气调节阀少开一点，让氧气助燃点火（用明火点燃），如果氧气开得大，点火时就会因为气流太大而出现啪啪的响声，而且还点不着。如果不少开一点氧气助燃点火，虽然也可以点着，但是黑烟较大。点火时，手应放在焊嘴的侧面，不能对着焊嘴，以免点着后喷出的火焰烧伤手臂。

2. 调节火焰

刚点火的火焰是碳化焰，然后逐渐开大氧气阀门，改变氧气和乙炔的比例，根据被焊材料性质及厚薄要求，调到所需的中性焰、氧化焰或碳化焰。需要大火焰时，应先把乙炔调节阀开大，再调大氧气调节阀；需要小火焰时，应先把氧气关小，再调小乙炔。

3. 施焊

（1）起焊

起焊时，焊件温度低；为便于形成熔池，并有利于对焊件预热，焊嘴倾角应大些（80°～90°），同时在起焊处使火焰往复运动，保证焊接处加热均匀。如果两焊件厚度不相等，应将火焰稍微偏向厚件，使焊缝两侧温度基本保持一致，使熔池刚好在焊缝中间处。当起焊处形成白亮而清晰的熔池时，即可填入焊丝进行正常焊接。在施焊时，应时刻保持火焰喷射方向，保证熔池处在焊缝中间，并使火焰焰芯的尖端与熔池距离保持 2～4mm，自始自终保持熔池的大小和形状。

起焊点的选择：一般对接接头焊缝应离一端 30mm 左右施焊，如图 2-14 所示，以防止从端头处起焊产生裂纹。管子焊接时，起焊点在两定位焊点中间。

（2）焊接过程中焊炬与工件角度控制

施焊时，要使焊嘴轴线的投影与焊缝重合，同时要掌握好焊炬与工件的倾角α。工件愈厚，倾角越大；金属的熔点越高，导热性越大，倾角就越大。在开始焊接时，工件温度尚低，为了较快地加热工件和迅速形成熔池，α应该大一些，喷嘴与工件近于垂直，使火焰的热量集中，尽快使接头表面熔化。正常焊接时，一般保持α为 30°～50°。焊接将结束时，倾角可减至 20°，并使焊炬作上下摆动，以便持续地对焊丝和熔池加热，这样能更好地填满焊缝，避免烧穿。焊嘴倾角与工件厚度的关系如图 2-15 所示。

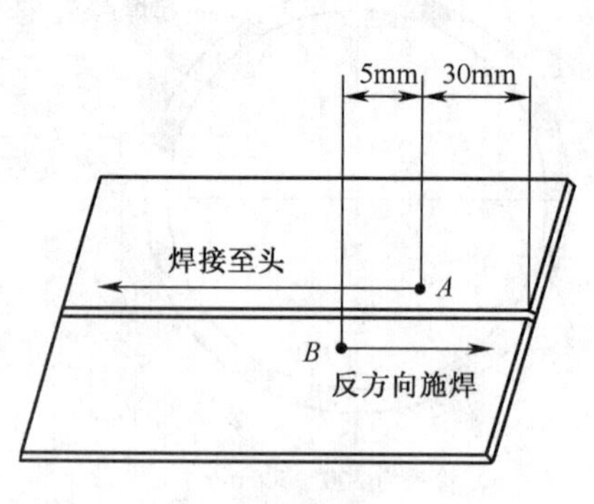

图 2-14 起焊处确定示意图

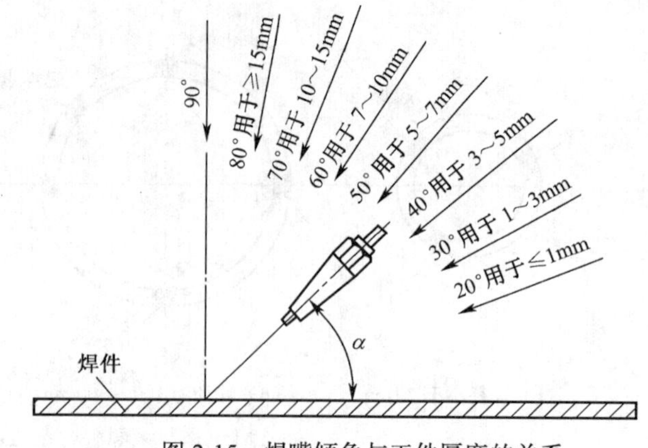

图 2-15 焊嘴倾角与工件厚度的关系

（3）焊丝角度控制

在焊接过程中，焊丝与表面的倾斜角一般为 30°～40°，它与焊嘴中心线夹角为 90°～100°，如图 2-16 所示。

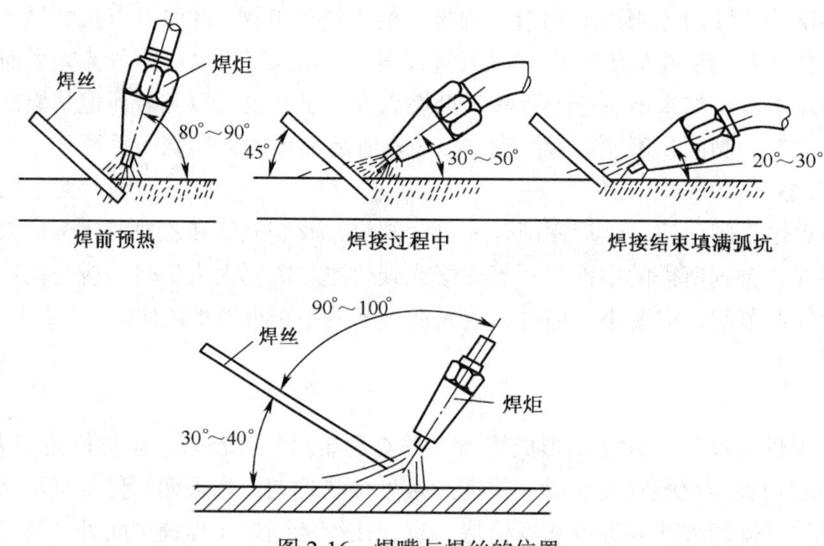

图 2-16 焊嘴与焊丝的位置

（4）焊嘴与焊丝的运动

在焊接过程中，为了获得优质美观的焊缝，焊嘴和焊丝应均匀协调的摆动。通过摆动，既能使焊缝边缘很好地熔合，获得成形良好的焊缝，又可使焊缝金属不致过热或烧穿。在焊补铸件和焊接有色金属时，不断地用焊丝搅动金属熔池，有利于熔渣和有害气体的排出。

焊嘴和焊丝的运动包括 3 种动作。

① 焊嘴沿焊缝纵向移动，不断地熔化焊丝，形成焊缝。

② 焊嘴沿焊缝作横向摆动，充分加热焊件，使液态金属搅拌均匀，焊缝边缘熔合良好，得到致密性好的焊缝。

③ 焊嘴在垂直焊缝方向跳动，焊丝在垂直焊缝方向作送进跳动，以调节熔池的热量和焊丝的填充量。

焊嘴运动的方法和幅度与焊缝的空间位置、焊件厚度、焊缝宽窄等有关，要根据具体情况灵活应用。气焊厚度小于 2mm 的卷边对接接头时均不用焊丝，焊嘴作螺旋形或锯齿形运动，如图 2-17 所示。气焊不卷边的薄板对接接头时，为了得到平滑的焊缝，可采用熔滴焊法，如图 2-18 所示。焊接时先在焊件上形成一直径为 4～5mm 的熔池，再把焊丝末端送入熔池，在熔化少量焊丝后，将焊丝末端撤入内焰，此时焊炬作急速的圆周运动，形成焊波，再转移到下一个位置，准备形成第二个熔池和焊波。各熔池之间约有直径的 1/3 相重叠。气焊厚度大于 3mm 的对接接头时，焊嘴与焊丝相互交错左右摆动，如图 2-19 所示。焊嘴向左摆动时焊丝向右摆动，焊嘴向右摆动时焊丝向左摆动，这样能使每个焊件焊透并获得成形良好的焊缝。

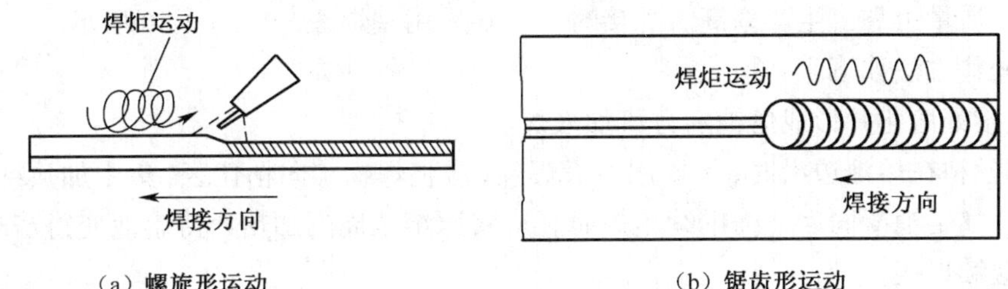

（a）螺旋形运动　　（b）锯齿形运动

图 2-17　卷边接头时的焊嘴运动

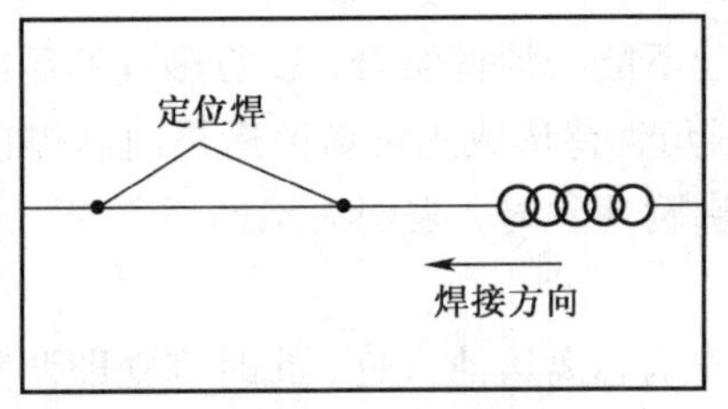

图 2-18　熔滴焊法

图 2-19　厚度大于 3mm 的对接接头焊嘴和焊丝的运动

（5）接头与收尾

焊接中途停顿后，又在焊缝停顿处重新起焊和焊接时，把与原焊缝重叠的部分称为接头。焊到焊缝的终端时，结束焊接的过程称为收尾。

气焊接头时，应用火焰把原熔池重新加热熔化形成新的熔池后，才可加入焊丝。这时，必须注意新加入的焊丝熔滴与被熔化的原焊缝金属之间要充分熔合。当焊接质量要求较高时，接头处要与前焊缝重叠 5～10mm，在重叠处注意要少加或不加焊丝，保持焊缝合适的高度，使接头处焊缝与原焊缝圆滑过渡。

收尾时，由于焊缝温度较高，散热较慢，因此，可减小焊嘴倾斜角 20°～30°，加快焊接速度，并多加焊丝，避免熔池面积扩大、烧穿。收尾时，应使火焰抬高，间断加热，直至熔池填满后，火焰才能离开熔池。

（6）熄火

焊接结束时应熄火。熄火之前一般应先把氧气调节阀关小，再将乙炔调节阀关闭，最后再关闭氧气调节阀，火即熄灭。如果将氧气全部关闭后再关闭乙炔，就会有余火窝在焊嘴里，不容易熄火，这是很不安全的（特别是当乙炔关闭不严时，更应注意）。此外，这样的熄火黑烟也比较大，如果不调小氧气而直接关闭乙炔，熄火时就会产生很响的爆裂声。

（7）回火的处理

在焊接操作中，有时焊嘴头会出现爆响声，随着火焰自动熄灭，焊枪中会有“吱吱”响声，这说明出现“回火”现象。如果不及时消除，不仅会使焊枪和皮管烧坏，而且会使乙炔瓶发生爆炸。所以当遇到回火时，不要紧张，应迅速将焊炬上的乙炔调节阀关闭，同时关闭氧气调节阀，等回火熄灭后，再打开氧气调节阀，吹除焊炬内的余焰和烟灰，并将焊炬的手柄前部放入水中冷却。

（三）不同位置的气焊操作方法

1. 平焊

平焊是指焊缝朝上呈水平状态或稍有倾斜位置的焊接形式，是气焊中最常用的焊接方法。其操作方便、质量可靠、生产率高。焊接时，一般采用左焊法，如图 2-20 所示。

平焊的操作方法如下。

① 当焊接处熔化并形成熔池后方可加入焊丝。

② 当焊丝粘在熔池边沿时，不要用力扳焊丝，应将焊嘴移向粘住区，集中加热粘住的地方，使焊丝脱离。如熔池凝固后还需继续施焊时，应将原熔池周围加热，待熔池变得清晰明亮后，再加入焊丝继续焊接。

③ 在焊接过程中，如发现熔池突然变大，且没有流动金属时，说明焊件已被烧穿。此时应迅速抬高火焰，加大焊接速度，多加焊丝，将穿孔填满，再继续焊接。

④ 如发现熔池过小或不能形成熔池，焊丝熔滴凸起不能与焊件熔合，表明热量不足或焊接速度过快，应降低焊接速度，增大火焰能率或焊嘴倾斜角，待形成正常熔池后再向前焊接。

⑤ 如熔池不清晰，有气泡，出现火花飞溅或熔池沸腾现象时，表明火焰性质不对，应及时调整火焰性质，然后继续焊接。

⑥ 如熔池内液态金属被吹出，表明气体流量过大或焰芯离熔池太近，此时应立即调整火焰能率，并调整焰芯与熔池的距离。

总之，在操作过程中，要正确掌握操作规范和方法，控制焊接速度和熔池温度，既要防止未焊透，又要防止烧穿、过热等缺陷。

2. 横焊

横焊是指在焊件的立面或倾斜面上横方向的焊接形式，如图 2-21 所示。横焊是一种比较困难的焊接形式，容易使熔池内液态金属往下淌，使焊缝上边形成咬边，而在下边形成焊瘤或未焊透等缺陷。

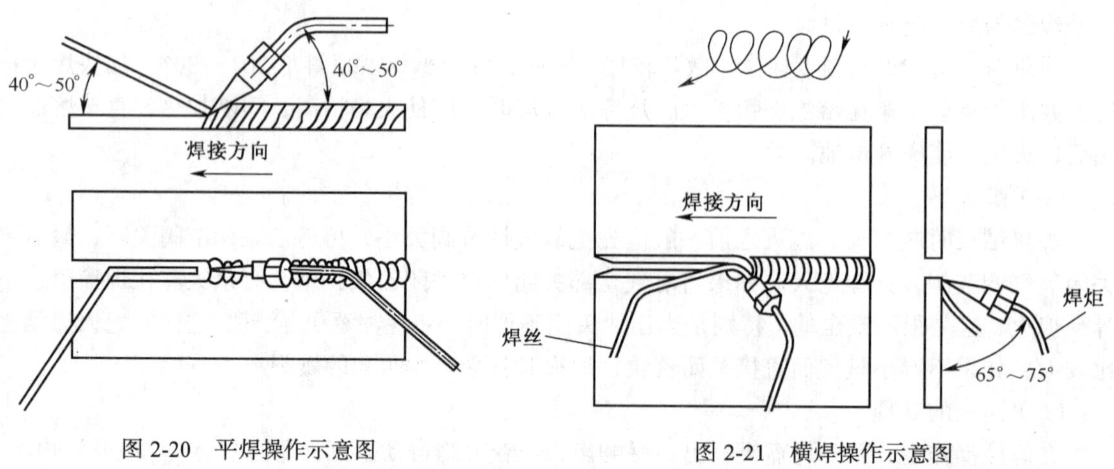

图 2-20 平焊操作示意图

图 2-21 横焊操作示意图

横焊的操作方法如下。

① 使用较小的火焰能率控制熔池温度，既要保证焊透，又不能使熔池金属下淌。

② 焊嘴应向上倾斜，与焊件的夹角应保持在 65°～75° 左右。利用火焰吹力托住熔池金属。

③ 焊接薄板时，焊嘴一般不作摆动，但焊丝要始终浸在熔池中。焊接较厚板时，焊嘴可作小环形运动，焊丝浸在熔池中，并作半圆形摆动，避免熔化金属堆积在熔池下面形成焊瘤等缺陷。

④ 防止火焰烧手，可将焊丝前端 50～100mm 处弯成 45°～60°，手持的一端宜垂直向下。

3．立焊

立焊是指焊缝竖直或倾斜状态的焊接形式。立焊比较困难，熔池内液态金属容易下淌，较难形成平整的焊缝，立焊大多采用自下而上的焊接法，如图 2-22 所示。

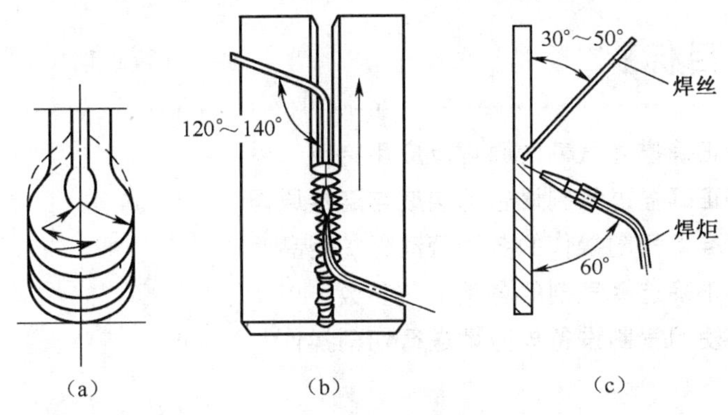

图 2-22　立焊操作示意图

立焊的操作方法如下。

① 立焊时，焊嘴应向上倾斜，与焊件约成 60° 夹角，借助火焰气流的吹力托住熔池，不使熔化金属下淌。

② 火焰能率应比平焊小 15%左右。严格控制熔池温度，不要使熔池面积过大、过深。

③ 一般情况下，焊嘴不作横向摆动，仅作上下跳动，使熔池有冷却的时间，便于控制熔池温度。焊丝则在火焰气流范围内作环形运动，将熔化金属一层层均匀地堆起来。

④ 若操作不当，造成熔池金属下淌，应立即将火焰向上提起，待熔池温度降低后，再继续进行焊接。

4．仰焊

仰焊是指焊缝位于焊件下面，需仰视焊缝进行焊接的操作方法，如图 2-23 所示。仰焊是各种不同位置的焊接中最困难的一种。熔池向下，熔池金属极易下坠而引起焊缝下凹、未焊透、垂瘤和咬边等缺陷。同时，劳动条件差，生产效率低，需要熟练的技术工人才能操作。仰焊可采用左焊法，也可采用右焊法，板料较厚时，采用多层焊较好。

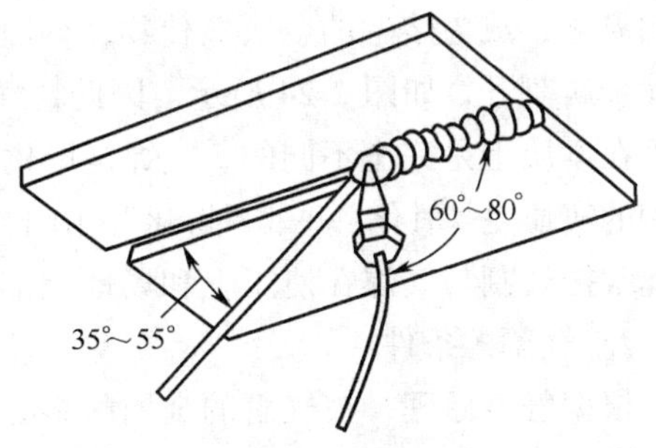

图 2-23　仰焊操作示意图

仰焊的操作方法如下。

① 使用较小的火焰能率，严格控制熔池的温度和面积，使液态金属快速凝固。温度过高，

熔化金属容易下坠，甚至滴落；温度过低就会出现未熔合或夹渣等缺陷。

② 选择较细的焊丝，利用薄层堆敷。当焊接开坡口或较厚焊件时，宜采用多层焊。第一层焊的目的在于焊透，第二层（或最后一层）主要使焊缝两侧熔合良好，形成均匀整齐的波纹焊缝。多层焊是仰焊中防止熔池金属下坠的有效方法。

③ 对接接头仰焊时，焊嘴与焊件夹角为 60°～80°，焊丝与焊件夹角为 35°～55°。用焊丝挡住部分火焰，使熔池保持适当温度。焊嘴可作不间断的扁圆形左右摆动，焊丝应作月牙形（或锯齿形）运动，并将其始终浸在熔池内。

④ 仰焊时应特别注意操作姿势，防止飞溅的金属微粒和熔滴烫伤脸部及身体。

任务二　气割

【学习目标】

1. 能够正确描述气割的原理及应用特点
2. 能够正确描述气割设备的构成与连接原理
3. 能够准备气割操作的各种劳动保护用品
4. 能够正确选择气割的各类工艺参数
5. 能够使用气割设备规范地进行切割操作

一、任务分析

气割是利用金属在纯氧气流中能够剧烈燃烧，生成熔渣并放出大量热量的原理而进行的。气割可用于切割不同厚度的钢板，在汽车车身修复作业中，常用于钢板件的切断及挖补。

二、相关知识

（一）气割的原理

1. 气割的过程

气割即氧气切割。它利用割炬喷出乙炔与氧气混合燃烧的预热火焰，将金属的待切割处预热到它的燃烧点（红热程度），并从割炬的另一喷孔高速喷出纯氧气流，使切割处的金属发生剧烈的氧化，成为熔融的金属氧化物，同时被高压氧气流吹走，从而形成一条狭小整齐的割缝，而使金属割开，如图 2-24 所示。因此，气割包括预热、燃烧、吹渣 3 个过程。气割原理与气焊原理在本质上是完全不同的，气焊是熔化金属，而气割是金属在纯氧中的燃烧（剧烈氧化），故气割的实质是“氧化”并非“熔化”。由于气割所用设备与气焊基本相同，而操作也有近似之处，因此常把气割与气焊在使用上和场地上都放在一起。

2. 气割的条件

根据气割原理，被气割的金属材料必须满足下列条件。

① 金属熔点应高于燃点（即先燃烧后熔化）。在铁碳合金中，碳的含量对燃点有很大影响，随着含碳量的增加，合金的熔点降低而燃点却提高，所以含碳量越大，气割愈困难。例如低碳钢熔点为 1 528℃，燃点为 1 050℃，易于气割。但含碳量为 0.7%的碳钢，燃点与熔点差不多，

都为 1 300℃；当含碳量大于 0.7%时，燃点则高于熔点，故不易气割。铜、铝的燃点比熔点高，故不能气割。

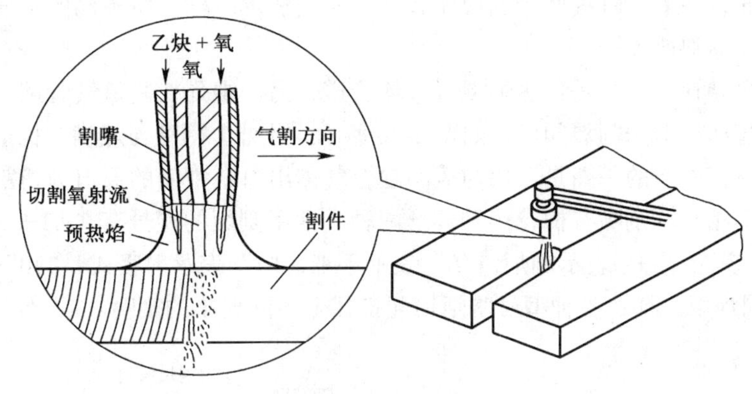

图 2-24 气割过程示意图

② 氧化物的熔点应低于金属本身的熔点。否则形成高熔点的氧化物会阻碍下层金属与氧气流接触，使气割困难。有些金属由于形成的氧化物的熔点比金属熔点高，故不易或不能气割。如高铬钢或铬镍不锈钢加热形成熔点为 2 000℃左右的 Cr_2O_3，铝及铝合金形成熔点 2 050℃的 Al_2O_3，所以它们不能用氧乙炔焰气割，但可用等离子气割法切割。

③ 金属氧化物应易熔化且流动性好，否则不易被氧气流吹走，难于切割。例如，铸铁气割生成很多 SiO_2，不但难熔（熔点约 1 750℃）而且熔渣黏度很大，所以铸铁不易气割。

④ 金属的导热性不能太高，否则预热火焰的热量和切割中所发出的热量会迅速扩散，使切割处热量不足，切割困难。例如，铜、铝及合金的导热性高成为不能用一般气割法切割的原因之一。

此外，金属在氧气中燃烧时应能发出大量的热量，足以预热周围的金属。其次，金属中所含的杂质要少。

满足以上条件的金属材料有纯铁、低碳钢、中碳钢和低合金结构钢。而高碳钢、铸铁、高合金钢及铜、铝等非铁金属及合金，均难以气割。

（二）气割的特点

与一般机械切割相比较，气割的最大优点是设备简单，操作灵活、方便，适应性强。它可以在任意位置，任何方向切割任意形状和任意厚度的工件，生产效率高、切口质量也相当好。气割的状况图如图 2-25 所示。半自动或自动切割由于运行平稳，切口的尺寸精度误差在 ±0.5mm 以内，表面粗糙度 Ra 数值为 25μm，因而在某些地方可代替刨削加工，如厚钢板的开坡口。气割在造船工业中使用最普遍，特别适用于稍大的工件和特形材料，还可用来气割锈蚀的螺栓和铆钉等。气割的最大缺点是对金属材料的适用范围有一定的限制，但由于低碳钢和低合金钢是应用最广泛的材

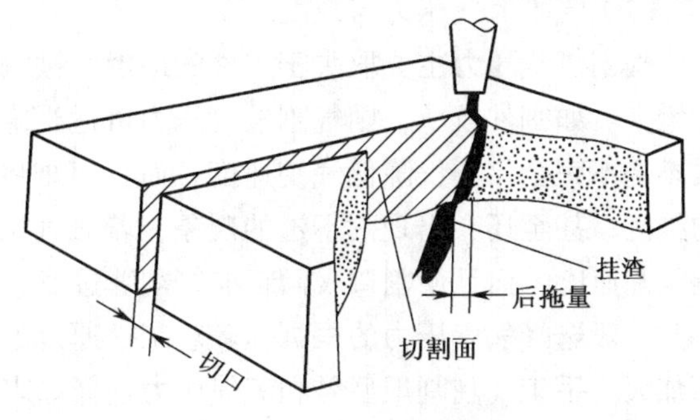

图 2-25 气割状况图

料，所以气割的应用也就非常普及了。

（三）气割的设备

气割所需的设备中，氧气瓶、乙炔瓶和减压器同气焊一样。所不同的是气焊用焊炬，而气割要用割炬（又称割枪）。

割炬有两根导管，一根是预热焰混合气体管道，另一根是切割氧气管道，割炬比焊炬只多一根切割氧气管和一个切割氧阀门，如图 2-26 所示。此外，割嘴与焊嘴的构造也不同，割嘴的出口有两条通道，周围的一圈是乙炔与氧的混合气体出口，中间的通道为切割氧（即纯氧）的出口，二者互不相通。割嘴有梅花形和环形两种。常用割炬的型号有 G01—30、G01—100 和 G01—300 等。其中“G”表示割炬，“0”表示手工，“1”表示射吸式，“30”表示最大气割厚度为 30mm。同焊炬一样，各种型号割炬均配备几个不同大小的割嘴。

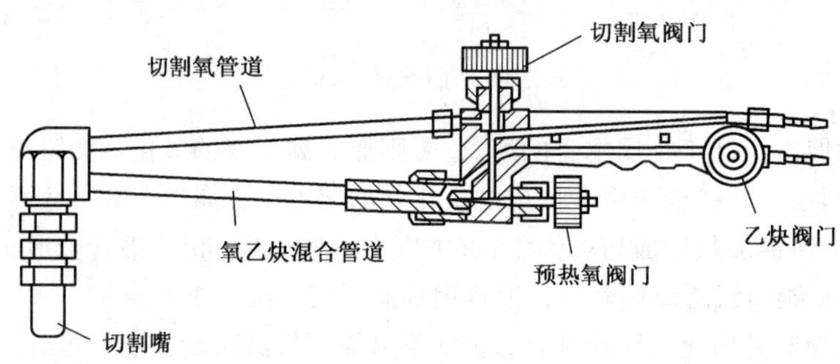

图 2-26　割炬

三、任务实施

（一）准备工作

1. 气割操作劳动保护

气割操作的劳动保护与气焊操作相同。

2. 气割工艺参数的选择

气割的工艺参数主要包括气割氧气压力、气割速度、预热火焰能率、割嘴与工件的倾斜角、割嘴与工件表面的距离等。气割工艺参数选择的正确与否，直接影响到切口表面的质量。而气割工艺参数的选择主要取决于工件的厚度。

（1）气割氧气压力与纯度

气割氧气压力主要取决于工件的厚度。被割工件越厚，割炬型号、割嘴号码、氧气压力均应增大。如割件较薄，则气割氧气压力可适当降低。若氧气压力不够或供应不足，则会引起金属燃烧不完全，不仅降低气割速度，而且很难将熔渣全部吹除，使割缝背面留下很难清除干净的挂渣，甚至还会出现割不透的现象；若氧气压力过高，则过剩的氧气起冷却作用，不仅会影响气割速度，而且使割口表面粗糙，割缝过宽，氧气消耗量也增大。

一般选择氧气压力的根据是随着工件厚度的增大而加大，随着割炬型号和割嘴号码的增大而加大。手工气割割炬型号和氧气压力选择如表 2-9 所示。

表 2-9　　手工气割割炬型号和气体压力的选择

板材厚度 /mm	割炬型号	割炬号码	切割氧孔径 /mm	切割氧孔形状	氧气压力 /MPa	乙炔压力/MPa
4.0 以下	G01—30	1	0.6	环形	0.3～0.4	0.001～0.12
4～10	G01—30	1～2	0.6	环形	0.4～0.5	0.001～0.12
10～25	G01—30	2 3	0.8 1.0	环形 环形	0.5～0.7	0.001～0.12
25～50	G01—100	3～5	1.0 1.3	环形 梅花形	0.5～0.7	0.001～0.12
50～100	G01—100	3～5 5～6	1.3 1.6	梅花形 梅花形	0.5～0.7	0.001～0.12
100～150	G01—300	7	2.2	梅花形	0.8～1.2	0.001～0.12
150～200	G01—300	6	2.6	梅花形	1.0～1.4	0.001～0.12

氧气纯度对氧气消耗量、切口质量和气割速度也有很大影响。氧气纯度降低，会使金属氧化过程缓慢，切割速度降低，同时使氧气消耗量增加。

（2）气割速度

气割速度与割件厚度和割嘴形状有关。割件越厚，气割速度越慢；相反，割件越薄，则气割速度越快。气割速度太慢，会使割缝边缘熔化，割口粗糙不齐，割后清渣也较困难；若气割速度过快，会造成后拖量过大，使割缝不光洁，甚至造成割不穿。所谓后拖量，就是在氧气切割过程中，在切割面上切割氧气流轨迹的始点与终点在水平方向上的距离，如图 2-27 所示。气割速度选择的正确与否，主要根据割缝后拖量来判断。合适的气割速度应以使切口产生的后拖量尽量减小为原则，同时应尽可能降低氧气的消耗量。

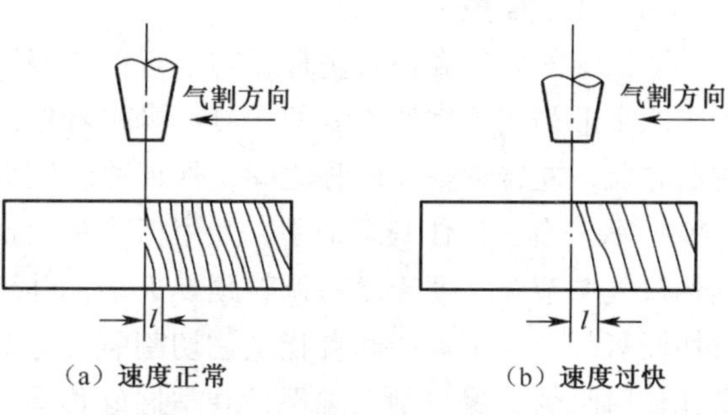

（a）速度正常　　（b）速度过快

图 2-27　切割速度对后拖量的影响

（3）预热火焰能率

预热火焰的作用是把金属工件加热至燃烧温度，并始终保持这一温度，同时还使钢材表面的氧化皮肃离和熔化，便于切割氧气流与金属接触。

气割时，预热火焰应采用中性焰或轻微氧化焰。碳化焰中有游离碳存在，会使割缝边缘增碳，使其组织、性能发生变化，所以不能采用。气割前，必须先调整好火焰性质，而且在切割过程中，要随时防止火焰性质发生变化。

预热火焰能率的大小与工件的厚度有关，工件越厚，火焰能率应越大；但当火焰能率过大时，会使割缝上缘连续产生珠状钢粒，甚至熔化成圆角，还会造成割缝背面粘附的熔渣增多而影响气割质量；可是当预热火焰能率过小时，割件难以获得足够的热量，气割速度减慢，甚至会造成气割过程中断。

（4）割嘴与工件间的倾斜角

割嘴与工件间的倾角如图 2-28 所示，直接影响气割速度和后拖量。当割嘴沿气割相反方向

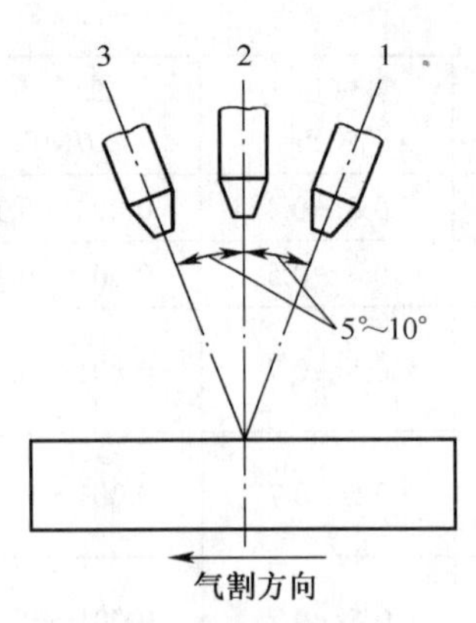

图 2-28　割嘴的倾斜角

1—割嘴沿切割相反方向倾斜　2—割嘴垂直　3—割嘴沿切割方向倾斜

倾斜一定角度时，能使氧化燃烧过程产生的熔渣吹向切割线的前缘，这样可充分利用燃烧反应产生的热量来减小后拖量，从而可以提高气割速度。

割嘴倾角的大小主要根据工件的厚度来确定。一般气割厚度为 4mm 以下的钢板时，割嘴后倾角为 25° ～45° ；气割 4～20mm 厚的钢板时，割嘴后倾角为 20° ～30° ；气割 20～30mm 厚的钢板时，割嘴应垂直于工件；气割大于 30mm 厚的钢板时，开始气割时应将割嘴前倾 20° ～30° ，待割穿后再将割嘴垂直于工件进行正常切割，当快割完时，割嘴应逐渐向后倾斜 20° ～30° 。

（5）割嘴与工件表面的距离

割嘴与工件表面的距离主要由工件的厚度而定。一般来说，气割薄板时，由于切割速度较快，火焰可以长一些，割嘴与工件表面的距离可大些；切割厚板时，由于气割速度慢，为了防止割缝上缘熔化，预热火焰应短一些，割嘴与距离不能过近，否则预热火焰将割缝上缘熔化，剥离的氧化皮会蹦起堵塞割嘴孔，造成回火现象，甚至烧坏割嘴。因此，一般选择火焰焰芯离工件表面距离在 3～5mm 的范围。

（6）气割姿势

手工气割操作姿势有多种，初学者可参照以下姿势：双脚成八字形蹲在工件切割线的一侧，脚跟着地蹲稳，右臂靠住右膝盖，左臂悬空在两膝之间，保证移动割炬方便，如图 2-29 所示。右手握住割炬把手，并用拇指和食指把住下面的预热氧气调节阀，便于随时调整预热火焰，并可在回火时及时切断氧气。左手拇指和食指把住切割氧气调节阀，其余手指托住射吸管，保持割炬端平，并掌握好移动方向。上身不能弯得太低，呼吸要均匀，眼睛注视割嘴和割件，重点要注视割口前面的割样线。这种气割方法通常称为“抱切法”（“抱膝法”）。为便于观察，通常从右向左切割。

图 2-29　气割操作姿势

3. 工件与设备准备

① 气割前，应清除工件表面的污垢、油漆、氧化皮等。工件应垫高、垫平，距离地面保持一定高度，以利于氧化铁渣吹出。切勿在离水泥地面很近的位置气割，防止水泥瀑溅伤人。

② 仔细检查气割系统的设备及工具是否正常，检查工作场地是否符合安全生产要求，检查乙炔瓶和回火保险器的工作是否正常。检查射吸式割炬，应将乙炔皮管拔下，打开氧气调节阀和乙炔调节阀，用手指堵在乙炔接管口，检查割炬是否有射吸力。若无射吸力，应修理后才能使用。连接气割设备，开启氧气瓶阀和乙炔瓶阀，调节氧气减压阀和乙炔减压阀，将氧气、乙炔调整到所需的工作压力。

③ 将火焰点燃并调节成适当的火焰成分（一般采用中性焰），然后打开切割氧气调节阀，检查切割氧气流（又称风线）的形状，切割氧气流应为笔直而清晰的圆柱体，并要有适当长度。若切割氧气流形状不规则，应关闭所有的调节阀，用通针修正割嘴内表面，使出来的氧气流清晰而挺直。

（二）气割操作

1. 预热

先在切割线的端头（工件的边缘）预热，使其温度达到燃烧温度（呈红色）。

2. 切割

慢慢开启切割氧气调节阀，当看到氧化铁渣被切割氧气流吹掉，便逐渐加大切割氧气流，待听到割件下面“啪啪”的声响，说明工件已被割穿。这时应按工件的厚度灵活掌握切割速度，沿着割样线向前切割，如图 2-30 所示。在切割过程中，割炬移动要均匀，割嘴与工件的距离应保持不变（3～5mm）。手工气割时，割嘴沿气割方向后倾 20°～30°，以提高气割速度。气割速度是否正常，可根据熔渣流动方向来判断。当熔渣的流动方向基本上与工件表面垂直时，说明气割速度正常；若熔渣成一定角度流出，后拖量较大，则说明气割速度过快。

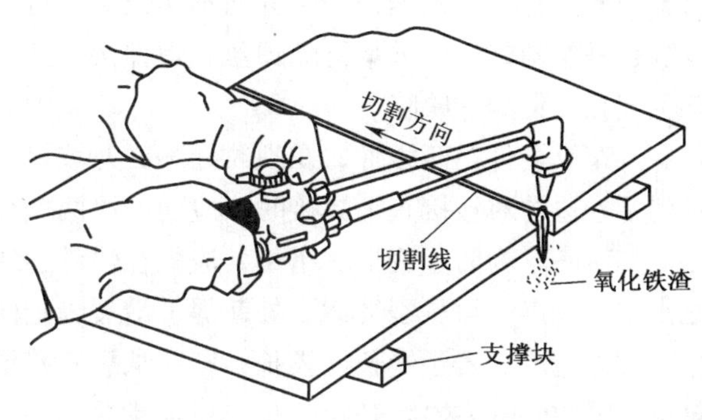

图 2-30 气割操作示意图

3. 移位

气割较长割线时，一次割 300～500mm 后，需移动操作位置。此时应先关闭切割氧气调节阀，将割炬火焰离开工件后再移动身体位置。接着切割时，割嘴一定要对准割线的续割处，并预热到燃烧温度，再缓慢开启切割氧气调节阀，继续切割。若续割薄板时，也可先开启切割氧气流，再将割炬的火焰对准续割处切割。

4. 终割

气割临近终点时，割嘴应向气割方向后倾一定角度，使钢板下部提前割穿，并注意余料下落位置，然后将钢板全部割穿，这样，收尾的割缝较平整。气割完毕后，应迅速关闭切割氧气调节阀，并将割炬拿起，再关闭乙炔调节阀，最后关闭预热氧气调节阀。

5. 回火处理

在气割过程中，若发现鸣爆及回火，应迅速关闭切割氧气调节阀和预热氧气调节阀，防止氧气倒流入乙炔管内，并使回火熄灭。如果此时在割炬内还在发生“嘘嘘”的声响，说明割炬内回火尚未熄灭，应立即将乙炔调节阀关闭，使回火熄灭。经过几秒钟后，再打开预热氧气调节阀，将混合气管内的碳粒和余焰吹尽，然后重新点燃，继续切割。鸣爆和回火现象是由割嘴过热或者氧化铁熔渣飞溅物堵住割嘴导致的。因此在终止回火后，应去除粘在割嘴上的熔渣，并用通针捅通切割氧气射流孔；也可将割嘴放在冷水中冷却后再继续切割。

知识与能力拓展

（一）气焊应用实例

1. 汽车钣金件的气焊

汽车钣金件大多为低碳钢，厚度一般小于 2mm，属于薄板件，可焊性较好，所以气焊时一般不必进行焊前预热及焊后热处理等特殊的工艺措施，但在焊接过程中应采取一定的防止变形措施。

汽车钣金件气焊作业多采用 H01—6 型焊炬，1 号焊嘴，中性火焰，氧气压力为 0.2MPa，乙炔压力为 0.025MPa，一般不用焊剂，通常采用 H08、H08A、H08Mn、H15 等焊丝，焊丝直径为 2mm 左右，根据焊件裂缝的不同位置，可平焊、横焊和立焊，仰焊很少用。气焊前应用砂纸、钢丝刷或气焊火焰清除焊丝和焊件接头处表面的油、油漆、铁锈、水及其他脏物，避免产生气孔、夹渣等缺陷。

汽车钣金件是薄板件，在裂纹处不必开坡口，一般采用不卷边的对接接头。焊接时，应使裂纹两侧金属板面平整对齐。为防止变形、错位，应先在焊件边缘裂口处作定位焊点，再从裂缝终了处起焊，沿裂缝走向向外边缘方向施焊。若裂缝长度较长，则应从裂缝终了位置起每间隔 30mm 左右增加定位焊点。通常采用左焊法，焊炬倾角为 20°～30°，焊嘴应不断地上下跳动来调整熔池温度。焊丝上下跳动并作送进运动。为防止焊缝过热以及热收缩过大引起焊件翘曲变形，定位焊后，应采用分段跳焊法焊接，如图 2-31 所示。

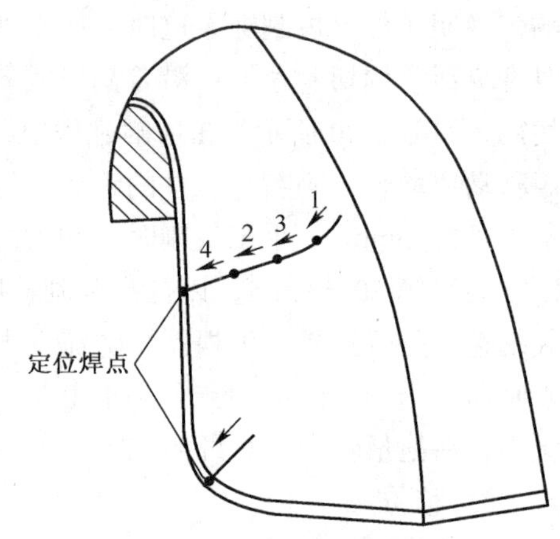

图 2-31　钣金件裂纹的焊接

在焊接过程中，如发现裂纹两侧板面错位，应随时敲平对齐；若定位焊点脱开，应在原焊点边缘重新加焊点。在裂纹边缘及受力较大的部分可多加焊丝或采用双面焊接，以提高焊缝强度。

2. 油箱的焊补

油箱在使用过程中，由于各种原因造成磨损、裂纹、撞伤等，产生漏油现象，一般可采用气焊焊补修复。其焊接方法与焊接薄板工件相同，但焊补前必须将燃油箱内的燃油及残余可燃气体清除干净，防止焊补过程中产生爆炸事故。因此，油箱内部的清洗是十分重要的工作。

在焊接前首先应将油箱内剩余汽油倒净，用 80℃～90℃的 5%的 $NaHCO_3$ 水溶液，反复清洗油箱内部，然后用热水冲净，重复 2～3 次。也可用 NaOH 水溶液清洗，每只油箱用 NaOH 500g，分两次使用。首先往箱内倒入半箱开水，并将 250gNaOH 投入箱内，堵住油箱口，用力摇晃箱体 0.5h，然后将水倒出，连续清洗 2 次，再用清水洗 1～2 次，将水倒出。敞开口于通风处静放 1～2h，待残存的可燃气体排净，再焊接。或者经清洗干净后装水，水面距离焊缝处 50mm，即可立即焊接。对于柴油箱和机油箱，用热水清洗几次后，装水即可焊接。

油箱在焊接前应打开全部孔、盖，以便排出焊接时受热膨胀的气体。焊接时，人不要对着孔口，避免燃气喷出伤人。

油箱上裂纹的焊补：若裂纹长度小于 8mm 时，可直接进行焊补；当裂纹长度大于 8mm 时，应先在裂纹两端用直径 2～3mm 的钻头打孔（止裂孔），然后再焊补，避免裂纹扩张。

油箱上穿透性孔的焊补：当孔的面积比较小时，可直接焊补，焊补时从孔的周围逐步焊至中心；当孔的面积大于 35mm^2 时，需加补板焊补，补板厚度应等于箱体壁厚。焊补时先把孔口边缘翻起 1.2～2.5mm，卷边 90°，然后制作和孔相配的补板，补板制成凹形卷边，再装配焊接，如图 2-32 所示。焊接工艺与气焊薄板卷边接头相同。

3．薄壁筒形容器的气焊

一般薄壁筒形容器壁厚小于 2mm，采用气焊方法焊接。选用 H01—6 型焊炬，1 号焊嘴，焊丝牌号为 H08A，焊丝直径为 1.5～2mm；氧气压力为 0.2MPa，乙炔压力为 0.025MPa，中性火焰。

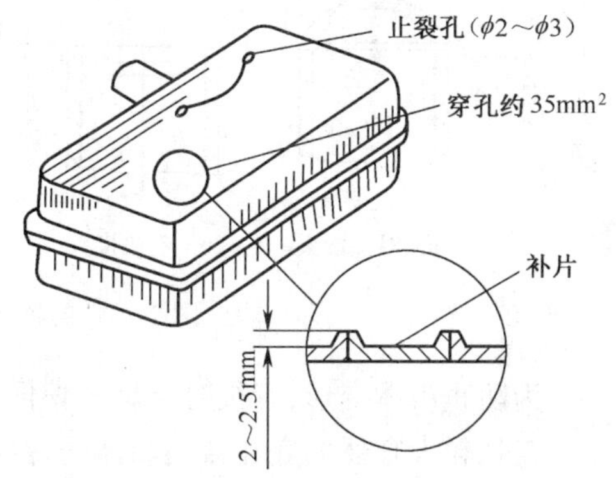

图 2-32　油箱上穿透性孔的焊补

薄壁筒形容器的焊接包括筒体纵向焊缝的焊接及筒体与盖、底的焊接。

筒体纵向焊缝焊接：为保证纵向焊缝的间隙并防止筒体产生变形，应首先进行定位焊。定位焊从中间先焊，焊点长度为 5～8mm，依次向两头进行，焊点间距为 150～200mm。焊接时采用逐步退焊法，如图 2-33 所示。

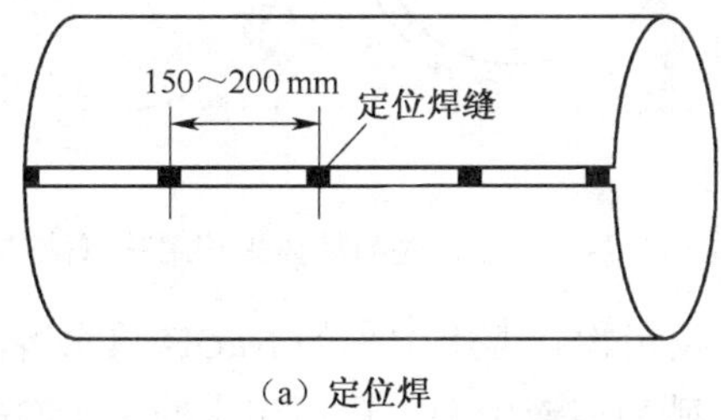

（a）定位焊

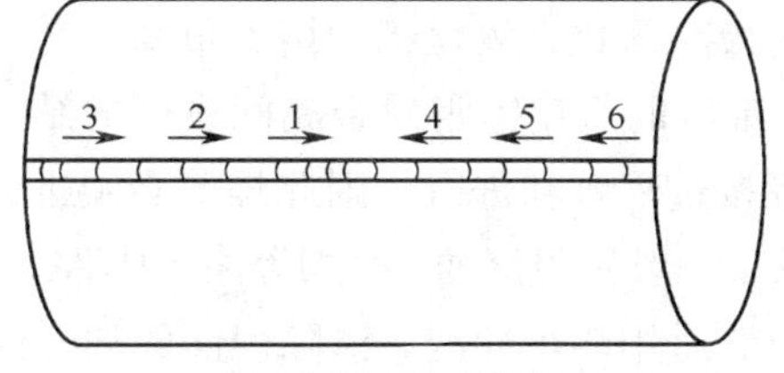

（b）分段逐步退焊法

图 2-33　筒体纵向焊缝

为防止烧穿，焊嘴应适当地上下跳动，焊丝应均匀地加入熔池。焊嘴与纵向焊缝夹角为 20°～30°，焊丝与焊嘴夹角为 90°～110°，采用左焊法。

当筒体纵向焊缝不太长时，在焊接前可不进行定位焊，采用反变形法进行焊接，即用在纵向焊缝末端加大间隙（间隙为焊缝长度的 2.5%～3%）的方法进行焊接，如图 2-34 所示。这种方法在焊接过程中焊缝收缩，使间隙逐渐减小，从而保证了正常焊接。为了更好地控制纵向焊缝间隙的大小，也可在焊缝中插入铁楔，在焊接过程中，焊缝逐渐收缩，铁楔逐渐向后移动，直至焊接结束。这种操作方法只有在操作十分熟练时才能有良好的效果。

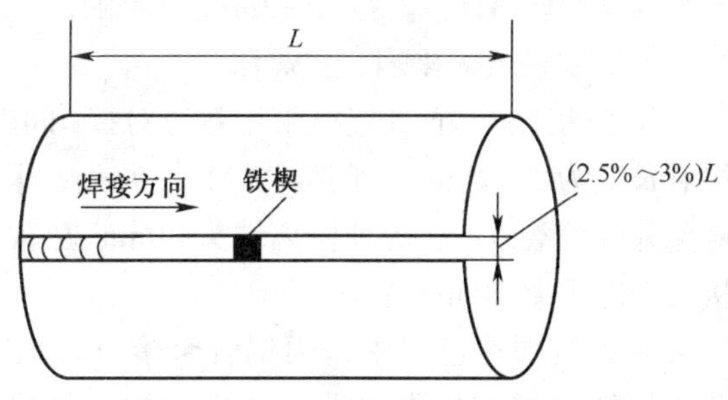

图 2-34　筒体纵向焊缝反变形法焊接

容器的底、盖与筒体的焊接：根据容器不同的用途可做成平面形、凸面形或凹面形，与筒体的接头形式如图 2-35 所示。图 2-35（c）、图 2-35（d）、图 2-35（e）所示为平面形，多用于一般非压力容器的底和盖。图 2-35（a）所示为凸面形，一般用于压力容器的封头，所以必须要求焊透，防止烧穿。图 2-35（b）所示为凹面形，用于非压力容器，焊缝为卷边接头，一般可不用焊丝，但当厚度较大时，应适当添加焊丝，焊嘴应稍作上下跳动，使焊缝成形良好。

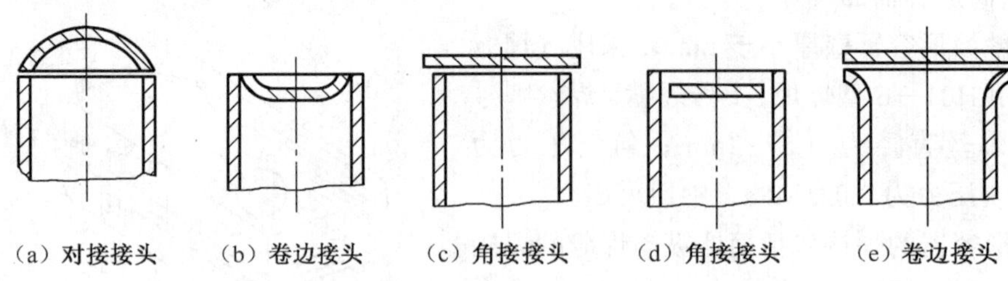

图 2-35 容器的底、盖与筒体焊接的接头形式

为防止筒体变形，焊接时火焰要偏向外侧。

直径较大容器的底和盖与筒体的焊接一般应采用对称焊接，并采用逐步退焊法，以防止容器产生变形，如图 2-36 所示。

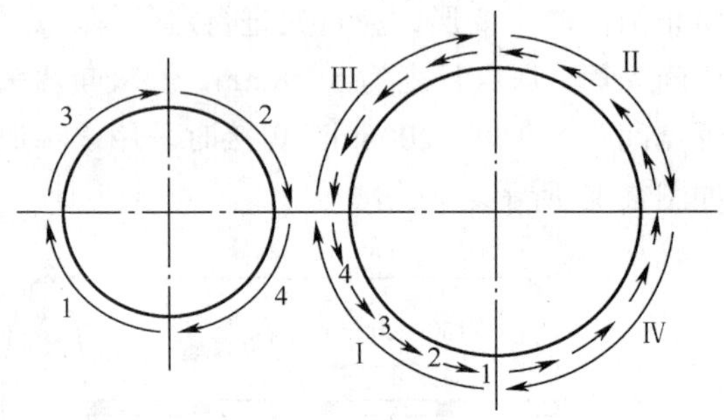

图 2-36 盖、底与筒体采用对称焊法的示意图

4. 薄铝板的平对焊

铝合金极易氧化，氧化铝的熔点很高（约 2 050℃），难熔的氧化铝阻碍金属间良好的结合，妨碍焊接过程顺利进行，因此焊前必须进行认真清理。一般先用汽油、丙酮等涂于焊件、焊丝表面，然后用热水冲洗，清除表面的油、油漆及污物，再用 10%的 NaOH 热水溶液涂于焊丝、焊缝表面，经 2min 后用水冲洗，再用 20%的硝酸溶液中和，最后用水冲洗干净并干燥，清除表面的氧化铝膜。也可以用机械方法清理，可用钢丝刷或砂轮、锉刀等清理，直至露出金属光泽。

焊剂用 CJ401，使用前先用蒸馏水与焊剂调成糊状（每 100g 焊剂用 35～50g 水），然后把糊状焊剂涂在焊丝和焊缝表面。糊状焊剂随用随调，以防止变质。

焊丝用丝 311，直径 2～3mm。焊炬用 H01—6，2～3 号焊嘴（比焊碳钢略大 1 号），采用中性火焰或轻微碳化焰，左焊法。

厚度为 1.5～2mm 铝板采用卷边对接，间隙为 0.5～1mm，定位焊从中间开始，向两头进行，焊点长度为 5～10mm，间隔为 20～30mm，采用稍大的火焰能率，快速焊接，以减少变形。为避免起焊处裂纹，起焊处应离端头 30mm 左右，向另一端头方向焊接，然后再向相反方向焊接，接头处应重叠 20mm 左右。

在焊接加热过程中，因铝合金熔点较低（约 660℃），熔化时无颜色的变化，所以应不断地用蘸有焊剂的焊丝端头试探地拨动加热金属表面，当表面起皱并感到带有黏性，并且熔化的焊丝能与焊缝金属熔合在一起，说明已达到熔池形成温度，即可进行焊接。焊接时，焊嘴上下摆动前移，摆动幅度为 3～4mm，严格控制熔池温度，防止烧穿淌散。焊丝始终处于熔池的前沿，并作轻微上下跳动。最好一次焊完一条焊缝，必须中断时，接头处应重叠 20mm 左右。

焊后必须清理焊缝上的残渣，一般用热水倒在焊缝上，用硬毛刷刷洗，以干燥后看不出白色的渣斑为宜，防止残渣腐蚀焊缝。

对要求高的焊缝，焊后可用锤击焊缝的方法消除应力，提高强度，碾堵气孔。

（二）其他气割方法

1. 机械化气割

机械化气割与手工气割相比，具有劳动强度低、气割质量好、成批生产时效率高、成本低等优点，因此机械化气割正在逐步代替手工气割，广泛用于机械制造、造船、锅炉等行业。

（1）CG1—30 型半自动气割机

CG1—30 型气割机是一种小车式半自动气割机，其结构外形如图 2-37 所示。

CG1—30 型气割机能切割板厚为 5～60mm 的直线割件和直径为 200～2 000mm 的圆弧割件，气割速度为 50～750mm/min（无级变速）。

CG1—30 型气割机的割炬备有 3 个大小不同的割嘴，适用于气割不同厚度的钢板。

（2）CG2—150 型仿形气割机

CG2—150 型仿形气割机是一种高效能的半自动气割机，如图 2-38 所示，可以方便而又精确地气割各种形状的割件。其工作原理主要是由靠轮沿样板仿形带动割嘴运动，从而切割出与样板外形相同的割件。它可以切割 5～60mm 厚的钢板，也可以切割尺寸为 500mm × 500mm 的正方形零件，切割尺寸公差可达±0.5mm。该设备有圆周气割装置，可以气割直径为 30～600mm 的圆形零件。该设备适用于气割批量生产零件。

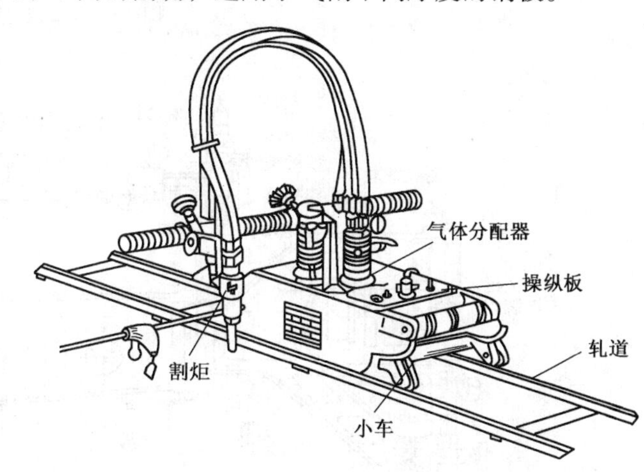

图 2-37　CG1—30 型半自动气割机

使用 CG2—150 型仿形气割机必须事先制作样板。样板可用 2～5mm 的低碳钢板制成，形状与被割零件形状相同，尺寸根据割件的形状和尺寸设计计算而定。

CG2—150 型气割机备有 3 个割嘴，与 CG1—30 型半自动气割机的割嘴相同。

2. 数控自动气割机

随着电子计算机技术的迅速发展，数控自动气割已成为气割工艺中日益扩大使用的一项新技术，它的出现标志着自动化气割进入了一个新时代。数控自动气割机不需要放样、划线等工序，使工人劳动强度大大降低，同时切口质量好，生产效率高，技术先进。

所谓数控是指用于控制机床或设备的工作指令（或程序）是以数字形式给定的一种新的控制方法。将这种指令提供给数控自动气割机的控制装置，气割机就能按照给定的程序，自动地进行切割。

数控自动气割机的组成与工作过程结构框图如图 2-39 所示。

数控自动气割机由数控装置和执行机构两大部分组成。

数控自动气割机在切割前，需要完成一定的准备工作，即把图纸上工件的几何形状和数据编写成一条条计算机所能接受的指令，这叫做编制程序；然后把编好的程序按照规定的编码打在穿孔纸带上，这条穿孔纸带就是计算机所能认识的“图样”。气割时，把已穿好孔的纸带放在光电输入机上，加工指令通过光电输入机被读入专用计算机中，专用计算机根据输入指令计算出气割头的走向和应走的距离，并以一个个脉冲信号输到执行机构，使得气割头按图纸形状把零件从钢板上切割下来。

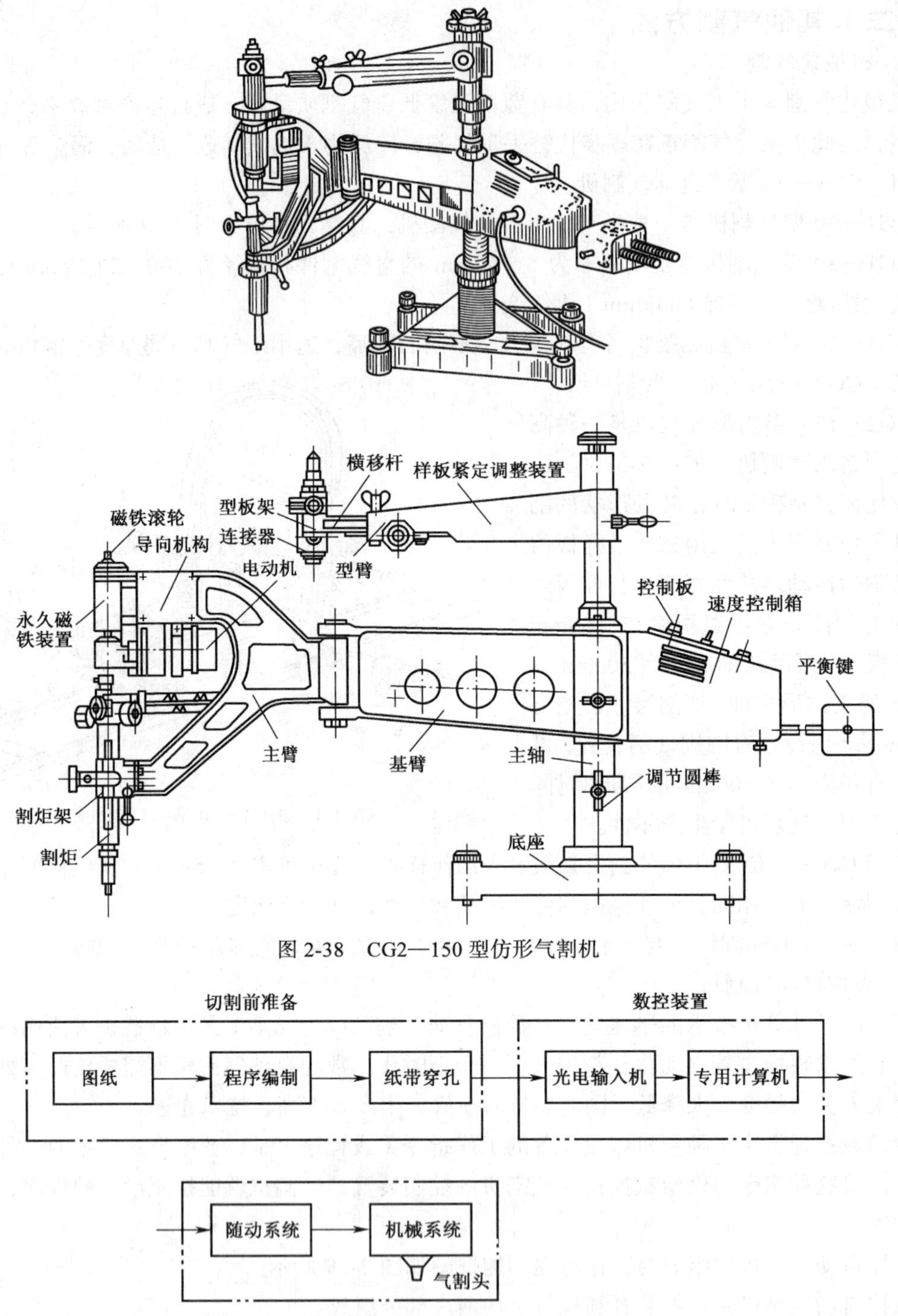

图 2-38　CG2—150 型仿形气割机

图 2-39　数控气割机基本结构框图

（三）气割工艺实例

1. 钢板的气割

（1）薄钢板的气割

气割 2～4mm 的薄钢板时，因钢板较薄，受热快、散热慢，如果气割速度过慢或预热火焰能率过高，不仅钢板变形大，割缝正面棱角被熔化，熔渣不易吹掉，粘在钢板背面，冷却后不易剔除，而且会造成前面割开而后面又黏合在一起的现象。为了得到较好的切割效果，应采用G01—30型割炬和小号割嘴，预热火焰能率要小，割嘴与钢板后倾角保持20°～30°，割嘴与工件表面距离应保持在10～15mm，气割速度要尽可能地快。

（2）中等厚度钢板的气割

气割4～20mm厚的钢板时，一般选用G01—100型割炬，1号或2号割嘴，采用中性焰或轻微氧化焰，焰芯与割件距离为3～5mm，割嘴与割件后倾角为20°～30°，切割钢板越厚，后倾角应越小。为了保证气割质量，在整个气割过程中割炬移动的速度要均匀，割嘴到割件表面的距离要保持恒定。

（3）大厚度钢板的气割

气割大厚度钢板时，工件上下受热不一致，下层预热不好，下层金属燃烧比上层慢，切口形成很大后拖量，甚至产生割不透等缺陷，同时熔渣易堵塞切口下部，影响气割过程的顺利进行。所以在气割大厚度钢板时，应选用切割能力大（G01—300型）的割炬和大号割嘴，以提高火焰能率，并且要保证氧气和乙炔供应充足，避免在气割过程中因缺气而中断。大厚度割件切割过程如图2-40所示。起割时，先在工件边缘棱角处开始预热，将割件预热到燃烧温度时，逐渐开大切割氧气调节阀，并将割嘴向气割方向倾斜5°～10°，如图2-40（b）所示。将工件边缘全部割透时，再加大切割氧气流，并使割嘴垂直于工件，同时割嘴沿切割线向前移动，始终保持合适的速度；为使切割过程顺利进行，割嘴可作横向月牙形或之字形摆动，如图2-40（c）所示，尽量不要中断气割，连续气割到终止，以防止割件降温。当气割将结束时，气割速度应适当减慢些，这样可减少后拖量；割嘴应向后倾斜一定角度，使切口下面先割通，然后使切口全部割断。

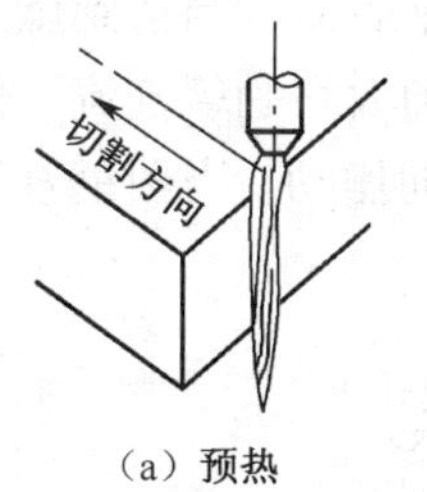

（a）预热

（b）起割

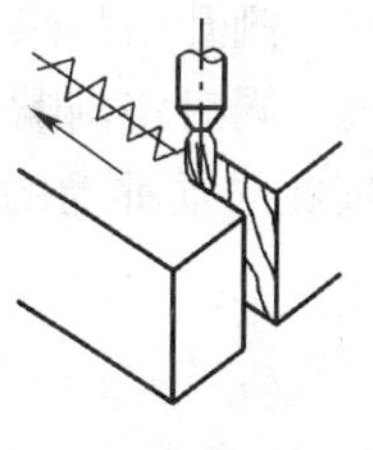
（c）正常气割

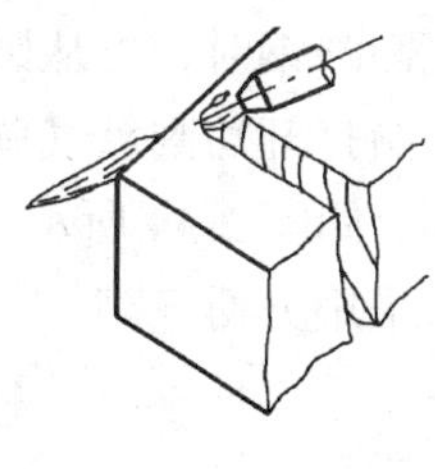
（d）终端气割

图2-40　大厚度割件气割过程示意图

气割过程中，如遇到割不穿的情况，应立刻停止气割，避免产生气旋涡，防止割缝产生凹坑。重新气割时，应选择割样线的另一端作为起割点。气割速度要均匀一致，随时注意氧气和乙炔压力的变化，及时调整预热火焰，保持大的火焰能率。

2. 重叠气割

薄板成批下料时，为提高生产率，可采用多层气割。多层气割质量反而比单层气割好。多层气割是把钢板叠成25～50层进行一次性气割。切割前，应将钢板除锈，清除表面污物，仔细矫平，然后将钢板叠好，用夹具夹紧，使各层钢板紧密相贴，彼此没有空隙，保证钢板之间良好的传热，以获得良好的切割质量，如图2-41所示。

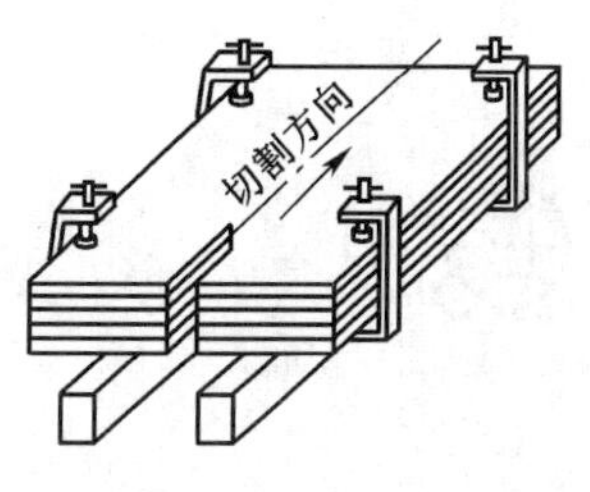

图2-41　多层气割

多层气割时，为便于起割，可将上面的钢板边稍微移出一些，如图 2-42 所示。多层气割时，最上层钢板的切口往往被熔化，最下层钢板的切口也会被熔渣的热量熔化，因此，常用废钢板作为最上层、最下层垫板，以减少浪费。

3. 法兰的气割

气割法兰前，先将钢板下方垫牢，注意切割线下方不应有垫物。气割时，先割外圆，后割内圆。为保持割口表面光滑而整齐，可采用简易划规式割圆器进行切割，如图 2-43 所示。气割前将工件清理干净，用样冲在圆心处打好定位眼，用圆规划出同心圆，并用石笔加重画出。

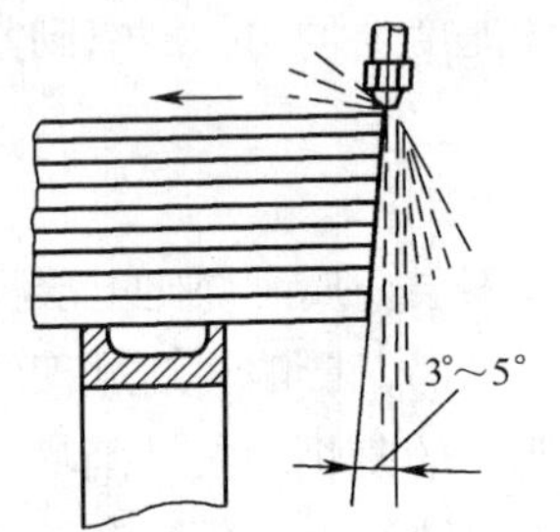

图 2-42 便于开始切割的板料叠法

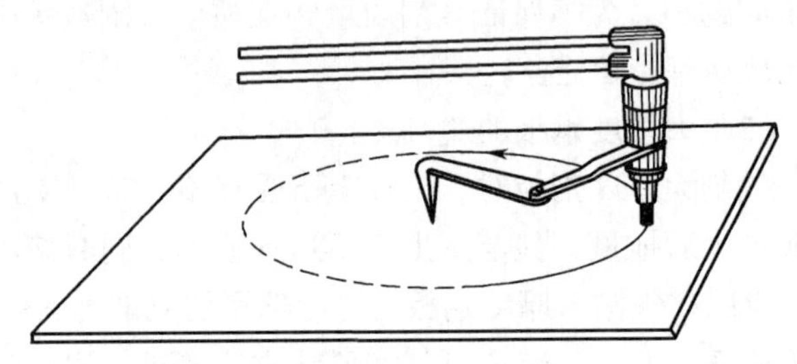

图 2-43 用划规割圆的示意图

气割外圆时，先在离外圆线就近的钢板边缘起割，然后慢慢割向法兰外圆线，待划规针尖落入定位眼后，便可将割嘴沿圆周方向旋转一周，法兰即从钢板上割下。气割内圆时，应先在内圆上开气割孔，此时，火焰能率可调大一些，以加快预热速度，当达到温度时，将割嘴倾斜一定角度，迅速将熔渣吹出，割穿工件；然后，调整火焰能率和割嘴角度，将割缝割向法兰内圆线，同时将划规针尖放入定位孔内，割嘴沿圆周旋转一周，将内圆割下。

4. 圆钢的气割

气割圆钢时，先从圆钢的一侧开始预热，并使预热火焰垂直于圆钢表面。当达到燃点温度时，开始打开切割氧气调节阀，同时将割嘴转到与地面垂直位置，并加大切割氧气流，使圆钢被割穿，如图 2-44 所示。割嘴在向前移动的同时，还应稍作月牙形横向摆动。当圆钢直径较大时，可采用分瓣气割。

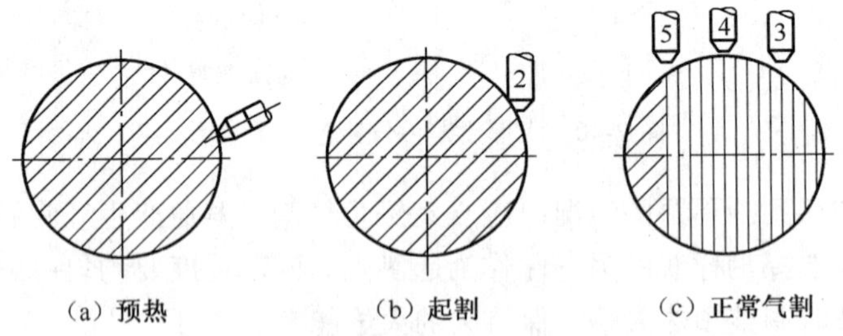

图 2-44 气割圆钢时割嘴的位置

习 题

1. 什么叫气焊？气焊时发生哪些化学反应和物理反应？

2. 什么叫气割？气割需要哪些条件？
3. 气焊和气割需要哪些设备和工具？
4. 叙述氧气瓶、乙炔瓶、减压器、回火保险器的使用方法及操作注意事项。
5. 叙述焊炬、割炬的选择及使用方法。
6. 说明气焊火焰的性质和结构。
7. 气焊前焊丝和焊接接头怎样处理？
8. 定位焊的作用是什么？薄板和厚板应怎样进行焊接？
9. 气焊焊接工艺主要包括哪些工艺参数？怎样选择？
10. 对气焊丝有哪些要求？常用的气焊丝有哪些？
11. 气焊熔剂的作用是什么？常用的气焊熔剂有哪些？
12. 什么是火焰能率？火焰能率的大小是怎样调整的？
13. 气焊过程中焊嘴的倾斜角度应怎样变化？
14. 叙述油箱的气焊工艺方法。
15. 气割工艺参数包括哪些？应如何选择？
16. 简述数控自动气割机的工作过程。
17. 气焊工应具备哪些劳动保护措施？

项目三 气体保护焊

目前，电弧焊领域的机械化、自动化发展方向主要是最大限度地采用气体保护焊和埋弧焊代替涂料焊条手弧焊。随着现代化生产的发展，气体保护焊在焊接生产中将占据越来越重要的地位。

利用气体作为电弧介质并保护电弧和焊接区的电弧焊称为气体保护电弧焊，简称气体保护焊。气体保护焊通常按照电极是否熔化和保护气体不同，分为非熔化极（钨极）惰性气体保护焊（TIG 焊）和熔化极气体保护焊（GMAW）。熔化极气体保护焊包括熔化极惰性气体保护焊（MIG 焊）、氧化性混合气体保护焊（MAG 焊）、CO_2 气体保护焊和管状焊丝气体保护焊（FCAW）。

本项目着重讲述常用的熔化极惰性气体保护焊、CO_2 气体保护焊及钨极惰性气体保护焊三种，主要内容包括他们的特点、设备、焊接材料、工艺和应用等。

任务一　熔化极惰性气体保护焊

【学习目标】

1. 能够正确描述 MIG 焊的原理、特点及应用
2. 能够正确描述 MIG 焊设备的构成与连接原理
3. 能够正确描述各种 MIG 焊设备和工具的作用
4. 能够正确选用焊接设备及焊接工具
5. 能够根据实际问题制定正确的焊接工艺
6. 能够准备 MIG 焊操作的各种劳动保护
7. 能够使用 MIG 焊设备规范地进行焊接操作

一、任务分析

熔化极惰性气体保护焊，是以连续送进的焊丝作为熔化电极，采用惰性气体作为保护气体的电弧焊方法，简称 MIG（Metal Inertia Gas）焊。在汽车钣金焊接维修作业中，熔化极惰性气体保护焊是最常用的方法之一，它主要应用于一些活性较强金属的焊接，例如不锈钢、耐热合

金、铜合金及铝镁合金等。

二、相关知识

（一）熔化极气体保护焊的分类和应用

1. 熔化极气体保护焊的分类

熔化极气体保护焊，通常根据保护气体种类和焊丝形式的不同分类，如图 3-1 所示。按操作方式，熔化极气体保护焊可分为自动焊和半自动焊两大类。

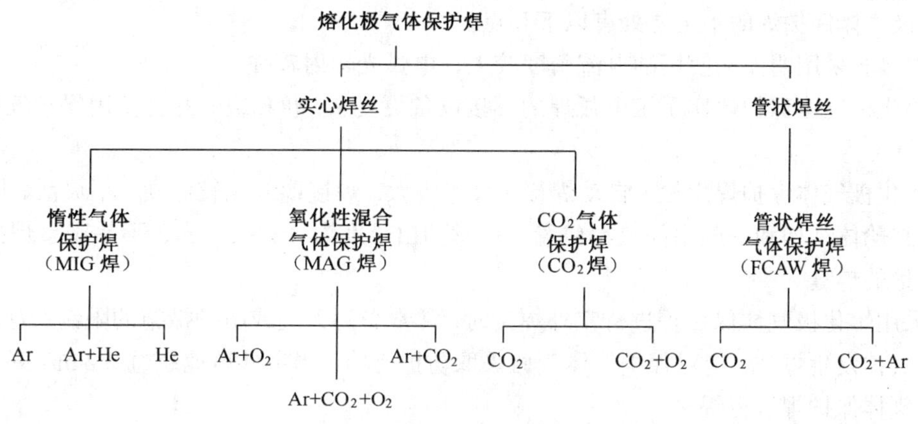

图 3-1　熔化极气体保护焊分类

2. 熔化极气体保护焊的原理

熔化极气体保护焊采用可熔化的焊丝与焊件之间的电弧作为热源来熔化焊丝与母材金属，并向焊接区输送保护气体，使电弧、熔化的焊丝、熔池及附近的母材金属免受周围空气的有害作用。连续送进的焊丝金属不断熔化并过渡到熔池，与熔化的母材金属融合形成焊缝金属，从而使工件相互连接起来。其原理如图 3-2 所示。

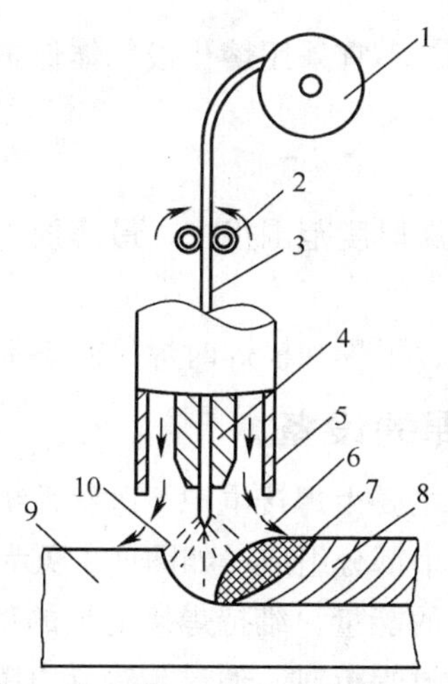

图 3-2　熔化极气体保护焊示意图

1—焊丝盘　2—送丝滚轮　3—焊丝　4—导电嘴　5—保护气体喷嘴

6—保护气体　7—熔池　8—焊缝　9—母材　10—电弧

3. 熔化极气体保护焊的特点

熔化极气体保护焊与渣保护焊方法（如焊条电弧焊和埋弧焊）相比较，在工艺、生产率与经济效益等方面有着下列优点。

① 熔化极气体保护焊是一种明弧焊。焊接过程中，电弧及熔池的加热熔化情况清晰可见，便于发现问题与及时调整，故焊接过程和焊缝质量易于控制。

② 熔化极气体保护焊在通常情况下不需要采用管状焊丝，所以焊接过程没有熔渣，焊后不需要清渣，省掉了清渣的辅助工时，降低了焊接成本。

③ 熔化极适用范围广，生产效率高，易进行全位置焊及实现机械化和自动化。

熔化极气体保护焊的不足之处有以下几点。

① 焊接时采用明弧和使用的电流密度较大，电弧光辐射较强。

② 熔化极气体保护焊比手工电弧焊的焊接设备更复杂，价格高；并且使用保护气体，增加了成本。

③ 熔化极气体保护焊焊枪（自动焊接）尺寸较大，焊接缆线比较僵硬、不灵活，因此不适合焊接密封舱体结构和一些空间狭小位置。焊丝伸出长度为 12～25mm，不易观察焊接电弧和得到高质量的焊缝。

④ 采用熔化极气体保护焊进行室外焊接时，常常受到天气或防护措施的限制。为了避免焊接时保护气体发生爆炸，应对保护气体气瓶采取防护措施。当室外风速超过 2.2 m/s 时，不易采用熔化极气体保护焊进行焊接。

4. 熔化极气体保护焊的应用范围

（1）适用的焊材

熔化极气体保护焊适用于大多数金属和合金，最适于碳钢和低合金钢、不锈钢、耐热合金、铝及铝合金、铜及铜合金及镁合金。

对于高强度钢、超强铝合金、锌含量高的铜合金、铸铁、奥氏体锰钢、钛和钛合金及高熔点金属，熔化极气体保护焊要求将母材预热和焊后热处理，并采用特制的焊丝，控制保护气体要比正常情况更加严格。

低熔点的金属如铅、锡和锌等，不宜采用熔化极气体保护焊。表面包覆这类金属的涂层钢板也不适宜采用这类焊接方法。

（2）板厚

熔化极气体保护焊可焊接的金属厚度范围很广，最薄约 1mm，最厚几乎没有限制。

（3）焊接位置

熔化极气体保护焊适应性较强，平焊和横焊时焊接效率最高。

（二）熔化极气体保护焊的设备

熔化极气体保护焊的焊接设备主要由焊接电源、送丝系统、焊枪及行走系统（自动焊）、供气系统及冷却水系统和控制系统 5 个部分组成，如图 3-3 所示。

焊接电源提供焊接过程所需要的能量，维持焊接电弧的稳定燃烧。送丝系统将焊丝从焊丝盘中拉出并将其送给焊枪。焊丝通过焊枪时，通过与铜导电嘴的接触而带电，铜导电嘴将电流由焊接电源输送给电弧。供气系统提供焊接时所需要的保护气体，将电弧、熔池保护起来。如采用水冷焊枪，则还配有冷却水系统。控制系统主要用于控制和调整整个焊接程序：开始和停止输送保护气体和冷却水，启动和停止焊接电源接触器，以及按要求控制送丝速度和焊接小车行走方向、速度等。

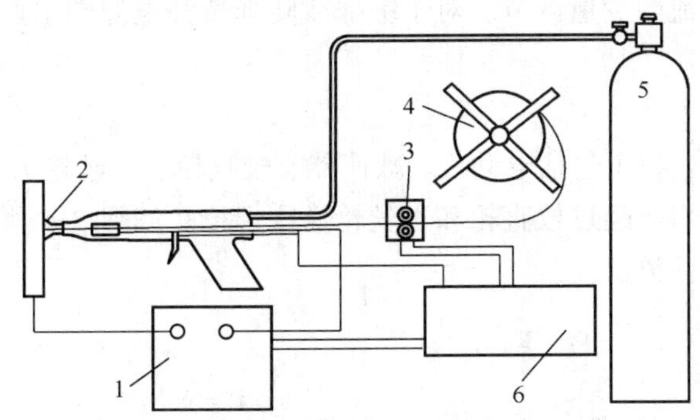

图 3-3　熔化极气体保护焊焊接设备的组成

1—焊接电源　2—保护气体　3—送丝轮　4—送丝系统　5—气源　6—控制系统

1. 焊接电源

熔化极气体保护焊通常采用直流焊接电源，目前生产中使用较多的是弧焊整流器式直流电源。近年来，逆变式弧焊电源的发展也较快。焊接电源的额定功率取决于各种用途所要求的电流范围。熔化极气体保护焊所要求的电流通常在 100～500A 之间，电源的负载持续率（也称暂载率）在 60%～100%之间，空载电压在 55～85V 之间。

（1）焊接电源的外特性

熔化极气体保护焊焊接电源的外特性可分为 3 种：平特性（恒压）、陡降特性（恒流）和缓降特性。

当保护气体为惰性气体（如纯 Ar）、富 Ar 和氧化性气体（如 CO_2），焊丝直径小于 1.6mm 时，在生产中广泛采用平特性电源。平特性电源配合等速送丝系统具有许多优点：可通过改变电源空载电压调节电弧电压，通过改变送丝速度来调节焊接电流，故焊接规范调节比较方便。使用这种外特性电源，当弧长变化时可以有较强的自调节作用；同时短路电流较大，引弧比较容易。实际使用的平特性电源其外特性并不都是真正平直的，而是带有一定的下倾，其下倾率一般不大于 5V/100A，但仍具有上述优点。

当焊丝直径较大（大于ϕ2mm）时，生产中一般采用下降特性电源，配用变速送丝系统。由于焊丝直径较大，电弧的自身调节作用较弱，弧长变化后恢复速度较慢，单靠电弧的自身调节作用难以保证稳定的焊接过程，因此也像一般埋弧焊那样需要外加弧压反馈电路，将弧压（弧长）的变化及时反馈送到送丝控制电路，调节送丝速度，使弧长能及时恢复。

（2）电源主要技术参数的调节

熔化极气体保护焊电源的主要技术参数有输入电压（相数、频率、电压）、额定焊接电流范围、额定负载持续率（%）、空载电压、负载电压范围、电源外特性曲线类型（平特性、缓降外特性、陡降外特性）等。通常要根据焊接工艺的需要确定对焊接电源技术参数的要求，然后选用能满足要求的焊接电源。

① 电弧电压。电弧电压是指焊丝端头和工件之间的电压降，不是电源电压表指示的电压（电源输出端的电压）。电弧电压的预调节是通过调节电源的空载电压或电源外特性斜率来实现的。平特性电源主要通过调节空载电压来实现电弧电压调节。缓降或陡降特性电源主要通过调节外

特性斜率来实现电弧电压调节。

② 焊接电流。平特性电源的电流的大小主要通过调节送丝速度来实现，有时也可通过适当调节空载电压来进行电流的少量调节。对于缓降或陡降特性电源则主要通过调节电源外特性斜率来实现。

2. 送丝系统

送丝系统通常由送丝机（包括电动机、减速器、校直轮、送丝轮）、送丝软管、焊丝盘等组成。盘绕在焊丝盘上的焊丝经过校直轮和送丝轮送往焊枪。如图 3-4 所示，根据送丝方式的不同，送丝系统可分为 4 种类型。

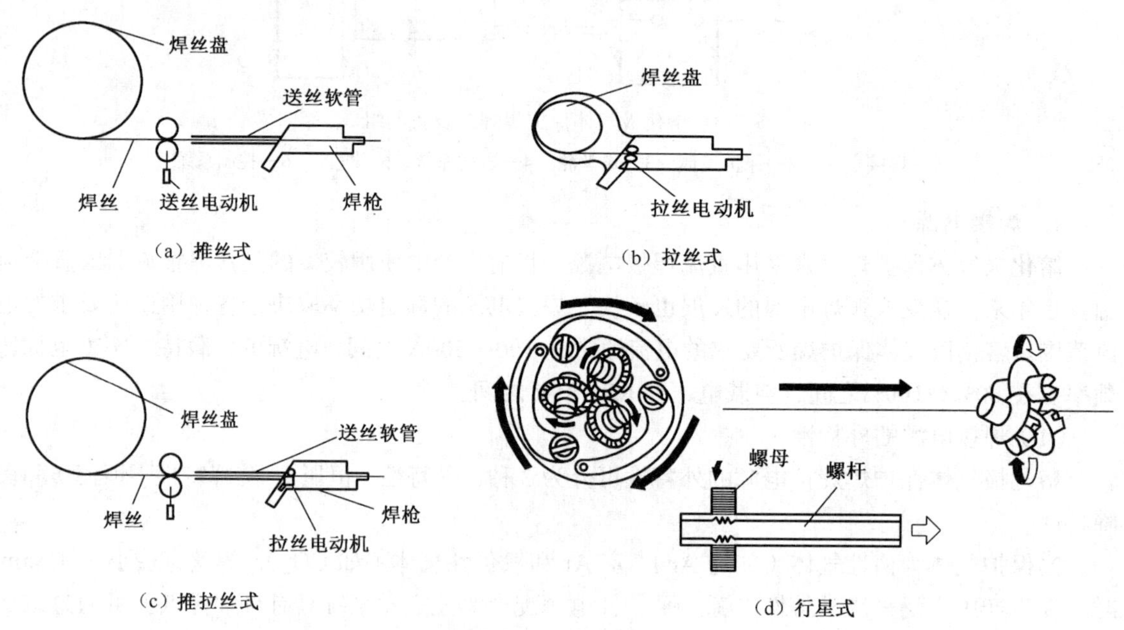

图 3-4 送丝方式示意图

（1）推丝式

推丝式是焊丝被送丝轮推送，经过软管而达到焊枪，是半自动熔化极气保护焊的主要送丝方式。这种送丝方式的焊枪结构简单、轻便，操作维修都比较方便，但焊丝送进的阻力较大。随着软管的加长，送丝稳定性变差，一般情况下，送丝软管长为 3.5～4m 左右，而用于铝焊丝的软管长度不超过 3m。

（2）拉丝式

拉丝式可分为 3 种形式。一种是将焊丝盘和焊枪分开，两者通过送丝软管连接。另一种是将焊丝盘直接安装在焊枪上。这两种方式都适用于细丝半自动焊，但前一种操作比较方便。还有一种是不但焊丝盘与焊枪分开，而且送丝电动机也与焊枪分开，这种送丝方式可用于自动熔化极气体保护焊。

（3）推拉丝式

这种送丝方式的送丝软管最长可以加长到 15m 左右，扩大了半自动焊的操作距离。焊丝前进时既靠后面的推力，又靠前边的拉力，利用两个力的合力来克服焊丝在软管中的阻力。推拉丝式的两个动力在调试过程中要有一定的配合，尽量做到同步，但以拉为主。焊丝送进过程中，始终要保持焊丝在软管中处于拉直状态。这种送丝方式常被用于远距离半自动熔化极气体保护焊。

（4）行星式

行星式送丝系统是根据“轴向固定的旋转螺母能轴向送进螺杆”的原理设计而成。3 个互为 120° 的滚轮交叉地安装在一块底座上，组成一个驱动盘。驱动盘相当于螺母，通过 3 个滚轮中间的焊丝相当于螺杆，3 个滚轮与焊丝之间有一个预先调定的螺旋角。当电动机的主轴带动驱动盘旋转时，3 个滚轮即向焊丝施加一个轴向的推力，将焊丝往前推送。送丝过程中，3 个滚轮一方面围绕焊丝公转，另一方面又绕着自己的轴自转。调节电动机的转速即可调节焊丝送进速度。这种送丝机构可一级一级串联起来而成为所谓线式送丝系统，使送丝距离更长（可达 60m）。若采用一级传送，可传送 7～8m。这种线式送丝方式适合于输送小直径焊丝（ϕ0.8～1.2mm）和钢焊丝，以及长距离送丝。

3. 焊枪

熔化极气体保护焊的焊枪分为半自动焊焊枪（手握式）和自动焊焊枪（安装在机械装置上）。在焊枪内部装有导电嘴（紫铜或铬铜等）。焊枪还有一个向焊接区输送保护气体的通道和喷嘴。喷嘴和导电嘴根据需要都可方便地更换。此外，焊接电流通过导电嘴等部件时产生的电阻热和电弧辐射热一起，会使焊枪发热，故需要采取一定的措施冷却焊枪。冷却方式有空气冷却、内部循环水冷却或两种方式相结合。空气冷却焊枪在 CO_2 气体保护焊时，断续负载下一般可使用高达 600A 的电流；在氩气或氦气保护焊时，通常只限于 200A 电流。半自动焊枪通常有两种形式：鹅颈式和手枪式，如图 3-5 所示。

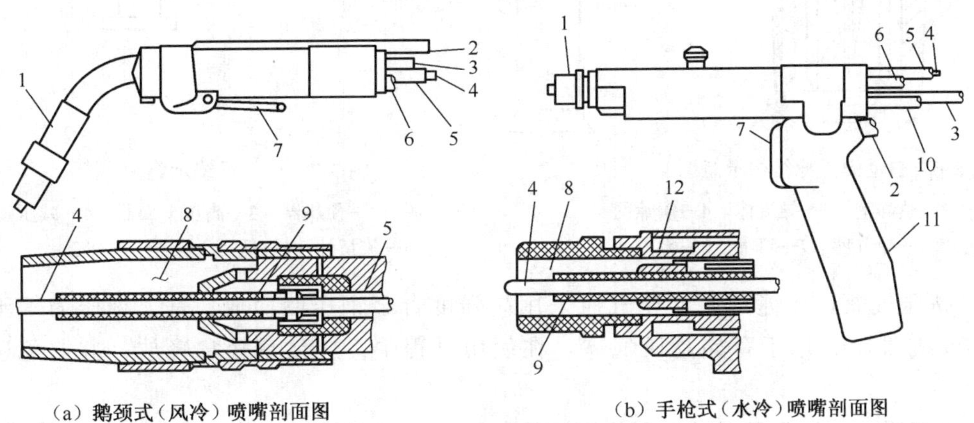

图 3-5　半自动焊焊枪示意图

1—喷嘴　2—控制电缆　3—导气管　4—焊丝　5—送丝导管　6—电源输入　7—开关　8—保护气体　9—导电嘴　10—进水管　11—手柄　12—冷却水

鹅颈式焊枪适合于小直径焊丝，使用灵活方便，特别适合于紧凑部位、难以达到的拐角处和某些受限制区域的焊接。手枪式焊枪适合于较大直径焊丝，它对冷却效果要求较高，因而常采用内部循环水冷却。半自动焊焊枪可与送丝机构装在一起，也可分离。

自动焊焊枪的基本构造与半自动焊焊枪相同，但其载流容量较大，工作时间较长，有时要采用内部循环水冷却。焊枪直接装在焊接机头的下部，焊丝通过送丝轮和导丝管送进焊枪。其结构如图 3-6 所示。

4. 供气系统和水冷系统

供气系统通常由高压气瓶（气源）、减压阀、流量计和气阀组成。CO_2供气系统通常还需要安装预热器和干燥器，以吸收气体中的水分，如图 3-7 所示。熔化极活性气体保护焊还需要安装气体混合装置，先将气体混合均匀，然后再送入焊枪。

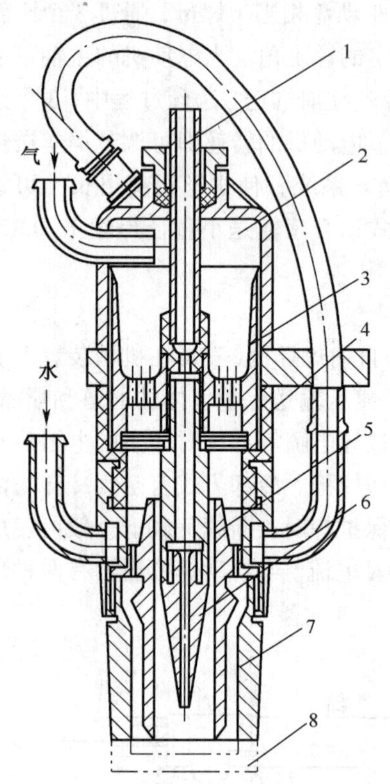

图 3-6 自动焊焊枪结构示意图

1—铜管 2—镇静室 3—导流体 4—铜筛网
5—分流套 6—导电嘴 7—喷嘴 8—帽盖

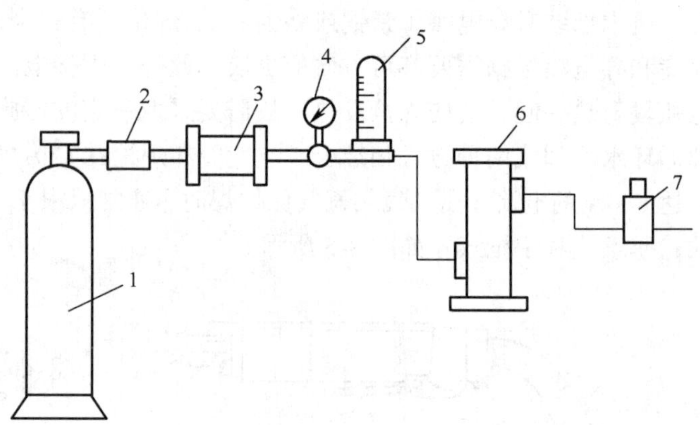

图 3-7 供气系统示意图

1—气源 2—预热器 3—高压干燥器 4—减压阀
5—流量计 6—低压干燥器 7—气阀

① 高压气瓶。无缝钢质高压气瓶采用高强度合金钢压制而成，是公称压力等于或大于 8MPa 的气瓶，用于存储高压气体。在使用过程中，应注意轻拿轻放，并避免过热或过冷。

② 减压阀。减压阀可以用来调节气体压力，也可以用来控制气体的流量。一般情况下，可采用较低压力的乙炔压力表（压力调节范围为 10～150kPa）或带有流量计的医用减压阀。

③ 流量计。流量计用来标定和调节保护气体的流量大小。通常采用转子流量计。转子流量计上的刻度是用空气作为介质来标定的，由于各保护气体的密度与空气不同，所以实际的流量与流量计标定的流量有些差异。实际气体的准确流量大小必须通过换算才能得到。

④ 气阀。气阀是用来控制保护气体通断的元件。根据不同的要求，可采用机械气阀的通断或用电磁气阀开关控制系统来完成气体的准确通断。大多的手枪式、鹅颈式焊枪上都设置了手动机械球形气阀。这种气阀通断可靠，结构简单，使用方便。自动焊时，通常采用电磁气阀，由控制系统自动完成保护气体的通断。

⑤ 预热器。当打开 CO_2 钢瓶阀门时，瓶中的液态 CO_2 不断气化成 CO_2 气体，这一过程要吸收大量的热量；另外，经减压后气体的体积会膨胀，也会使气体温度下降。为了防止 CO_2 气体中的水分在钢瓶出口处及减压表中结冰，使气路堵塞，在减压之前要将 CO_2 气体进行预热。这种预热气体的装置称为预热器。预热器应尽量装在钢瓶的出气口处。

预热器的结构比较简单，一般采用电热式，将套有绝缘瓷管的电阻丝绕在蛇形纯铜管的外围即可。预热器采用 36V 交流电供电，功率在 100～150W 之间。在开气瓶之前，应先将预热器通电加热一段时间。

⑥ 干燥器。为了最大限度地减少 CO_2 气体中的水分含量，供气系统中一般设有干燥器。干燥器为装有干燥剂（如硅胶、脱水硫酸铜、无水二氯化钙等）的吸湿装置。干燥器分为装在减压阀之前的高压干燥器和装在减压阀之后的低压干燥器两种，可根据钢瓶中 CO_2 纯度选用其中之一，或二者都用。如果 CO_2 纯度较高，能满足焊接生产的要求，亦可不设干燥器。

冷却水系统一般由水箱、水泵和冷却水管及水压开关组成。水箱里的冷却水经水泵流经冷却水管，经水压开关后流入焊枪，然后经冷却水管再回流入水箱，形成冷却水循环。水压开关的作用是保证当冷却水未流经焊枪时，焊接系统不能启动焊接，以保护焊枪，避免由于未经冷却而烧坏焊枪。

5. 控制系统

控制系统由焊接参数控制系统和焊接过程程序控制系统组成。

焊接参数控制系统主要包括焊接电源输出调节系统、送丝速度调节系统、小车（或工作台）行走速度调节系统（自动焊）和气流量调节系统。它们的作用是在焊前或焊接过程中调节焊接电流或电压、送丝速度、焊接速度和气流量的大小。

焊接过程程序控制系统将焊接电源、送丝系统、焊枪和行走系统、供气和冷却水系统有机地组合在一起，构成一个完整的、自动控制的焊接设备系统，其主要作用如下。

① 控制焊接设备的启动和停止。

② 控制电磁气阀动作，实现提前送气和滞后停气，使焊接区受到良好保护。

③ 控制水压开关动作，保证焊枪受到良好的冷却。

④ 控制引弧和熄弧：熔化极气体保护焊的引弧方式一般有 3 种：爆断引弧（焊丝接触工件，通电使焊丝与工件接触处熔化，焊丝爆断后引燃电弧）；慢送丝引弧（焊丝缓慢送向工件直到电弧引燃，然后提高送丝速度）和回抽引弧（焊丝接触工件，通电后回抽焊丝，引燃电弧）。熄弧方式有两种：电流衰减（送丝速度也相应衰减，填满弧坑，防止焊丝与工件粘连）和焊丝返烧（先停止送丝，经过一定时间后切断焊接电源）。

⑤ 控制送丝和小车的（或工作台）移动（自动焊时）。当焊接启动开关闭合后，整个焊接过程按照设定的程序自动进行。程序控制的控制器由延时控制器、引弧控制器、熄弧控制器等组成。

6. 典型焊机简介

熔化极气体保护焊机的类型有很多，各种型号的技术参数各不相同，应用范围及特点也不尽相同，要根据实际中的焊接对象和焊接需要选择合适的焊机型号。表 3-1 所示为部分常用国产熔化极气体保护焊机的型号、性能及应用范围，以供参考。

表 3-1　常用国产熔化极气体保护焊机的型号、性能及应用

焊机		焊接电源							送丝机构			焊枪与焊车	应用特点
型号	名称	输入电压/V	相数	空载电压/V	外特性	额定输出电流/A	额定负载持续率/%	其他	焊丝直径/mm	送丝速度/(cm/min)	送丝方式		
NBA2-200	半自动熔化极脉冲氩弧焊机	380	3	75	硅整流垂降	200		脉冲频率(Hz)50，100	铝 1.4～2.0 不锈钢 1.0～1.6	100～140	推丝式	Q-3 型手枪式水冷，重 1.2kg	可控金属过渡，用于铝及不锈钢半自动全位置焊，带有遥控盒
NBA-400	半自动氩弧焊机	380	3	65	硅整流平	400	60	工作电压 15～42V	铝 1.6～2.0 不锈钢 0.5～1.2	250～1 250	推拉丝式	重 1.5kg	用于铝、不锈钢的焊接，送丝平稳，适于细、软焊丝、送丝距离可达 7m
NZA-1 000	自动氩弧焊机	380	3		硅整流缓降	1 000		工作电压 25～45V	铝、铜 3～5	采用电弧电压反馈 50～600	拉丝式	水冷焊枪焊车行走速度：3.5～130cm/min	可进行 8～40mm 厚铝铜自动氩弧焊，效率高。更换焊枪后可用于低碳钢、低合金钢、不锈钢埋弧焊
QHARC-103	自适应控制脉冲氩弧焊机	380	3	55	晶体管整流	工作电流 A： ϕ1.0,70～240 ϕ1.2,80～320 ϕ1.6,90～350	100	脉冲电流峰值（最大）420A，电流脉冲频率自动优化					单旋钮控制，可实现焊接过程中焊接参数的自适应控制
NBC1-300	半自动 CO_2 弧焊机	380	3	17～30	晶闸管整流平	300			钢 1.0 1.2 1.4	200～800	推丝式	空冷鹅颈式、直式焊枪	可进行低碳钢、低合金钢空间全位置半自动对、搭、角焊缝焊接，熔敷系数高，生产率高

续表

焊机		焊接电源							送丝机构			焊枪与焊车	应用特点
型号	名称	输入电压/V	相数	空载电压/V	外特性	额定输出电流/A	额定负载持续率/%	其他	焊丝直径/mm	送丝速度/（cm/min）	送丝方式		
NBC-160	半自动 CO_2 弧焊机	380	3	18.5 ~ 28	硅整流平	160 124	60 100	额定工作电压 22V	钢 0.6 0.8 1.0	300 ~ 1 100	拉丝式	焊枪与焊丝盘装在一起的Q-11型空冷式焊枪，重13kg	极适宜于薄板钢结构（0.6 ~ 3mm）的短路过渡 CO_2 焊接。焊枪轻巧、灵活，送丝稳定
NBC1-250	半自动 CO_2 弧焊机	380	3	18 ~ 36	硅整流平	250 198	60 100	额定工作电压 27V	铜 1.0 ~ 1.2	200 ~ 1 200	推丝式	Q-12型气冷鹅颈焊枪 SS-6单主动轮推丝式送丝机	可进行 1.5 ~ 5mm 厚钢板的短路过渡焊接，可进行全位置焊，配有气体加热器
NBC1-500-1	半自动 CO_2 弧焊机	380	3	75	硅整流平	500	75	工作电压 15 ~ 40V 电流范围 100 ~ 500A	钢 1.2 ~ 2.0	800	推丝式	鹅颈式焊枪，可采用水冷焊枪	可对低碳钢、不锈钢、合金钢进行半自动焊
MM-350	MAG 脉冲半自动焊机	380	3		晶体管整流	350							可进行碳钢 MAG 脉冲焊；不锈钢 MIG 脉冲焊；低碳钢 MAG 短路焊，CO_2 焊

（三）MIG 焊的特点

由于 MIG 焊使用的保护气体是惰性气体，这样就使它具有一些有别于其他熔化极气体保护焊的特点。

① 在氩或富氩气体保护下的焊接电弧稳定。

② 由于 MIG 焊熔滴过渡均匀和稳定，所以焊缝成形均匀、美观。

③ 电弧气氛的氧化性很弱，甚至无氧化性，几乎可以焊接所有金属，尤其适合焊接活泼金属及其合金，如铝及铝合金、镁及镁合金等。

④ 由于用焊丝作为电极，可采用高密度电流，因而母材熔深大，填充金属熔敷速度快，与非熔化极惰性气体保护焊相比，大大地提高了焊接工艺性和焊接效率。

MIG 焊的不足之处与熔化极气体保护焊基本一致。

（四）保护气体和焊丝

1. 保护气体

（1）氩气

氩气是一种无色、无味的惰性气体，其分子量为 39.938，元素符号为 Ar，在标准状态下，其密度为 1.784kg/m^3（约为空气的 1.4 倍），在空气中含有 0.932%的氩。氩气的沸点为−185.7℃，介于在氧、氮之间，是分馏液体空气制取氧气时的副产品。氩气都用瓶装供应，涂有灰色漆以示标记，并写有“氩气”字样。

氩气的密度比空气大，因而焊接时不易漂浮散失，在平焊和横向角焊缝位置施焊时，能有效地排除焊接区域的空气。氩气是一种惰性气体，焊接过程中不与液态和固态金属发生化学冶金反应，因而使焊接冶金反应变得简单和容易控制，为获得高质量焊缝提供了良好的条件，因此特别适用于活泼金属的焊接。但是氩气不像还原性气体或氧化性气体那样有脱氧或去氢作用，所以对焊前的除油、去锈、去水等准备工作要求严格，否则会影响焊缝质量。

氩气的另一个特点是导热系数很小，加上是单原子气体，不消耗分解热，所以在氩气中燃烧的电弧热量损失较少。氩弧焊时，电弧一旦引燃，燃烧就很稳定，是各种保护气体中稳定性最好的一个，即使在低电压时也十分稳定，一般电弧电压仅 8～15V。

（2）氦气

同氩气一样，氦气也是一种惰性气体。氦气（He）很轻，其密度约为空气的 1/7。它是从天然气中分离而得到的。它以液态或压缩气体的形式供应。氦的电离能很高，所以焊接时引弧性能较差。和氩气相比，由于氦的电离能高，导热系数大，所以在相同的焊接电流和电弧长度下，氦气保护时的电弧电压比氩气要高得多，如图 3-8 所示。因此，氦气保护时的电弧温度和能量密度高，母材的热输入量较大，熔池的流动性较强，焊接效率较高，适用于大厚度和高导热性金属材料的焊接。

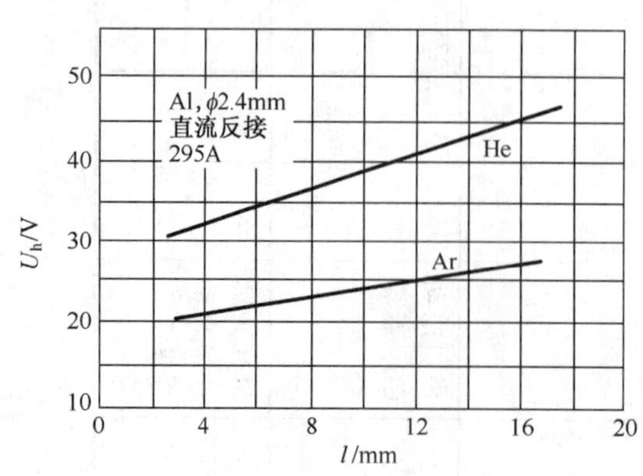

图 3-8　Ar 和 He 的电弧电压特征

氦气比空气轻，因此为了维持适当的保

护效果就必须采用大的气体流量。在平焊位置焊接时，其气体流量是氩气的 2～3 倍。氦气很适用于仰焊位置，因为氦气上浮能保持良好的保护效果，但纯氦价格昂贵，单独采用氦气保护，成本较高，因此应用很少。

（3）氩和氦混合气体

Ar 和 He 按一定的比例混合使用时，可获得兼有两者优点的混合气体。其优点是电弧燃烧稳定，温度高，焊丝金属熔化速度快，熔滴易呈现较稳定的轴向喷射过渡，熔池金属的流动性得到改善，焊缝成形好，焊缝的致密性高。这些优点对于焊接铝及其合金、铜及其合金等热敏感性强的高导热材料尤为重要。

图 3-9 所示为分别采用 Ar、He、He+Ar 三种保护气体焊接大厚度铝合金时的焊缝剖面形状示意图，可见纯 Ar 保护时的“指状”熔深，在混合气体保护下得到了改善。

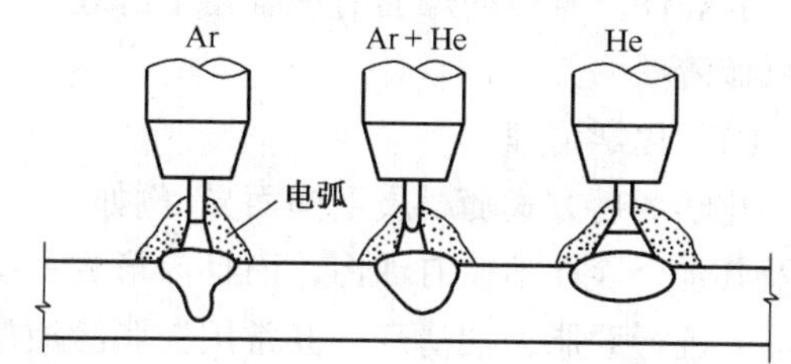

图 3-9　Ar、He、He+Ar 三种保护气的焊缝剖面形状

（4）氮气

氮（N_2）与铜及钢合金不起化学作用，因而对于铜及铜合金，N_2 相当于惰性气体，因此可用于铜及其合金的焊接。N_2 是双原子气体，热导率比 Ar、He 高，弧柱的电场强度亦较高，因此电弧热功率和温度可大大提高，焊铜时可降低或取消预热温度。N_2 可单独使用，也常与 Ar 混合使用。与同样用来焊接铜的 Ar+He 混合气体比较，N_2 来源广泛，价格便宜，焊接成本低；但焊接时有飞溅，外观成形不如 Ar+He 混合气体保护时好。

2. 焊丝

熔化极惰性气体保护电弧焊使用的焊丝成分通常应与母材的成分相近，它应具有良好的焊接工艺性，并能提供良好的接头性能。在某些情况下，为了获得满意的焊缝金属性能，需要采用与母材成分完全不同的焊丝。例如，适用焊接高强度铝合金和合金钢的焊丝，在成分上通常完全不同于母材，其原因在于某些合金元素在焊缝金属中将产生不利的冶金反应而导致产生缺陷或显著降低焊缝金属性能。

熔化极惰性气体保护电弧焊使用的焊丝直径一般在 0.8～2.5mm。焊丝直径越小，焊丝的表面积与体积的比值越大，即焊丝加工过程中进入焊丝表面上的拔丝剂、油或其他的杂质相对较多。这些杂质可能引起气孔、裂纹等缺陷。因此，焊丝使用前必须经过严格的清理。另外，由于焊丝需要连续而流畅地通过焊枪送进焊接区，所以，焊丝一般以焊丝卷或焊丝盘的形式供应。

三、任务实施

（一）准备工作

焊前准备主要有设备检查、焊件坡口的准备与组装、焊件和焊丝表面的清理以及劳动保护等。与其他焊接方法相比，MIG 焊对焊件和焊丝表面的污染物非常敏感，故焊前表面清理工作是焊前准备工作的重点。

1. 焊前清理

MIG 焊所使用的焊丝与其他焊接方法相比通常要细一些，因此焊丝金属表面积相对也较大，容易带入杂质。一旦有杂质进入焊缝，且 MIG 焊焊接速度较快，熔池冷却也较快，则溶解在熔池中的杂质和气体较难逸出而易产生缺陷。另外当焊丝和焊件接口表面存在较厚氧化膜或污物时，电弧静特性曲线会下移，如图 3-10 所示，从而改变了正常的焊接电流和电弧电压值，影响焊缝成形和质量。因此，焊前必须仔细清理焊丝和焊件。常用的焊前清理有化学清理和机械清理两类。

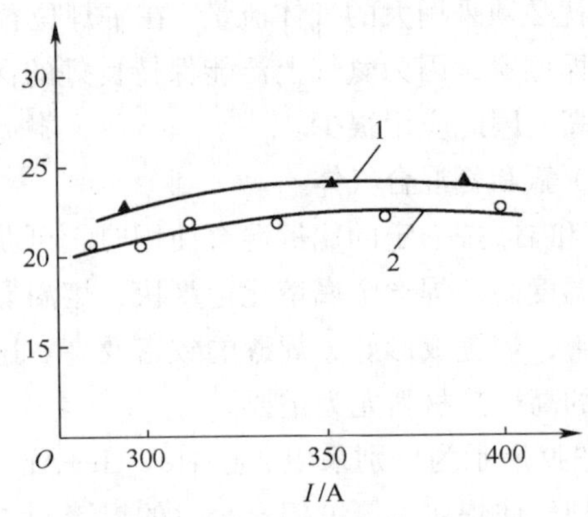

图 3-10　铝焊丝及坡口表面杂质对电弧静特性的影响

1—焊丝及坡口表面清洁　2—焊丝及坡口表面有较厚氧化膜

（1）化学清理

化学清理方式随材质不同而异。例如，铝及其合金表面不仅有油污，而且易形成一层熔点高、电阻大、有保护作用的氧化膜，所以焊前需先进行脱脂去油清理，其常用去脂溶液配方及工序如表 3-2 所示；然后用 NaOH 溶液进行脱氧处理，再用 HNO_3 溶液酸洗光化，其清理工序如表 3-3 所示。

表 3-2　　去脂溶液配方及工序

配　方	温　度	清洗时间	清水冲洗		干　燥
			热　水	冷　水	
Na_3PO_4，50g Na_2PO_3，50g Na_2SiO_3，30g H_2O，100g	60℃	5～8min	30℃	室温	用布擦干

表 3-3　　化学清理工序

<table>
<tr><th rowspan="2">工序
材质</th><th colspan="3">碱　洗</th><th rowspan="2">冲洗</th><th colspan="3">光化（酸洗）</th><th rowspan="2">冲洗</th><th rowspan="2">干燥</th></tr>
<tr><th>w（氢氧化钠）/%</th><th>温度/℃</th><th>时间/min</th><th>w（硝酸）/%</th><th>温度/℃</th><th>时间/min</th></tr>
<tr><td rowspan="2">纯铝</td><td>15</td><td>室温</td><td>10～15</td><td rowspan="3">冷净水</td><td rowspan="2">30</td><td rowspan="2">室温</td><td rowspan="2">≤2</td><td rowspan="3">冷净水</td><td rowspan="3">100℃～110 ℃烘干，再低温干燥</td></tr>
<tr><td>4～5</td><td>60～70</td><td>1～2</td></tr>
<tr><td>铝合金</td><td>8</td><td>50～60</td><td>5～10</td><td>30</td><td>室温</td><td>≤2</td></tr>
</table>

（2）机械清理

机械清理有打磨、刮削和喷砂等方法，用以清理焊件表面的氧化膜。不锈钢或高温合金焊件常用砂纸磨或抛光法将焊件接头两侧 30～50mm 宽度内的氧化膜清除掉；铝合金由于材质较软，可用细钢丝刷或刮刀将焊件接头两侧一定范围的氧化物除掉。机械清理方法生产率较低，所以在批量生产时多使用化学清理法。

2. 其他准备

（1）设备检查

一般应先检查焊接设备外部有无明显受伤的痕迹、电焊机部件有无缺损，并了解其维修史、使用年限、观察使用场所环境和焊接工艺等，然后再对电焊机进行检查。先检查电焊机的种类、接线、接地、配电容量以及使用的焊接工艺是否正确，当确定电焊机没有问题之后再检查其他设备。例如，送丝、润滑、气路、水路系统是否存在问题等，只有在确定这些系统也无问题之后，才可以进行试焊接。

（2）焊件坡口的准备与组装

① 厚度不大于 3mm 的碳钢、低合金钢、不锈钢、铝的对接接头，一般开 I 形坡口或不开坡口。对于汽车车身焊接来说，由于车身板件的厚度较小，一般不需开坡口进行焊接。

② 厚度在 3～12mm 的上述材料，可开 U 形、Y 形坡口。

③ 厚度大于 12mm 的上述材料，可开双 U 形或双 Y 形坡口。黑色金属的典型坡口尺寸如图 3-11 所示。

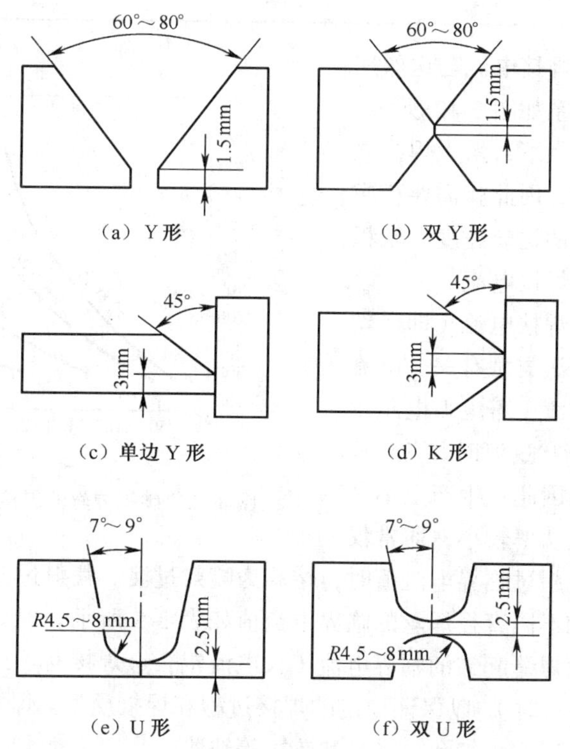

图 3-11　黑色金属的典型坡口尺寸

焊件开坡口的方法与组装与手工电弧焊的要求一致，可参见项目一。

（3）劳动保护

作业人员工作前要穿戴好合适的劳动保护用品，如口罩、防护手套、防护鞋、帆布工作服；在操作时戴好护目镜或面罩；在潮湿的地方或雨天作业时应穿上胶鞋。要注意做好防尘、防电、防烫、防火和防辐射等。对焊工所需的各类防护用品的具体要求可参见项目一中劳动保护的有关内容。

（二）工艺参数的选择

MIG 焊的工艺参数主要有焊接电流、电弧电压、焊接速度、焊丝伸出长度、焊丝倾角、焊丝直径、焊接位置、极性、保护气体的种类和流量大小等。

（1）焊接电流和电弧电压的选择。

通常情况下，应根据焊件的厚度选择焊丝直径，然后确定焊接电流和熔滴过渡类型，如表 3-4 所示。

表 3-4 焊丝直径选择

焊丝直径/mm	焊件厚度/mm	焊 接 位 置
0.8	1～3	各种位置
1.0	1.5～6	
1.2	2～12	
1.6	6～25	
≥1.6	中厚	平焊、平角焊

若其他参数不变，焊接电流与送丝速度（或熔化速度）的关系如图 3-12 所示，即在任何给定的焊丝直径下，增大焊接电流，焊丝熔化速度增加，因此就需要相应地增加送丝速度。同样的送丝速度，较粗的焊丝，则需要较大的焊接电流。

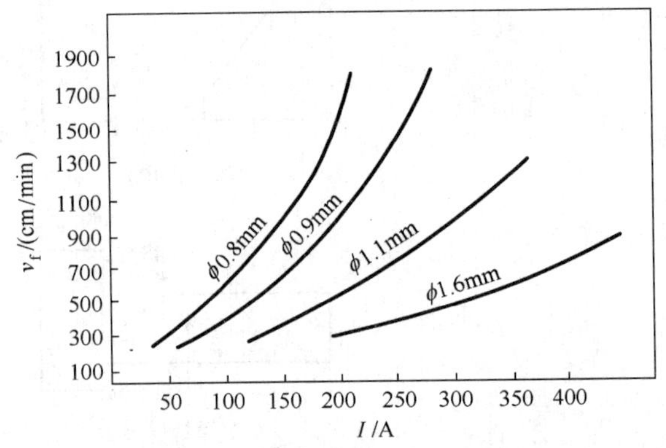

图 3-12 碳钢焊丝的焊接电流与送丝速度的关系

焊丝直径一定时，焊接电流（即送丝速度）的选择与熔滴过渡类型有关。电流较小时，熔滴为滴状过渡（若电弧电压较低，则为短路过渡）。滴状过渡时，飞溅较大，焊接过程不稳定，因此在生产上不采用。而短路过渡的电弧功率较小，通常仅用于薄板焊接。当电流超过临界电流值时，熔滴为喷射过渡。喷射过渡是生产中应用最广泛的过渡形式。不同材料和不同直径焊丝的临界电流值如表 3-5 所示。但要获得稳定的喷射过渡，焊接电流还必须小于使焊缝起皱的临界电流（大电流铝合金焊接时）或产生旋转射流过渡的临界电流（大电流焊接钢材时），以保证稳定的焊接过程和焊接质量。焊接电流一定时，电弧电压应与焊接电流相匹配，以避免气孔、飞溅和咬边等缺陷。

表 3-5 不同材料和不同直径焊丝的临界电流参考值

材料	焊丝直径/mm	保护气体	最低临界电流/A	材料	焊丝直径/mm	保护气体	最低临界电流/A
低碳钢	0.80 0.90 1.20 1.60	98%Ar+2% O_2	150 165 220 275	脱氧铜	0.90 1.20 1.60	Ar	180 210 310
不锈钢	0.90 1.20 1.60	99%Ar+1% O_2	170 225 285	硅青铜	0.90 1.20 1.60	Ar	165 205 270
铝	0.80 1.20 1.60	Ar	95 135 180	钛	0.80 1.60 2.40		120 225 320

（2）焊接速度的选择

单道焊的焊接速度是焊枪沿接头中心线方向的相对移动速度。在其他条件不变时，熔深随焊速增大而增加，并有一个最大值。焊速减小时，单位长度上填充金属的熔敷量增加，熔池体积增大。由于这时电弧直接接触的只是液态熔池金属，固态母材金属的熔化是靠液态金属的导热作用实现的，故熔深减小，熔宽增加；焊接速度过高，单位长度上电弧传给母材的热量显著降低，母材的熔化速度减慢。随着焊速的提高，熔深和熔宽均减小。焊接速度过高有可能产生咬边缺陷。一般焊接速度在15～40m/h。

（3）焊丝伸出长度的选择

焊丝的伸出长度越长，焊丝的电阻热越大，则焊丝的熔化速度越快。焊丝伸出长度过长会造成以低的电弧热熔敷过多的焊缝金属，使焊缝成形不良，熔深减小，电弧不稳定；焊丝伸出长度过短，电弧易烧导电嘴，且金属飞溅易堵塞喷嘴。对于短路过渡来说，合适的焊丝伸出长度为6.4～13mm，而对于其他形式的熔滴过渡，焊丝的伸出长度一般为13～25mm。

（4）焊丝位置的选择

焊丝轴线相对于焊缝中心线（基准线）的角度和位置会影响焊道的形状和熔深。在包含焊丝轴线和基准线的平面内，焊丝轴线与基准线垂线的夹角称为行走角。上述平面与包含基准线的垂直面之间的夹角称为工作角，如图3-13所示。焊丝向前倾斜焊接时，称为前倾焊法；向后倾斜时称为后倾焊法。

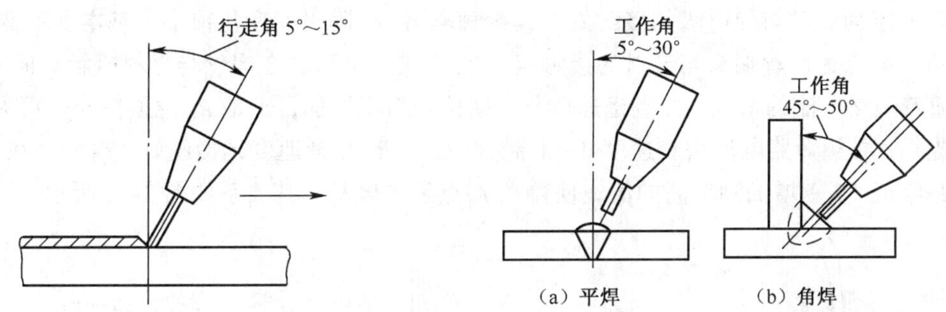

图3-13 焊丝的行走角与工作角

焊丝位置对焊缝成形的影响如图3-14所示。当其他条件不变，焊丝由垂直位置变为后倾焊法时，熔深增加，而焊道变窄且余高增大，电弧稳定，飞溅小。行走角为25°的后倾焊法常可获得最大的熔深。行走角一般为5°～15°，以便良好地控制焊接熔池。在横焊位置焊接角焊缝时，工作角一般为45°。

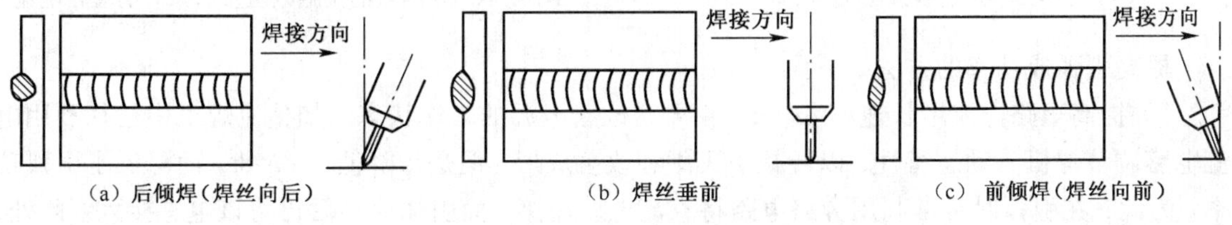

图3-14 焊丝方位对焊缝形状的影响

（5）焊接位置的选择

喷射过渡可适用于平焊、立焊、仰焊位置。平焊时，焊件相对水平面的斜度对焊缝成形、熔深和焊接速度有影响。采用下坡焊（通常工件相对于水平面的夹角≤15°）时，焊缝余高减小，熔深减小，焊接速度可以提高，有利于焊接薄板金属；采用上坡焊时，重力使熔池金属后流，熔深和余高增加，而熔宽减小。短路过渡焊接可用于薄板材料的全位置焊。

（6）气体流量的选择

保护气体从喷嘴喷出可有两种情况：较厚的层流和接近于紊流的较薄层流。前者有较大的有效保护范围和较好的保护作用。因此，为了得到层流的保护气流，加强保护效果，需采用结构设计合理的焊枪和合适的气体流量。气体流量过大或过小都会造成紊流。由于熔化极惰性气体保护电弧焊对熔池的保护要求较高，如果保护不良，焊缝金属表面便会起褶皱。通常喷嘴孔径为 20mm 左右，气体流量为 30～60L/min。

（三）MIG 焊基本操作

1. 引弧

熔化极气体保护电弧焊都是利用短路引弧法进行引弧，非熔化极气体保护焊大都采用非接触引弧法，但也有采用短路引弧法。短路引弧法的原理如图 3-15 所示。

熔化极气体保护电弧焊引弧时首先送进焊丝，并逐渐接近母材。一旦与母材接触，电源将提供较大的短路电流，利用在 A 点附近的焊丝爆断，进行引弧。如果在 B 点爆断，则引弧失败。所以在 A 点爆断是引弧成功的必要条件。

在 A 点还是在 B 点爆断主要取决于焊丝在该点附近产生电阻热的大小，也就是其接触电阻的大小。B 点为焊丝与导电嘴的接触处，其接触电阻 R_B 随时间变化很小，基本上不变。在 A 点却不同，A 点为焊丝端头与母材的接触点。R_A 为接触电阻，在焊丝与母材接触瞬间 R_A 为无穷大；随着短路电流的增加，A 点迅速软化，使接触面积增加，于是 R_A 急剧减小。可见，为确保引弧成功，希望短路电流增长速度 di_S/dt 越大越好，R_A 衰减速度越慢越好。也就是在 R_A 很大时，短路电流（i_S）增加到较高的值，使得在 A 点发生爆断。其关系如图 3-16 所示。

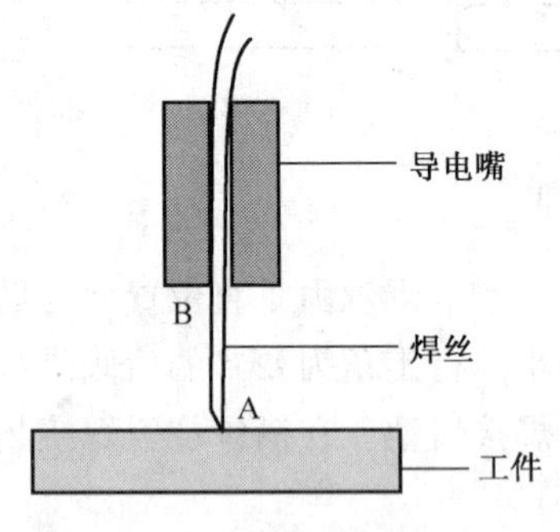

图 3-15 短路引弧法

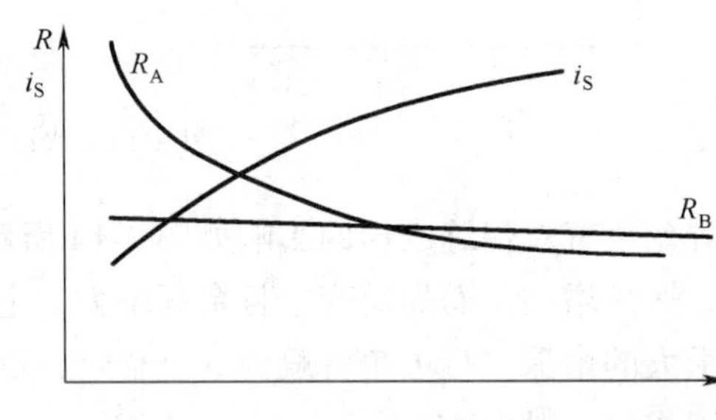

图 3-16 A、B 两点的接触电阻及引弧时的短路电流

提高引弧成功率的方法如下。

① 提高短路电流增长速度 di_S/dt，主要是改善电源的工作状态。如整流焊机中往往利用电流电感调节焊机的动态特性，以便减小飞溅和改善成形，但是却降低了 di_S/dt，而降低了引弧功率。为此，在引弧时常常利用旁路电路将直流电感短接，而引弧成功后再将该电感接入。此处，当逆变焊机出现后，充分利用电子电抗器调节电源动特性，而选用很小的直流电感，所以勿需采用上述方法，都可以得到很可靠的引弧过程。

② 减小接触电阻 R_A 的衰减速度。引弧时令焊丝送进速度慢一些，以便减小焊丝与母材的

压力增长速度，R_A衰减速度减缓。送丝速度太慢也不利，通常选用 1.5～3m/min。引弧成功后，应立刻转换为正常送丝速度。

③ 利用剪断效应引弧。一般情况下，焊接时都利用钳子剪断焊丝端头残留的金属熔滴小球，以利于引弧。但这样做很麻烦，所以现在许多气体保护焊设备增加了去球功能，也就是剪断效应。在焊接结束时，适当降低电弧电压和送丝速度，从而实现自动去球功能。

④ 导电嘴磨耗较大时，将增大 B 点处的接触电阻 R_B，不利于引弧。为此应及时更换导电嘴。

2. 施焊

MIG 焊的施焊过程（包括定位、焊缝的起头、运条方法、焊缝的连接以及焊缝的收尾等）参照项目一中电弧焊的规则要求进行。

（四）铝制车身的焊接工艺

MIG 焊虽然几乎可焊接所有的金属，但焊接低碳钢和低合金钢时，由于纯惰性气体保护成本较高，而且焊接质量也不理想，故一般情况下不采用。铝及其合金的焊接对保护气特别敏感，故只能用纯惰性气体保护。现就以铝及其合金的 MIG 焊为例，讨论 MIG 焊的常用焊接工艺。

MIG 焊焊接铝时要求保护气纯度严格符合标准，同时要采用保护效果好的焊枪。对于质量要求较高的产品，还需要采取焊缝背面保护措施。送丝机构最好选用铝焊丝专用送丝机。

1. 短路过渡焊接工艺

1～2mm 薄板的对接、搭接、角接及卷边接头等，可以采用短路过渡焊。采用带有拉丝式送丝装置的焊枪，焊丝直径为 0.8～1.0mm。其接头形式及焊接工艺如表 3-6 所示。

表 3-6　铝合金短路过渡焊接的焊接工艺

板厚/mm	接头形式/mm	焊接次数	焊接位置	焊丝直径/mm	焊接电流/A	电弧电压/V	焊接速度/（cm/min）	送丝速度/（cm/min）	氩气流量/（L/min）
2	0～0.5	1	全	0.8	70～85	14～15	40～60	—	15
		1	平	1.2	110～120	17～18	120～140	590～620	15～18
1	0～2	1	全	0.8	40	14～15	50	—	14
2		1	全	0.8	70 80～90	14～15 17～18	30～40 80～90	— 950～1 050	10 14

2. 喷射过渡和亚射流过渡焊接工艺

使用的电流超过临界电流时可实现喷射过渡焊接。这种方法虽然也能够得到满意的焊接质量，但大量的实践经验证明，采用亚射流过渡可得到更好的质量和更高的焊接效率。采用亚射流过渡时可以采用平特性电源，也可用陡降特性电源。因为在亚射流过渡条件下电弧的固有弧长调节能力很强，即使采用陡降特性电源，弧长的变化仍能得到很好的自调节，焊接过程也很稳定，同时焊缝宽度和熔深也更均匀。喷射过渡和亚射流过渡的坡口形式和焊接工艺如表 3-7 所示。

表 3-7　　铝合金喷射过渡及亚射流过渡焊接的焊接工艺

板厚/mm	坡口尺寸/mm	焊道顺序	焊接位置	焊丝直径/mm	电流/A	电压/A	焊速/(cm/min)	送丝速度/(cm/min)	氩气流量/(L/min)	备　注
	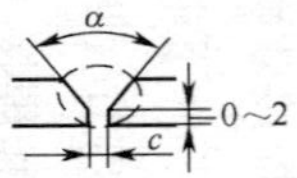 α=60°	1 1 2（背）	水平横、立、仰	1.6	200～250 170～190	24～27 （22～26） 23～26 （21～25）	40～50 60～70	590～770 （640～790） 500～560 （580～620）	20～24	使用垫
8	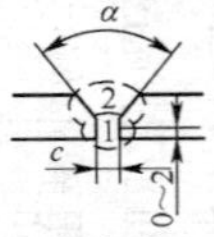 c=0～2 α=60°	1 2 1 2 3～4	水平横、立、仰	1.6	240～290 190～210	25～28 （23～27） 24～28 （22～23）	45～60 60～70	730～890 （750～1 000） 560～630 （620～650）	20～24	使用垫板。仰焊时增加焊道数
12	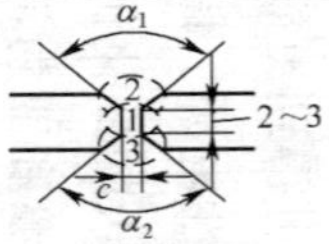 c=1～3 α_1=60°～90° α_2=60°～90°	1 2 3（背） 1 2 3 1～8（背）	水平横、立、仰	1.6 或 2.4 1.6	230～300 190～230	25～28 （23～27） 24～28 （22～24）	40～70 30～45	700～930 （750～1000） 310～410 560～700 （620～750）	20～28 20～24	仰焊时增加焊道数
18	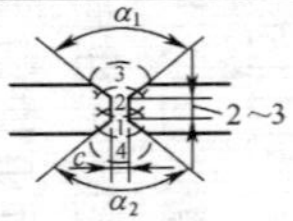 c=1～3 α_1=90° α_2=90°	4道 4道 10～12道	水平横、立、仰	2.4 1.6 1.6	310～350 220～250 230～250	26～30 25～28 （23～25） 25～28 （23～25）	30～40 15～30 40～50	430～480 660～770 （700～790） 700～770 （720～790）	24～30	焊道数可适当增加或减少 正反两面交替焊接，以减少变形
25	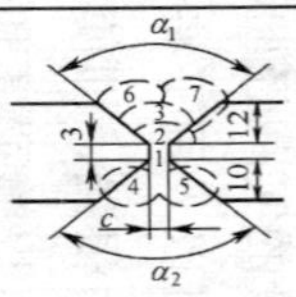 c=2～3（7道时） α_1=90° α_2=90°	6～7道 6道 15道	水平横、立、仰	2.4 1.6 1.6	310～350 220～250 240～270	26～30 25～28 （23～25） 25～28 （23～26）	40～60 15～30 40～50	430～480 660～770 （700～790） 730～830 （760～860）	24～30	

注：括号内所给值均为亚射流过渡时的参数值。

3. 大电流焊接工艺

铝合金厚件焊接（厚度大于 20mm）可采用大电流熔化极气体保护电弧焊。焊丝直径采用 3.2～5.6mm，电流范围为 500～1 000A，焊件厚度在 25～75mm 范围内可以采用两面各焊一道的方法得到满意的焊接接头。为了实现可靠的保护，应采用大直径喷嘴，最好采用 Ar+He 混合保护气体。表 3-8 所示为铝合金大电流熔化极惰性气体保护电弧焊的接头形式及焊接工艺。

表 3-8 铝合金大电流焊接的焊接工艺

板厚/mm	接头形式	坡口尺寸			层数	焊丝直径/mm	焊接电流/A	电弧电压/V	焊接速度/(cm/min)	气体流量/(L/min)	保护气体[①]
		θ/(°)	a/mm	b/mm							
25		90	—	5	2	3.2	480～530	29～30	30	100	Ar
25		90	—	5	2	4.0	560～610	35～36	30	100	Ar+He
38		90	—	10	2	4.0	630～660	30～31	25	100	Ar
45		60	—	13	2	4.8	780～800	37～38	25	150	Ar+He
50		90	—	15	2	4.0	700～730	32～33	15	150	Ar
60		60	—	19	2	4.8	820～850	38～40	20	180	Ar+He
50		60	30	9	2	4.8	760～780	37～38	20	150	Ar+He
60		80	40	12	2	5.6	940～960	41～42	18	180	Ar+He

① Ar+He：内喷嘴 Ar50%+He50%；外喷嘴 Ar100%。

任务二 CO_2 气体保护焊

【学习目标】

1. 能够正确描述 CO_2 气体保护焊的原理、特点及应用
2. 能够正确描述 CO_2 气体保护焊设备和工具的构成及作用
3. 能够准备 CO_2 气体保护操作的各种劳动保护及焊前准备
4. 能够使用 CO_2 气体保护焊设备规范地进行焊接操作

一、任务分析

二氧化碳气体保护电弧焊是利用 CO_2 作为保护气体的熔化极电弧焊方法，简称 CO_2 焊。由于 CO_2 是具有氧化性的活性气体，与惰性气体和以惰性气体为基础的活性混合气体保护电弧焊相比，其熔滴过渡、冶金反应等方面表现出许多特点。

二、相关知识

（一）CO_2 焊的特点

CO_2 焊由于具有成本低、抗氢气孔能力强、适合薄板焊接、易进行全位置焊等优点，所以

广泛应用于低碳钢和低合金钢等黑色金属材料的焊接。对于焊接不锈钢，因焊缝金属有增碳现象，影响抗腐蚀性能，因此使用较少。对容易氧化的有色金属如 Cu、A1、Ti 等，则不能应用 CO_2 焊。

1. CO_2 焊的熔滴过渡特点

CO_2 焊的熔滴过渡形式有滴状过渡、短路过渡和潜弧射滴过渡三种。

（1）滴状过渡

CO_2 焊在较粗焊丝（$\phi>1.6$mm）、较大焊接电流和较高电弧电压焊接时，会出现颗粒状熔滴的滴状过渡。当电流在小于 400A 时，为大颗粒滴状过渡，这时熔滴尺寸仅决定于表面张力与熔滴重力的平衡。CO_2 体在高温下分解和解离时要吸收大量的电弧热量，对电弧有冷却作用，造成电弧收缩，使电弧电场强度提高，因而使电弧集中在熔滴下部，熔滴受到较大的斑点力，迫使熔滴上挠，形成非轴向过渡，如图 3-17 所示。这种大颗粒非轴向过渡，电弧不稳定，飞溅很大，焊缝成形也不好，因此在实际生产中不宜采用。

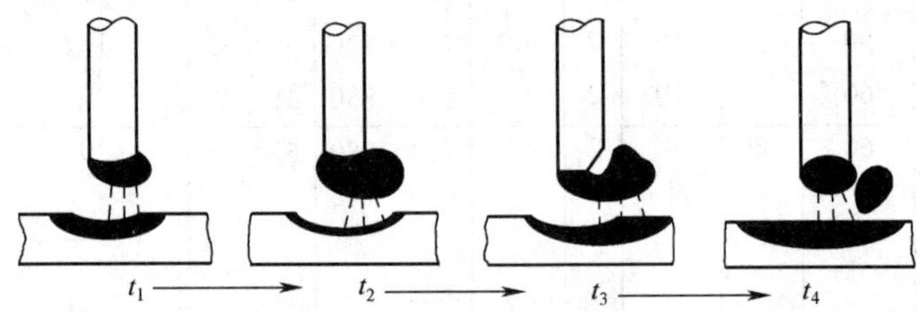

图 3-17　CO_2 焊滴状过渡过程

当电流大于 400A 时，熔滴细化，过渡频率也随之增大，虽然仍是非轴向过渡，但飞溅减小，电弧较稳定，焊缝成形较好，在生产中应用较多。

（2）短路过渡

在进行 CO_2 焊时，在采用细焊丝小电流，特别是较低电弧电压的情况下，可获得短路过渡。短路过渡的特点是弧长较短，焊丝端部的熔滴长大到一定程度时与熔池接触发生短路，此时电弧熄灭，形成焊丝与熔池之间的液体金属过桥，焊丝熔化金属在重力、表面张力和电磁收缩力等力的作用下过渡到熔池，之后电弧重新引燃，重复上述过程。图 3-18 所示为短路过渡焊接时的焊接电流和电压波形及熔滴过渡示意图。短路过渡电弧的燃烧、熄灭和熔滴过渡过程均很稳定，飞溅小，在要求线能量较小的薄板焊接生产中广为采用。

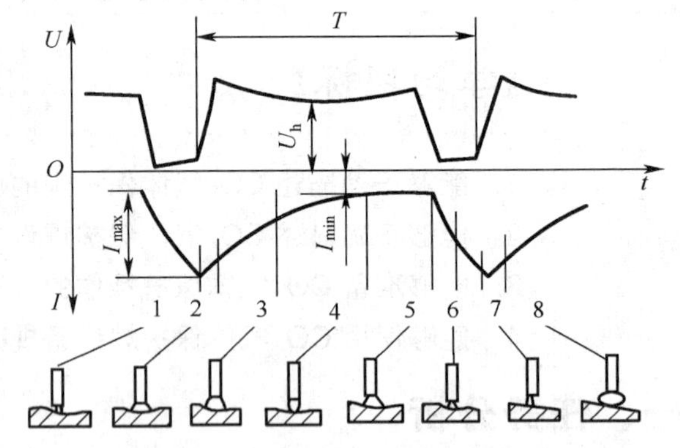

图 3-18　短路过渡焊接时焊接电流和电压波形

（3）潜弧射滴过渡

这种过渡方式是介于上述两种过渡形式之间的过渡形式，此时的焊接电流和电压比短路过渡大，比细颗粒滴状过渡小，焊接时，由于焊接电流较高，电弧电压较低，弧长较短，在电弧力的作用下熔池会出现凹坑，电弧潜入凹坑中，焊丝端头在焊件表面以下，熔滴由非轴向滴状过渡转变为细小的、轴向性很强的射滴过渡（但伴有瞬时短路现象），如图 3-19 所示。其结果使金属飞溅量大大减少。潜弧射滴过渡焊接过程较稳定，母材熔深大，生产中有时被应用于中等厚度和大厚度板材的水平位置焊接。需要注意的是，潜弧射滴过渡的焊缝深而窄，且余高大，成形系数不够理想，易产生裂纹。

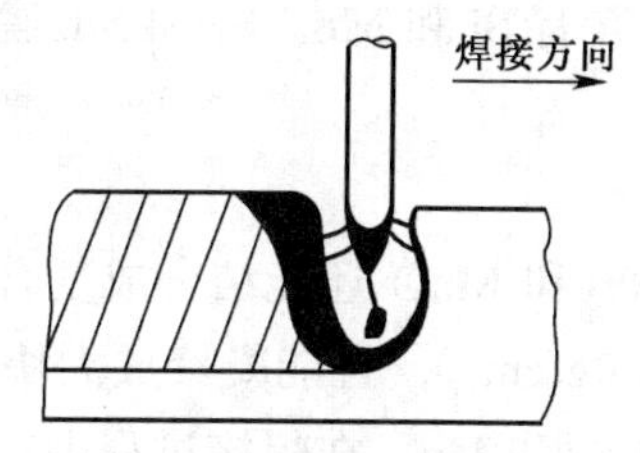

图 3-19　CO_2焊潜弧射滴过渡示意图

2. CO_2焊的冶金特点

由于CO_2气体的氧化性，在电弧高温下将发生强烈的氧化反应，为避免由此带来的CO气孔等问题，必须在焊丝中加入合金成分，以达到脱氧的目的。因此，CO_2焊的冶金特点，主要表面为以下两点。

（1）合金元素的氧化

CO_2气体在电弧高温下，会出现分解：

$$CO_2 \rightleftharpoons CO+O$$

实际电弧区中约有40%～60%的CO_2气体完全分解，因此在电弧气氛中同时存在着CO_2、CO和O，所以CO_2气体在高温时有强烈的氧化性。

CO_2电弧可以从两个方面使Fe及其他合金元素氧化。一种是与CO_2直接反应，如：

$$CO_2+Fe \rightleftharpoons FeO+CO$$

$$2CO_2+Si \rightleftharpoons SiO_2+2CO$$

$$CO_2+Mn \rightleftharpoons MnO+CO$$

另一种是和高温分解出的原子氧反应，如：

$$Fe+O \rightleftharpoons FeO$$

$$Si+2O \rightleftharpoons SiO_2$$

$$Mn+O \rightleftharpoons MnO$$

$$C+O \rightleftharpoons CO$$

一般认为，第一种反应是在低于金属熔点（1 500℃左右）的温度下进行的，在金属氧化中不占主要地位，合金元素的氧化烧损主要产生于第二种反应。

上述氧化反应既发生在熔滴中，也发生在熔池中。氧化反应的程度则取决于合金元素在焊接区的浓度和它们对氧的亲和力。

上述反应其生成物SiO_2和MnO成为杂质浮于熔池表面；CO气体则因为是在液态金属表面反应生成的，一般逸出到大气中去，不会在焊缝中引起气孔；FeO则溶入液态金属中，并进一步和熔池及熔滴中的合金元素发生反应，使它们氧化烧损。FeO溶入熔池时，会与碳发生反应，即

$$FeO+C \rightleftharpoons Fe+CO$$

此时生成的CO气体，若来不及逸出熔池就会在焊缝中形成气孔。

FeO溶入熔滴时与碳同样会发生反应生成CO气体，此时反应气体在电弧高温下急剧膨胀，使熔滴爆破而造成金属飞溅。合金元素烧损、气孔、飞溅是CO_2气体保护电弧焊中的三个主要问题，而这三方面的问题都和CO_2气体的氧化性有关，因此必须从冶金上采取措施予以解决。

（2）脱氧反应及焊缝金属的合金化

从上述可以看出，在CO_2电弧中，溶入液态金属中的FeO是引起气孔、飞溅的主要因素。同时，FeO残留在焊缝金属中将使焊缝金属的含氧量增加而降低力学性能。因此，应在焊丝中加入一定量的脱氧剂，即和氧的亲和力比Fe大的合金元素，使FeO中的Fe还原。常用的脱氧

元素有 Si 和 Mn。Si 和 Mn 脱氧的反应方程式如下：

$$2FeO+Si \rightleftharpoons 2Fe+SiO_2$$

$$FeO+Mn \rightleftharpoons Fe+MnO$$

SiO_2 和 MnO 还能结合成复合化合物 $MnO \cdot SiO_2$（硅酸盐），其熔点只有 1 543K，密度也较小（$3.6g/cm^3$），且能凝聚成大块，易浮出熔池，凝固后成为渣壳覆盖在焊缝表面。加入到焊丝中的 Si 和 Mn，在焊接过程中一部分被直接氧化掉和蒸发掉，另一部分消耗于 FeO 的脱氧，其余部分则剩余留在焊缝金属中充做合金元素，起着提高焊缝金属力学性能的作用，以免使焊缝金属的塑性和冲击韧性下降。

在 CO_2 焊的冶金过程中，碳也是一个很重要的元素。因为碳和氧的亲和力比 Fe 大，为了防止气孔和减少飞溅以及降低焊缝产生裂纹的倾向，焊丝中的含碳量一般都限制在小于 0.15%。但碳是保证钢的强度不可缺少的元素，焊丝中的碳受到限制，就会使焊缝的含碳量比母材的含碳量低，降低了焊缝的强度。焊接低碳钢和一般低合金钢时，依靠脱氧后剩留在焊缝中的 Si 和 Mn 可以弥补碳的损失，而使焊缝强度得到保证。但在焊接 30CrMnSiA 这类高强度钢时，母材含碳量高达 0.3%，和焊丝中含碳量相差悬殊，为了补偿焊缝金属中由于含碳量大幅度下降而造成高强度损失，焊丝中除需要有足够的 Si、Mn 外，还需再适量添加 Cr、Mo、V 等强化元素。

（二）CO_2 焊的气孔

1. CO 气孔

CO 气孔的产生，主要是由熔池中的 FeO 和 C 发生反应所致。因为这个反应在熔池处于结晶温度时进行得比较剧烈，而这时熔池已开始凝固，CO 气体不易逸出，于是在焊缝中形成 CO 气孔。但只要焊丝中含有足够的脱氧元素 Si 和 Mn，以及限制焊丝中的含碳量，就可以抑制上述的氧化反应，有效地防止 CO 气孔的产生。所以在 CO_2 焊中，只要焊丝选择得适当，产生 CO 气孔的可能性就很小。

2. 氢气孔

如果熔池在高温时熔入了大量氢气，这些氢气在结晶过程中又不能充分排出，则留在焊缝金属中成为氢气孔。电弧区的氢主要来自焊丝、焊件表面的油污及铁锈，以及 CO_2 气体中所含的水分。但 CO_2 焊时，因为焊接区有氧化性的 CO_2 气体存在，增加了氧的分压，使自由状态的氢被氧化成不溶于金属的水蒸气与羟基，从而减弱了氢气的有害作用。事实上 CO_2 焊的氢气孔倾向要比埋弧焊和氩弧焊等小。

由此可见，虽然 CO_2 气体的氧化性对消除 CO 气孔和飞溅方面是不利的；但在制约氢的危害方面却又是有益的，因此，CO_2 焊时对铁锈、油污和水分不那么敏感。生产实践表明，除非在焊件表面已锈蚀一层黄锈，焊前一般不必除锈。但焊丝表面的油污必须清理掉，这不仅是为防止气孔，也是为避免油污在送丝软管内造成堵塞及减少焊接中的烟雾等。

3. 氮气孔

在电弧高温下，氮气溶解到熔池中。当金属凝固时，氮气在金属液体中的溶解度突然下降，如果氮气来不及从熔池中逸出就会形成氮气孔。氮气的可能来源：一是空气侵入焊接区；二是 CO_2 气体不纯混有氮气。

试验表明，由于 CO_2 气体不纯而引起的氮气孔的可能性不大。焊接中产生氮气孔主要是由保护气层遭到破坏，大量空气侵入焊接区所致。造成保护气层失效的因素有 CO_2 气体流量过小；

喷嘴被飞溅物部分堵塞；喷嘴与工件的距离过大；焊接场地有侧向风等。

实践表明，在 CO_2 焊中焊缝金属中的气孔主要是氮气孔，而氮气主要来自于空气的入侵。因此，在焊接过程中保证保护气层稳定、可靠，是防止焊缝中气孔的关键。另外，工艺因素如电弧电压、焊接速度等，对气孔的产生也有影响。电弧电压越高，空气侵入的可能性越大。焊接速度则主要影响熔池的结晶速度。焊接速度慢，熔池结晶也慢，气体容易排出；焊接速度快，熔池结晶也快，则气体排出要困难一些。

（三）保护气体和焊丝

1. CO_2 气体

（1）CO_2 气体的性质

CO_2 气体是一种无色、无味的气体，在 0℃和 101.3kPa 气压时，其密度为 1.9768g/L，是空气的 1.5 倍。CO_2 气体在常温下很稳定，但在高温下（5 000K 左右）几乎能全部分解。CO_2 气体有三种状态：固态、液态和气态。气态的 CO_2 受到压缩后能变成液态。当不加压力冷却时，CO_2 气体将直接变成固态（干冰）；反之，固态 CO_2 在温度升高时，能不经过液态直接变成 CO_2 气体。

用于焊接的 CO_2 气体，其纯度要求不低于 99.5%，通常 CO_2 是以液态装入钢瓶中，容量为 40L 的标准钢瓶（气瓶外表漆黑色并写有黄色字样）可灌入 25kg 的液态 CO_2，25kg 的液态 CO_2 约占钢瓶容积的 80%，其余 20%左右的空间充满气化的 CO_2。气瓶压力表上所指的压力就是这部分饱和压力。该压力大小与环境温度有关，所以正确估算瓶内 CO_2 气体存储量应采用称钢瓶质量的方法（1kg 的液态 CO_2 可汽化为 509L CO_2 气体）。当瓶中气压降到接近 980kPa（约 10 个工程大气压）时，不允许再继续使用。

（2）CO_2 气体的提纯

CO_2 气体的纯度对焊缝金属的致密性和塑性有很大的影响。影响焊缝质量的主要有害杂质是水分和氮气。CO_2 中的氮气一般含量较小，主要危害是其中的水分。随着 CO_2 气体中水分的增加，即露点温度提高，焊缝中的含氢量亦增加，焊缝金属的塑性下降且出现氢气孔的风险增高，其关系如图 3-20 所示。因此在焊缝质量要求较高的情况下，必须尽量降低 CO_2 气体中的含水量。

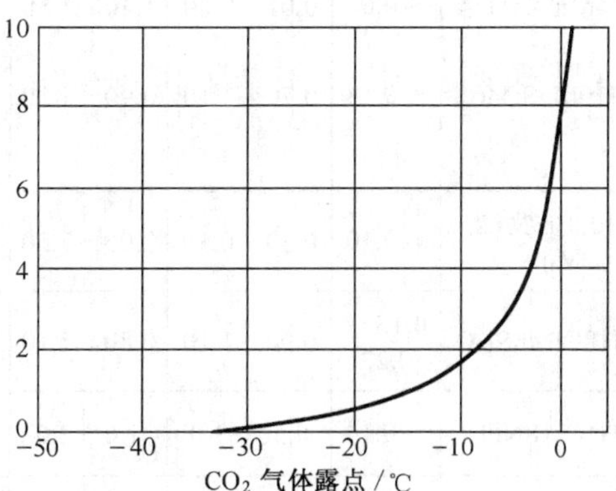

图 3-20 CO_2 气体露点温度与焊缝金属含氢量的关系

（3）CO_2 气体的提纯

液态 CO_2 来源广、价格低，但一般地其含水量较高而且不稳定，焊接时候容易产生气孔等缺陷，在现场减少水分的措施如下。

① 将气瓶倒立静置 1～2h，然后开启阀门，把沉积在瓶口部的水排出，可放 2～3 次，每次间隔 30min，放后将气瓶放正。

② 放水后的气瓶，使用前先打开阀门放掉瓶上面纯度较低的气体，然后在套上输气管。

③ 在气路中设置高压干燥器和低压干燥器，另外在气路中设置气体预热装置，防止 CO_2 中水分在减压器内结冰而堵塞气路。

2. 焊丝

CO_2 焊的焊丝设计、制造和使用原则，与上述的 MIG 焊、MAG 焊有相同之处，但对焊丝的化学成分还有一些特殊要求。

① 焊丝必须含有足够数量的脱氧元素。

② 焊丝的含碳量要低，一般要求小于 0.15%。

③ 应保证焊缝金属具有满意的力学性能和抗裂性能。

表 3-9 所示为 CO_2 焊常用焊丝的牌号、化学成分及使用范围。其中 H08Mn2SiA 焊丝是目前 CO_2 焊中应用最广泛的一种焊丝。它有较好的工艺性能和力学性能以及抗热裂纹能力，适宜于焊接低碳钢和 $f_o \leqslant 500$MPa 的低合金钢，以及焊后热处理强度 $f_D \leqslant 1\,200$MPa 的低合金高强度钢。

表 3-9　　常用 CO_2 焊焊丝牌号、化学成分和使用范围

牌　号	合金元素（w_{Me}）/%								用途
	C	Si	Mn	.Cr	Ni	NO	S 不大于	P 不大于	
H10MnSi	≤0.14	0.60～0.90	0.8～1.10	≤0.20	≤0.30	—	0.030	0.040	焊接低碳钢，低合金钢
H08MnSi	≤0.10	0.70～1.0	1.0～1.30	≤0.20	≤0.30	—	0.030	0.040	焊接低碳钢，低合金钢
H08MnSiA	≤0.10	0.60～0.85	1.40～1.70	≤0.02	≤0.25		0.030	0.035	
H08Mn2SiA	≤0.10	0.70～0.95	1.80～2.10	≤0.02	≤0.25		0.030	0.035	
H04Mn2SiTiA	≤0.04	0.70～1.10	1.80～2.20	—	—	钛 0.2～0.40	0.025	0.025	焊接低合金，高强度钢
H04MnSiAlTiA	≤0.01	0.01～0.80	1.40～1.80	—	—	钛 0.95～0.65 铝 0.20～0.40	0.025	0.025	
H10MnSiMo	≤0.14	0.70～1.10	0.90～1.20	≤0.02	≤0.30	0.15～0.25	0.030	0.040	
H08Cr3Mn2MoA	≤0.10	0.30～0.50	2.00～2.50	2.5～3.0	—	0.35～0.50	0.030	0.030	焊接贝氏体钢
H18CrMnSiA	0.15～0.22	0.90～1.10	0.80～1.10	0.80～1.10	<0.30	—	0.025	0.030	焊接高强度钢
H1Cr18Ni9	≤0.14	0.50～1.0	1.0～2.0	18～20	8.0～10.0	—	0.020	0.030	焊接 1Cr18Ni9Ti 薄板
H1Cr18Ni9Ti	≤0.10	0.30～0.70	1.0～2.0	18～20	8.0～10.0	0.50～0.80	0.020	0.030	

从焊丝的发展情况看，很多新品种焊丝均降低了含碳量（0.03%～0.06%），且添加了钛、铝、锆等合金元素，以期进一步减少飞溅，提高抗气孔能力及焊缝的力学性能。另外，还开发了焊丝涂层技术，即在焊丝表面涂覆一层碱金属、碱土金属或稀土金属的化合物（如 $CaCO_3$、K_2CO_3、Na_2CO_3 等），以提高焊丝发射电子的能力及大大降低金属熔滴从粗滴向细滴过渡转变的临界电流，从而减少飞溅，改善焊缝成形。

三、任务实施

（一）准备工作

在 CO_2 焊工艺中，为获得稳定的焊接过程，可采用短路过渡、细颗粒滴状过渡和潜弧射滴过渡三种形式，其中以短路过渡形式应用最为广泛。

短路过渡焊接的特点是焊丝细、电压低、电流小，适合于焊接薄板及进行全位置焊接。焊接薄板时，生产率高、变形小，而且操作简便，对焊工技术水平要求不高。另外，由于焊接参数小，焊接过程中光辐射、热辐射以及烟尘等都比较小，特别适合汽车车身板件的焊接，所以我们重点学习 CO_2 焊的短路过渡焊接工艺。

1. 劳动保护的准备

（1）防辐射和灼伤

CO_2 焊焊接时，由于电流密度大，电弧温度高，弧光辐射比手工电弧焊时强得多，应特别注意加强安全防护，防止电光性眼炎及裸露皮肤灼伤。工作时应穿好帆布工作服，戴好焊工手套，以防止飞溅灼伤。使用表面涂有氧化锌油漆的面罩，配用 9～12 号滤光镜片，各焊接工位要设置专用遮光屏。

（2）防中毒

CO_2 气体保护焊不仅产生烟雾和金属粉尘，而且还产生 CO、NO_2 等有害气体，应加强焊接场地通风。

2. 焊接工艺参数的选择

（1）焊丝直径

短路过渡焊接主要采用细焊丝，特别是直径在 0.6～1.2mm 范围内的焊丝。随着直径增大，飞溅颗粒和数量都相应增大。在实际应用中，焊丝直径最大用到 Φ1.6mm。直径大于 1.6mm 的焊丝，如再采用短路过渡焊接飞溅将相当严重，所以生产上很少应用，焊丝直径的选择如表 3-10 所示。

表 3-10　　焊丝直径选择

焊丝直径/mm	焊件厚度/mm	焊 接 位 置
0.8	1～3	各种位置
1.0	1.5～6	
1.2	2～12	
1.6	6～25	
≥1.6	中厚	平焊、平角焊

（2）焊丝伸出长度

由于短路过渡焊接所用的焊丝都比较细，因此在焊丝伸出长度上产生的电阻热便成为不可忽视的因素。焊丝伸出长度过大，焊丝容易发生过热而成段熔断；喷嘴至焊件距离增大，保护效果变差，飞溅严重，焊接过程不稳定。焊丝伸出长度过小，喷嘴至焊件距离减小，飞溅金属容易堵塞喷嘴。一般焊丝伸出长度为焊丝直径的 10 倍较为合适，通常在 5～15mm 范围内。

（3）电弧电压和焊接电流

电弧电压是焊接参数中的关键参数，它的大小决定了电弧的长短和熔滴的过渡形式。实现短路过渡的条件之一是保持较短的电弧长度。就焊接参数而言，短路过渡的一个重要特征是低电压。为减少飞溅，保证焊接电弧的稳定性，CO_2焊应选用直流反接。

在一定的焊丝直径及焊接电流（即送丝速度）下，电弧电压若过低，电弧引燃困难，焊接过程不稳定。电弧电压过高，则由短路过渡转变成大颗粒过渡，焊接过程也不稳定。只有电弧电压与焊接电流匹配得较合适时，才能获得稳定的焊接过程，并且飞溅小，焊缝成形好。表 3-11 所示为不同直径焊丝典型的短路过渡焊接参数。

表 3-11　不同直径焊丝典型的短路过渡焊接参数

焊丝直径/mm	0.8	1.2	1.6
电弧电压/V	18	19	20
焊接电流/A	100～110	120～135	140～180

在生产中选择焊接参数时，除了考虑飞溅大小外，还需考虑生产率等其他因素。所以，实际使用的焊接电流远比典型参数大。图 3-21 所示为四种直径焊丝适用的电流和电弧电压范围，在这个范围内焊接过程的稳定性和焊接质量均是良好的。

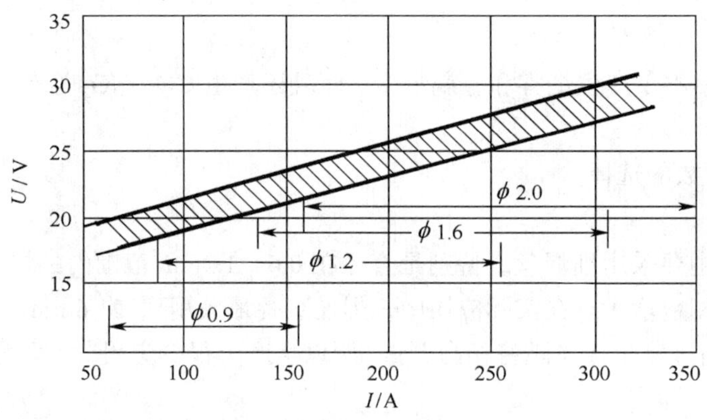

图 3-21　短路过渡焊接时适用的电流和电弧电压范围

（4）焊接回路电感

在其他工艺条件不变的情况下，回路的电感值直接影响短路电流上升速度和短路峰值电流大小。电感值过小，短路电流上升速度过快，短路峰值电流就会过大以致产生大量小颗粒飞溅；电感值过大，短路电流上升速度过慢，短路峰值电流就会过小，液体金属过桥难以形成，且不易断开，同时会产生大颗粒的金属飞溅，甚至造成焊丝固体短路，大段爆断而中断焊接过程。因此必须正确地选择回路电感值的大小。表 3-12 所示为不同直径焊丝的焊接回路电感参考值。

表 3-12　焊接回路电感参考值

焊丝直径/mm	焊接电流/A	电弧电压/V	电感/mH
0.8	100	18	0.01～0.08
1.2	130	19	0.02～0.20
1.6	150	20	0.30～0.70

（5）气体流量

气体流量通常选用 5～15L/min（粗焊丝可适量增加）。若焊接电流增大，焊接速度加快，焊丝伸出长度较大或在室外作业等情况下，气体流量应加大，以使保护气体有足够的挺度、加强保护效果。但气体流量也不宜过大，以免将外界空气卷入焊接区，降低保护效果。

（6）焊接速度

焊接速度过快，易产生咬边、未熔合等缺陷，且气体保护效果差，可能出现气孔；焊接速度过慢，则易产生烧穿，焊件变形增大，生产率降低。一般焊接速度在 15～40m/h。

短路过渡焊接可以采用半自动焊接工艺，也可以采用自动焊接工艺。半自动焊接操作灵活，适合于全位置焊接；自动焊适合于长焊缝及环焊缝的焊接。表 3-13 所示为半自动焊短路过渡焊接工艺参数，表 3-14 所示为自动焊短路过渡焊接工艺参数，可供参考。

表 3-13　　短路过渡 CO_2 半自动焊焊接工艺

钢板厚度/mm	焊丝直径/mm	接头形式	主要焊接工艺参数		
			电弧电压/V	焊接电流/A	气体流量/（L/min）
0.8～1.2 1.2～1.5 1.5～2.0 2.0～2.5 2.5～3.0 3.0～4.0 4.0～5.0 5.0～6.0	0.8	平焊 对接	16～17 17～19 18～20 19～21	60～80 80～100 90～110 100～140	6～8
	1.0	平焊 对接	20～22 21～23 22～23	110～140 120～150 130～160	8～10
	1.2	平焊 对接	22～24 24～27 24～28	150～180 170～210 180～250	10～18

表 3-14 中，若钢板厚度相同，接头形式不同时，工艺参数应加以调整，搭接接头、T 形接头时的电压、电流可稍提高一些。表中数据为平焊时适用的工艺参数，立焊、仰焊、横焊时，应适当调整。焊接速度应根据具体情况选择，一般为 400～520mm/min。

表 3-14　　短路过渡 CO_2 自动焊焊接工艺

焊件厚度/mm	接头形式	装配间隙（C）/mm	焊丝直径/mm	电弧电压/V	焊接电流/A	焊接速度/（m/h）	气体流量/（L/min）	备注
1.0	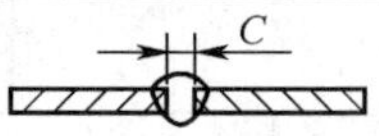 C	< 0.3	0.8	18～18.5	35～40	25	7	单面焊双面成形
1.0	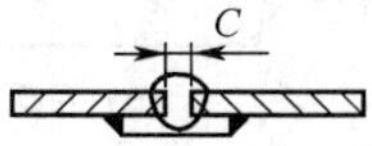 C	≤0.5	0.8	20～21	60～65	30	7	垫板厚1.5mm
1.5	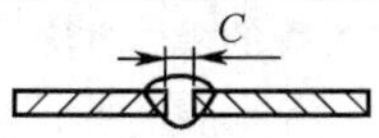 C	≤0.5	0.8	19.5～20.5	65～70	30	7	单面焊双面成形
1.5	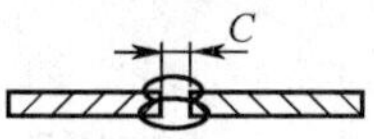 C	≤0.5	0.8	19～20	55～60	31	7	双面焊
1.5	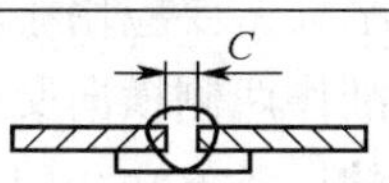 C	≤1.0	1.0	22～23	110～120	27	9	垫板厚2mm

续表

焊件厚度/mm	接头形式	装配间隙（C）/mm	焊丝直径/mm	电弧电压/V	焊接电流/A	焊接速度/（m/h）	气体流量/（L/min）	备注
2.0		≤1.0	0.8	20～21	75～85	25	7	单面焊双面成形（反面有铜垫）
2.0		≤0.5	1.0	19.5～20.5	65～70	30	7	双面焊
2.0		≤1.0	1.2	21～23	130～150	27	9	垫板厚2mm
3.0		≤1.0	1.0～1.2	20.5～22	100～110	25	9	双面焊
4.0		≤1.0	1.2	21～23	110～140	30	9	

（二）基本操作技术

1．引弧

CO_2 气体保护焊一般采用接触短路法引弧。引弧前应调节好焊丝的伸出长度，引弧时应注意焊丝和焊件不要接触太紧，使焊丝端头与焊件保持2～3mm的距离。如焊丝端部有粗大的球形头应剪去。

2．熄弧

当焊接要结束时，不要立即熄弧，否则会在熄弧处留下弧坑，并且易产生裂纹、气孔等缺陷。熄弧时应在弧坑处稍作停留，待弧坑填满后再缓慢抬起焊枪，以使熔池金属在凝固前仍受到良好保护。

3．焊缝的连接

焊缝接头的连接一般采用退焊法，其操作方法与手工电弧焊相同。

4．左焊法和右焊法

CO_2 焊的操作方法按焊枪移动方向不同可分为左焊法和右焊法，如图3-22所示。右焊法加热集中，热量可以充分利用，熔池保护效果好，而且由于电弧的吹力作用，熔池金属推向后方能够得到外形饱满的焊缝，但焊接时不便确定焊接方向，容易焊偏，尤其是对接接头。左焊法电弧对待焊处具有预热作用，能得到较大熔深，焊缝成形得到改善。左焊法观察熔池较困难，但可清楚地观察待焊部分，不易焊偏，所以 CO_2 焊一般都采用左焊法。

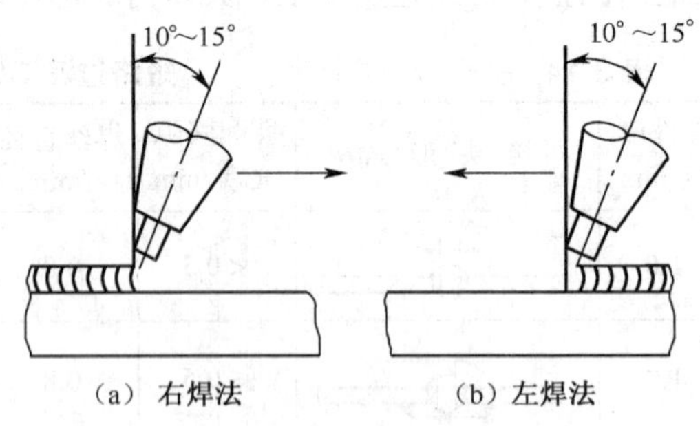

图3-22 CO_2 焊的操作方法

5．运丝方式

运丝方式有直线移动法和横向摆动法。直线移动法焊出的焊道稍窄，主要应用于薄板和打底层焊接；横向摆动法运丝是指在焊接过程中焊丝以焊缝中心线为基准作两侧横向交叉摆动，常用的方式有锯齿形、月牙形、正三角形和斜圆圈形，与手工电弧焊的运条方法相似。锯齿形摆动方式常用于根部间隙较小的开坡口焊接；月牙形摆动方式常用于填充层和厚板的焊接；正三角形和斜圆圈形摆动方式常用于角接头和多层焊。

（三）不同位置的焊接操作方法

1. 平焊

平焊一般采用左焊法，焊丝前倾角为 10℃～15℃。薄板和打底层的焊接采用直线移动运丝法焊接，坡口填充层焊接时可采用横向摆动运丝法焊接。

2. T 形接头和搭接接头的焊接

焊接 T 形接头时，易产生咬边、未焊透、焊缝下垂等缺陷，操作中应根据板厚和焊脚尺寸来控制焊枪角度。不等厚板的 T 形接头平角焊时，要使电弧偏向厚板，以使两板受热均匀。等厚板焊接时焊枪的工作角度为 40℃～50℃，前倾角为 10℃～25℃。当焊脚尺寸不大于 5mm 时，可将焊枪对准焊缝根部，如图 3-23 中的 A 所示；当焊脚尺寸大于 5mm 时，将焊枪水平偏移 1～2mm，如图 3-23 中的 B 所示。

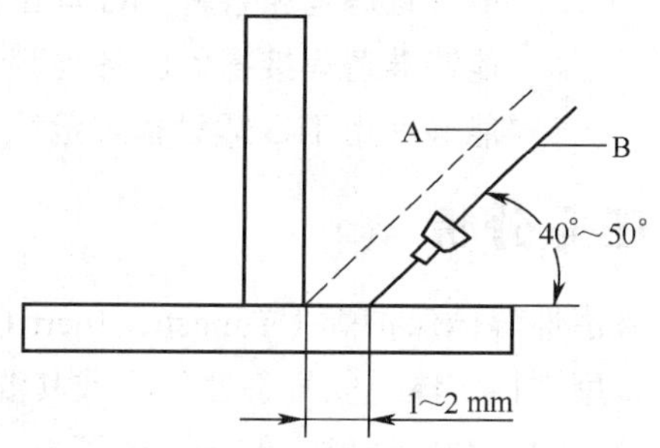

图 3-23　T 形接头平角焊时的焊丝位置

3. 立焊

CO_2 焊的立焊有两种方式，即向上立焊法和向下立焊法。向上立焊由于重力作用，熔池金属易下淌，加上电弧作用，熔深大，焊道较窄，故一般不采用这种操作法。用直径 1.6mm 以上的焊丝，以滴状过渡方式焊接时，可采用向上立焊法。为了克服熔深大、焊道窄而高的缺点，宜用横向摆动运丝法，用于焊接厚度较大的焊件。

CO_2 焊采用细丝短路过渡向下立焊时，可获得良好的效果。焊接时，CO_2 气流有承托熔池金属的作用，使它不易下坠，操作方便，焊缝成形美观，但熔深较浅。向下立焊法用于薄板焊接，焊丝直径在 1.6mm 以下时，焊接电流不大于 200A。向下立焊时 CO_2 气体流量应比平焊时稍大些。

立焊的运丝方式：直线移动运丝法用于薄板对接的向下立焊，向上立焊的开坡口对接焊的第一层和 T 形接头立焊的第一层。向上立焊的多层焊，一般在第二层以后采用横向摆动运丝法。为了获得较好的焊缝成形，向上立焊的多层焊多采用正三角形摆动运丝法，也可采用月牙形横向摆动运丝法。

4. 横焊

横焊时的工艺参数与立焊基本相同，焊接电流可比立焊时稍大些。

横焊时由于重力作用，熔池易下淌，产生咬边、焊瘤和未焊透等缺陷，因此需采用细丝短路过渡方式焊接，焊枪一般采用直线移动运丝方式。为防止熔池温度过高而产生熔池下淌，焊枪可作小幅前后往复摆动。横焊时焊枪的工作角度为 75℃～85℃。前倾角（向下倾斜）为 5℃～15℃。

CO_2 焊的许多焊接工艺及方法可参考 MIG 焊进行焊接。

任务三　钨极惰性气体保护焊

【学习目标】

1. 能够正确描述 TIG 焊的原理、特点及应用
2. 能够正确描述 TIG 焊设备的构成与连接原理
3. 能够正确描述各种 TIG 焊设备和工具的作用
4. 能够准备焊接操作的各种劳动保护
5. 能够使用 TIG 焊设备规范地进行焊接操作

一、任务分析

钨极惰性气体保护焊（Tungsten Inert Gas Weiding，TIG 焊），是以高熔点的纯钨或钨合金作电极，用惰性气体（氩气、氦气）或其混合气体作保护气的一种非熔化极电弧焊方法。

目前，TIG 焊广泛航空航天、原子能、化工、纺织、锅炉、压力容器、医疗器械及炊具等工业部门的生产中。TIG 焊几乎可以焊接所有的金属及合金。但从经济性及生产率考虑，TIG 焊主要用于焊接不锈钢、高温合金和铝、镁、铜、钛等金属及其合金，以及难熔金属（如锆、钼、铌）与异种金属。对于低熔点和易蒸发金属（如铅、锡、锌等），焊接较困难。

由于受承载能力的限制，TIG 焊一般适宜于焊接薄件，钨极氩弧焊焊接厚度小于 6mm 的构件，钨极氦弧焊的焊接板厚可适当大些。因此非常适合汽车板材的焊接，特别是一些有色金属的焊接。

二、相关知识

（一）TIG 焊的基本原理

TIG 焊是在惰性气体的保护下，利用钨极和工件之间产生的焊接电弧熔化母材及焊丝。焊接时，惰性气体从焊枪的喷嘴中喷出，把电弧周围一定范围的空气排出焊接区，从而为形成优质焊接接头提供了保障，如图 3-24 所示。焊接时，保护气体可采用氩气、氦气或氩+氦混合气体，特殊场合也采用氩气+氢气或氦气+氢混合气体。焊丝根据焊件设计要求，可以填加或不填加。如果填加焊丝，一般从电弧的前端加入或直接预置在接头的间隙中。

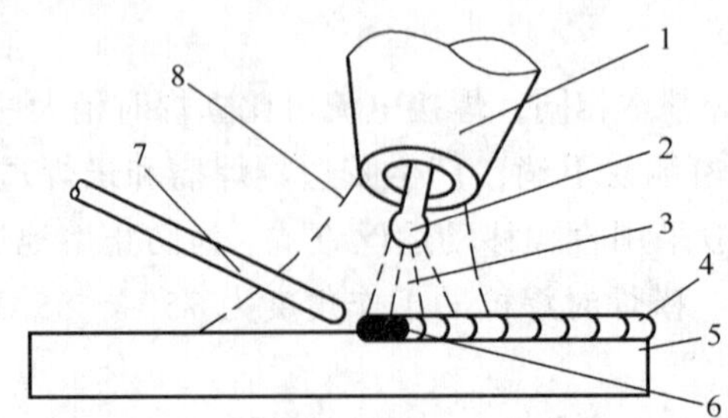

图 3-24　钨极惰性气体保护焊示意图

1—喷嘴　2—钨极　3—电弧　4—焊缝　5—焊件　6—熔池　7—填充焊丝　8—氩气

（二）TIG 焊的分类及特点

1. TIG 焊的分类

（1）按操作方式分类

TIG 焊接操作方式可分为手工 TIG 焊和自动 TIG。手工 TIG 焊焊接时焊丝的填加和焊枪的运动完全是靠手工操作来完成的；而自动 TIG 焊的焊枪运动和焊丝填充都是由机电系统按设计程序自动完成的。在实际生产中，手工 TIG 焊应用更广泛。

（2）按电流种类分类

TIG 焊按电流种类可分为直流 TIG 焊、交流 TIG 焊和脉冲 TIG 焊。一般情况下，直流 TIG 焊用于除铝、镁及其合金以外的各种金属材料；交流 TIG 焊又分为正弦波交流、矩形波交流等，用于焊接铝、镁及其合金；脉冲 TIG 焊用于焊接热敏感的金属材料和薄板、超薄板构件，以及用于薄壁管子的全位置焊接等。

为了适应新材料（如热敏感性大的金属、难熔金属等）和新结构（如薄壁零件的单面焊成形等）的焊接要求，钨极氩弧焊出现了一些新形式，如钨极氩弧点焊和热丝氩弧焊等。

2. TIG 焊的特点

TIG 焊具有以下特点。

① 保护效果好。由于氩气和氦气是惰性气体，既不与金属起反应，又不溶于金属。所以能对钨极、熔池金属及热影响区进行很好的保护，以防止它们被氧化、氮化。

② 焊接过程稳定。在 TIG 焊电弧燃烧过程中，由于电极不熔化，易维持恒定的电弧长度，即使在很小的焊接电流（＜10A）下仍可稳定燃烧。氩气、氦气的热导率小，又不与液态金属反应或溶解在液态金属中，故不会造成合金元素的烧损。同时，填充焊丝不通过电弧区，不会引起很大的飞溅。所以整个焊接过程十分稳定，易获得良好的焊接接头质量。

③ 适宜于各种位置施焊。因为 TIG 焊时热源和送丝可以分别控制，线能量容易调节，可进行各种位置的焊接，也是实现单面焊双面成形的理想方法。

④ 易于实现自动化。TIG 焊是明弧，又没有熔滴过渡，焊接电弧稳定，焊缝成形好，故很容易实现机械化和自动化。现已有环缝自动钨极氩弧焊、管子对接自动钨极氩弧焊等自动 TIG 焊方法。

⑤ 应用范围广。由于 TIG 焊过程中电弧还有自动清除工件表面氧化膜的作用。因此 TIG 焊不但可以焊接普通的黑金属材料，而且可以成功地焊接易氧化、氮化、化学活泼性强的有色金属、不锈钢和各种合金。

⑥ 需要特殊的引弧措施。由于氩气和氦气的电离电压较高（15.7V、24.5V），钨极的逸出功又较高，且一般不允许钨极和工件接触，以防止烧损钨极，产生夹钨缺陷。所以，TIG 焊的引弧困难的，通常需采用特殊的引弧措施。

⑦ 对工件清理要求高。TIG 焊时没有脱氧去氢的能力，因此对焊前的除油、除锈工作要求严格。尤其在焊接易氧化的有色金属如铝、镁及合金等，否则，会严重影响焊接质量。

⑧ 生产率低。由于钨极对电流的承载能力有限，过大的电流会引起钨极的熔化和蒸发，造成钨污染。同时，电流小也就限制了焊接熔深，使得 TIG 焊与各种熔化极电弧焊相比，生产率低。

⑨ 生产成本高。由于隋性气体（氩气、氦气）较贵，和其他电弧焊方法（如手工电弧焊、

埋弧焊、CO_2气体保护焊等）比较，生产成本较高。

（三）TIG 焊的应用

钨极惰性气体焊可用于几乎所有金属和合金的焊接，但由于其成本较高，通常多用于焊接铝、镁、钛、铜等有色金属，以及不锈钢、耐热钢等。对于低熔点和易蒸发的金属（如铅、锡、锌），焊接较困难。钨极氩弧焊所焊接的板材厚度范围，从生产率考虑 3mm 以下为宜。对于某些黑色和有色金属的厚壁重要构件（如压力容器及管道），在根部熔透焊焊接，全位置焊接和窄间隙接时，为了保证高的焊接质量，有时也采用钨极氩弧焊。

（四）TIG 焊的电流种类

TIG 焊使用的电流种类一般有直流、交流和脉冲电流三种。一般根据被焊材料的特点来进行选择。

1. 直流 TIG 焊

根据电源极性的接法不同，直流 TIG 焊可分为正极性和反极性两种。一般金属（除铝、镁及其合金外）选用直流正极性 TIG 焊为好，交流次之。铝、镁及其合金的薄件可选用直流反极性焊接。

（1）直流正极性 TIG 焊

直流正极性 TIG 焊时焊件接电源正极，钨极接电源负极。其特点如下。

① 电弧稳定。由于钨极接负极，且其熔点高，这时电弧阴极的导电机构是以热阴极导电机构为主；钨极的热发射（电子）能力强，这一点有利于电弧的引燃和稳定燃烧。因此，在电流较小的情况下电弧也非常稳定，这对于焊接薄件非常有利。

② 钨极寿命长。对于热阴极导电机构来说，阴极产热少。同时，阴极发射了大量的电子，这些电子要从阴极吸收大量的能量，从而对阴极具有强冷却作用，因而钨极上产生的热量较小，许用电流大，钨极的使用寿命也较长。表 3-15 所示为不同钨极直径所允许的电流使用范围。

表 3-15　不同钨极直径所允许的电流范围

钨极直径/mm	焊接电流/A		
	交　流	直流正极性①	直流反极性
	W	W，W-Th	W，W-Th
0.5	5～15	5～20	—
1.0	10～60	15～80	—
1.6	50～120	70～150	10～20
2.4	100～180	150～250	15～30
3.2	150～250	250～450	25～40
4.0	200～300	400～500	40～55
4.8	250～350	500～800	55～80
6.4	325～525	800～1 100	80～125

①所示电流范围，下限为用钨极时使用电流的下限，上限为用 W-Th 极时使用电流的上限。

③ 焊缝成形好。直流正极性时焊件接正极，焊件要吸收电子，释放出的大量的动能和逸出功，产生大量的热，得到了深而窄的焊缝。焊缝成形好，焊件变形小，生产率较高。

其存在的问题有焊接铝、镁等易氧化的金属及其合金时，由于在熔池表面和坡口边缘存在一层致密的高熔点氧化膜（如 Al_2O_3 的熔点为 2 050℃，而铝的熔点为 667℃），这层氧化膜如不被清理，就会妨碍焊接正常进行。钨极正极性氩弧焊不具有清理作用，所以只用于焊接除铝、镁等易氧化的金属以外的其他盘属。

（2）直流反极性 TIG 焊

直流反极性 TIG 焊时，焊件接电源负极，钨棒接电源正极。在实际生产中，这种方法很少被采用，原因是钨极易氧化烧损，焊缝宽而浅，电弧不稳定。但直流反极性 TIG 焊具有“阴极破碎”作用，有利于焊接铝、镁等金属及其合金。其特点如下。

① 产热分配不利于焊接过程的进行。作为钨极，要接受大量电子释放出来的能量，很容易过热而氧化烧损，限制了其电流承载能力。而作为焊接对象的焊件，由于受熔点的限制，产热少，易形成熔深浅而熔宽大的焊缝，大大降低了生产率。如表 3-16 所示，直流正极性 TIG 焊的钨极直径为 3.2mm 时，电流的承载能力可达 400A；而反极性时，6.4mm 直径的钨极的承载能力只有 120A。

表 3-16　不同电流 TIG 焊的特点

电流种类	直流		交流（对称的）
	正极性	反极性	
示意图	− +		
两极热量比例（近似）	工件 70% 钨极 30%	工件 30% 钨极 70%	工件 50% 钨极 50%
熔深特点	深，窄	浅，宽	中等
钨极许用电流	最大 例如 3.2mm，400A	小 例如 6.4mm，120A	较大 例如 3.2mm，225A
阴极破碎作用	无	有	有（工件为负的半周时）
适用材料	氩弧焊：除铝、镁合金、铝青铜以外其余金属 氦弧焊：几乎所有金属	铝、镁及其合金	铝、镁合金、铝青铜等

② 易形成宽而浅的焊缝。从表 3-16 可以看到，反极性时，焊件产热很少，同时又受焊件熔点的限制，属于冷阴极型导电机构，阴极发射电子比较困难，往往只有表面温度较高的几个点才能发射电子，这些点被称为“阴极斑点”，而这些斑点往往出现在电子逸出功比较低的氧化膜存在处。焊接时，焊件上的阴极斑点是极不稳定的，因而造成电弧不集中，加热面广，形成宽而浅的焊缝。

③ 阴极破碎作用。焊接铝、镁等金属及其合金时，焊件表面的氧化膜的逸出功都比较低，是形成阴极斑点的有利条件。在这些地方形成阴极斑点后，由于该处受到阳极高速运动过来的大质量的正离子的轰击作用，并释放出大量的动能，使该处温度升得很高，该处的氧化膜很快被破碎并气化，达到了清理的目的。一处清理结束后，阴极斑点又迅速地再去寻找其他地方的

氧化膜。随着电弧不断地寻找、迁移，熔池附近区域的氧化膜都被清理干净。这种阴极自动寻找并破碎清理阴极氧化膜的作用称为“阴极破碎”作用。一般地氩弧焊的这种作用比较强，而氦弧焊则较弱。因此，直流反极性钨极氩弧焊可被用于铝、镁等易氧化金属及合金的焊接，但由于受到钨极载流能力的限制，只适宜于焊接薄件。表 3-17 所示为不同材料钨极氩弧焊时的电流种类和极性的选择。

表 3-17　　不同材料 TIG 焊时的电流种类和极性的选择

材　料	直　流		交　流
	正　极　性	反　极　性	
铝（厚 2.4mm 以下）	×	○	△
铝（厚 2.4mm 以上）	×	×	△
铝青铜、铍青铜	×	○	△
铸铝	×	×	△
黄铜、铜基合金	△	×	○
铸铁	△	×	○
无氧铜	△	×	×
异种金属	△	×	○
合金钢堆焊	○	×	△
低碳钢、高碳钢、低合金钢	△	×	○
镁（厚 3mm 以下）	×	○	△
镁（厚 3mm 以上）	×	×	△

注：△最佳；○良好；×最差。

2. 交流 TIG 焊

（1）交流 TIG 焊的优点

交流 TIG 焊焊接时电流的极性呈周期性的变化。在交流正极性（焊件为正）半周，钨极承载能力较大，电弧稳定、集中，焊缝能得到足够的熔深。而在交流反极性（焊件为负）半周，利用“阴极破碎”作用，可以彻底清除熔池及附近区域的氧化膜，并使钨极得到冷却，因此它兼有直流正、反极性 TIG 焊的优点。此外，交流 TIG 焊设备简单，成本低，维修方便。因此，交流 TIG 焊被广泛用于铝、镁及其合金的焊接生产中。

（2）交流 TIG 焊存在的问题与解决措施

一是直流分量的问题。

① 产生原因。交流钨极氩弧焊焊接铝、镁等金属及其合金时，由于钨极和焊件在几何尺寸和热物理性能上的差异，造成了电弧在正极性半周内放电容易，呈低阻特性；而在反极性半周内放电困难，呈高阻特性，结果使交变的电流不平衡，产生了部分整流作用，出现了所谓“直流分量”。如图 3-25 所示，正极性时，钨极为负极，因其熔点和沸点高，且导热差，直径小，热发射容易，所以电弧电压 $u_{弧1}$ 低，焊接电流 i_1 大，燃弧时间 t_1 长；反极性时，焊件为负极，其熔点和沸点低，且尺寸大，散热快，电子发射困难，所以电弧电压 $u_{弧2}$ 高，焊接电流 i_2 小，燃弧时间 t_2 短。这样由于正反极性焊接电流不对称，在交流焊接回路中就存在一个由工件流向钨极的直流分量，相当于在一个平衡的交流波形上叠加了一个直流。

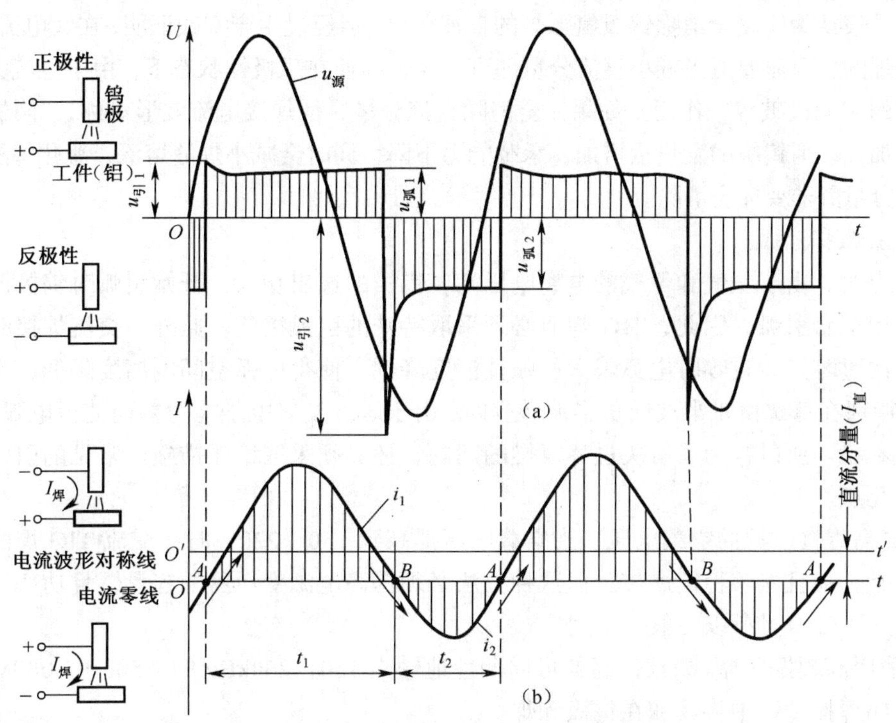

图 3-25　交流 TIG 焊焊铝时的电压及电流波形图

$u_{引1}$—正极性的引燃电压　$u_{弧1}$—正极性的电弧电压　$u_{引1}$—反极性的引燃电压　$u_{弧2}$—反极性的电弧电压　i_1—正极性的焊接电流　i_2—反极性的焊接电流　t_1—正极性时间　t_2—反极性时间　$u_{源}$—焊接电源空载电压

② 消除直流分量的措施。由于直流分量存在一定的缺点，所以必须采取有效的措施消除或减弱它。具体消除方法如表 3-18 所示。

表 3-18　　消除直流分量的方法

方法	串接蓄电池	串接整流器和电阻	串联电容器
示意图	~ I_0 E I_{DC}	~ R	~ C
参数	蓄电池 E、电压 6V 容量 300～600A·h	电阻（R）约为 0.02Ω	电容器（C）容量为每安培焊接电流 300～400μF
工作原理	使E产生的电流I_0与直流分量 I_{DC} 方向相反，而将后者减小或抵消	使焊接电流正半波通过R,负半波通过整流器，从而减弱或消除原来存在的电流不对称性	电容器（C）起隔直作用
特点	蓄电池笨重，体积大，维护麻烦	装置简单，体积小，但电阻消耗电能	可完全消除直流分量，使用方便，维护简单，应用最广

过去一般认为应完全消除钨极氩弧焊的直流分量。但经过生产实践证明，在大电流（ >250A ）下是不合理的，只需要适当减小直流分量即可。这时即使在反极性状态下，由于电流大，阴极仍具有足够的“阴极破碎”作用。如果完全消除直流分量，使焊接电流波形对称，“阴极破碎”作用虽得到加强，但钨极的发热量增加，承载能力下降，同时会减小焊缝熔深，恶化焊缝成形。所以，直流分量并非要完全消除。

二是引弧和稳弧。

TIG 焊时，由于氩气和氦气的电离电压高，钨极的逸出功大，开始引弧时钨极温度低，且不允许采用接触引弧，因此，TIG 焊时必须采取特殊的引弧措施。此外，交流焊接时，电流每秒钟 100 次过零点。过零时电弧熄灭，弧柱温度降低，使得电弧空间电离度降低，带电离子复合加剧。特别在每次由正半波向负半波转变时，由于焊件发射电子能力差而使得电弧复燃困难，造成电弧不稳。所以，为了解决过零复燃的问题，还必须采取稳弧措施。常见的引弧和稳弧方法有如下几点。

① 提高焊接电源的空载电压。当空载电压提高到 150～220V 时，交流 TIG 焊的电弧会立即重新引燃，而且能够稳定燃烧。但这种方法必须提高电源变压器的容量，且功率因数低，既不经济，又不安全，所以一般不采用。

② 采用高频振荡器。高频振荡器可周期性地输出 150～260kHz 的 2 500～3 000V 的高频电压脉冲。如焊接过程中将其加在钨极和焊件之间，焊接电源的空载电压只需 65V 就能引弧并维持交流电弧的稳定燃烧。它的缺点是高频高压的输出相位与交流过零的相位不易保持一致，从而对稳弧的可靠性有一定影响。此外，高频对电子仪器有干扰作用。图 3-26 为高频高压振荡波形与电流波形的相位关系。

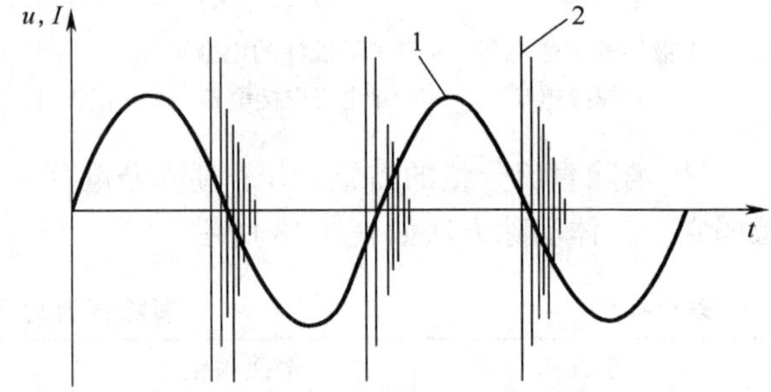

图 3-26　高频高压振荡波形与电流波形的相位关系

1—电流波形　2—高频高压振荡波形

③ 用脉冲稳弧器施加高压脉冲。在反极性开始的一瞬间外加一个 2 000～3 000V 左右的高压脉冲 u_2，如图 3-27 所示，可保证电弧及时复燃。这种方法是目前应用效果较好，应用也最广的一种引弧和稳弧方法。

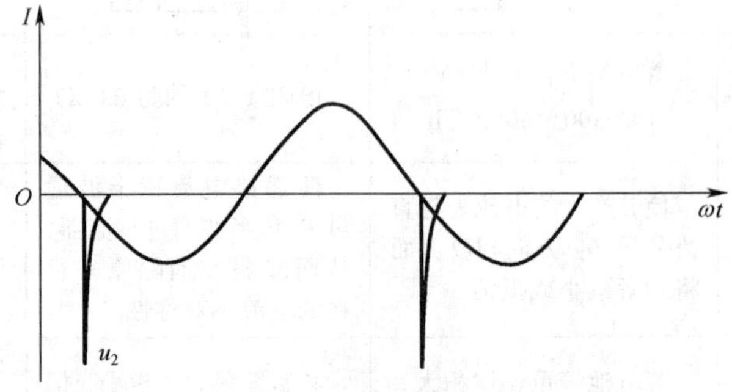

图 3-27　脉冲高压与电流相位的关系

（3）矩形波交流 TIG 焊

矩形波交流 TIG 焊用矩形波交流电源代替了常用的正弦波交流电源，提高了交流电弧的稳定性，并保障了既有满意的阴极破碎作用，又可获得较合理的两极热量分配。其焊接电流波形如图 3-28 所示。

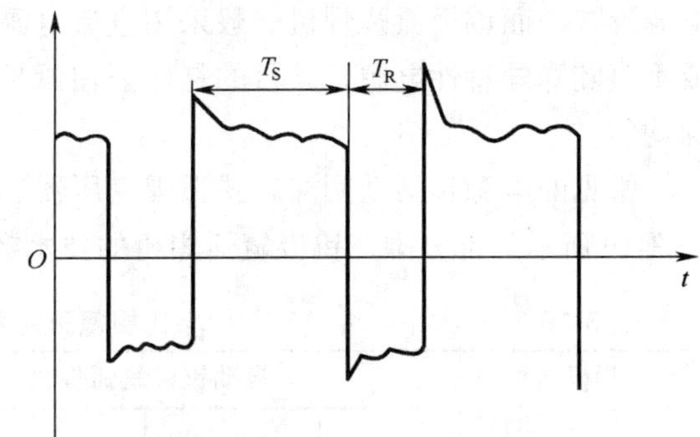

图 3-28　矩形波交流 TIG 焊电流波形

设 K_R 为负半波通电时间在一个周期中所占的比例，则

$$K_R = \frac{T_R}{T_R + T_S} \qquad (3\text{-}1)$$

式中：T_R——周期中负半波时间；

T_S——周期中正半波时间。

K_R 一般在 10%～50%范围内可调。随 K_R 增加，阴极破碎（清理）作用加强，但母材获得热量减少，熔深浅而宽，钨极烧损加大；反之，K_R 减小时钨极承载增大，熔深增加，电弧集中而稳定，而阴极破碎作用减弱。

矩形波交流 TIG 焊具有以下优点。

① 再引弧容易。矩形波电流过零后增长快，再引燃容易。电源空载电压在 70V 以上，就可以不再另加稳弧装置，使电流在 10A 以上的电弧稳定燃烧。

② 可根据需要控制热量分配。这要通过调节 K_R，控制钨极与母材获得热能量，使它既能满足清理氧化膜的要求，又可以获得可能的最大熔深和最小的钨极烧损。

（五）钨极惰性气体保护焊设备

TIG 焊设备一般由焊接电源、引弧及稳弧装置、焊枪、供气系统、水冷系统和控制系统等部分组成。对于自动 TIG 焊还应增加焊车行走机构及送丝装置。图 3-29 所示为手工 TIG 焊设备系统示意图，其中引弧及稳弧装置、控制系统等都位于控制箱内。

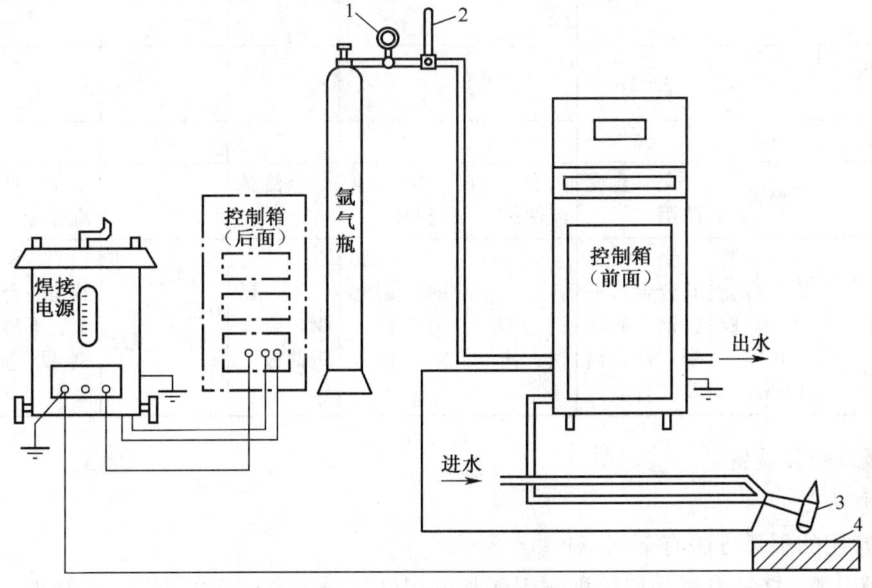

图 3-29　TIG 焊设备系统示意图

1—减压表　2—流量计　3—焊枪　4—工件

1．焊接电源

TIG 焊焊接电源有直流、交流或交直流两用三种电源形式。钨极氩弧焊机可采用上述三种电源形式，而钨极氦弧焊机一般采用直流电源。不论是直流还是交流电源，都采用陡降外特性或垂直陡降外特性电源，其目的是保证在弧长变化时尽量减小焊接电流的波动，保证焊缝的熔深均匀。

常见的电源包括动圈漏磁式弧焊变压器、晶闸管整流式电源、磁饱和电抗器式硅整流电源，表 3-19 所示为部分国产钨极氩弧焊机的技术数据及其适用范围。

表 3-19　钨极氩弧焊机的主要技术数

焊机名称及型号 / 技术数据	自动钨极氩弧焊机				手工钨极氩弧焊机			
	NZA6-30	NZA2-300	NZA3-300	NZA-500	WSM-63	NSA-120-1	WSE-160	NSA-300
电源电压/V	380	380	380	380	220	380	380	220/380
空载电压/V						80		
工作电压/V							16	20
额定焊接电流/A	30	300	300	500	63	120	160	300
电流调节范围/A		35～300		50～500	3～63	10～120	5～160	50～300
钨极直径/mm		2～6	2～6	1.5～4			0.8～3	2～6
焊丝直径/mm	0.5～1	1～2	0.8～2	1.5～3				
送丝速度/（m/min）		0.4～3.6	0.11～2	0.17～9.3				
焊接速度/（m/min）	0.17～1.7	0.2～1.8	0.22～4	0.17～1.7				
氩气流量/（L/min）								20
冷却水流量/（L/min）		3～16						1
负载持续率/%	60	60	60	60		60		60
电流种类	脉冲	交、直流两用	交、直流两用	交、直流两用	直流脉冲	交流	交、直流脉冲	交流
适用范围	不锈钢、合金钢薄板（0.1～0.5mm）	铝、镁及其合金；不锈钢、耐热铜、钛、铜及其合金	不锈钢、镁、钛、铑等	不锈钢、耐热铜、钛、铝、镁及其合金	不锈钢、合金钢薄板	厚度为 0.3～3mm 的铝、镁及其合金	铝、镁及其合金、不锈钢钛等金属	铝及铝合金

2．引弧及稳弧装置

（1）引弧方法

TIG 焊常用的引弧方法有下列三种。

① 接触引弧。接触引弧是指钨极与引弧板或焊件接触引燃电弧的方法。其缺点是钨极易磨损，并可能在焊缝中产生夹钨现象。

② 高频引弧。该方法利用高频振荡器产生的高频高压击穿钨极与焊件之间的气体间隙（约3mm）而引燃电弧。

③ 高压脉冲引弧。该方法在钨极与焊件之间加一个高压脉冲，使两极间气体介质电离而引燃电弧。

（2）高频振荡引弧器

① 原理。高频振荡引弧器的工作原理如图 3-30 所示。它由升压变压器（T_1）、火花放电器（P）、振荡电容（C_1）、振荡电感入及高频耦合变压器（T_2）组成。当合上开关 SA 后，升压变压器 T_1 的二次电压可达 2 500～3 000V，在升压过程中电容（C_1）充电，使火花放电器（P）两端电压升高，当达到火花放电器（P）的击穿电压时发生火花放电，P 处于短路状态。这时变压器（T_1）停止向 C_1 充电，C_1、P 和上组成 L-C 振荡电路放电而使电路发生振荡，产生的高频电压通过 T_2 输出至焊接回路用于引弧。

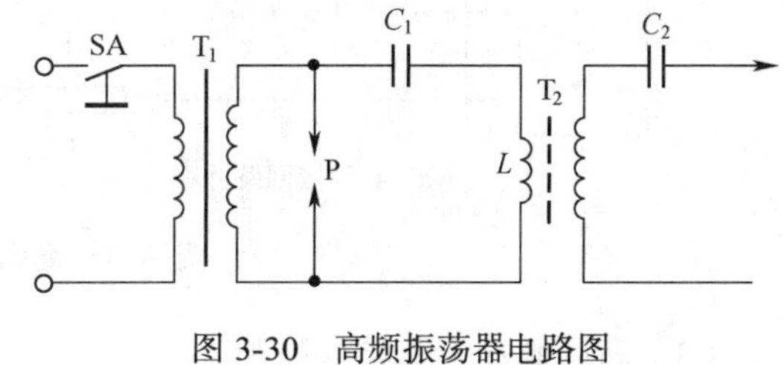

图 3-30　高频振荡器电路图

振荡频率：

$$f = \frac{1}{2\pi\sqrt{LC_1}} \tag{3-2}$$

式中：C_1——电容值（μF），一般为 0.0025μF；

L——电感值（μH），一般为 1.6μH；

f——振荡频率（Hz），约 150～260kHz。

因为振荡回路总有电阻损耗，所以是一种减幅振荡，只能维持很短时间，大约为一个周期的 1/8～1/3。随着振荡的衰减，加在火花放电器上的电压降低。当电压小于击穿电压时火花放电器（P）停止放电，振荡过程结束。这时升压变压器（T_1）又重新给电容（C_1）充电，重复上述过程，形成一种振荡—间歇—振荡的振荡过程。

高频振荡器的火花放电器（P）由两小段钨棒组成，间隙一般为 0.5～1.5mm，可以进行调整。间隙过大，不能击穿则引不起振荡；间隙过小，则输出振荡电压幅值低，引弧能力差。使用时还应注意保持火花放电器表面清洁。

此外，为了保证安全，振荡器电路中设有门开关（SA）和保护电容（C_2），只有振荡器机壳门关上后开关 SA 才接通，这样可以避免操作者与低频高压的带电部分接触。振荡器正常工作时输出的高频高压电因具有集肤效应，对人体是安全的。如果由于某种原因电容 C_1 击穿，则输出对人体有伤害性的 50Hz 的低频高压电，通过保护电容器 C_1 的作用可以阻止低频电的通过，起到安全保护的作用。

② 连接方式。高频振荡器在焊接回路中有并联和串联两种方式，如图 3-31 所示。并联时，为防止高频高压电窜入焊接电源损坏整流元件和绝缘，需在焊接回路中串联电抗器 L_1，并联旁路电容 C_2。这种连接方式因 L_1、C_2 对高频电有分流作用。消耗了部分能量，使引弧效果变差。为了克服这种缺点，目前多采用串联方式。它没有分流回路，引弧可靠，又通过旁路电容 C_2 减少了高频对电源的影响。缺点是由于高频高压输出变压器 T_2 的二次绕组为焊接主回路的一部分，有焊接电流流过，所以要增大其绕组导线截面。

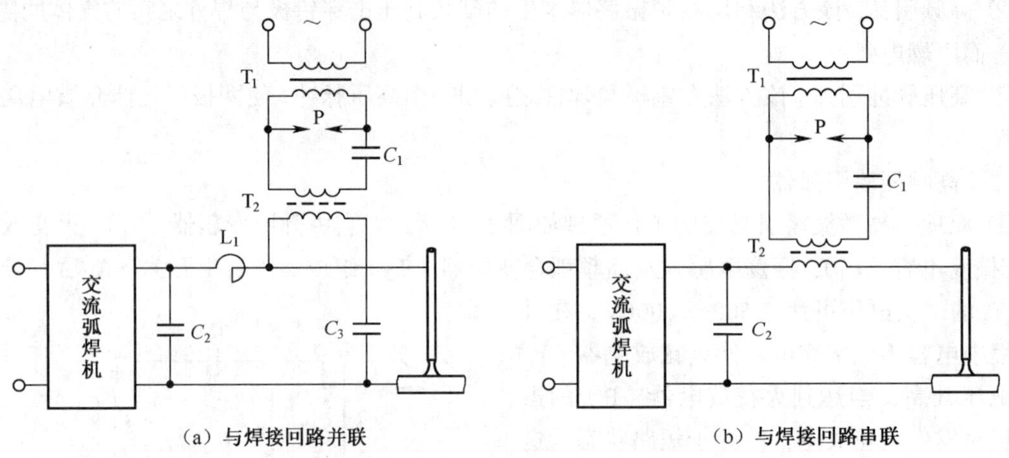

图 3-31 高频振荡器的连接方法

（3）高压脉冲引弧器、稳弧器

① 脉冲引弧、稳弧主电路。图 3-32 所示为高压脉冲引弧、稳弧装置的主电路图。其工作原理：变压器 T_1 为升压变压器，二次电压可达 800V，经整流桥 UR_2 整流以后对电容 C_{13} 充电。当需要脉冲时，晶闸管 VH_{20} 被引弧或稳弧脉冲触发电路的信号触发导通，C_{13} 经过 R_2、VH_{20} 向变压器 T_2 一次侧放电，T_2 二次侧即可感应出 2 000～3 000V 的高压脉冲，用于引弧和稳弧。

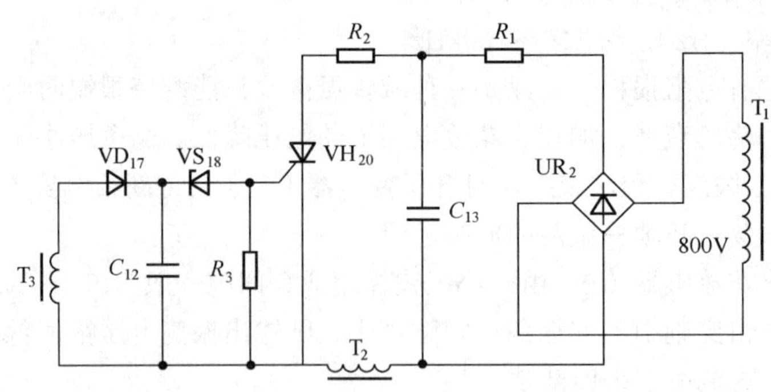

图 3-32 脉冲引弧、稳弧主电路

② 引弧及稳弧脉冲的相位要求。引弧时，应在电源电压负极性半周的峰值处提供引弧脉冲，这时电源电压瞬时值最高，利于引弧。而在稳弧时，一定要在焊接电流由正极性半周变为负极性半周的过零瞬间加上高压脉冲，从而保证电弧稳定燃烧。总之，不论是引弧还是稳弧，只有控制在合适的相位，施加高压脉冲才有效，如图 3-33、图 3-34 所示。在 NSA-500-1 型氩弧焊机中，引弧、稳弧的脉冲及相位是通过相应的触发电路来保证的。

③ 引弧、稳弧脉冲触发电路。图 3-35 所示为引弧脉冲触发电路。该电路由同步、移相和脉冲形成等几部分组成，保证了引弧脉冲触发信号在焊接电源空载电压相位为 90° 时发出。前面讲过，稳弧脉冲必须加在电流由正半波到负半波转变过零点的瞬间。稳弧脉冲和引弧脉冲共用一套脉冲发生电路，但都有各自的触发电路。其详细的电路工作过程这里不做详细介绍。

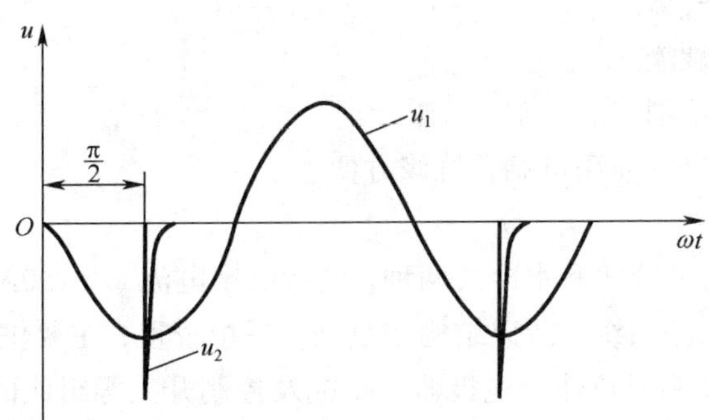

图 3-33　引弧高压脉冲与电源电压间的相位关系

u_1—电源电压　u_2—高压脉冲电压（引弧用）

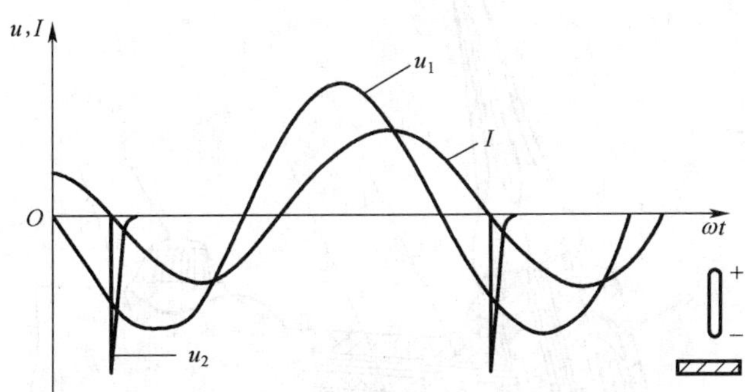

图 3-34　稳弧脉冲与电源电压和电弧电流间的相位关系

u_1—电源电压　u_2—高压脉冲电压（稳弧用）

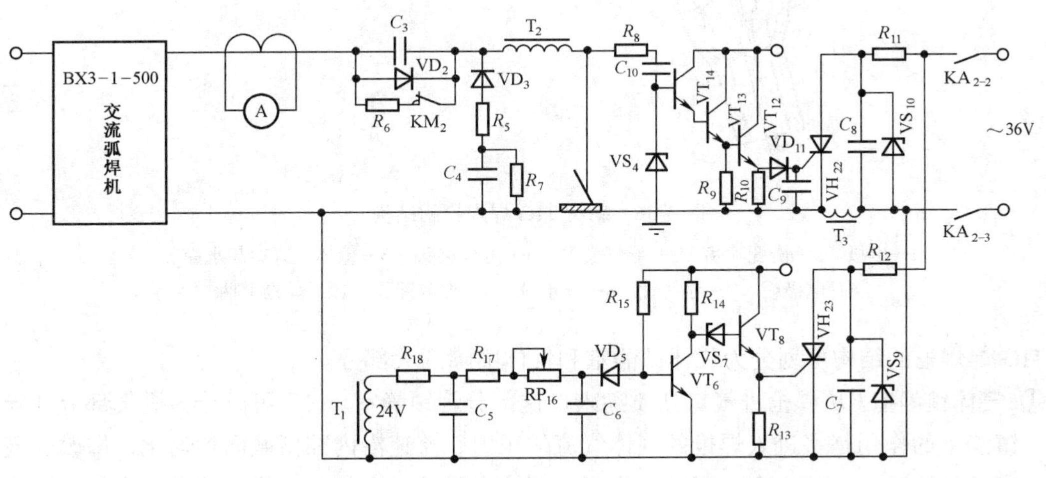

图 3-35　引弧、稳弧脉冲触发电路

3. 焊枪

（1）焊枪的功能与要求

① 能可靠夹持电极。

② 具有良好的导电性。

③ 能及时输送保护气体。

④ 具有良好的冷却性能。

⑤ 可达性好，适用范围广。

⑥ 结构简单，重量轻，使用可靠，维修方便。

（2）焊枪结构

TIG 焊焊枪一般分为气冷式和水冷式两种。前者供小电流（ <150A）焊接使用，结构简单，使用灵巧；后者因带有水冷系统，所以结构较复杂，焊枪较重，主要供电流大于 150A 时使用。它们都是由喷嘴、电极夹头、枪体、电极帽、手柄及控制开关等组成的。图 3-36 所示为新型 TIG 焊焊枪的结构。

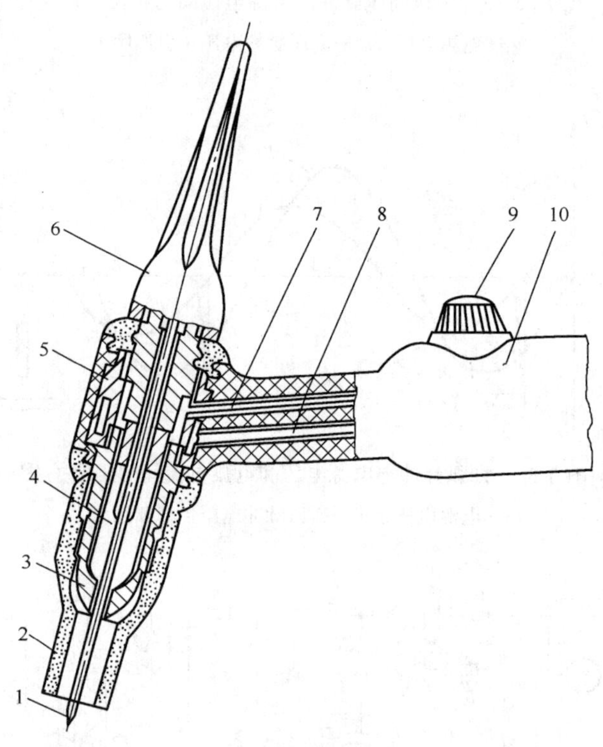

图 3-36 新型 TIG 焊焊枪的结构

1—电极 2—陶瓷喷嘴 3—导气套筒 4—电极夹头 5—枪体（有冷却水腔）
6—电极帽 7—导气管 8—导水管 9—控制开关 10—焊枪手柄

TIG 焊焊枪的结构可划分为气体镇静室和气体喷嘴两大部分。

① 气体镇静室。从焊枪进气口到喷嘴入口这部分为镇静室。它又可以分为进气部分和导气部分。镇静室的作用是将进入焊枪的气体气流的压力、流速沿内腔横截面均匀化，即改变气体进入喷嘴的初始流态，减少紊流程度。为了达到这个目的，进气时一般采用径向进气，因为此时气流冲向气室壁会产生反射减速与均混作用。如果采用轴向进气，可在气室中加挡板，也可使气体得到减速与均混，如图 3-37 所示，其中径向进气方式效果好。另外，在导气部分加气筛，如多孔的隔板、多孔铜丝网、蜂窝铜管、透气性塑料等也可起到降低紊流程度的作用，如图 3-38 所示。

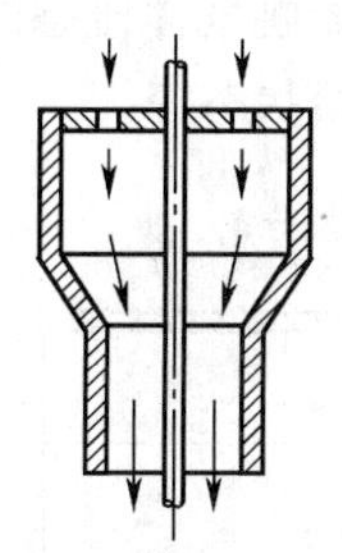
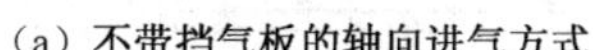
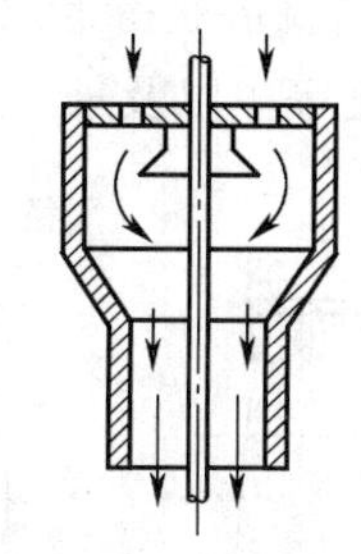
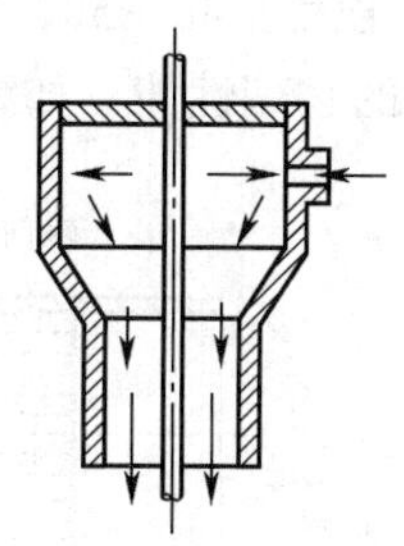

（a）不带挡气板的轴向进气方式　（b）带挡气板的轴向进气方式　（c）径向进气方式

图 3-37　焊枪进气部分的结构形式

② 喷嘴。喷嘴的结构形式与尺寸对喷出气体的流态及保护效果影响很大。图 3-39 所示为常见的喷嘴形式。其中，圆柱形喷嘴保护效果最好，它喷出的气流具有较长的层流区和较大的保护范围；收敛形喷嘴次之，但其电弧可见度好，应用也较广泛；而扩散形喷嘴由于易形成紊流或减薄近壁层流层，所以很少采用。

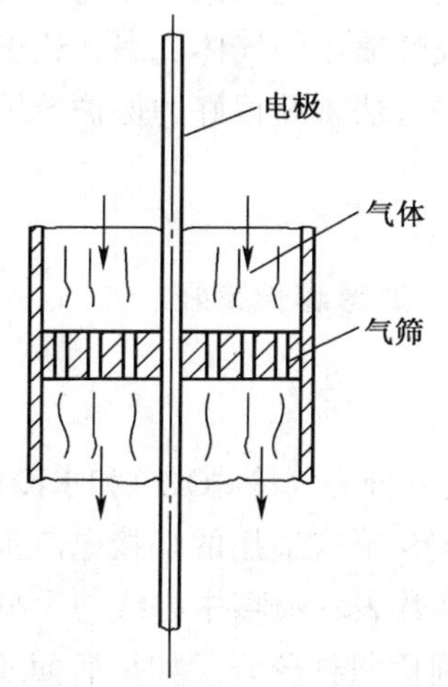

图 3-38　焊枪内部气筛示意图

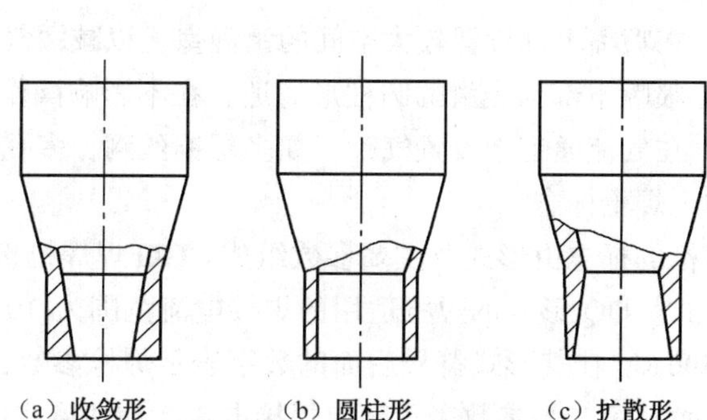

图 3-39　焊枪喷嘴形式示意图

喷嘴的内壁要光滑，电极或电极夹头与气筛间的间隙不能太大，且喷嘴与电极要同心。否则，会严重降低气体对熔池的保护效果。

焊枪结构中，喷嘴为易损件。对不同直径的电极，要选配不同规格的电极夹头及喷嘴。电极夹头要有弹性，通常用青铜制成。喷嘴材料有陶瓷和金属两种；高温陶瓷喷嘴的使用电流不能超过 300A。金属喷嘴一般用不锈钢、黄铜等材料制成，其使用电流虽可高达 500A，但应在使用中避免与焊件接触。

（3）保护效果

① 气体在管道内的流动状况。从流体力学中知道，管道中气体的流动状态有层流和紊流两种形式，如图 3-40 所示。层流流动的气体质点在管道内呈有规则的层状或束状运动，质轴点之间不产生相互干扰或混杂；紊流指气体质点在管内流动时相互干扰或混杂，在气体内部出现很多漩涡。研究表明，层流和紊流这两种流态可以相互转化。如果气体以较低流速流入管子时，

只要长径比大于 40～50，气体在管内就可获得近似的层流流态。影响气体流态的因素有气体流量、气体的物理性能（如黏度、密度等）以及进入管道的气流初始状态等。

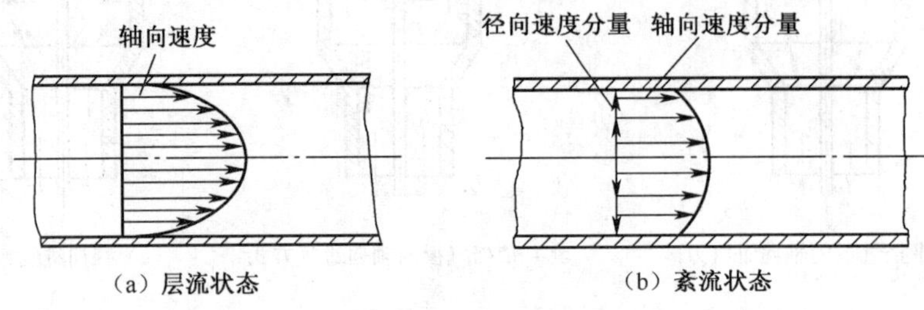

图 3-40　气体的层流和紊流

② 焊枪喷出的保护气流。TIG 焊时，气体保护效果的好坏，与从焊枪喷嘴中喷出气体的状态有直接关系。从前面的分析知道，只有喷嘴的长径比（压缩喷嘴孔道长度与孔道直径之比）大于 40～50 时，喷嘴出口的气流流态才可能全部转化为层流状态，而这时喷嘴必须做得足够长，但这会给操作带来不便，在实际生产中也是不现实的。所以，从喷嘴出口喷出的气流不可能全部转化为层流状态，而只是一种近壁部分为层流，中心部分为紊流的双重气流。那么要提高保护气体对焊接区的保护效果，关键问题是采取一定措施改善从喷嘴喷出的气体流态，让出口的气流呈层流或较厚的近壁层流。为此，可以通过改善焊枪结构的方法来获得好的保护效果。具体的措施如下。

a. 在喷嘴上部设置较大空间的镇静室，以减缓气流。

b. 喷嘴下部为光滑的圆柱形通道，在不影响操作的前提下，通道越长越好。

c. 在气流通道中设置气筛，如多层铜丝网、多孔隔板等。

（4）焊枪标志

焊枪的标志由形式及主要参数组成。TIG 焊焊枪按冷却方式可分为气冷（QQ）和水冷（QS）两种形式。QQ 形式的焊枪适用的焊接电流范围为 10～150A；QS 形式适用的焊接电流范围为 150～500A。在其形式符号后面的数字表示焊枪参数：第一个参数表示喷嘴中心线与手柄轴线之间夹角；第二个参数表示额定焊接电流，在角度和电流值之间用斜杠分开。如果后面还有横杠和字母，则表示是用某种材料制成的焊枪。

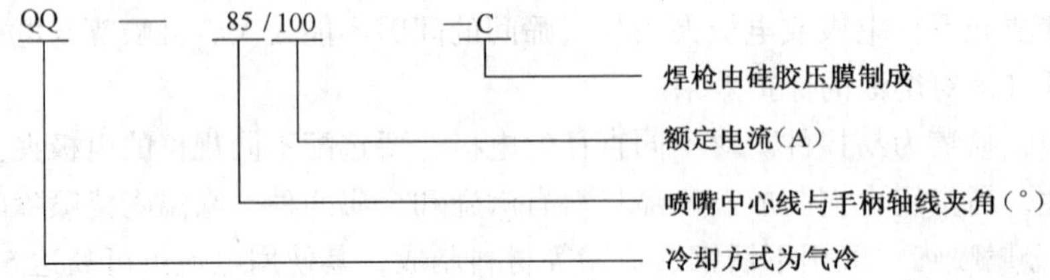

4. 供气和水冷系统

（1）供气系统

供气系统主要由氩气瓶、减压阀、流量计和电磁气阀组成，如图 3-41 所示。

① 氩气瓶。氩气瓶外表涂为灰色，并标有“氩气”字样。氩气在钢瓶中呈气态，使用时不需预热和干燥。氩气瓶的最大压力为 14 700kPa，容积为 40L。

② 减压阀。它的作用是将高压气瓶中的气体压力降至焊接所要求的压力。有时把减压阀和

流量计做成一体。

③ 流量计。流量计是用来测量和调节气体流量的装置。目前通常采用的有浮标式和转子式流量计两种。气体保护焊时常采用LZB型玻璃转子流量计。

④ 电磁气阀。电磁气阀是控制保护气体通断的一种电磁开关。它受控于控制系统，以电信号控制电磁气阀的通断，其控制精度较高。

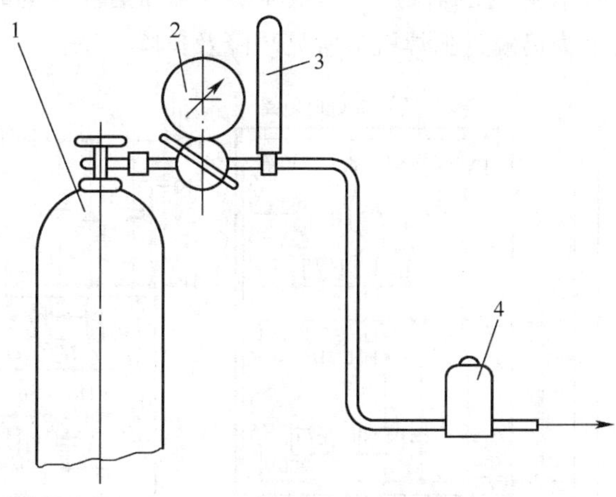

图3-41 TIG焊气路系统

1—氩气瓶 2—减压阀 3—流量计 4—电磁气阀

（2）水冷系统

该系统主要用来在焊接电流大于150A时冷却焊接电缆、焊枪和钨棒。对于手工水冷式焊枪，通常将焊接电缆装入通水软管中做成水冷电缆，这样可大大提高焊接电缆承载电流的能力，减轻电缆重量，使焊枪更轻便。同时为了保证冷却水可靠接通并具有一定的压力时才能启动焊机，常在氩弧焊机中设有水压保护开关。

5. 控制系统

控制系统由引弧器、稳弧器、行车（或转动）速度控制器、程序控制器、电磁气阀和水压开关等构成。通过控制系统正常工作一般应达到如下目的。

① 控制电源的通断。

② 焊前提前供气1.5～4s，焊后滞后停气5～15s，以保护钨极和引弧、熄弧处的焊缝。

③ 自动控制引弧器、稳弧器的起动和停止。

④ 焊接结束前电流能自动衰减，以消除火口和防止弧坑开裂，这点对于环缝焊接及热裂纹敏感材料尤为重要。图3-42所示为TIG焊焊接流程图。

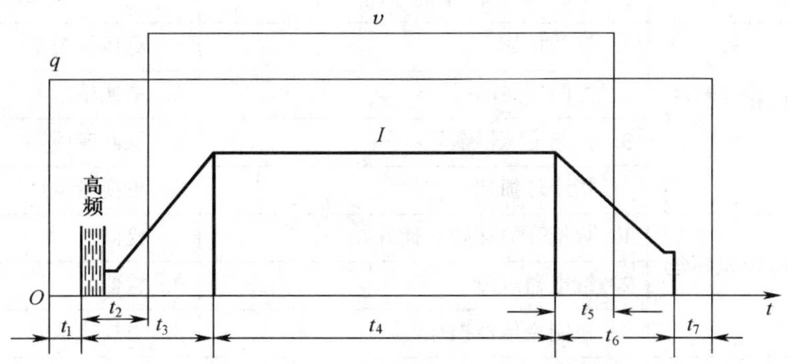

图3-42 TIG焊焊接流程图

q—保护气体流量 v—焊接速度 I—焊接电流 t—焊接循环时间 t_1—提前送气时间 t_2—引弧时焊枪停留时间 t_3—电流递增时间 t_4—焊接时间 t_5—熄弧时焊枪运动时间 t_6—电流衰减时间 t_7—延迟停气时间

6. 典型焊机介绍

现以NSA-500-1型焊机为例，来说明其工作控制流程及常见故障排除。如图3-43所示，焊接主电路一般由脉冲旁路（防止高压脉冲窜入变压器中对焊机造成危害）、消除直流分量电路、延时电路（控制保护气体提前供气和滞后停气的时间）、脉冲引弧和脉冲稳弧电路组成。表 2-20 所示为钨极氩弧焊机的常见故障及排除方法。

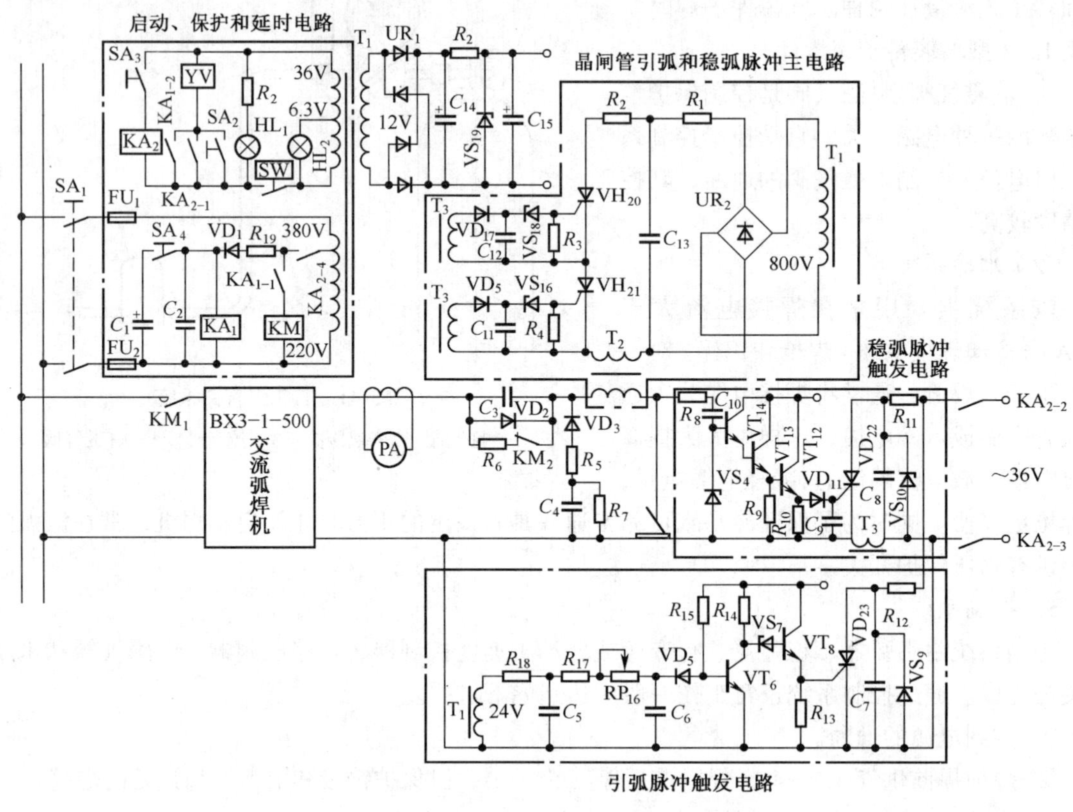

图 3-43　NSA-500-1 型交流钨极氩弧焊机电路原理

表 3-20　　钨极氩弧焊机的常见故障及排除方法

故　　障	产生的原因	排 除 方 法
电源开关接通但指示灯不亮	1. 开关损坏	1. 更换开关
	2. 熔断器烧断	2. 更换熔断器
	3. 控制变压器损坏	3. 检修变压器
	4. 指示灯损坏	4. 更换指示灯
控制线路有电但焊机不能启动	1. 焊枪开关接触不良	1. 检修
	2. 继电器故障	2. 检修
	3. 控制变压器损坏	3. 更换或检修
无振荡或振荡火花微弱	1. 高频引弧部分或脉冲引弧部分故障	1. 检修
	2. 火花放电器间隙不对	2. 调整放电间隙
	3. 绝缘击穿或接地不良	3. 检修，接好接地线
	4. 放电器电极烧坏或打毛	4. 清理、调整电极
	5. 高压变压器烧坏	5. 检修或更换

续表

故　　障	产生的原因	排 除 方 法
有振荡放电但引不起电弧	1. 焊接电源接触器故障	1. 检修
	2. 控制线路故障	2. 检修
	3. 焊件接触不良	3. 清理焊件
	4. 继电器触头接触不良	4. 检修或更换
电弧引燃后焊接过程电弧不稳定	1. 稳弧器故障	1. 检修
	2. 消除直流分量的元件故障	2. 检修或更换
	3. 焊接电源故障	3. 检修焊接电源
焊机启动后无氩气输送	1. 气路阻塞	1. 检修
	2. 电磁气阀故障	2. 检修或更换电磁气阀
	3. 控制线路故障	3. 检修
	4. 气体延时线路故障	4. 检修
焊接结束时衰减不正常	1. 继电器故障	1. 检修继电器
	2. 衰减控制线路故障	2. 检修
	3. 焊接电源故障	3. 检修焊接电源

三、任务实施

（一）焊前准备

1. 接头及坡口形式

接头和坡口形式一般是根据被焊材料、板厚及工艺要求等来确定的。TIG 焊常采用的接头形式有对接、搭接、角接、T 形接和端接五种基本形式，如图 3-44 所示。

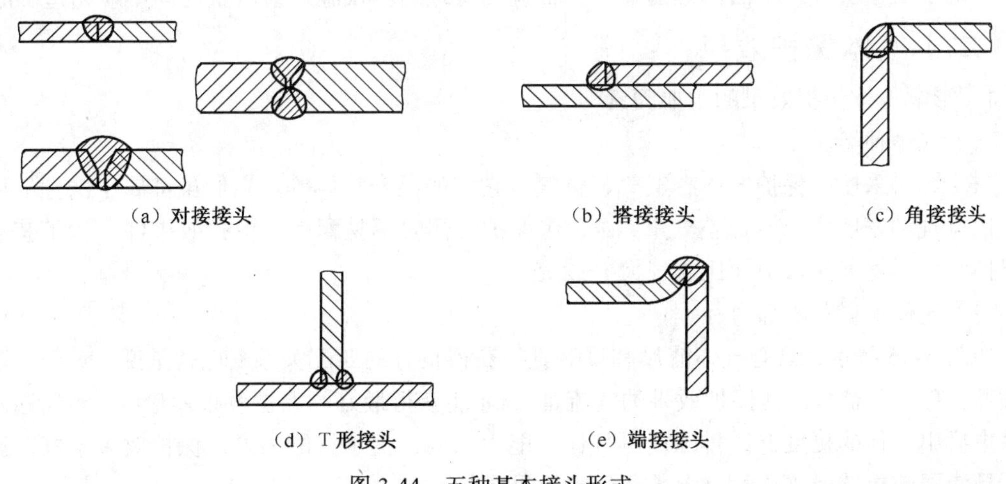

图 3-44　五种基本接头形式

一般薄板（＜3mm）对接接头常用卷边焊接的形式，不加填充金属一次焊透；板厚 6～25mm 对接，建议采用 V 形坡口；板厚大于 12mm 时，则可采用双 Y 形坡口的双面焊接。对接接头的坡口形式如图 3-45 所示。

2. 焊前清理

因为 TIG 焊采用惰性气体保护，而惰性气体既无氧化性，也无还原性，因此焊接时对油污、水分、氧化皮等比较敏感。这样，焊前必须对焊丝、焊件坡口及坡口两侧至少 20mm 范围内的油污、水分等进行彻底清理。如果使用工艺垫板，也应该进行清理。这是保证焊缝质量的前提条件。对于不同去除物，清理方法也不相同。常用的清理方法有以下几种。

（1）清除油污

可用汽油、丙酮等有机溶剂浸泡和擦洗焊件与焊丝表面。也可用自制溶剂去除油污，例如，用 Na_3PO_4、Na_2CO_3 各 50g，Na_2SiO_3 30g，加入水 1L，并加热到 65℃，清洗 58min，然后用 30℃清水冲洗，最后用流动的清水冲净，擦干或烘干。

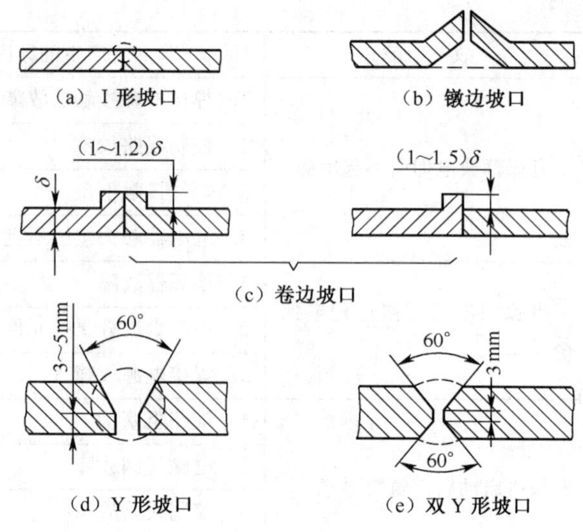

图 3-45　TIG 焊对接接头的坡口形式

（2）去除氧化膜

机械法：此法简单方便，但效率低，一般只用于焊件。它包括机械加工、磨削及抛光等方法。不锈钢等可用砂布打磨或抛光法；铝及铝合金材质比较软，常用细钢丝刷（用直径小于 0.15mm 或 0.1mm 的钢丝制成）或用刮刀将焊件接头两侧一定范围的氧化膜除掉。

化学法：该法适用于铝、镁、钛及其合金等有色金属的焊件（比较重要或批量大）与焊丝表面氧化膜的清理，效果好，效率高。但应注意，对不同的材料，清理的方法及所用的清理剂也不相同，如表 3-4 所示。

不论是机械法或化学法清理的焊件，都应在清理后尽快施焊，放置时间不应超过 24h。

（二）气体保护效果

1. 影响气体保护效果的主要因素

（1）气体种类

TIG 焊时采用的保护气体有氩气、氦气或它们的混合气体等。它们虽都属于惰性气体，但氩气比氦气的密度大，且比空气重 1/4，作保护气体时不易飘散，保护效果好。为了获得同样的保护效果，氦气流量必须比氩气大 1~2 倍。

（2）气体流量和喷嘴直径

如图 3-46 所示，只有气体流量和喷嘴直径获得良好的匹配关系（也就是说，对于一定直径的喷嘴，有一个获得最佳保护效果的气流量），才能获得最好的保护效果才最好。流量过小，从喷嘴中喷出气体的挺度差，排除周围气体的能力减弱，抗干扰能力差，保护效果不好；流量过大，易使层流层减薄，空气易混入，保护效果降低。

（3）喷嘴端面到焊件表面的距离

如图 3-47 所示，在电极外伸长度不变的情况下，喷嘴到焊件表面的距离越小，其喷出的气体挺度越大，抗外界干扰的能力越强，有效保护直径越大。但距离太小，易影响焊接操作的进行并造成飞溅堵塞喷嘴的现象。因此，在不产生不良影响的前提下应尽量采用短弧焊。

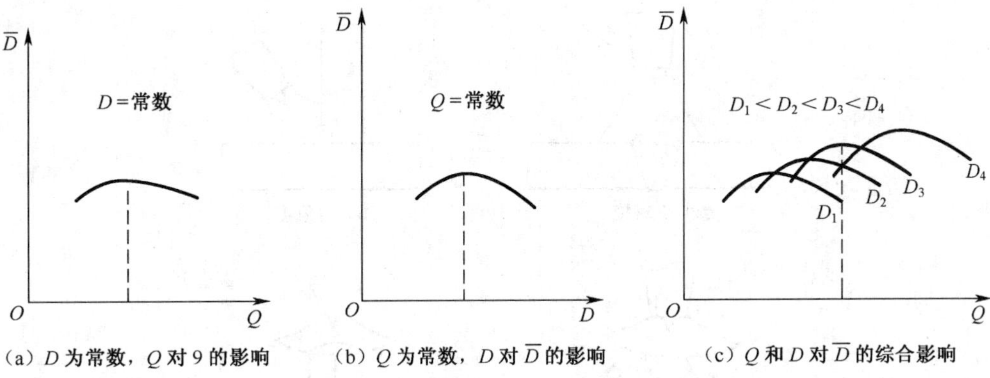

（a）D 为常数，Q 对 9 的影响　（b）Q 为常数，D 对 $\overline{D}$ 的影响　（c）Q 和 D 对 $\overline{D}$ 的综合影响

图 3-46　气体流量（Q）和喷嘴内径（D）对气体保护效果（$\overline{D}$—气体保护的有效直径）的影响

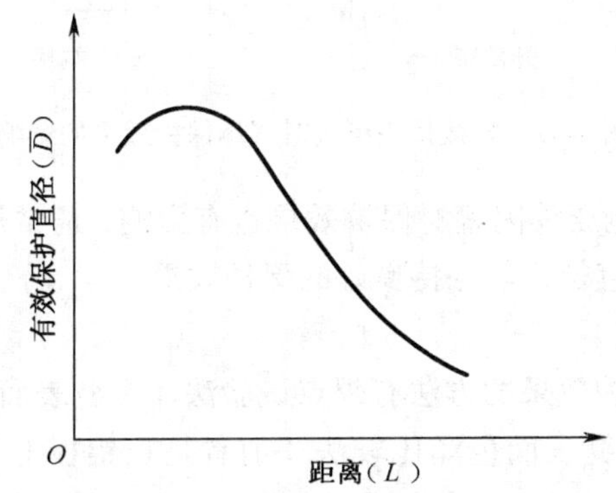

图 3-47　喷嘴到焊件表面的距离工与有效保护直径（D）的关系

（4）焊接速度

焊接时，焊接速度对保护效果影响不大。在高速焊时，由于受到空气的阻碍，保护气层偏离，就有可能使电极末端、部分电弧和熔池暴露在空气中，如图 3-48 所示，从而使保护条件恶化。所以在 TIG 焊时，一般采用较低的焊速，特别是焊接不锈钢、耐热合金和钛及钛合金的情况下。

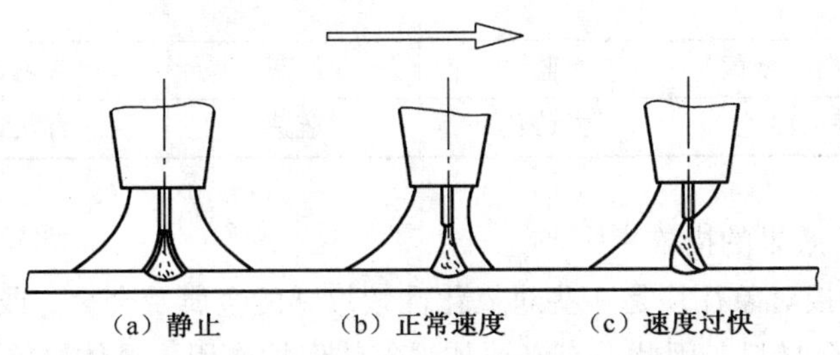

（a）静止　（b）正常速度　（c）速度过快

图 3-48　焊接速度对气体保护效果的影响

（5）焊接接头形式

对于不同的接头形式来说，即使采用同样的喷嘴和保护气流量来进行焊接，其保护效果也不同。通常进行平对接和内角接接头焊接时，保护效果好；外角接和端接接头焊接时，保护效

果差，必须采取一定的措施，如图 3-49 所示。

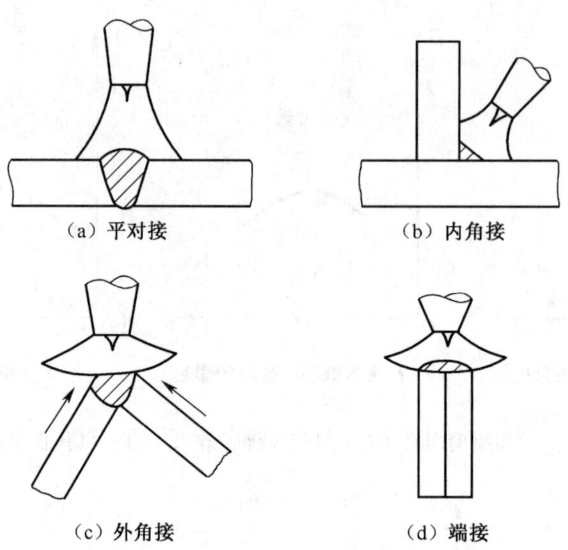

图 3-49　焊接接头形式对气体保护效果的影响

另外，焊接电流、电弧电压等因素对保护效果也有影响，通常焊接电流、电弧电压增大时，应该相应增大气流量和喷嘴直径，以保持良好的保护效果。

2. 气体保护效果的评定

TIG 焊时，评定气体保护效果的方法有焊点试验法、焊缝表面色泽比较法和激光纹法，用得最多的是焊点试验法和焊缝表面色泽比较法。前者是在铝板上引弧并固定焊距不动约 5～10s，然后熄弧。如果铝板上有明显的光亮圆圈，则氩气保护效果好；否则为不好。后者是根据焊缝表面颜色来判断气体的保护效果。表 3-21 所示为在不锈钢和钛合金上焊接时保护效果的判断方法。

表 3-21　　氩气保护效果的判断方法

效果 / 表面颜色 / 材料	最好	良好	较好	不良	最坏
不锈钢	银白、金黄	蓝	红灰	灰色	黑色
钛合金	亮银白色	橙黄色	蓝紫	青灰	白色粉末

3. 加强气体保护效果的措施

因为 TIG 焊的焊接对象往往是一些对氧化性较敏感的金属及合金，或者是一些散热慢、高温停留时间长的高合金材料。因此，有必要加强气体保护作用，具体措施如下。

① 加挡板。如图 3-50 所示，这种方法主要用于焊接端接和外角接接头。

② 扩大正面保护区。在焊接喷嘴后面安装附加喷嘴，又称拖斗。附加喷嘴可以另外供气也可不另外供气，如图 3-51 所示。

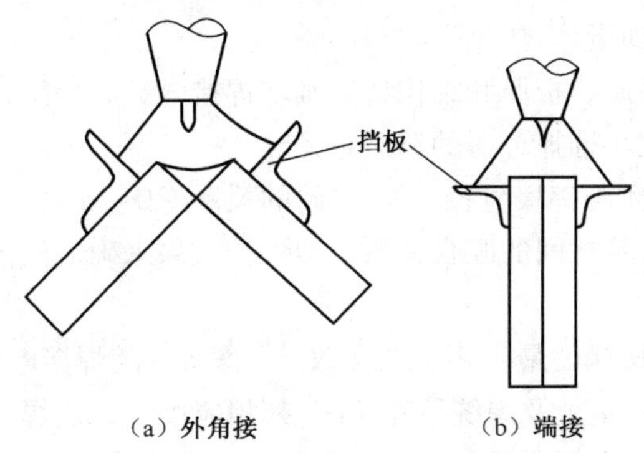

图 3-50　加临时挡板时的保护效果

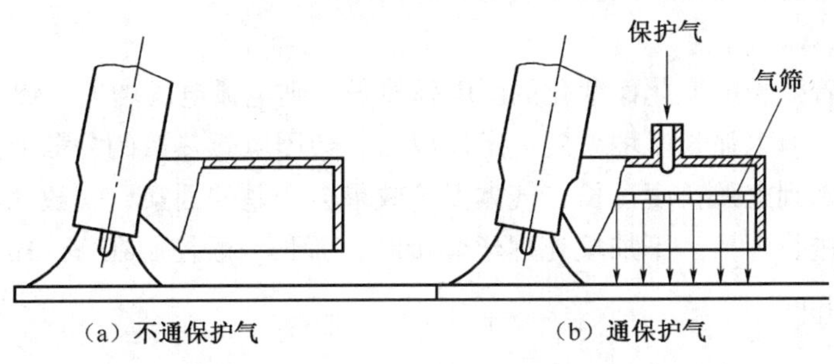

图 3-51　附加喷嘴（拖斗）的结构示意图

③ 反面保护。在焊缝背面采用可通氩气保护的垫板（如图 3-52 所示）、反面充气罩（如图 3-53 所示）等，以达到在焊接过程中对焊缝背面保护的目的。

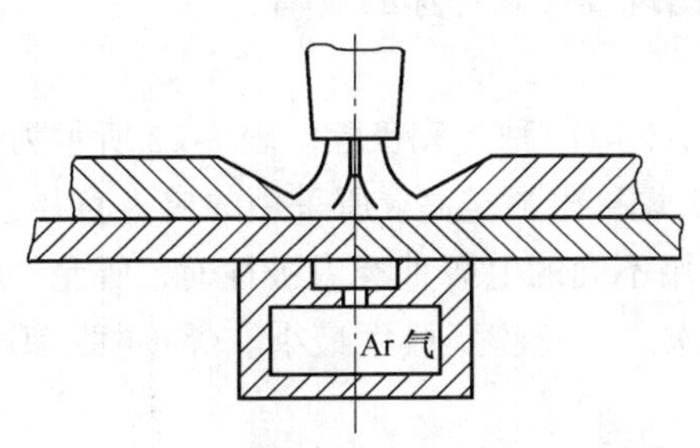

图 3-52　开槽通保护气的垫板示意图

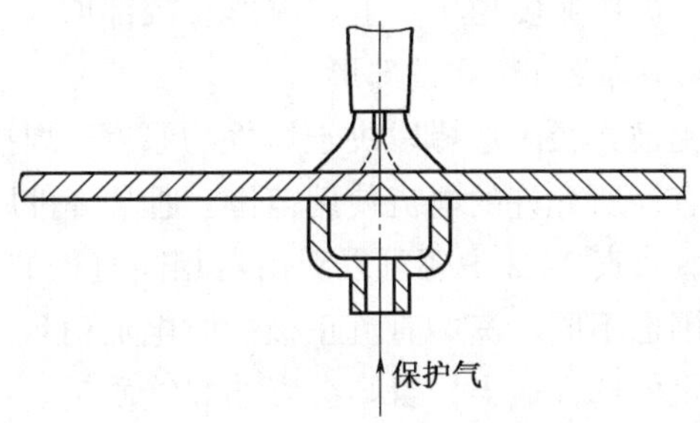

图 3-53　采用充气罩通入保护气进行局部保护示意图

（三）工艺参数的选择

TIG 焊的工艺参数有焊接电流、电弧电压（电弧长度）、焊接速度、钨极直径及端部形状、填丝速度与焊丝直径、保护气流量及喷嘴孔径等。TIG 焊焊接时可采用填充焊丝或不填充焊丝的方法形成焊缝，其焊缝形状分别如图 3-54 所示。一般不填充焊丝法主要适用于薄板焊接。

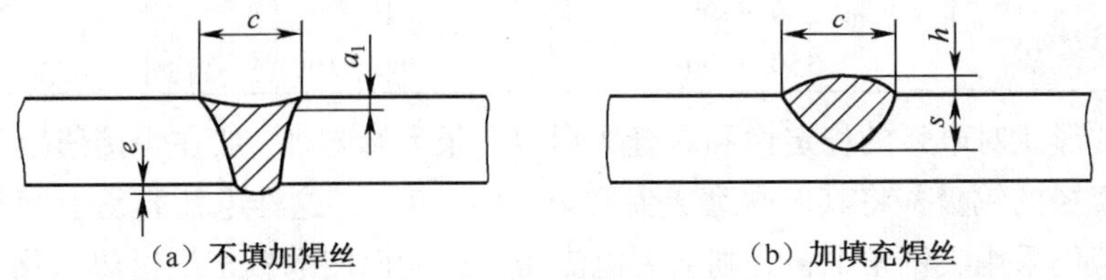

图 3-54　TIG 焊焊缝截面形状

焊接参数的选择方法如下。

① 根据焊件的材料性质、板厚和结构特点确定焊接电流和焊接速度。

② 根据焊接电流的大小选择合适的钨极直径。

③ 根据喷嘴口径（D）与钨极直径（d）之间的关系（$D=2d+(2\sim5)$ mm）确定喷嘴尺寸。

④ 根据喷嘴与气体流量之间的配合关系，即保护效果来确定气体流量的大小。

1. 焊接电流

焊接电流是决定焊缝熔深的最主要工艺参数。一般地，随焊接电流的增大，熔透深度（s）、焊漏高度（e）、凹陷深度（a_1）及焊缝熔宽（c）都相应增大，而焊缝余高（h）相应减小。电流太大，易造成焊缝咬边、焊漏等缺陷；反之，焊接电流太小，易造成未焊透。在选择焊接电流时应考虑母材、厚度、接头形式和焊接位置等因素。

2. 电弧电压

电弧电压是随着弧长的变化而变化的。电弧拉长，则电弧电压增大，焊缝的熔宽（f）和加热面积都略有增大。但电弧长度增大到一定值以后，会因电弧热量的分散而造成熔宽和熔化面积减小。同时，考虑到电弧长度过长，气体保护效果会变差的因素，一般在不短接的情况下，尽量采用较短电弧进行焊接。不加填充焊丝焊接时，弧长一般控制在 1～3mm；加填充焊丝焊接时，弧长约 3～6mm。

3. 焊接速度

在其他焊接参数不变的情况下，焊接速度的大小决定了单位长度焊缝热输入量的大小（焊接线能量）。焊接速度选择越大，线能量越小，焊接凹陷深度（d_1）、熔透深度、熔宽（f）都相应地越小，焊缝可能还会出现未焊透、气孔、夹渣和裂纹等；同时气体保护效果可能会变差。反之，焊接速度越小，上述成形参数都增大，焊缝易出现咬边和焊穿的缺陷。

4. 钨极直径和端部形状

钨极直径的选择取决于焊件的厚度、焊接电流大小、电源种类和极性。表 3-22 所示为不同钨极直径所允许的电流使用范围。通常焊件厚度越大，焊接电流越高，所采用的钨极直径越大。此外，从表 3-22 中还可以看出对相同直径的钨极，采用不同的电源种类或极性时，所允许的电流范围也不同。其中直流正极性时电流值最大，交流次之，直流反极性最小。焊接时，钨极直径一定要选择适当，否则会影响焊缝质量。

表 3-22　　不同钨极直径所允许的电流范围

钨极直径/mm	直流/A		交流/A
	正 极 性	反 极 性	
1～2	65～150	10～20	20～100
3	140～180	20～40	100～160
4	250～340	30～50	140～220
5	300～400	40～80	200～280
6	350～500	60～100	250～300

钨极端部的形状对电弧的稳定性和焊缝成形也有很大影响。一般在焊接薄板和焊接电流较小时，可采用小直径的钨极并将其末端磨成尖锥角（约 20°），这样电弧容易引燃和稳定。但在焊接电流较大时若仍采用尖锥角电极，则会因电流密度过大而使电极末端过热熔化、加剧烧损，同时电弧斑点也会扩展到钨极末端的锥面上，如图 3-55 所示，使弧柱明显地扩散飘荡不稳，而影

响焊缝成形。所以大电流焊接时要求钨极末端磨成钝角（大于 90°）或带有平顶的锥角形，这样可使电弧燃烧稳定，焊缝成形均匀，并减小钨极烧损。图 3-56 所示为常见的电极端部形状图。

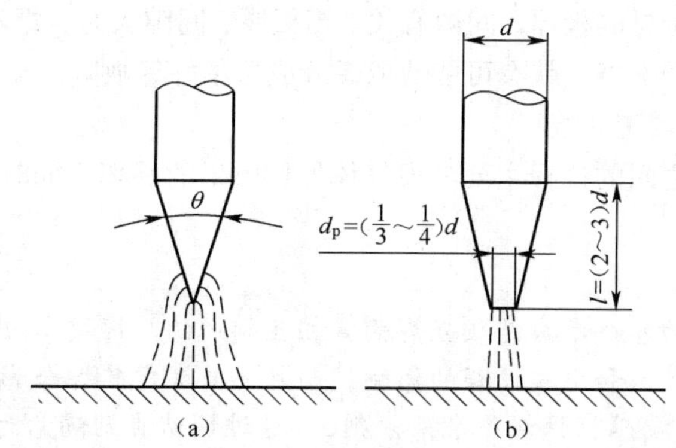

图 3-55　大电流焊接时钨极端部形状对弧态的影响

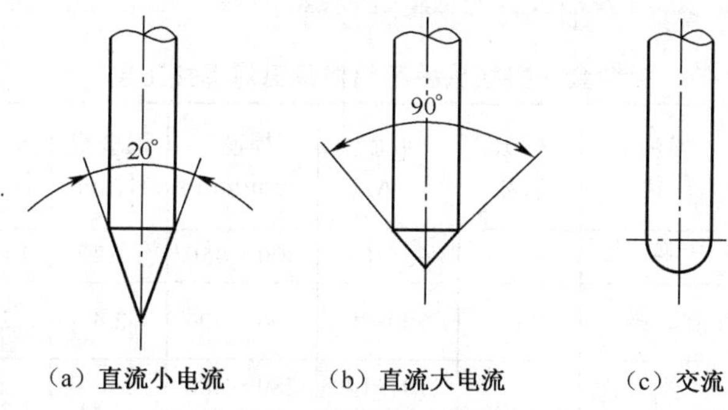

（a）直流小电流　（b）直流大电流　（c）交流

图 3-56　常用的电极端部形状

另外，钨极尖锥角度的大小对焊缝熔深和熔宽也有一定影响。一般地，减小锥角，焊缝熔深减小，熔宽增大；反之熔深增大，熔宽减小。图 3-57 所示为在不同的焊接电流下尖锥角（θ）的变化对焊缝熔深和熔宽的影响。

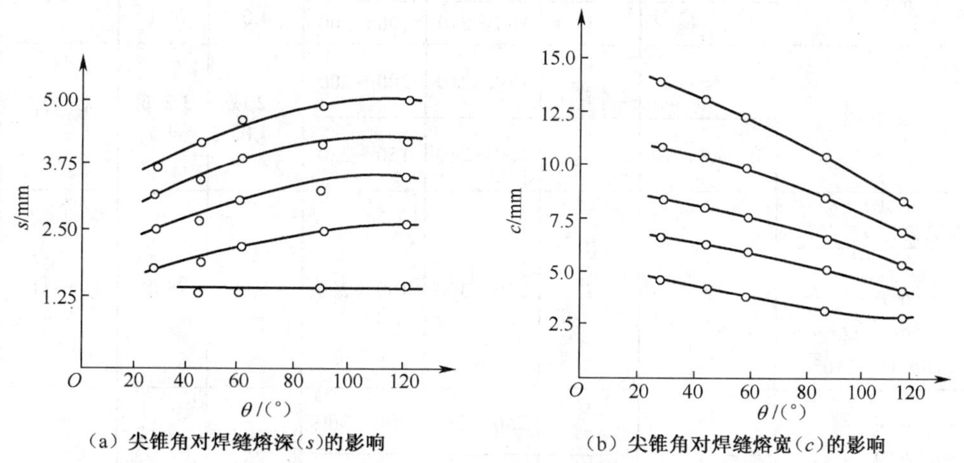

（a）尖锥角对焊缝熔深（s）的影响　（b）尖锥角对焊缝熔宽（c）的影响

图 3-57　钨极末端尖锥角的大小对焊缝成形尺寸的影响

钨极材料：WTh—15　直径：2.4mm　钨极末端到焊件表面距离：1.3mm　氩气流量：19L/m
焊速：75mm/min　焊件：12.7mm 厚的钢板

5. 填丝速度与焊丝直径

焊丝的填丝速度受焊丝直径、焊接电流、焊接速度和接头间隙等因素的影响。通常焊接电流、焊接速度和接头间隙大时，填丝速度要快；焊丝越粗，填丝速度要越慢。如果填丝速度选择不合理，就可能造成焊缝出现未焊透、烧穿、凹陷、堆高过大以及成形不光滑等缺陷。

焊丝直径的选择与母材的板厚、间隙有关。当板厚、间隙大时，焊丝可选粗一点的；反之，则选细一些的。假如选择不当，就有可能造成焊缝成形不好等缺陷。

6. 保护气体流量和喷嘴孔径

保护气体量和喷嘴之间的选择主要考虑气体保护效果的好坏，同时也要考虑焊接电流和电弧长度的影响。

焊接过程的各个参数是相互影响、相互制约的。焊接参数的选取不仅要考虑每个参数对焊缝成形和焊接过程的影响，而且还要考虑其综合影响。在初步选定焊接参数的基础上，要根据试焊结果来评判，并通过调试直到满意为止。表 3-23～表 3-25 所示为不同材料、不同板厚、不同坡口形式的焊接接头常用焊接工艺。

表 3-23　　铝合金对接接头手工钨极氩弧焊焊接工艺

板厚/mm	坡口形式/mm	焊接位置	焊道层数	电流/A	焊速/（mm/min）	钨极直径/mm	焊丝直径/mm	氩气流量/（L/min）	喷嘴内径/mm
1	b=0～8	平	1	65～80	300～450	1.6 或 2.4	1.6 或 2.4	5～8	8～9.5
		立、横	1	50～70	200～300				
2	b=0～1	平	1	110～140	280～380	2.4	2.4	5～8	8～9.5
		立、横、仰	1	90～120	200～340			5～10	
3	b=0～2	平	1	150～180	280～380	2.4 或 3.2	3.2	7～10	9.5～11
		立、横、仰	1	130～160	200～320			2～11	
4	b=0～2	平	1	200～230	150～250	3.2 或 4.0	3.2 或 4.0	7～11	11～13
		立、横	1	180～210	100～200				
	b=0～2	平	1 2（背）	180～210	200～300	3.2 或 4.0	3.2 或 4.0	7～11	11～13
		立、横、仰	1 2（背）	160～210	150～250				
5	b=0～2 p=0～2 α=60°～110°	平	1	270～300	150～200	5.0	5.0	8～11	13～16
	b=0～2 p=0～2 α=60°～110°	平	1 2	230～270	200～300	4.0 或 5.0	4.0 或 5.0	8～11	13～16
		立、横、仰	1 2	200～240	100～200				
6	b=0～2 p=0～3 α=60°	平	1 2（背）	180～230	100～200	5.0	4.0 或 5.0	8～11	13～16
		横、仰	1 2（背）						

续表

板厚/mm	坡口形式/mm	焊接位置	焊道层数	电流/A	焊速/（mm/min）	钨极直径/mm	焊丝直径/mm	氩气流量/（L/min）	喷嘴内径/mm
9	b=0～2 p=0～2 α=60°～110°	平	1 2	280～340	120～180	5.0	5.0	10～15	16
		立、横、仰	1 2	250～280	100～150				
	b=0～2 p=0～3 α=60°～90°	平	1 2（背）	340～380	170～220	6.4	5.0 或 6.0	10～15	16
	b=0～2 p=0～3 α=70°～90°	立、横	1 2 3（背）	320～360	170～270	6.4	5.0 或 6.0	10～15	16
12	b=0～2 p=0～3 α=60°～90°	平	1 2 3（背）	350～400	150～200	6.4	6	10～15	16
	b=0～2 p=0～3 α=70°～90°	立	1 2 3 4（背）	340～380	170～270	6.4	6	10～15	16
	b=0～1 p=0～2 α=70°～90°	横	1 2 3 4（背）	340～380	170～270	6.4	6	10～15	16
	α p b b=0～2 p=0～3 α=60°～90°	平	1、2 3（背） 4（背）	340～380	150～250	6.4	5	10～15	16
		立、横、仰	1、2 3（背） 4（背）	300～350 240～290	70～150	5			

表 3-24　　不锈钢对接接头手工钨极氩弧焊焊接工艺

板厚/mm	坡口形式	焊接位置	焊道层数	焊接电流/A	焊接速度/（mm/min）	钨极直径/mm	焊丝直径/mm	氩气流量/（L/min）
1	I b=0	平 立	1 1	50～80 50～80	100～120 80～100	1.6	1	4～6
2.4	I b=0～1	平 立	1	80～120 80～120	100～120 80～100	1.6	1～2	6～10
3.2	I b=0～2	平 立	2	105～150	100～120 80～120	2.4	2～3.2	6～10
4	I b=0～2	平 立	2	150～200	100～150 80～120	2.4	3.2～4	6～10
6	Y b=0～2 p=0～2	平 立	3 2	150～200	100～150 80～120	2.4	3.2～4	6～10

续表

板厚/mm	坡口形式	焊接位置	焊道层数	焊接电流/A	焊接速度/(mm/min)	钨极直径/mm	焊丝直径/mm	氩气流量/(L/min)
6	Y b=0～2 p=0～2	平 立	2	180～230 150～200	100～150	2.4	3.2～4	6～10
	Y b=0 p=0～2	平 立	3	140～160 150～200	120～160 120～150	2.4	3.2～4	6～10

表 3-25　　普通钢对接接头手工钨极氩弧焊焊接工艺

板厚/mm	电流/A（直流正接）	焊丝直径/mm	焊速/（mm/min）	氩气流量/（L/min）
0.9	100	1.6	300～370	4～5
1.2	100～125	1.6	300～450	4～5
1.5	100～140	1.6	300～450	4～5
2.3	140～170	2.4	300～450	4～5
3.2	150～200	3.2	250～300	4～5

知识与能力拓展

（一）脉冲熔化极气体保护焊

脉冲熔化极气体保护焊是利用可控的脉冲电流所产生的脉冲电弧，来熔化焊丝金属并控制熔滴过渡的气体保护电弧焊方法。图 3-58 所示为用于焊接的脉冲电流波形示意图。

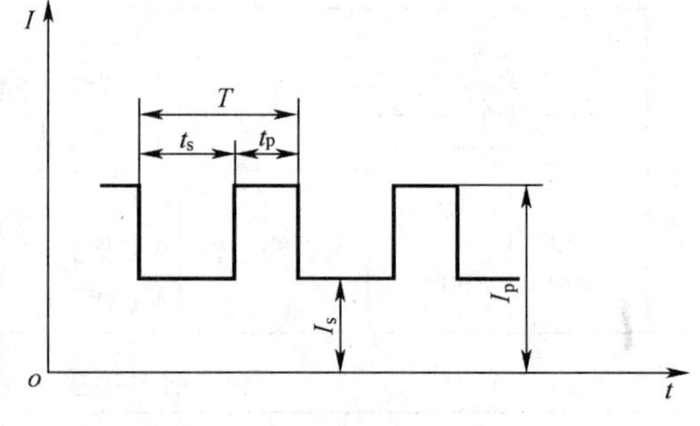

图 3-58　脉冲焊接电流波形图

T—脉冲周期　t_p—脉冲电流持续时间　t_s—维弧时间　I_p—脉冲电流　I_s—基值电流

焊接电源提供了 2 个电流：一个是基值电流 I_s，其作用是维持电弧不熄灭，并使焊丝端头部分熔化，为下一次熔滴过渡做准备；另一个是脉冲电流 I_p，它在可调的时间间隔内叠加在基值电流上，脉冲电流比产生喷射过渡的临界电流高，其作用是给熔滴施加一较大的力促使其过渡。通常采用在每一个脉冲过程中仅过渡一个熔滴的熔滴过渡形式。两个电流相结合，其平均电流 I_c，产生熔滴具有轴向喷射过渡的稳定电弧。

1. 脉冲熔化极气体保护电弧焊特点

（1）电弧的热输入较低

脉冲熔化极气体保护电弧焊时，电弧中的熔滴呈脉冲喷射过渡，虽然脉冲峰值电流超过某一临界电流值，但因其导电时间很短，故焊接的平均电流要比连续喷射过渡的临界电流小得多，因而焊丝熔化速度和相应的送丝速度也可以降低很多，所以，脉冲焊是一种在较低的焊接电流和焊丝熔化速度（即送丝速度）下获得喷射过渡的熔化极气体保护焊方法，故特别适用于薄板、全位置和热敏感金属材料的焊接。

（2）可以精确控制电弧的能量

脉冲熔化极气体保护电弧焊通过脉冲电流波形及脉冲参数的调节可控制电弧的能量,因此,脉冲焊具有相当良好的工艺适应性。

（3）具有较宽的电流调节范围

在连续喷射过渡和短路过渡气保焊时，因受自身的熔滴过渡形式的限制，它们所能采用的电流范围均有限。但是脉冲焊时电流范围可从几十到几百安培。因此，脉冲熔化极气保焊可适用于短路过渡和连续喷射过渡所能应用的各种场合，从而大大地扩展了熔化极气保焊的应用场合。

（4）能用粗焊丝焊接薄板

用粗焊丝焊接薄板给工艺带来了很大方便。首先送丝容易，对于铝及其合金等软质焊丝尤其明显；其次粗焊丝比细焊丝挺直，焊接时不易偏摆。另外，使用粗焊丝可降低焊丝成本，并且表面积与体积之比减小，表面氧化膜与油污亦相应较少，产生气孔的倾向减小。

2. 脉冲参数选择

脉冲熔化极气体保护焊与其熔化极气保焊工艺的主要区别是脉冲参数的选择。其主要脉冲参数有基值电流、脉冲电流、脉冲电流持续时间、脉冲间隙时间和脉冲周期等。

（1）基值电流

基值电流的主要作用是在脉冲电流停歇时间维持焊丝与熔池之间的电离状态，保证电弧复燃稳定；同时预热母材和焊丝，使焊丝端部有一定的熔化量，为脉冲期间熔滴过渡做准备。在总平均电流不变条件下，基值电流越大，其脉冲特点越弱，使熔滴过渡失去可控性；基值电流太小，电弧引燃困难，熔滴过渡规律性差。

（2）脉冲电流

脉冲电流是决定脉冲能量的重要参数，它影响着熔滴的过渡力、尺寸和母材的熔深。在平均总电流不变（即送丝速度不变）的条件下，熔深随脉冲电流增加而增加，基值电流随脉冲电流增加而降低。

（3）脉冲电流持续时间

脉冲电流时间持续太长，会减弱脉冲焊效果；脉冲电流持续时间太短，则不能产生所希望的喷射过渡。

（4）脉冲间歇时间

脉冲间歇时间即基值电流作用时间。在脉冲周期一定时，脉冲间隙时间越长，焊丝熔化量增加，熔滴尺寸增大。脉冲间歇时间太长或太短，脉冲焊接特点减弱。

（5）脉冲周期

脉冲周期（脉冲频率）也是决定脉冲能量的重要因素之一。总的平均电流或送丝速度较大，则需选择较高的脉冲周期（或脉冲频率）。对于一定的送丝速度，脉冲频率与熔滴尺寸成反比，而与母材熔深成正比。较高的脉冲频率适合于焊接厚板；较低的脉冲频率适合于焊接薄板。

脉冲熔化极气体保护焊的其他工艺参数，如焊接速度、焊丝位置、焊丝伸出长度、焊丝直径等的选择原则，与普通熔化极气体保护电弧焊基本相同。

脉冲焊的产生是焊接技术发展的一次飞跃，它打破了过去那种以电流（电压）的“恒定”来建立焊接过程“稳定”的概念，开拓了运用变动电流（电压）进行焊接的途径，使气体保护电弧焊方法的发展和应用进入了更广阔的领域。

（二）熔化极活性混合气体保护焊

1．MAG 焊的特点及应用

熔化极活性气体保护电弧（Metal Active Gas，MAG）焊是采用在惰性气体中加入一定量的活性气体，如 O_2 作为保护气体的一种熔化极气体保护电弧焊方法。采用活性混合气体作为保护气体具有下列特点。

① 提高熔滴过渡的稳定性。

② 稳定阴极斑点，提高电弧燃烧的稳定性。

③ 改善焊缝熔深形状及外观成形。

④ 增大电弧的热功率。

⑤ 控制焊缝的冶金质量，减少焊接缺陷。

⑥ 降低焊接成本。

某一种成分的活性混合气体，并不一定具有上述全部作用，但在某些情况下可以兼有其中的若干作用。MAG 焊可采用短路过渡、喷射过渡和脉冲喷射过渡进行焊接，能获得稳定的焊接工艺性能和良好的焊接接头，可用于各种位置的焊接，尤其适用于碳钢、合金钢和不锈钢等黑色金属材料的焊接。

2．MAG 焊常用活性混合气体及其适用范围

① Ar+O_2。Ar 中加入 O_2 的活性气体可用于碳钢、不锈钢等高合金钢和高强钢的焊接。其最大的优点是克服了纯 Ar 保护焊接不锈钢时存在的液体金属黏度大、表面张力大而易产生气孔，焊缝金属润湿性差而易引起咬边，阴极斑点飘移而产生电弧不稳等问题。焊接不锈钢等高合金钢及强度级别较高的高强钢时，O_2 的含量应控制在 1%～5%。焊接碳钢和低合金结构钢时，Ar 中加入 O_2 的含量（体积）可达 20%。

② Ar+CO_2。这种气体被用来焊接低碳钢和低合金钢，常用的混合比为 Ar80%+$CO_2$20%。它既具有 Ar 弧电弧稳定、飞溅小、容易获得轴向喷射过渡的优点，又具有氧化性。它克服了氩气焊接时表面张力大、液体金属黏稠、阴极斑点易飘移等问题，同时对焊缝蘑菇形熔深有所改善。混合气体中随 CO_2 含量的增大，氧化性也增大，为了获得较高韧性的焊缝金属，应配用含脱氧元素成分较高的焊丝。

③ Ar+CO_2+O_2。Ar80%+$CO_2$15%+$O_2$5%混合气体在焊接低碳钢、低合金钢时，无论焊缝成形、接头质量以及金属熔滴过渡和电弧稳定性方面都比上述两种混合气体要好。图 3-59 所示为用 3 种不同气体焊接时的焊缝断面形状示意图，可见用 Ar+CO_2+O_2 混合气体时焊缝形状最理想。

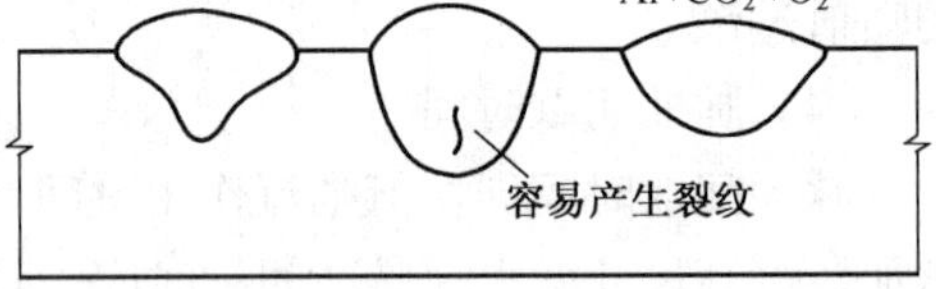

图 3-59　3 种不同气体焊接时焊缝剖面形状

在熔化极及钨极气体保护焊中，常见的焊接用保护气体及其适用的范围如表 3-26 所示。

表 3-26　焊接用保护气体及适用范围

被焊材料	保护气体	混　合　比	化学性质	焊接方法	附　注
铝及铝合金	Ar		惰性	熔化极及钨极	钨极用交流，熔化极用直流反接，有阴极破碎作用，焊缝表面光洁

续表

被焊材料	保护气体	混合比	化学性质	焊接方法	附注
铝及铝合金	Ar+He	熔化极：20%～90%He 钨极：多种混合比直至He75%+Ar25%	惰性	熔化极及钨极	电弧温度高，适于焊接厚铝板，可增加熔深，减少气孔。熔化极时，随着 He 的比例增大，有一定飞溅
钛、锆及其合金	Ar		惰性	熔化极及钨极	
	Ar+He	Ar/He 75/25	惰性	熔化极及钨极	可增加热量输入，适用于射流电弧、脉冲电弧及短路电弧
铜及铜合金	Ar		惰性	熔化极及钨极	熔化极时产生稳定的射流电弧；但板厚大于 5～6mm 时则需预热
	Ar+He	Ar/He 50/50 或 30/70	惰性	熔化极及钨极	输入热量比纯 Ar 大，可以减少预热温度
	N_2			熔化极	增大了输入热量，可降低或取消预热温度，但有飞溅及烟雾
	Ar+ N_2	Ar/N_2 80/20		熔化极	输入热量比纯 Ar 大，但有一定的飞溅
不锈钢及高强度钢	Ar		惰性	钨极	焊接薄板
	Ar+O_2	加 $O_2$1%～2%	氧化性	熔化极	用于射流电弧及脉冲电弧
	Ar+O_2+CO_2	加 $O_2$2%，加 $CO_2$5%	氧化性	熔化极	用于射流电弧、脉冲电弧及短路电弧
碳钢及低合金钢	Ar+O_2	加 $O_2$1%～5%或 20%	氧化性	熔化极	用于射流电弧、对焊缝要求较高的场合
	Ar+CO_2	Ar/CO_2 70～80/30～20	氧化性	熔化极	有良好的熔深，可用于短路、射流及脉冲电弧
	Ar+O_2+CO_2	Ar/CO_2/O_2 80/15/5	氧化性	熔化极	有较佳的熔深，可用于射流、脉冲及短路电弧
	CO_2		氧化性	熔化极	适于短路电弧，有一定飞溅
	CO_2+O_2	加 $O_2$20%～25%	氧化性	熔化极	用于射流及短路电弧
镍基合金	Ar		惰性	熔化极及钨极	对于射流、脉冲及短路电弧均适用，是焊接镍基合金的主要气体
	Ar+He	加 He15%～20%	惰性	熔化极及钨极	增加热量输入
	Ar+H_2	H_2<6%	还原性	钨极	加 H_2 有利于抑制 CO_2 气孔

注：1. 表中的气体混合比为参考数据，在焊接中可视具体工艺要求进行调整。

2. 用于焊接低碳钢、低合金钢的 Ar+O_2 及 Ar+CO_2 混合气体中，其 Ar 可用粗氩，不必用高纯度的 Ar。精 Ar 只有在焊接有色金属及钛、锆、镍等才是必须的。粗氩为制氧厂的副产品，一般含有极少的 O_2 和 N_2。

3. MAG 焊工艺

MAG 焊的工艺内容和工艺参数的选择原则与 MIG 焊相似。其不同之处是在 Ar 气中加入了一定量的具有脱氧去氢能力的活性气体，因而焊前清理没有 MIG 焊要求那么严格。MAG 焊主要适用于碳钢、合金钢和不锈钢等黑色金属的焊接，尤其在不锈钢的焊接中得到广泛的应用。焊接不锈钢时，通常采用直流反接短路过渡或喷射过渡 MAG 焊，保护气体为 $Ar+O_2$(1%～5%)。根据具体情况，需决定是否采用预热和焊后热处理、喷丸、锤击等其他工艺措施。表 3-27 所示为不锈钢短路过渡 MAG 焊焊接时的焊接工艺。

表 3-27　　不锈钢短路过渡焊接工艺

板厚/mm	坡口简图	焊丝直径/mm	焊接电流/A	电弧电压/V	送丝速度/(m/min)	焊接速度/(mm/min)	气体流量/(L/min)
1.6 2.0		ϕ0.8 ϕ0.8	85 90	15 15	4.6 4.8	425～475 325～375	15 15
1.6 2.0		ϕ0.8 ϕ0.8	85 90	15	4.6 4.8	375～525 285～315	15 15

4. 窄间隙活性混合气体保护焊

窄间隙活性混合气体保护焊是一种焊接厚板的高效率气体保护电弧焊方法。它利用了熔化极气体保护焊不需清渣的特点，对接缝处留有 6～15mm 间隙的大厚度板材进行平头对接，以单道多层或双道多层焊填满接缝，从而实现厚板的焊接，如图 3-60 所示。

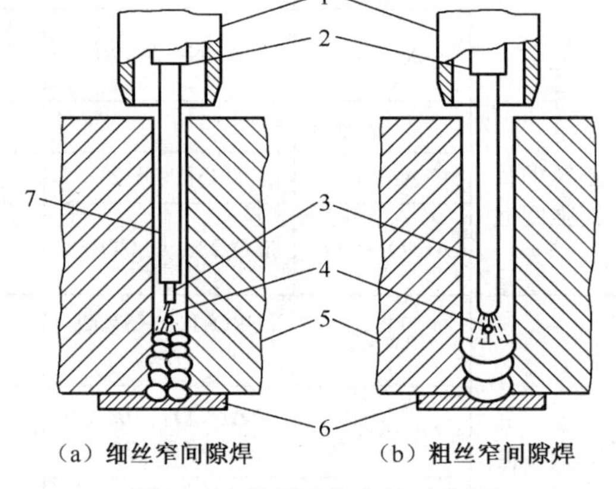

图 3-60　窄间隙焊方法示意图

1—喷嘴　2—导电嘴　3—焊丝　4—电弧　5—焊件　6—底垫　7—绝缘导管

(1) 窄间隙活性混合气体保护电弧焊的特点

该法主要用来焊接厚板，与其他厚板焊接方法如窄间隙埋弧焊、气电立焊、电渣焊相比，具有下列特点。

① 焊接生产率高，成本低，而且可以节约焊接材料的消耗量。

② 焊缝截面小，对焊件热输入小，能减小焊接接头热影响区、焊接应力及变形，使焊缝金属有良好的力学性能。

③ 可降低对焊件预热和焊后热处理的要求。

(2) 窄间隙活性混合气体保护电弧焊的技术

① 细丝窄间隙焊。细丝窄间隙焊如图 3-60 (a) 所示。焊接时，在间隙为 6～9mm 的焊件接缝中插入前后排列的两根绝缘导管 (直径约 4mm)，两根 Φ0.8～1mm 的焊丝分别通过两根绝缘管送出，各指向间隙的一边侧壁。两根焊丝各产生一个电弧，对间隙的两侧壁同时加热熔化，进行双道多层焊，也有采用单道焊丝加摆动的方式进行焊接的。

细丝窄间隙焊主要用氧化性保护气体 (如 $Ar+CO_2$20%) 作为保护气体。若 CO_2 含量过多，会增大金属飞溅。焊接时应合理地选定焊接参数并保持合适的匹配关系，以保证获得稳定的喷射过渡。另外，还要求送丝稳定和导向性好，以防止产生咬边和侧壁未熔合等缺陷。

② 粗丝窄间隙焊。粗丝窄间隙焊如图 3-60 (b) 所示。焊接时一般采用直径 2.4～4.8mm 的焊丝，不套绝缘导管而直接插入间隙 (通常 10～15mm) 的底部，并对准焊缝中轴线进行单

道多层焊。

粗丝窄间隙焊由于焊丝伸出长度较长（通常大于焊件的厚度），为了保护焊丝的对中，插入间隙前必须经过能够精细校正焊丝挺直度的校直机构，并应保持焊丝伸出长度不变。粗丝窄间隙焊通常采用 Ar+ $CO_2$10%或 Ar+$O_2$3%的混合气体作为保护气体，并采用直流反极性或正极性进行焊接。用反极性时，焊丝金属熔滴呈喷射过渡，获得的熔深截面为“梨形”，在焊缝中间易产生裂纹。而用正极性时，焊丝金属熔滴呈滴状过渡，熔深较浅，产生裂纹的倾向小，但直流正极性电弧稳定性差些。为了改变这种情况，目前也有采用脉冲电源来焊接的。另外，为了避免焊缝出现裂纹，还必须严格控制焊丝的化学成分及焊接参数。

（三）药芯焊丝 CO_2 气体保护焊

药芯焊丝 CO_2 气体保护电弧焊的基本原理与普通 CO_2 焊一样，它以可熔化的药芯焊丝作为电极（通常接正极），焊件作为另一极，通常采用纯 CO_2 或 CO_2+Ar 混合气体作为保护气体。与普通熔化极气体保护焊的主要区别在于焊丝内部装有焊剂混合物。焊接时，在电弧热的作用下，熔化状态的焊剂材料、焊丝金属、焊件金属和保护气体相互之间发生冶金作用，同时形成一层较薄的液态熔渣，包覆熔滴并覆盖熔池，对熔化金属形成了又一层的保护。这种焊接方法实质上是一种气渣联合保护的方法，如图 3-61 所示。

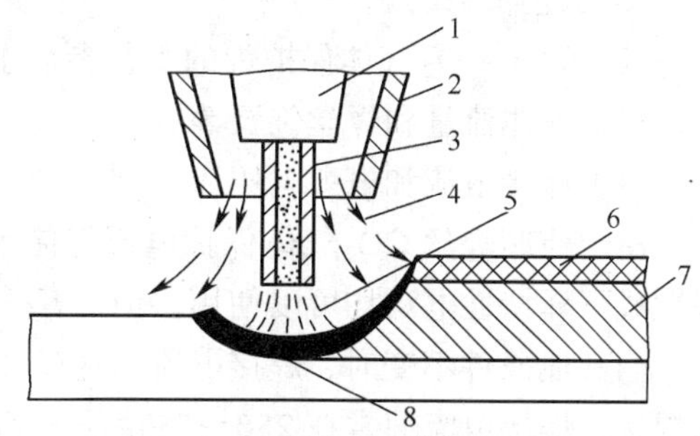

图 3-61　药芯焊丝气体保护焊示意图

1—导电嘴　2—喷嘴　3—药芯焊丝　4—CO_2 气体　5—电弧　6—熔渣　7—焊缝　8—熔池

1. 药芯焊丝 CO_2 气体保护焊特点

药芯焊丝 CO_2 气体保护焊综合了焊条电弧焊和普通熔化极气体保护焊的优点。

① 采用气渣联合保护，电弧稳定，飞溅少且颗粒细，容易清理；熔池表面覆有熔渣，焊缝成形美观。

② 焊丝熔敷速度快，熔敷效率约为 85%～90%，生产率约为焊条电弧焊的 3～5 倍。

③ 焊接各种钢材的适应性强。通过调整焊剂的成分与比例，可提供所要求的焊缝金属化学成分。

但药芯焊丝 CO_2 电弧焊也有不足之处，主要有以下几方面。

① 焊丝制造过程复杂。

② 送丝较困难，需要特殊的送丝机构。

③ 焊丝外表容易锈蚀，其内部粉剂易吸潮。

2. 药芯焊丝

药芯焊丝是由 08F 冷轧薄钢板经扎机纵向折叠加粉后拉拔而成。焊丝的断面结构可以有不同的形式，如图 3-62 所示，常将 O 型断面的药芯焊丝称为管状焊丝，其他的类型称为折叠焊丝。

管状焊丝由于芯部粉剂不导电，电弧容易沿四周的钢皮旋转，故电弧稳定性较差，飞溅较大，焊缝成分不均匀。折叠焊丝因焊丝内部亦能导电，所以电弧燃烧稳定，焊丝熔化均匀，冶金反应充分，容易获得优质的焊缝。

图 3-62 药芯焊丝的截面形状

由于小直径折叠焊丝制造困难，因此，一般焊丝直径≤2.4mm 时制成 O 形；直径＞2.4mm 时，制成折叠型。药芯焊丝芯部焊剂的成分和焊条的药皮类似，含有稳弧剂、脱氧剂、造渣剂和铁合金等，起着造渣保护熔池、过渡合金、稳弧等作用。其粉剂成分可分为钛型、钙型和钛钙型几种。

3. 工艺参数的选择

药芯焊丝 CO_2 气体保护焊的工艺参数主要有焊接电流、电弧电压、焊接速度、焊丝伸出长度、保护气体流量和焊丝位置等。

（1）焊接电流和电弧电压

由于药芯焊丝 CO_2 气体保护电弧焊使用的焊剂成分改变了电弧特性，因此直流或交流、平特性或下降特性电源均可以使用，但通常采用直流平特性电源。

当其他条件不变时，焊接电流与送丝速度成正比。采用纯 CO_2 气体保护焊时，通常用长弧法焊接，焊接电流通常在 250～750A，电弧电压 24～26V，焊接速度通常＞500mm/min。

（2）焊丝伸出长度

焊丝伸出长度对电弧的稳定性、熔深、焊丝熔敷率等均有影响。对给定的送丝速度，焊丝伸出长度随焊接电流的增加而减小。焊丝伸出长度太长，会使电弧不稳定且飞溅大；焊丝伸出长度太短，会使电弧过短，飞溅物易堵塞喷嘴，使气体保护不良而易产生气孔。通常伸出长度为 19～38mm。

药芯焊丝 CO_2 气体保护焊，既可采用半自动焊也可采用自动焊；利用不同焊剂来控制渣的黏度，不仅可平焊也可全位置焊接。

（四）钨极惰性气体保护焊的其他方法

1. 脉冲钨极氩弧焊

脉冲钨极氩弧焊和一般钨极氩弧焊一样，也分为直流和交流脉冲钨极氩弧焊。直流脉冲钨极氩弧焊主要用来焊接钢、耐热合金等，焊接时采用直流正极性法；交流脉冲钨极氩弧焊主要用于焊接铝及铝合金等有色金属。但不论直流还是交流，都采用陡降外特性的电源。

脉冲钨极氩弧焊与一般钨极氩弧焊不同之处在于：脉冲钨极氩弧焊采用可控的脉冲电流来加热母材。图 3-63（a）所示为脉冲焊接电流波形的一种。电流幅值（或交流电流的有效值）按一定频率变化。当每一次脉冲电流通过时，焊件上就产生一个点状熔池，待脉冲电流停歇时，点状熔池就冷却凝固结晶；同时，由基极电流来维持电弧燃烧，以保证下一次脉冲电流通过时脉冲电弧可靠复燃。通过合理调节脉冲间歇时间，保证焊点间有一定的相互重叠量，就可获得一条连续气密的焊缝，如图 3-63（b）所示。

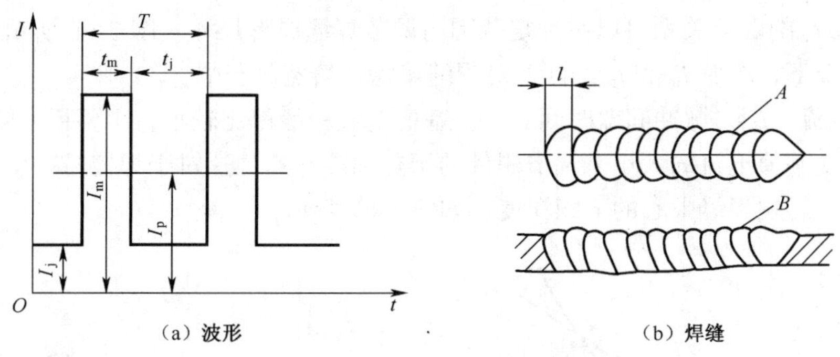

（a）波形　　（b）焊缝

图 3-63　脉冲钨极氧弧焊简图

T—脉冲周期　t_m—脉冲持续时间　t_j—脉冲间歇时间　I_m—脉冲电流　I_j—基值电流　I_p—平均电流　A—焊缝表面　B—焊缝纵剖面　t—焊波间隙

（1）脉冲钨极氩弧焊的特点

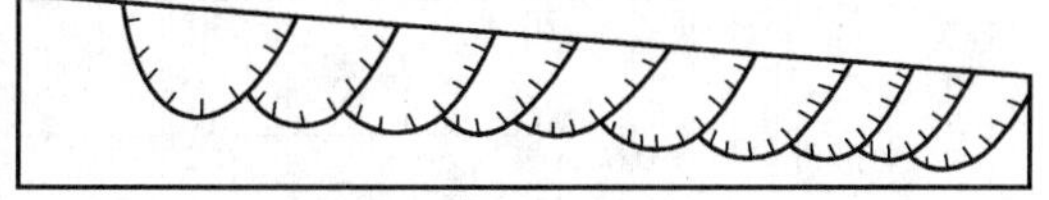
图 3-64　板厚不均匀的脉冲钨极氩弧焊焊缝形状

① 易于控制焊缝成形。通过调整脉冲钨极氩弧焊参数（I_m、I_j 等）可精确控制电弧能量及其分布，从而获得均匀的熔深，如图 3-64 所示。此法保证焊缝根部熔透，能很好适用于全位置焊和单面焊双面成形。

② 出现缺陷倾向小。焊接过程中熔池金属冷却快，高温停留时间短，可减少热敏金属材料产生裂纹的倾向。同时，由于受周围空气污染的时间短，所以产生的气孔也较少。

③ 焊件变形小。通过脉冲电流的变化可减小焊接电流的平均值，这样在焊接薄板和超薄板时，对母材热输入减少，从而减少了焊接接头的热影响区和焊件变形。

④ 改善焊缝组织。由于脉冲电弧的挺度高、压力大，并对点状熔池有较强的搅拌作用，且熔池冷却快，因此焊缝金属组织细密，树枝状结晶不明显。

（2）脉冲钨极氩弧焊焊接参数对焊缝成形的影响

脉冲钨极氩弧焊的焊接参数除普通钨极氩弧焊的参数外，还增加了脉冲电流幅值（I_m）、基值电流幅值（I_j）、脉冲持续时间（t_m）、脉冲间歇时间（t_j）、脉冲频率（f_m）、脉冲幅比（$F_m=I_m/I_j$）和脉冲宽比（$K_m=t_m/t_j$）等。

① 脉冲电流 I_m、脉冲持续时间（t_m）。在其他参数一定时，随着脉冲电流（I_m）的增大或脉冲持续时间（t_m）的增长，焊缝的熔深（s）及熔宽（c）都增大，如图 3-65 所示。

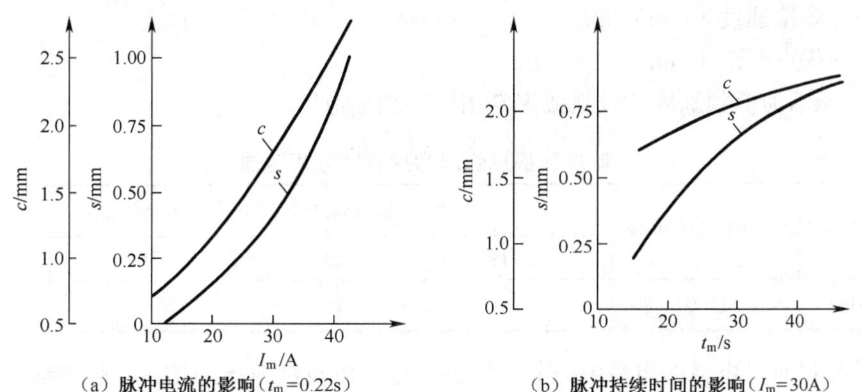

（a）脉冲电流的影响（t_m=0.22s）　（b）脉冲持续时间的影响（I_m=30A）

图 3-65　脉冲电流和脉冲持续时间对焊缝成形尺寸的影响

焊件材料：1Crl8Ni9Ti　钨极直径：1mm　I_m = 0.8A　t_m = 0.22s　v_w = 10m/h　电弧长度：1mm

改变 I_m 或 t_m 的匹配关系可以在一定范围内调节焊缝成形尺寸。图 3-66 所示为在保持脉冲能量不变的情况下，改变 I_m 和 t_m 的匹配对焊缝熔深及熔宽的影响。

② 基值电流（I_j）、脉冲间歇时间（t_j）。基值电流一般都比较小，主要用来维持电弧燃烧。另外，通过改变基值电流的大小来调节焊件的预热和冷却速，这对于焊接易产生开裂的金属非常有利。同时，影响焊缝中心的下凹深度，如图 3-67 所示。

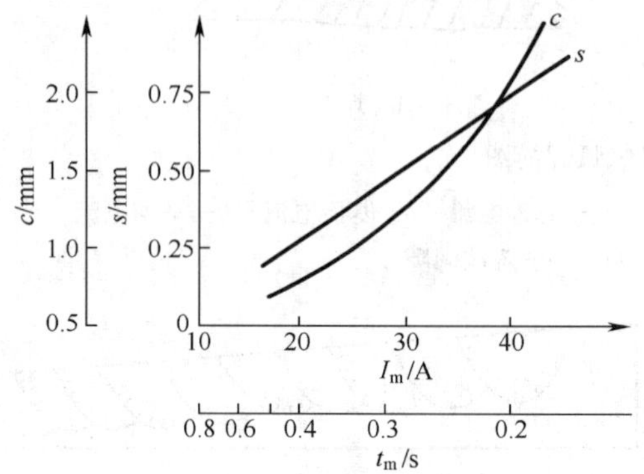

图 3-66　脉冲电流和脉冲持续时间匹配变化对焊缝成形尺寸的影响

脉冲能量 q_m=19.5J，其他工艺参数同图 3-64

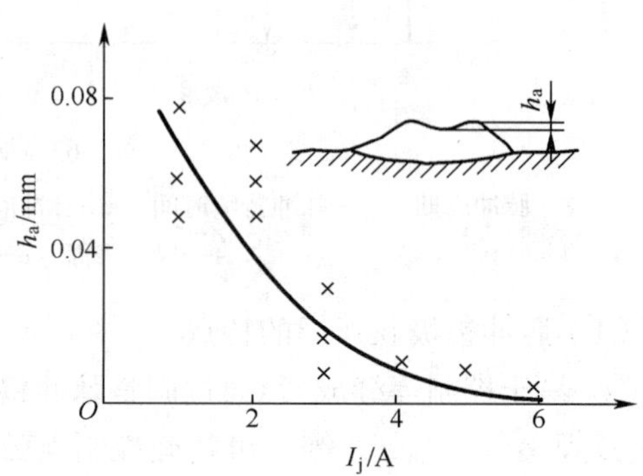

图 3-67　基值电流（I_j）对焊缝下凹深度（h_a）的影响

焊件材料：1Crl8Ni9Ti　钨极直径：1.5mm　I_m=17A

t_m=t_f=0.26s　v_w = 10m/h

脉冲间歇时间的改变一般对焊缝成形尺寸影响小。但如果间歇时间过长，则对焊件热输入不足，熔池冷却时间增长，导致焊件上的热积累减小，焊的熔深及熔宽亦略有减小。

③ 脉冲频率和焊接速度。脉冲钨极氩弧焊使用频率范围一般分为低频和高频（10kHz）两个区间。

低频脉冲焊时，焊件上的焊缝是由一个个相互重叠的焊点形成的。为了获得连续气密的具有足够强度的焊缝，就要求焊点间应有一定的重叠量。而重叠量的多少受焊接速度和脉冲频率的影响。如果给定焊点间距为 L_d 时，脉冲频率（f_m）和焊接速度（v_w）的关系为

$$f_m = {}^{v_w}\!\big/_{60L_d} \quad (3\text{-}3)$$

式中：v_w——焊接速度（mm/min）;

L_d——焊点间距（mm）。

表 3-28 所示为低频脉冲钨极氩弧焊常用脉冲频率范围。

表 3-28　脉冲钨极氩弧焊常用脉冲频率范围

焊接方法	焊条电弧焊	自动焊的焊接速度/（mm/min）			
		200	283	366	500
脉冲频率/Hz	1～2	3	4	5	6

高频脉冲焊时，电弧的电磁收缩效应增强，电弧的挺度及压力增大，熔透能力增强，适于高速焊接，焊速可比一般钨极氩弧焊提高一倍左右。当脉冲频率在几千赫兹时，电弧会发出刺耳的声音，生产中很少采用；当脉冲频率在 10kHz 以上时，噪声下降，既可以保证高频电弧满

足小电流焊接薄板及高速焊的要求，又可以避免强烈的噪声对周围环境的污染，如图 3-68 所示。

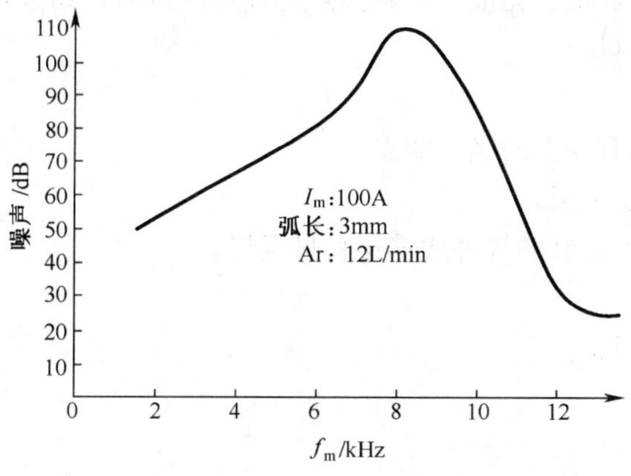

图 3-68　电弧噪声与脉冲频率的关系

（3）焊接参数的选择

众所周知，焊接参数选择合理与否，直接影响焊接接头的质量。表 3-29～表 3-31 所示为不锈钢、钛合金、铝合金的脉冲氩弧焊工艺参数。

表 3-29　不锈钢钨极脉冲氩弧焊的焊接工艺参数

焊件厚度/mm	电流/A		时间/s		电弧电压/V	焊接速度/(m/h)	气体流量/(L/min)	压板间距/mm
	I_j	I_m	I_j	I_m				
0.17	0.8～1.5	3.8～4	0.06	0.06	14	20	3	4～5
0.25	0.8～1.8	6～7	0.06	0.06	12	30	3	5～6
0.4	0.8～2.0	13～15	0.06	0.06	11	25	4	6～7
0.5	0.8～2.0	19～21	0.06	0.06	10	20	4	8～10

注：平头对接，钨极直径为 1mm，锥角为 30°，弧长为 0.5～0.7mm，直流正接。

表 3-30　2.5mm 钛合金钨极脉冲氩弧焊焊接工艺参数

基值电流/A	脉冲电流/A	电弧电压/V	脉冲频率/Hz	脉冲宽比(k)	焊接速度/(m/h)
75	150～160	6～12	0.75	1∶1	11.4

表 3-31　18mm 厚 LF10 铝合金焊接工艺参数

接头形式	钨极直径/mm	填充焊丝		焊接速度/(m/h)	焊接电流/A		时间/s		氩气流量/(L/min)
		直径/mm	速度/(m/h)		I_m	I_j	t_m	t_j	
V 形坡口对接	7	2.5	71	9	380～420	260～300	0.25	0.24	15

2. 钨极氩弧点焊

（1）原理及应用

钨极氩弧点焊的原理如图 3-69 所示。点焊时，用专用的氩弧点焊枪端部的喷嘴对准压在需要点焊的焊件上，保证连接面密合，启动控制开关，喷嘴中便先通有氩气，然后引燃电弧。当熔化的金属在电弧热量的作用下达到足够的熔深和熔宽时，氩弧电流会自动衰减，之后熄灭电弧，最后关闭氩气，移开焊枪，完成一个氩弧点焊焊点。目前，钨极氩弧点焊主要用于焊接不锈钢、低合金钢等金属材料。

（2）特点

与电阻点焊比较，具有如下的优、缺点。

① 操作简单、方便、灵活。

② 易于点焊厚度相差悬殊的焊件或多层板材点焊。

③ 焊点质量可靠。

④ 不需要专用加压设备。

⑤ 焊接速度低。

⑥ 费用高。

（3）设备

钨极氩弧点焊专用设备与一般钨极氩弧焊设备的不同点在于它具有特殊的控制装置和点焊焊枪。其控制装置除了具有能自动提前送气、通水、起弧的功能外，还可以对时间进行控制、自动衰减电流及滞后停气。一般氩弧焊机只要增加一个时间控制器及点焊喷嘴，即可充当钨极氩弧点焊设备。钨极氩弧点焊通常采用直流下降外特性焊接电源，一般采用直流正接。

3. 热丝钨极氩弧焊

（1）焊接过程

热丝钨极氩弧焊是为了克服一般钨极氩弧焊生产率低这一缺点而发展起来的，其原理如图3-70所示。在普通钨极氩弧焊的基础上，附加一根焊丝插入熔池，并在焊丝进入熔池之前约10cm处开始由加热电源通过导电块对其通电，依靠电阻热将焊丝加热至预定温度，以与钨极成40°～60°角从电弧的后方送入熔池，完成整个焊接过程。

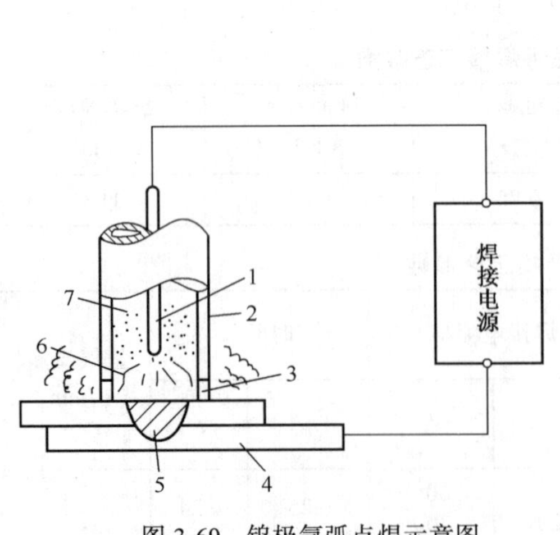

图3-69　钨极氩弧点焊示意图

1—钨极　2—喷嘴　3—出气孔　4—焊件　5—焊点　6—电弧　7—氩气

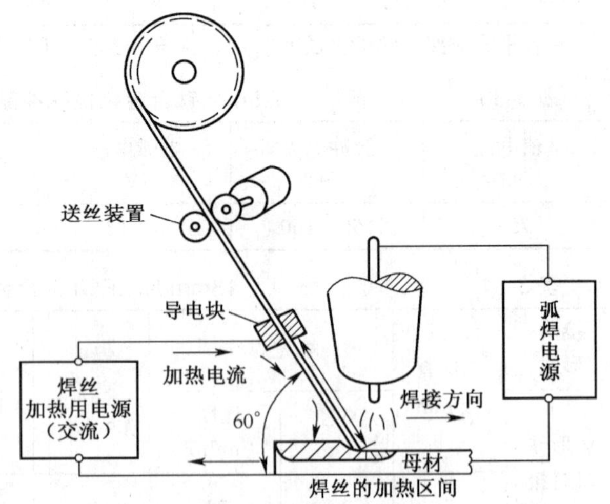

图3-70　热丝钨极氩弧焊原理示意图

（2）特点

① 优点。热丝钨极氩弧焊的熔敷速度可比普通的钨极氩弧焊提高2倍，从而使焊接速度增

加 3～5 倍，大大提高了生产率。由于热丝钨极氩弧焊熔敷效率高，焊接熔池热输入相对减少，所以焊接热影响区变窄，这对于热敏感材料焊接非常有利。

② 缺点。热丝钨极氩弧焊时，电流流过焊丝产生的磁场，会使电弧产生磁偏吹而影响焊接质量。为了克服这个缺点，必须限制预热电流不超过焊接电流的 60%，焊丝最大直径不超过 1.2mm。

（3）应用

热丝钨极氩弧焊已成功用于焊接碳钢、低合金钢、不锈钢、镍和钛等。对于铝和铜，由于电阻率较小，需要很大的加热电流，从而造成过大的电磁偏吹，影响焊接质量，因此不采用这种方法。

（五）钎焊

在连接金属的方法中，钎焊已有几千年的历史，但是，在很长的历史时期中，钎焊技术没有得到大的发展，直到 20 世纪 30 年代，随着科学技术的发展和需要，在冶金和化工技术发展的基础上，钎焊技术才有了较快的发展。钎焊技术的应用范围也因此日益扩大，特别是在机电、电子工业和仪表制造及航空等工业中已成为一种重要的工艺方法。

1. 钎焊的原理

钎焊是采用比母材熔点低的金属材料作钎料，将焊件和钎料加热到高于钎料熔点，低于母材熔点的温度，利用液态钎料润湿母材，填充接头间隙并与母材相互扩散实现连接的一种焊接工艺方法。钎焊与熔化焊相比，主要有以下不同之处：钎焊时只有钎料熔化，而待焊金属处于固体状态，熔化的钎料依靠润湿和毛细作用吸入或保持在两焊件之间的间隙内，依靠液态钎料和固态金属相互扩散而形成金属结合。

2. 钎焊的优缺点

与熔化焊相比，钎焊有以下优点。

① 钎焊时钎料熔化，被焊金属不熔化，因此对钎焊金属的各种性能影响较小。

② 钎焊时工件的变形小，尤其是在整体加热钎焊时，如炉中钎焊工件变形最小。

③ 可以连接不同金属以及金属与非金属。

④ 利用钎焊能制造形状复杂的结构，可以一次完成多个零件的连接，生产率高。

⑤ 钎焊接头平整光滑，外形美观。

然而，钎焊也有明显的缺点：钎焊接头强度较低，耐高温能力差；接头形式以搭接为主，增加了结构重量；钎焊的装配要求比熔化焊高，要严格保证间隙。

3. 钎焊的分类

随着钎焊技术的发展，钎焊的种类越来越多，通常按以下几种方式分类。

（1）按钎焊时加热温度分类

按钎焊时的加热温度钎焊可分为低温钎焊（450℃以下）、中温钎焊（450℃～950℃）、高温钎焊（950℃以上）。通常把加热温度 450℃以下的钎焊称软钎焊；加热温度在 450℃以上的钎焊称硬钎焊。

（2）按加热方式分类

按加热方式钎焊可分为火焰钎焊、烙铁钎焊、电阻钎焊、感应钎焊以及浸渍钎焊等。

近几年，在钎焊蜂窝壁零件时已采用了较新的加热技术，如石英加热钎焊、红外线加热钎焊以及保证钎焊零件外形精度的陶瓷模钎焊。

4. 钎焊工艺

（1）钎焊接头设计

钎焊接头的设计是影响钎焊接头性能的重要因素之一，在设计钎焊接头时必须考虑以下几个方面。

① 钎焊接头形式。钎焊接头形式较多，但经常使用的有搭接、对接、斜接及 T 形接等四种基本形式，如图 3-71 所示。

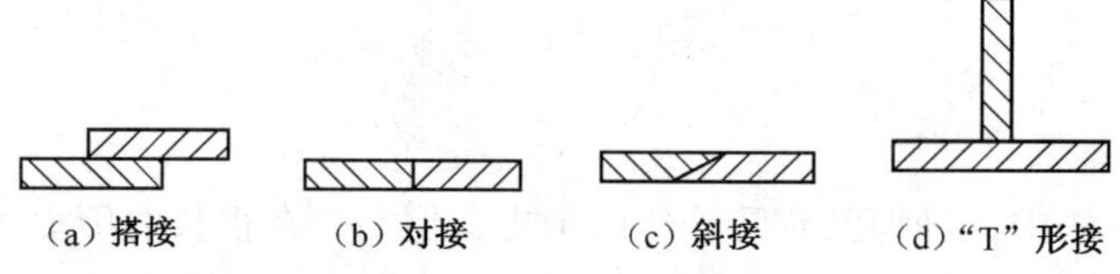

图 3-71 钎焊接头的基本形式

搭接的接头强度最高，其次是斜接，最差的是对接，所以承受载荷的零件，一般用搭接。对接只有在承受载荷很小的厚壁构件中才采用。薄壁零件钎焊时，可采用锁边接头，以提高接头强度及密封性，如图 3-72 所示。

图 3-72 锁边接头

② 搭接长度。如果搭接长度太长，就会耗费材料，增加构件重量；但搭接长度太短，不能满足强度要求。为使钎焊接头与钎焊金属等强度，搭接长度（ L ）可按下式计算：

$$L = a\frac{\sigma_b}{\sigma_\tau}\delta \qquad (3\text{-}4)$$

式中：a——安全系数；

δ——钎焊金属厚度；

σ_b——钎焊金属抗拉强度；

σ_τ——钎焊接头的抗剪强度。

在生产实践中，搭接长度通常为钎焊金属厚度 3 倍以上，但很少超过 15mm。因为搭接长度超过 15mm 以上时，在钎焊操作时很难获得完美的钎缝。

③ 接头的装配间隙。接头装配间隙大小是影响钎缝致密性和接头强度的关键因素之一。间隙过小，会妨碍钎料的流入；间隙过大，则破坏钎料的毛细管作用，钎料不能填满接头的间隙，致使接头强度降低。

间隙的大小与钎料和钎焊金属有无合金化、钎焊温度、钎焊时间、钎料的安置等有直接关系。一般来说，钎料与钎焊金属相互作用较弱，则要求较小的间隙；钎焊金属与钎料的相互作用较强，间隙就要求较大。应该指出，这里所要求的间隙是指在钎焊温度下的间隙，与室温时不一定相同。质量大小相同的同种金属接头，在钎焊温度下的间隙与室温差别不大；但质量相差悬殊的同种金属，以及异种金属的接头，由于加热膨胀量不同，因此在钎焊温度下的间隙就与室温不同，在这种情况下，设计时必须考虑保证在钎焊温度下的接头间隙。

间隙大小可通过实践确定，表 3-32 所示为部分金属的搭接接头的间隙。

表 3-32　　各种材料钎焊接头推荐的间隙

母材的种类	钎料的种类	钎焊接头间隙/mm	母材的种类	钎料的种类	钎焊接头间隙/mm
碳钢	铜钎料	0.01～0.05	铜及铜合金	黄铜钎料	0.07～0.25
	黄铜钎料	0.05～0.20		银基钎料	0.05～0.25
	银基钎料	0.02～0.15		锡铅钎料	0.05～0.20
	锡铅钎料	0.05～0.20		铜磷钎料	0.05～0.25
不锈钢	铜钎料	0.02～0.07	铝及铝合金	铝基钎料	0.10～0.30
	镍基钎料	0.05～0.10		锡锌钎料	0.10～0.30
	银基钎料	0.07～0.25			
	锡铅钎料	0.05～0.20			

（2）钎焊前焊件的表面处理和装配

① 焊件的表面处理。钎焊前焊件的表面处理包括去油、除氧化膜及焊件表面镀覆镀层。焊件表面镀覆镀层是为了改善钎料对某些摹体材料表面的润湿性，以防止焊件材料在钎焊过程中被严重氧化及钎料形成脆性化合物。

② 钎焊接头的固定。钎焊接头在钎焊过程中，特别是钎料开始流动时，必须保持设计时的正确位置，并保证其要求的间隙。为此，在钎焊装配时要用各种方法固定工件，如紧配合、点焊、铆焊及夹具定位等。图 3-73 所示为典型接头的固定方法。

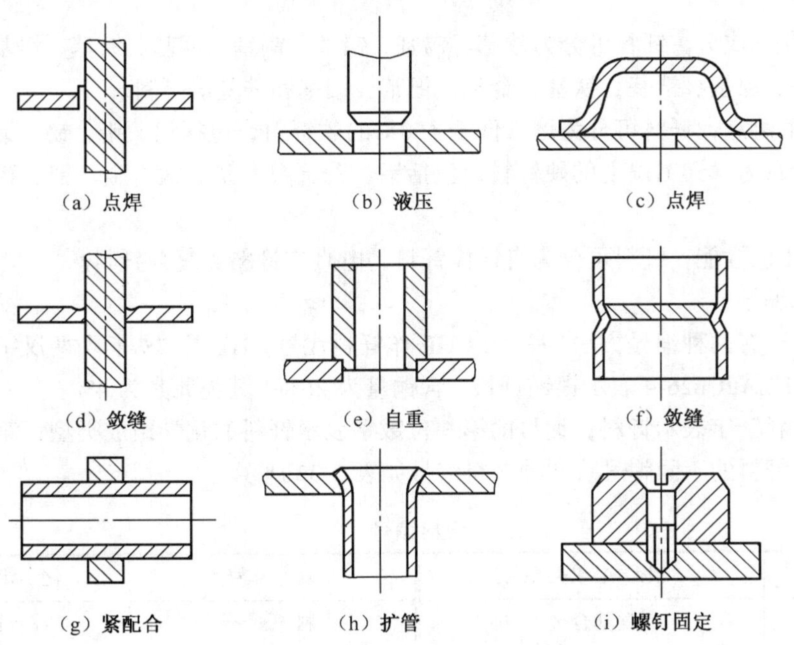

图 3-73　钎焊接头的固定方法

③ 钎料的预置和定位。钎料的放置应保证使钎料和钎焊金属加热温度均匀，并尽可能使钎料在钎焊过程中依靠重力流入接头。钎料流入间隙的方向应对钎缝中的气体或钎剂的排出有利，图 3-74 所示为闭合接头的例子。

钎料通常为丝状、箔片状及粉状，有时还可以是双金属钎焊板。对于粉末状钎料，可以加适当的黏结剂调成膏状使用。钎料可用倒角、凸肩和凹槽定位，如图 3-75 所示。

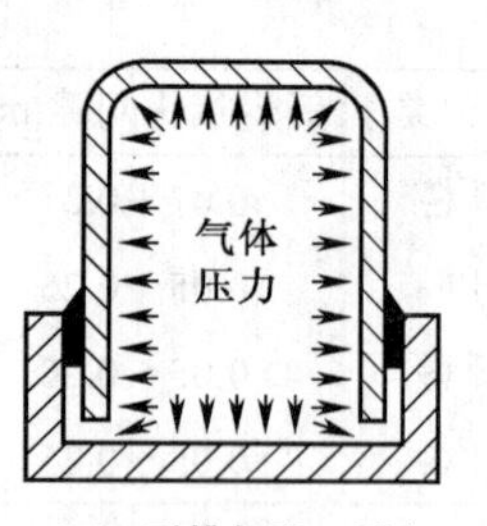

（a）无排气孔，不良

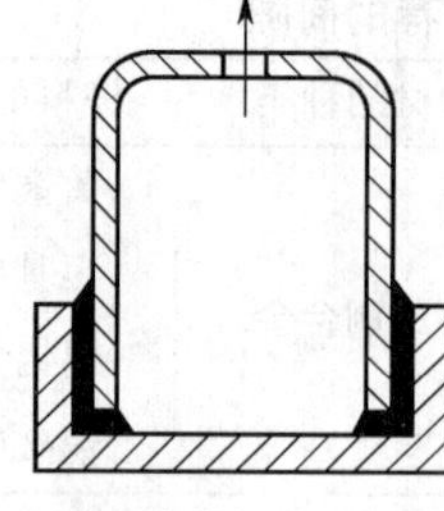
（b）有排气孔，良好

图 3-74　闭合接头结构

（a）凸肩定位

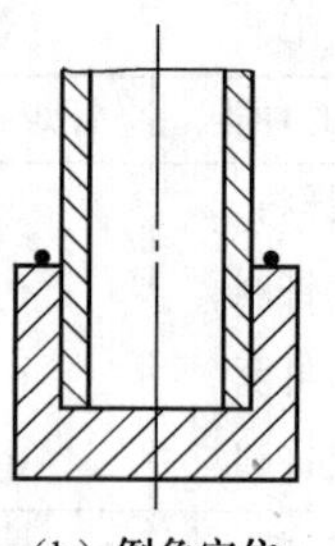
（b）倒角定位

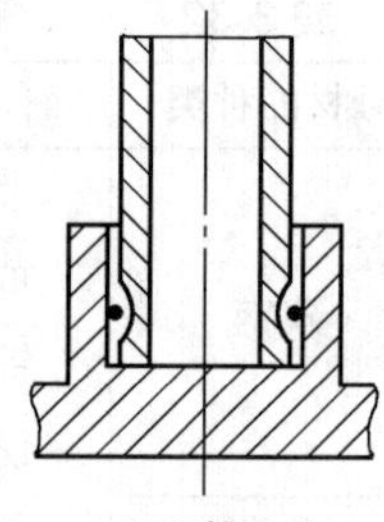
（c）凹槽定位

图 3-75　钎料在钎焊接头上的定位示意图

（3）对钎料的要求

钎料是钎焊时使用的填充材料，在钎焊时起着重要作用。钎料应符合下列基本要求。

① 合适的熔化温度，一般应低于被焊金属熔点几十度以上。

② 在钎焊温度下能很好地润湿被钎焊的金属，并易于填充钎缝的间隙。

③ 与钎焊金属有相互扩散作用，以获得牢固的接头。

④ 成分稳定且均匀，不含对钎焊金属有害的元素。

⑤ 能满足钎焊接头的力学、物理及化学性能方面的要求。

此外，也必须考虑钎料的经济性、应尽量少用或不用稀有金属和贵重金属。

（4）钎料的分类

① 按钎料化学成分，钎料可分为镓基、锡基、铝基、镉基、铟基、铋基、锌基、铅基、银基、铜基、锰基、镍基、锆基、钛基、金基、钯基、铂基和铁基等钎料。

② 按钎料的熔点，钎料可分为熔点低于 450℃的软钎料，包括锡、铅、铋、铟、镉、锌等金属的合金；熔点为 450℃以上的硬钎料，包括铝、铜、银、镁、锰、金、钯、钼、钛等金属的合金。

③ 按钎焊工艺性能，钎料可分为自钎性钎料、电真空钎料和复合钎料。

（5）钎料的编号

目前我国主要有两种编号方法。一种以 HL 作钎料代号，HL 是“焊料”两汉字拼音的第一个字母，例如，HLAgCu26-4 表示银铜钎料，含铜量为 26%，其他元素为 4%。另一种编号方法是编号前面用“料”字表示钎料；编号的第一位数字表示钎料的化学组成类型；第二、三位数字表示同一类型钎料的不同牌号。此种钎料编号如表 3-33 所示。

表 3-33　钎料编号

编　　号	化学组成类型	编　　号	化学组成类型
料 1××	铜基合金	料 5××	锌及镉合金
料 2××	铜磷合金	料 6××	锡铅合金
料 3××	银合金	料 7××	镍基合金
料 4××	铝合金		

（6）钎剂

钎剂的主要作用是去除钎焊焊件和液态钎料表面的氧化膜，保护钎焊金属和钎料在加热过程中不再继续氧化，改善钎料对钎焊金属表面的润湿性。为此，钎剂必须符合以下几点要求。

① 钎剂的熔点和最低活性温度应比钎料的熔点低，通常钎剂只有在高于其熔点的一定温度范围才能稳定地发挥作用，此温度称为钎剂的活性温度范围。在活性温度范围内钎剂应具有足够的流动性。

② 钎剂中各组元的气化温度应比钎焊温度高，以防止钎剂挥发而丧失作用。

③ 钎剂能很好地溶解或破坏钎焊金属和钎料表面上形成的氧化膜。

④ 钎剂及清除氧化膜后的生成物，其密度应尽量小，以利于浮在表面，不致在焊缝中成为夹渣。

此外，钎剂及其清除氧化膜的生成物对钎焊金属和钎料的腐蚀性要小，挥发物毒性要小残渣易清除。

钎剂的分类方法很多，通常可分为软钎焊钎剂、硬钎焊钎剂、铝合金钎剂及气体钎剂等。

习　题

1. 气体保护焊可分为哪几种？试述每种方法的原理、特点及其应用范围？
2. 气体保护焊时为什么要提前供气和滞后停气？
3. 熔化极气体保护焊设备通常包括哪几个主要部分?试说明各部分的作用以及对它们的要求。
4. 为什么细焊丝熔化极气体保护焊时通常采用平特性电源与等速送丝式焊机?
5. 为什么熔化极气体保护焊常用直流反接?
6. 熔化极气体保护焊时选用保护气体应考虑哪些方面?纯 Ar 保护有哪些不足之处?
7. MIG 焊时主要工艺参数有哪些?如何选择?
8. MIG 焊时的焊前清理有何作用?常用的清理方法有哪些?各有什么特点?
9. 试述 CO_2 焊各种熔滴过渡的形成条件、电弧特点、工艺特点及其应用范围。
10. 分析 CO_2 焊产生飞溅的原因、危害以及减少飞溅的措施。
11. CO_2 焊时合金元素氧化烧损的主要原因是什么?
12. 试述碳元素对 CO_2 焊冶金过程的影响，焊丝中对碳含量有何要求?
13. CO_2 焊可能产生哪几类气孔?说明各种气孔产生的原因。工艺参数对产生气孔有什么影响?防止气孔的主要措施有哪些?
14. CO_2 钢瓶压力表所示的压力能否表示瓶中 CO_2 气体的储量?为什么?
15. 什么是“阴极破碎”？
16. TIG 焊按电流种类和极性可分为哪几种？试述每种方法的优缺点？
17. 交流 TIG 焊焊接铝、镁及其合金时，为什么会产生直流分量？有什么危害？如何消除？是否要完全消除？
18. 脉冲熔化极气体保护焊的特点有哪些?如何选择脉冲参数?
19. 窄间隙活性混合气体保护焊有哪些特点?它分几种类型?
20. 试述药芯 CO_2 焊的工艺特点、常用焊丝结构形式及适用范围。
21. 什么是钎焊?钎焊的分类及特点?

项目四 等离子弧焊与切割

等离子弧是电弧的一种特殊形式。当自由电弧被压缩后，即可形成等离子电弧。利用等离子电弧可以进行焊接和切割。从本质上讲，等离子电弧仍然属于一种气体放电的导电现象。本项目介绍等离子弧的形成及其特性，等离子弧焊接与切割设备的结构与工作原理，重点讲述等离子弧焊接和切割的工艺。

任务一　等离子弧焊

【学习目标】

1. 能够正确描述等离子弧的形成及其特性
2. 能够正确描述等离子弧发生器的结构与工作原理
3. 能够正确使用等离子弧焊机进行各种位置的焊接操作
4. 能够培养良好的安全与卫生习惯

一、任务分析

按焊缝的成形原理，等离子弧焊有 3 种基本方法，即穿透型等离子弧焊，熔化透型等离子弧焊和微束等离子弧焊。上述 3 种方法均可采用脉冲电流，以提高焊接过程稳定性，此时该方法可称为脉冲等离子弧焊。此法适于位置焊接，并且焊接热影响区和焊接变形都较小。本任务重点讲述等离子弧焊接工艺。

二、相关知识

（一）等离子弧

等离子体是指处于电离状态的气态物质，如图 4-1 所示。其中带负电荷的粒子（电子、负离子）数等于带正电荷的粒子（正离子）数。等离子态通常与物质固态、液态和气态并列，称为物质第四态。通过气体放电或加热的办法，从外界获得足够能量，使气体分子或原子中所束缚的电子变为自由电子，便可形成等离子体。

一般电弧焊所产生的电弧，其电弧区内的气体尚未完全电离，能量不够集中，这种电弧未受到外界约束，故称它为自由电弧。当电弧电流增大时，弧柱直径也伴随增大，二者不能独立地进行调节，因此自由电弧弧柱的电流密度、温度和能量密度的增大均受到一定限制。实验证明，借助水冷喷嘴的外部拘束作用，使弧柱的横截面受到限制而不能自由扩大时，就可使电弧的温度、能量密度和等离子体流速都显著增大。这种用外部强制作用使弧柱受到压缩的电弧就是通常所称的等离子弧，又称压缩电弧。

目前广泛采用压缩电弧的方法是将钨极缩入喷嘴内部，并且在水冷喷嘴中通以一定压力和流量的离子气，强迫电弧通过喷嘴孔道，如图 4-2 所示。此时电弧受到下述 3 种压缩作用。

① 机械压缩作用。弧柱受喷嘴孔径的限制，其弧柱直径不能自由扩大。

② 热收缩效应。喷嘴水冷作用使靠近喷嘴孔内壁的气体受到强烈的冷却作用，其温度和电离度均迅速下降，迫使弧柱电流向弧柱中心高温高电离区集中，使弧柱横截面进一步减小，而电流密度、温度和能量密度则进一步提高。这种作用被称为热收缩效应。

③ 电磁收缩效应。弧柱本身所产生的磁场对弧柱也起一定的压缩作用（这是由于电弧的电磁收缩力作用的结果）。

在上述 3 种压缩作用中，喷嘴孔径的机械压缩作用是前提；热收缩效应则是电弧被压缩的最主要的原因；电磁收缩效应是必然存在的，它对电弧的压缩也起到一定作用。研究表明，电弧被压缩的程度主要与气体的成分、气体流量、喷嘴孔道形状和尺寸及电弧电流大小有关。

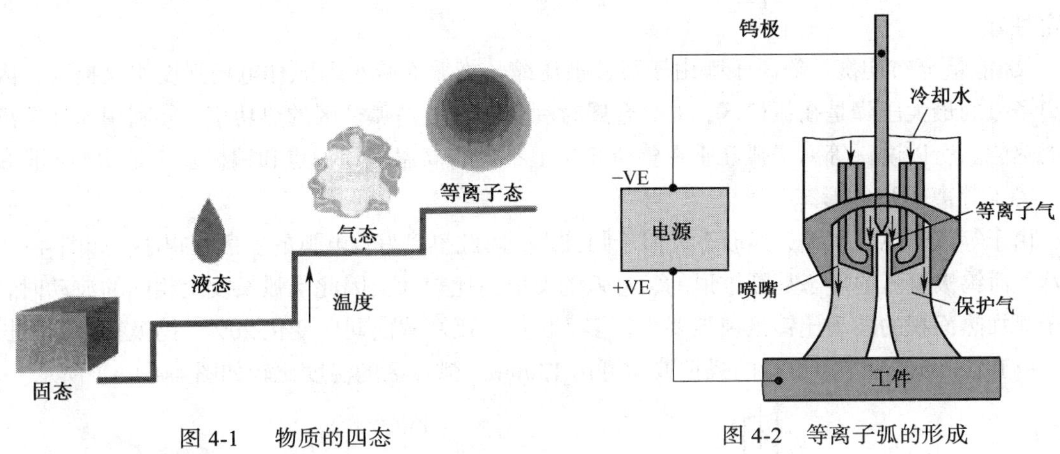

图 4-1　物质的四态　　图 4-2　等离子弧的形成

（二）等离子弧的特性及应用

1. 等离子弧的特性

（1）离子弧的静特性

经测定，等离子弧的静特性曲线仍接近 U 形，如图 4-3 所示。与钨极氩弧相比，等离子弧的静特性具有下列特点。

① 由于弧柱的横截面受到限制，其电场强度增大，电弧电压明显提高，U 形曲线的平直区域明显减小。

② 离子气种类和流量不同时，弧柱的电场强度也不同。增大离子气流量或使用导热率高的气体都将使弧柱电场强度提高，电弧电压也相应提高，因此电源的空载电压应根据离子气种类和流量确定。

③ 使用小电流时，等离子弧仍具有缓降或平的静特性，所以在小电流时等离子弧静特性与电源外特性仍有稳定工作点，可使电弧稳定燃烧。例如，使用非转移弧时焊接电流可减小到 1～2A 以下。

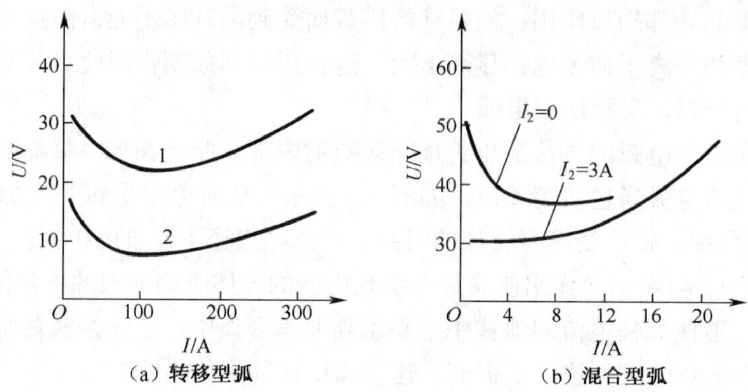

（a）转移型弧　（b）混合型弧

图 4-3　等离子弧的静特性

1—等离子弧　2—钨极氩弧　I_2—非转移弧电流

（2）等离子弧的热源特性

① 温度高、能量密度大。普通钨极氩弧的最高温度为 10 000～24 000K，能量密度在 10^4W/cm^2 以下。等离子弧的最高温度可达 24 000～50 000K，能量密度可达 10^4～10^6W/cm^2，且稳定性好。

② 能量分布均衡。等离子弧由于弧柱被压缩，横截面减小，弧柱电场强度明显提高，因此等离子弧的最大压降是在弧柱区，加热金属时利用的主要是弧柱区的热功率，即利用弧柱等离子体的热能。所以说，等离子弧几乎在整个弧长上都具有高温。这一点和钨极氩弧是明显不同的。

（3）等离子弧的形态

由于等离子弧被压缩，其形态近似于圆柱形，因此挺度好，电弧的发散角很小，如图 4-4（b）所示；而钨极氩弧的形态是圆锥形的，电弧的发散角比较大。因此当弧长发生相同的波动时，等离子弧加热面积的波动比钨极氩弧要小得多。例如，弧柱截面同样变化 20%，钨极氩弧的弧长波动只有 0.12mm，而等离子弧的弧长波动可达 1.2mm。弧柱区的温度比较如图 4-4（a）所示。

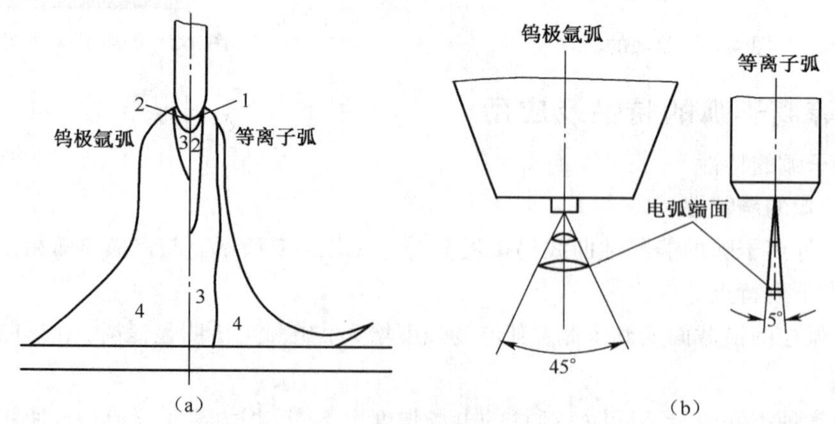

图 4-4　钨极氩弧与等离子弧的比较

1—24 000～50 000K　2—18 000～24 000K　3—14 000～18 000K　4—10 000～14 000K

钨极氩弧：200A　15V　等离子弧：200A　30V　压缩孔径：2.4mm

2. 等离子弧的类型及应用

按电源的方法不同，等离子弧有 3 种形式：非转移型弧、转移型弧和混合型弧。

（1）非转移型弧

非转移型弧是指在阴极和喷嘴之间所产生的等离子弧。这种情况正极接在喷嘴上，工件不带电，在阴极和喷嘴的内壁之间产生电弧，工作气体通过阴极和喷嘴之间的电弧而被加热，使得全部或部分电离，然后由喷嘴喷出形成等离子火焰（或叫等离子射流），如图 4-5（a）所示。非转移型弧主要应用于等离子喷涂、焊接和切割较薄的非金属材料。

（2）转移型弧

转移型弧是指电弧离开喷枪转移到被加工零件上的等离子弧。这种情况喷嘴不接电源，工件接正极，电弧燃烧于喷枪的阴极和阳极（工件）之间，如图 4-5（b）所示。工作气体围绕着电弧送入，然后从喷嘴喷出。这种等离子弧不能直接产生，必须先在钨极和喷嘴之间接通维弧电源，以引燃小电流的非转移型弧（引导弧），然后将非转移型弧通过喷嘴过渡到工件表面，再引燃钨极与焊件之间的转移型等离子弧（主弧），并自动切断维弧电源。这种等离子弧温度高，能量密度大，常用于各种金属材料的焊接和切割。

（3）混合型弧

非转移型弧引燃转移型弧并加热金属粉末，转移型弧加热工件使其表面产生熔池，如图 4-5（c）所示。这种情况喷嘴和工件均接在正极。这种等离子弧稳定性好，电流很小时也能保持电弧稳定，主要用于微束等离子弧焊接和粉末冶金堆焊。

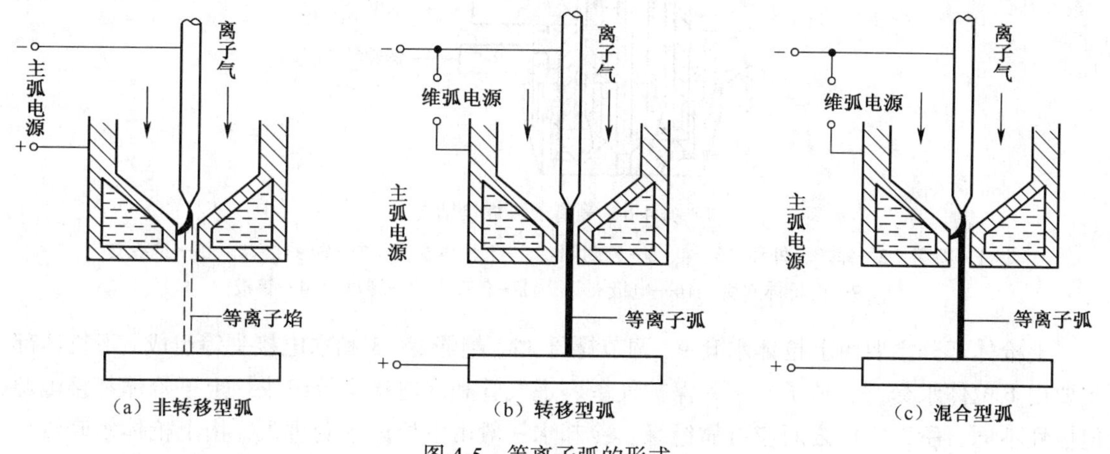

图 4-5　等离子弧的形式

（三）等离子弧发生器

等离子弧发生器是用来产生等离子弧的装置，根据用途不同可分为焊枪、喷枪和割炬。它们在结构上有许多相同之处，但又各有自身的特点。

1. 基本要求和典型结构

（1）基本要求

① 能有效固定钨极和喷嘴的位置，钨极与喷嘴的对准性要好，并能进行调节。

② 钨极与喷嘴之间要可靠绝缘。

③ 能对钨极和喷嘴进行有效水冷。

④ 能有效导入离子气流和保护气流。

⑤ 便于加工和装配，特别是喷嘴的更换。

⑥ 体积小、重量轻，便于操作和观察。

（2）典型结构

① 焊枪。等离子弧焊枪主要由上枪体、下枪体、喷嘴和钨极夹持机构等组成，如图 4-6 所示。

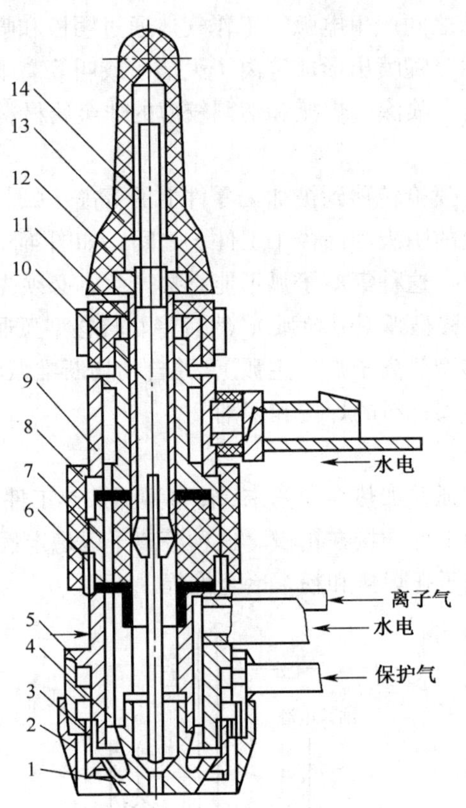

图 4-6　等离子弧焊枪结构

1—喷嘴　2—保护套外环　3、4、6—密封圈　5—下枪体水套　7—绝缘柱　8、13—绝缘套
9—上枪体水套　10—电极夹头　11—套管　12—螺母　14—钨极

上枪体部分主要由上枪体水套 9、调节螺母 12、绝缘套 13 和水电接头等组成。下枪体部分主要由下枪体水套 5、离子气室和保护气室、进气管和水电接头等组成。上下枪体都接电源，但极性不同，所以它们之间应可靠绝缘。冷却水一般由下枪体水套进入，由上枪体水套流出。进水口和出水口同时也是水冷电缆的接口。

② 割炬。割炬的结构与大电流焊枪结构相似，主要不同之处是割炬没有保护气通道和保护气喷嘴。

③ 喷枪和粉末堆焊枪。它们的基本结构与小电流的等离子弧焊枪结构相似，但都附加了一套送粉通路。

2. 喷嘴

喷嘴是等离子弧发生器的关键部分，其形状和几何尺寸对等离子弧的压缩程度和稳定性具有决定性的影响。

（1）喷嘴的主要结构参数

喷嘴的主要结构参数如图 4-7 所示。

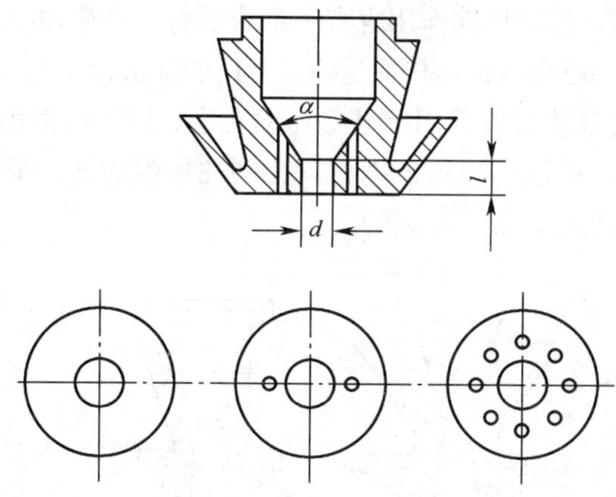

图 4-7　喷嘴的结构参数

① 喷嘴孔径（*d*）。它直接影响到等离子弧机械压缩的程度、等离子弧的稳定性和喷嘴的使用寿命。在电流和离子气流量不变的情况下，喷嘴孔径越小，对电弧的机械压缩作用就越强，则等离子弧的温度和能量密度就越高，穿透力就越大。但 *d* 也不能太小，否则易产生双弧现象，破坏等离子弧的稳定性，甚至烧坏喷嘴。因此，应根据所使用的电流和离子气流量确定喷嘴孔径（*d*）。对每一孔径的喷嘴都有一个合理的电流范围，如表 4-1 所示。

表 4-1　　　　喷嘴孔径与许用电流

喷嘴孔径/mm	许用电流/A		喷嘴孔径/mm	许用电流/A	
	焊　接	切　割		焊　接	切　割
0.6	≤5	—	2.8	～180	～240
0.8	1～25	～14	3.0	～210	～280
1.2	20～60	～80	3.5	～300	～380
1.4	30～70	～100	4.0	—	＞400
2.0	40～100	～140	4.0～5.0	—	＞400
2.5	～140	～180			

② 喷嘴孔道长度（*l*）。*l* 对电弧的压缩作用也有较大的影响。当喷嘴孔径（*d*）确定后，随 *l* 增大，对电弧的压缩作用增强。为防止产生双弧现象，*l* 与 *d* 应很好地配合，通常将 *l*/*d* 称为嘴的孔道比。这个比值越大，对电弧的压缩作用就越强。各种用途的喷嘴的孔道比如表 4-2 所示。

表 4-2　　　　喷嘴的主要参数

喷 嘴 用 途	孔径/mm	孔道比（*l*/*d*）	锥角 *a*	备　注
焊接	1.6～3.5	1.0～1.2	60°～90°	转移型弧
切割	0.6～1.2	2.0～6.0	25°～45°	混合型弧
	2.5～5.0	1.5～1.8		转移型弧
	0.8～2.0	2.0～2.5		
堆焊		0.6～0.98	60°～75°	
喷涂		5～6	30°～60°	非转移型弧

③ 锥角（α）。锥角对电弧的压缩作用也有一定的影响。随着α的减小，对电弧的压缩作用增强，但影响程度较小，故α可在较大的范围内选用。常用的锥角为 60° ～75° ，最小可用到 25° 。

④ 压缩孔道形状。大多数喷嘴采用圆柱形压缩孔道，但也可采用圆锥形、台阶圆柱形等扩散形喷嘴，如图 4-8 所示。扩散形喷嘴压缩程度比圆柱形喷嘴低，但对防止双弧现象，提高等离子弧的稳定性和喷嘴的使用寿命是有利的。

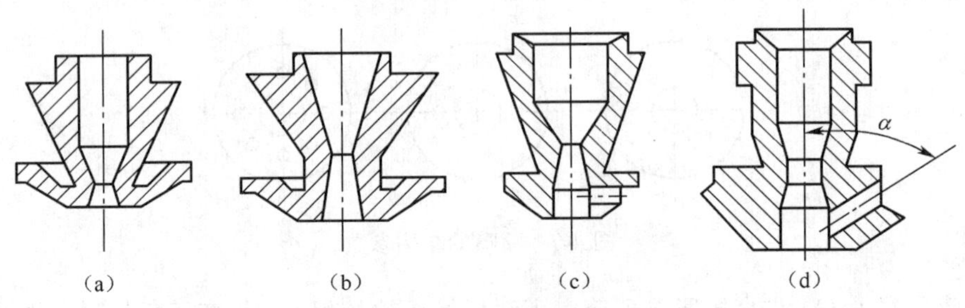

图 4-8　扩散形喷嘴

（a）、（b）圆锥形，分别用于焊接与切割　（c）、（d）台阶圆柱形，分别用于喷涂与堆焊

除单孔喷嘴以外，还有多孔形喷嘴。例如，中心孔两侧带有两个辅助小孔的焊接喷嘴，四周带有多个辅助小孔的切割喷嘴。当采用多孔焊接喷嘴进行焊接时，由于等离子弧从喷嘴外面受到从辅助小孔喷出的冷气流的二次压缩作用，等离子弧横截面会由圆形变为椭圆形，如果将椭圆其长轴沿着焊接方向，既可提高焊接速度，又可减小焊缝和热影响区的宽度。

（2）喷嘴的材料和冷却

喷嘴一般采用导热性好的纯铜制造，并要求有良好的冷却效果。大功率喷嘴必须采用直接水冷，且冷却水要求有足够的压力和流量，否则喷嘴的使用寿命极短。为提高冷却效果，喷嘴壁厚一般不大于 2～2.5mm。

3. 电极

（1）电极的材料与形状

等离子弧发生器所用的电极主要是钍钨电极和铈钨电极。为便于引弧和提高等离子弧的稳定性，电极端部应磨成一定角度（一般为 60° ）。对直径较大的电极端部可磨成如图 4-9 所示的形状。当电极直径大于 5mm 时，最好采用镶嵌式直接水冷结构，如图 4-10 所示。这样既可增强对电极的冷却效果，又可降低电极本身的电阻热，对使用大电流是很有利的。

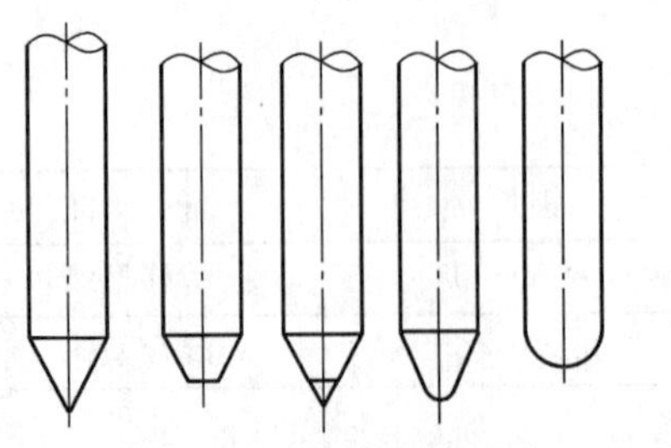

图 4-9　各种电极端部形状

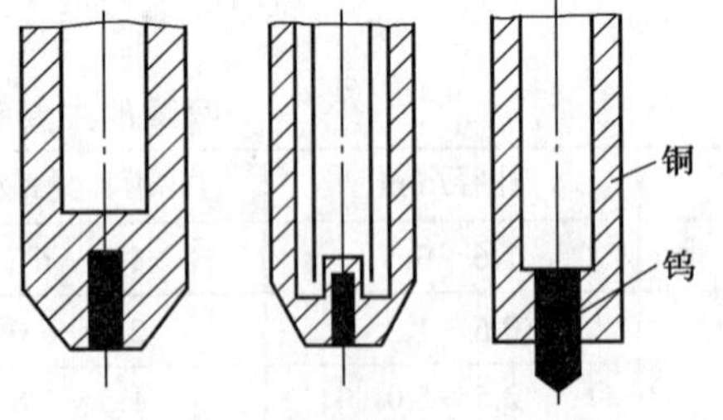

图 4-10　各种镶嵌式水冷电极

（2）内缩度和同心度

钨极的内缩长度（l_g）对等离子弧有较大的影响，如图 4-11 所示。当内缩长度（l_g）增大

时，对等离子弧的压缩作用增强；但过大易引起双弧现象。故一般焊枪取 $l_g=l\pm0.2$mm；割枪中 $l_g=l+(2\sim3)$ mm（l 为喷嘴孔道长度）。

钨极与喷嘴的同心度如果不好，不仅影响焊缝或割缝质量，而且也是产生双弧的重要原因，因此安装时应调整好钨极与喷嘴的同心度。

4. 进气方式

等离子弧发生器常用的进气方式有两种：切向进气和径向进气，如图 4-12 所示。实践证明，这两种进气方式都能保证等离子弧的稳定性，但采用分配器进气效果更好，如图 4-12（c）所示，因为进气时经多个切向气道送入气体，气流形成旋涡状，使通入喷嘴孔道时中心为低压区，有利于弧柱稳定于孔道中心轴线上。

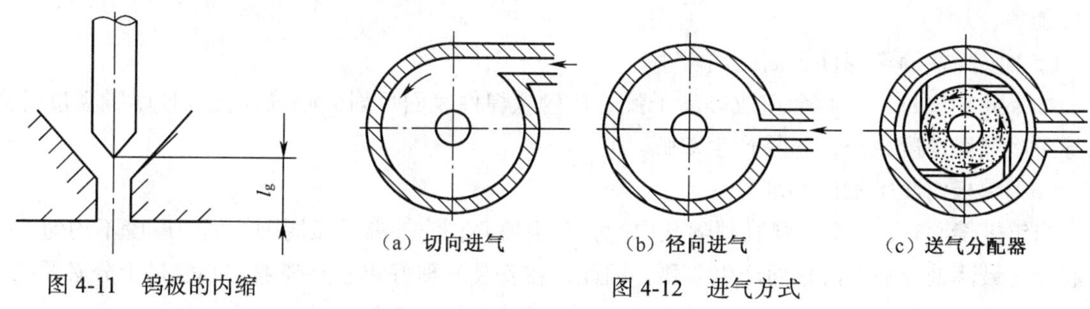

（a）切向进气　（b）径向进气　（c）送气分配器

图 4-11　钨极的内缩

图 4-12　进气方式

（四）双弧现象及其影响因素

在使用转移型等离子弧进行焊接或切割的过程中，正常的等离子弧应稳定地在钨极与焊件之间燃烧，但由于某些原因往往还会形成另一个燃烧于钨极–喷嘴—焊件之间的串列电弧，从外部可观察到两个并列电弧同时存在，如图 4-13 所示，这就是双弧现象。

在等离子弧焊接或切割过程中，一旦形成双弧则会降低主弧电流，并会影响等离子弧的稳定性，使焊接或切割过程不能正常进行，严重时还会烧坏喷嘴。因此了解双弧产生的原因，设法防止双弧的产生，在等离子弧应用中是一个重要问题。

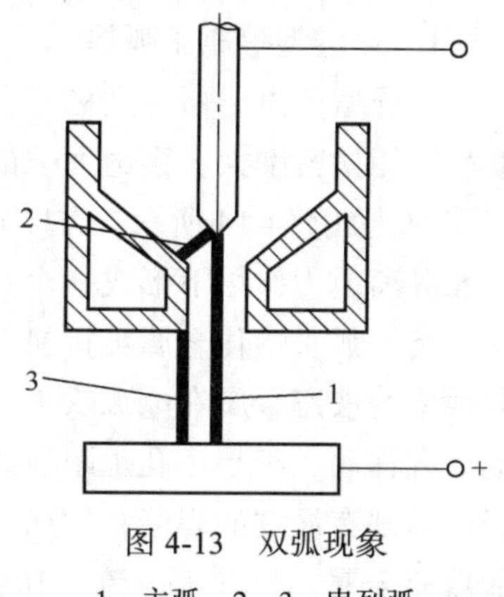

图 4-13　双弧现象

1—主弧　2、3—串列弧

1. 形成双弧的原因

在等离子弧焊接或切割时，由于喷嘴的冷却作用，使等离子弧的弧柱与喷嘴孔壁之间存在着由离子气形成的冷气膜，其温度和电离度都较低，对弧柱向喷嘴的传热和导电都起较强的阻滞作用。因为此冷气膜的存在，一方面起到绝热作用，防止喷嘴因过热而烧坏；另一方面，相当于在弧柱与喷嘴孔壁之间有一绝缘套筒存在，它隔断了喷嘴与弧柱间电的联系，所以等离子弧能稳定燃烧不会产生双弧。当冷气膜的阻滞作用被击穿时，绝热和绝缘作用消失，就会产生双弧现象。

2. 形成双弧的影响因素

（1）喷嘴结构参数

这些参数对形成双弧起决定性作用。减小喷嘴孔径或增大孔道长度，会使冷气膜厚度减小而容易被击穿，故容易产生双弧。同理，钨极的内缩长度增加时，也容易引起双弧。

（2）喷嘴的冷却效果

如果喷嘴的水冷效果不良，必然会使冷气膜的厚度减小而容易引起双弧现象。因此，喷嘴应具有良好的冷却效果。

（3）电弧电流

在其他条件不变时，增大电流，等离子弧弧柱直径会增大，使冷气膜厚度减小，故容易产生双弧。因此对一定尺寸的喷嘴，在使用时电流应小于其许用电流值。

（4）离子气成分和流量

当离子气成分不同时对电弧的冷却作用也不同，产生双弧的倾向也不一样。例如，采用 $Ar+H_2$ 作为离子气时，由于氢的冷却作用强，弧柱直径缩小，使冷气膜的厚度增大，因此不易产生双弧。同理，增大离子气流量也会增强对电弧的冷却作用，从而减小产生双弧的可能。

（5）喷嘴端面至焊件表面距离

如果此距离过小，则会造成等离子弧的热量从焊件表面反射到喷嘴端面，使喷嘴温度升高而导致冷气膜厚度减小，容易产生双弧。

（6）钨极与喷嘴的同心度

当钨极偏心时，等离子弧在喷嘴孔中的分布也偏心，使等离子弧周围冷气膜厚度不均匀。冷气膜厚度最薄处容易被击穿而产生双弧。因此，在安装时整好钨极与喷嘴同心度是十分必要的。

（五）等离子弧焊的基本方法及应用

按焊缝成形原理，等离子弧焊有下列 3 种基本方法：穿透型等离子弧焊、熔透型等离子弧焊和微束等离子弧焊。

1. 穿透型等离子弧焊

穿透型等离子弧焊又称穿孔型焊接法，即大电流焊接。该方法是利用等离子弧直径小、温度高、能量密度大、穿透力强的特点，在适当的参数条件下实现的，如图 4-14 所示。焊接时，等离子弧把工件完全穿透并在等离范力作用下形成一个穿透工件的小孔（在小孔背面露穿离子弧），熔化金属被排挤在小孔周围。随着焊枪的移动，熔池中的液态金属在电弧吹力、表面张力作用下熔池壁向熔池后方移动，于是小孔也跟着焊枪向前移，形成完全熔透的正反面都有波纹的焊缝，即所谓的小孔效应。焊接时一般不加填充金属。目前大电流（100～300A）等离子弧焊接通常采用这种方法。

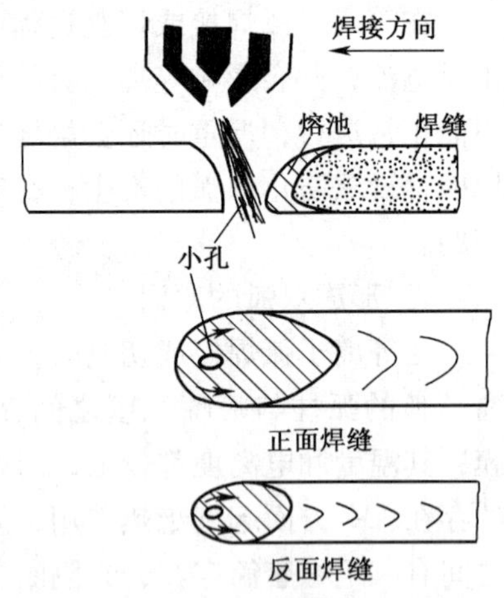

图 4-14 穿透型等离子弧焊接

但是，小孔效应只有在足够的能量密度条件下才能完成。板厚增加时所需的能量密度也增加，而等离子弧的能量密度难以再进一步提高，因此穿透型等离子弧焊接只能在有限板厚范围内进行。

此法最适于焊接 3～8mm 不锈钢、12mm 以下钛合金、2～6mm 低碳钢或低合金结构钢以及铜、黄铜、镍及镍合金的对接焊。在上述厚度范围内可在不开坡口、不加填充金属、不用衬垫的条件下实现单面焊双面成形。当厚度大于上述范围时，需开 V 形坡口进行多层焊接。

2. 熔透型等离子弧焊

熔透型等离子弧焊又称熔入型焊接法，它采用较小的焊接电流（15～100A）和较小的离子气流量，等离子弧在焊接过程中只熔化焊件而不产生小孔效应。其基本焊法与钨极氩弧焊相似。焊接时可加填充金属，也可不加填充金属。该法主要用于薄板（0.5～2.5mm）的焊接、多层焊时第二层及以后各层的焊接。

3. 微束等离子弧焊

焊接电流在 30A 以下的熔透型等离子弧焊通常称为微束等离子弧焊。为保证小电流时等离子弧的稳定性，一般采用混合型等离子弧。此时微弧电流始终存在，因此小电流时等离子弧也十分稳定，它主要用于超薄件的焊接。

（六）等离子弧焊设备

按操作方式不同，等离子弧焊设备可分为手工焊设备和自动焊设备两大类。手工焊设备主要由焊接电源、焊枪、控制系统、气路系统和水路系统等部分组成；自动焊设备除上述部件之外，还有焊接小车和送丝机构（焊接时需要加填充金属）。

按焊接电流的大小，等离子弧焊设备可分为大电流等离子弧焊设备和微束等离子弧焊设备。

1. 焊接电源

等离子弧焊设备一般采用具有陡降或垂直下降外特性的直流弧焊电源。电源空载电压根据离子气的种类而定，如用纯氩气作离子气时，电源空载电压只需 80V 左右；而用氩气加氢气的混合气体作离子气时，电源空载电压则需要 110～120V。微束等离子弧焊设备最好采用垂直下降外特性的电源，以提高等离子弧的稳定性。

为保证收弧处的焊缝质量，不会留下弧坑，等离子弧焊接一般采用电流衰减法熄弧，因此应具有电流衰减装置。

2. 气路系统

等离子弧焊接设备的供气系统应能分别供给离子气和保护气。为了保证引弧处和熄弧处的焊缝质量，离子气应分成两路供给，其中一路可在焊接收尾时经气阀放入大气，以实现气流衰减控制；另一路经流量计进入焊枪，如图 4-15 所示。调节阀可调节离子气的衰减时间。

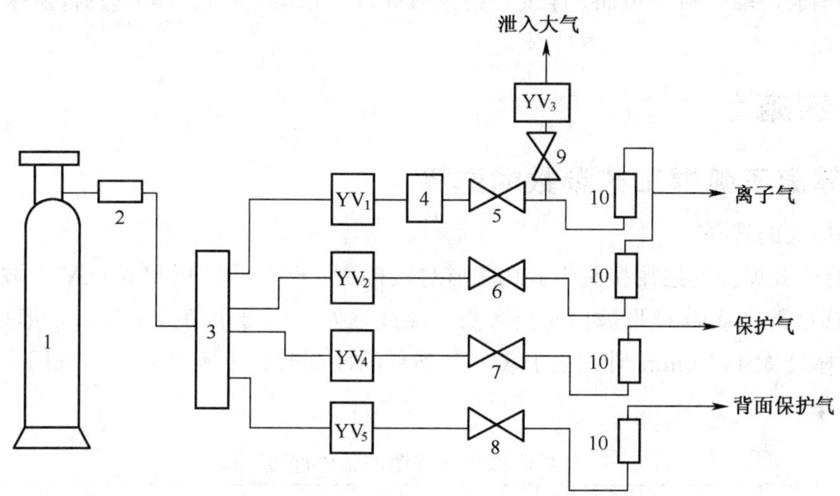

图 4-15　等离子弧焊接设备的供气系统

1—氩气瓶　2—减压表　3—气体汇流排　4—储气筒　5～9—调节阀　10—流量计　$YV_{1\text{-}5}$—电磁阀

3. 控制系统

等离子弧焊设备的控制系统一般包括高频引弧电路、拖动控制电路、延时电路和程序控制电路等部分。程序控制电路包括提前送保护气、高频引弧和转弧、离子气逆增、延时行走、电流衰减和延时停气等控制环节，以保证实现如图 4-16 所示的工作程序。

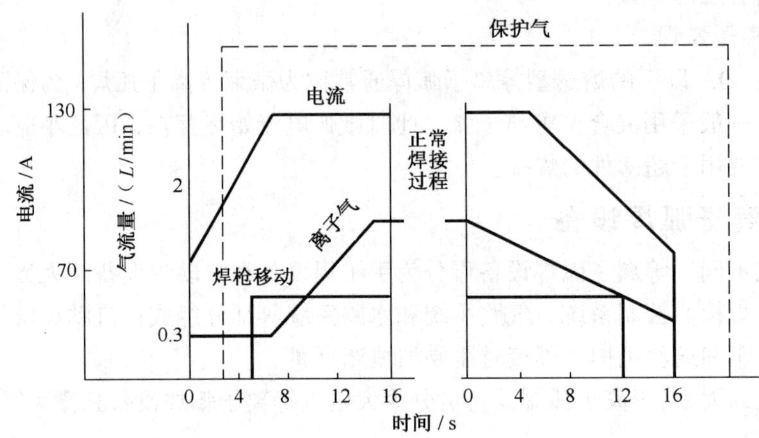

图 4-16 带有逆增环节的等离子弧焊接程序循环

(七)等离子弧焊的工艺特点

① 由于等离子弧的温度高、能量密度大、穿透能力强，因此可用比钨极氩弧焊高得多的焊接速度施焊。这不仅提高了焊接生产率，而且可减小熔宽、增大熔深，减小热影响宽度和减小焊接变形。

② 由于等离子弧的形态近似圆柱形，挺度好，因此当弧长发生波动时熔池表面的加热面的变化不大，对焊缝成形的影响较小，容易得到均匀的焊缝成形。

③ 由于等离子弧的稳定性好，使用很小的焊接电流也能保证等离子弧的稳定，故可以焊接超薄件。

④ 由于钨极内缩在喷嘴里面，焊接时钨极与焊件不接触，因此可减少钨极烧损和防止焊缝金属夹钨。

三、任务实施

(一)等离子弧焊工艺参数的选择

1. 接头形式的选择

用于等离子弧焊接的通用接头形式为 I 形对接接头、开单面 V 形和双面 V 形坡口的对接接头以及开单面 U 形和双面 U 形坡口对接接头。除此之外，也可用角接接头和 T 形接头。

① 工件厚度大于 1.6mm 时，小于表 4-3 列举的厚度时，可不开坡口，采用穿透型焊接法一次焊透。

表 4-3 等离子弧一次焊透的工件厚度

材　料	不 锈 钢	钛及钛合金	镍及镍合金	低 碳 钢
厚度范围/mm	≤8	≤12	≤6	≤8

② 对厚度较大的焊件，需要开坡口进行多层焊。为使第一层焊缝仍可采用穿透法焊接，坡口钝边可留至 5mm，坡口角度也可减小，如图 4-17 所示。以后各层焊缝可采用熔透型焊接法焊接。

③ 焊件厚度如果在 0.05～1.6mm 之间，使用微束等离子弧焊接。常用接头形式如图 4-18 所示。焊接时要采用可靠的焊接夹具，以保证工件的装配质量。装配间隙和错边量越小越好。

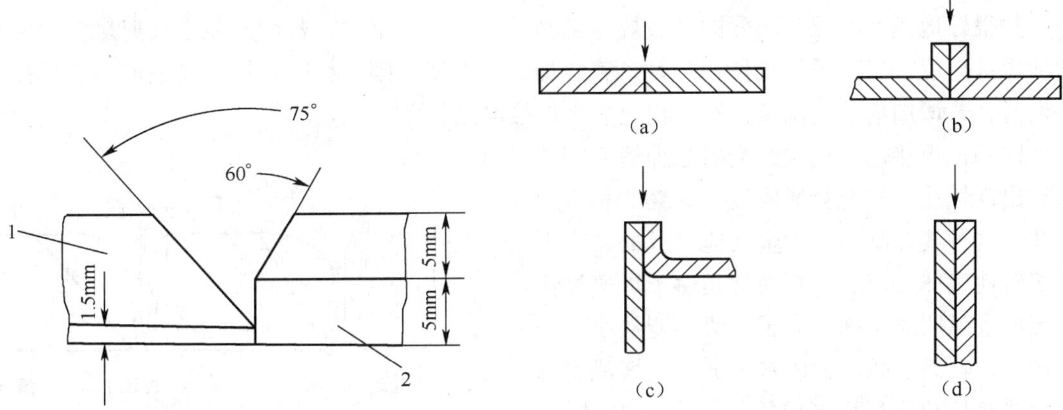

图 4-17 10mm 不钢板采用不同焊接方法坡口的对比
1—钨极氩弧焊 2—等离子弧焊

图 4-18 微束等离子弧焊接的接头形式

2. 等离子弧焊气体的选择

等离子弧焊时，除向焊枪输入离子气外，还要输入保护气，以充分保护熔池不受大气污染。目前应用最广的离子气是氩气，适用于所有金属。为提高焊接生产效率，改善接头质量，针对不同金属可在氩气中加入其他气体。例如，焊接不锈钢和镍合金时，可在氩气中加入 5%～7.5%的氢气；焊接钛及钛合金时，可在氩气中加入 50%～75%的氦气。

大电流等离子弧焊时离子气与保护气成分应相同，否则会影响等离子弧的稳定性。小电流等离子弧焊时，离子气与保护气成分可以相同，也可以不同，因为此时气体成分对等离子弧的稳定性影响不大。

3. 喷嘴孔径的选择

喷嘴孔径直接决定对等离子弧的压缩程度，是选择其他参数的前提。在焊接生产过程中，当焊件厚度增大时，焊接电流也应增大，但一定孔径的喷嘴其许用电流是有限制的（见表 4-1），因此，一般应按焊件厚度和所需电流值确定喷嘴孔径。

4. 焊接电流的选择

当其他条件不变时，焊接电流增加，等离子弧的热功率也增加，熔透能力增强，因此，应根据被焊焊件的材质和厚度首先确定焊接电流。在采用穿透法焊接时，如果电流太小，则形成小孔的直径也小，甚至不能形成小孔，无法实现穿透法焊接；如果电流过大，则形成的小孔直径也过大，熔化金属过多，易造成熔池金属坠落，也无法实现穿透法焊接。同时，电流过大还容易引起双弧现象。因此，当其工艺参数及喷嘴孔径一定时，焊接电流应控制在一定范围内。

5. 离子气流量的选择

当其他条件不变时，离子气流量增加，等离子弧的冲力和穿透能力都增大。因此，要实现稳定的穿透法焊接过程，必须要有足够的离子气流量；但离子气流量太大时，会使等离子弧的冲力过大将熔池金属冲掉，同样无法实现穿透法焊接。

6. 焊接速度的选择

当其他条件不变时，提高焊接速度，输入到焊缝的热量会减少，在穿透法焊接时，小孔直径会减小；如果焊速太高，则不能形成小孔，故不能实现穿透法焊接。但此时若能增大电流或离子气流量，则又能实现稳定的穿透法焊接。

在穿透法焊接过程中，除要选择合适的焊接电流、离子气流量和焊接速度外，还要使这三个参数很好地相互匹配。匹配的一般规律是当焊接电流一定时，若增加离子气流量，则应相应增加焊接速度；当离子气流量一定时，若增加焊接速度，则应相应增加焊接电流；当焊接速度一定时，若增加离子气流量，则应相应减小焊接电流。

此外，焊接速度过快还会引起焊缝两侧咬边和出现气孔，甚至会形成贯穿焊缝的长条形气孔。这种气孔既不是冶金反应形成的，也不是溶解性气体形成的。它通常是由于焊速过快时等离子弧明显后拖，离子气流不能从小孔充分排走，等离子弧冲力的水平分力在熔池底部向后排挤熔化金属而形成的，如图 4-19（a）所示，这种气孔内的气体是离子气。

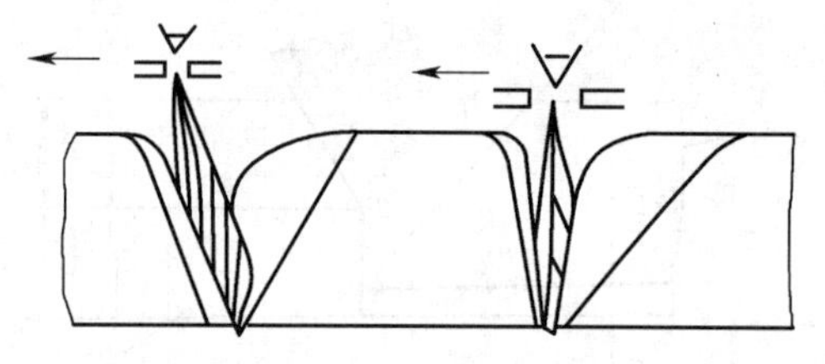

（a）焊速过高，电弧后拖　（b）焊速正常，电弧垂直

图 4-19　等离子弧冲力状态

7. 喷嘴端面与焊件表面距离的选择

生产实践按证明该距离应保持在 3～8mm 较为合适。如果距离过大，会增加等离子弧的热损失，使熔透能力减小，保护效果变差。该距离过小，则不便于操作，易被飞溅物堵塞，容易产生双弧现象。

8. 保护气流量的选择

护气流量应与离子气流量有一个适当的比例。如果保护气流量过大，则会造成气流紊乱，影响等离子弧稳定性和保护效果。穿透法焊接时，保护气流量一般选择 15～30L/min。

等离子弧焊的焊接工艺如表 4-4 所示。微束等离子弧焊的焊接工艺如表 4-5 所示。

表 4-4　等离子弧焊的焊接工艺

材料	厚度/mm	电流/A	电压/V	焊速/（cm/min）	气体成分	坡口形式	气体流量/（L/min）		备注
							离子气	保护气	
碳钢	3.2	185	28	30	Ar	I	6.1	28	穿透
低合金钢	4.2	200	29	25	Ar	I	5.7	28	
	6.4	275	33	36			7.1		
不锈钢	2.4	115	30	61	Ar95%+$H_2$5%	I	2.8	17	
	3.2	145	32	76			4.7	17	
	4.8	165	36	41			6.1	21	
	6.4	240	38	36			8.5	24	
钛合金	3.2	185	21	51	Ar	I	3.8		
	4.8	175	25	33	Ar		8.5		
	9.9	225	38	25	Ar25%+Hc75%	I	15.1	28	
	12.7	270	36	25	Ar50%+Hc50%	V	12.7		
	15.1	250	39	18	Ar50%+Hc50%		14.2		

续表

材料	厚度/mm	电流/A	电压/V	焊速/(cm/min)	气体成分	坡口形式	气体流量/(L/min) 离子气	保护气	备注
铜和黄铜	2.4	180	28	25	Ar	I	4.7	28	
	3.2	300	33	25	Hc		3.8	5	熔透
	6.4	670	46	51	Hc		2.4	28	熔透
	2.0（Zn30%）	140	25	51	Ar		3.8	28	穿透
	3.2（Zn30%）	200	27	41	Ar		4.7	28	穿透

表 4-5　　微束等离子弧焊的焊接工艺

材料	板厚/mm	电流/A	电压/V	焊速/(cm/min)	离子气 Ar/(L/min)	保护气/(L/min)	喷嘴孔径/mm	备注
不锈钢	0.025	0.3		12.7	0.2	8	0.75	卷边焊
	0.075	1.6		15.2	0.2	8（$Ar+H_2$1%）	0.75	卷边焊
	0.125	1.6		37.5	0.28	7（$Ar+H_2$0.5%）	0.75	卷边焊
	0.175	3.2		77.5	0.28	9.5（$Ar+H_2$4%）	0.75	卷边焊
	0.25	5	30	32.0	0.5	7Ar	0.6	卷边焊
	0.2	4.3	25		0.4	5	0.8	对接焊（背后加铜垫）
	0.2	4	26		0.4	6	0.8	对接焊（背后加铜垫）
	0.1	3.3	24	37.0	0.15	4　Ar	0.6	对接焊（背后加铜垫）
	0.25	6.5	24	27.0	0.6	6	0.8	对接焊（背后加铜垫）
	1.0	2.7	25	27.5	0.6	11	1.2	对接焊（背后加铜垫）
	0.25	6		20.0	0.28	9.5（$Ar+H_2$1%）	0.75	对接焊（背后加铜垫）
	0.75	10		12.5	0.28	9.5（$Ar+H_2$1%）	0.75	对接焊（背后加铜垫）
	1.2	13		15.0	0.42	7（$Ar+H_2$8%）	0.8	对接焊（背后加铜垫）

任务二　等离子弧切割

【学习目标】

1. 能够正确描述等离子切割的原理及特点
2. 能够正确描述等离子切割设备的结构与工作原理
3. 能够正确选择工艺参数进行切割操作
4. 能够培养良好的安全与卫生习惯

一、任务分析

等离子弧切割是一种常用的金属和非金属材料切割的工艺方法。它利用高速、高温和高能的等离子气流来加热和熔化被切割材料，并借助内部的或者外部的高速气流或水流将熔化材料排开直至等离子气流束穿透背面而形成割口。等离子弧可以切割大部分金属材料（如不锈钢、铸铁、铝、镁、铜等）及部分非金属材料（如石块、耐火砖等）。

二、相关知识

（一）等离子弧切割特点

① 应用范围广。与氧乙炔焰切割相比，等离子弧的切割过程不是依靠氧化反应而是靠熔化来切割材料，因而比氧乙炔切割的适用范围大得多，能够切割绝大部分金属和非金属材料。等离子弧除了可以切割碳钢及低合金钢外还可以切割氧乙炔焰不能切割的材料，如铝合金、不锈钢等。

② 切割速度快，生产率高。它是目前采用的切割方法中切割速度最快的。

③ 切口质量好。此法产生的热影响区和变形都比较小，特别是切割不锈钢时能很快通过敏化温度区间，故不会降低切口处金属的耐蚀性能。切割淬火倾向较大的钢材时，虽然切口处金属的硬度也会升高，甚至会出现裂纹，但由于淬硬层的深度非常小，通过焊接过程可以消除，所以切割边可直接用于装配焊接。

（二）等离子弧切割设备

等离子弧切割设备主要由电源、割炬、控制系统、气路系统和水路系统等组成。如果是自动切割，还要有切割小车。

1. 电源

等离子弧切割与等离子弧焊接一样，一般采用陡降外特性的直流电源。为提高切割电压，要求切割电源具有较高的空载电压（一般是 150～400V）。

一般等离子弧切割设备都有配套使用的专用电源。与 LG-400-1 型等离子弧切割机配套的电源是 ZXG2-400 型硅整流电源，其空载电压较高，分 180V 和 300V 两挡。在没有专用切割电源的情况下，也可采用普通的直流电源串联使用，串联台数根据切割厚度而定。需要注意的是：串联使用时，切割电流不应超过任一台电源的额定电流值，以免电源过载。

2. 控制系统

等离子弧切割的控制系统应满足下列要求。

① 能提前送气和滞后停气，以免电极氧化。

② 采用高频引弧，在等离子弧引燃后高频振荡器应能自动断开。

③ 在切割结束或切割过程断弧时，控制线路应能自动断开。

等离子弧切割过程的程序由控制系统完成，其典型的程序控制循环图如图 4-20 所示。

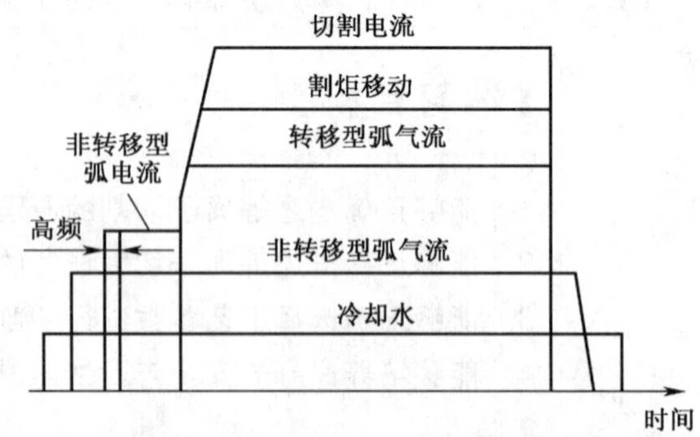

图 4-20　等离子弧切割程序控制循环图

3. 气路系统和水路系统

在割炬中通入离子气除了起压缩电弧和产生电弧冲力外，还可减少钨极的氧化烧损，因此切割时必须保证气路畅通。采用单一切割气体时，气路系统如图 4-21 所示。图中储气筒可在主弧气流刚接通时起缓冲作用，使等离子弧能稳定地产生。气体通断由电磁气阀 YV_1、YV_2 通过控制系统进行控制，气体流量则由调节阀来调节。采用混合气体切割时，则需再增加一条气体通路和一个气体混合室。

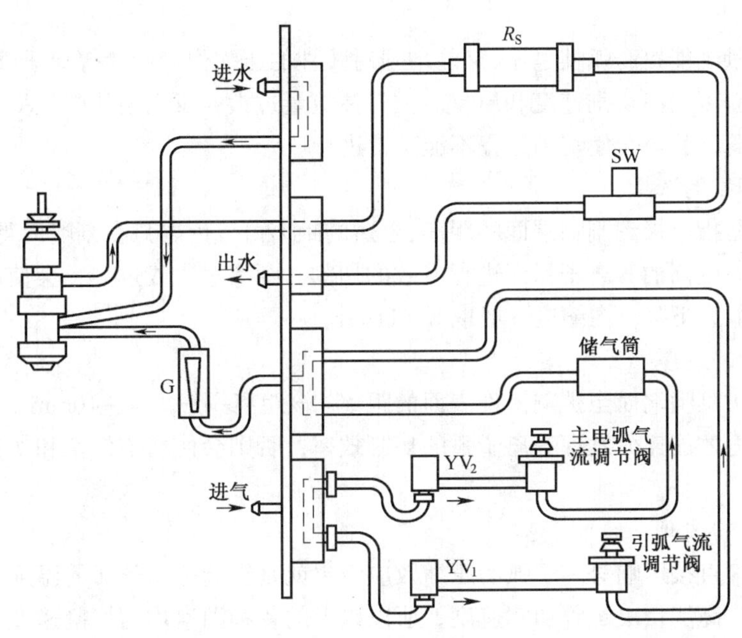

图 4-21　气路系统和水路系统

为防止割炬的喷嘴被烧坏，切割时必须对割炬进行通水强制冷却。水路系统一般装有水压开关 SW，以保证在没有冷却水时不能引弧；或在切割过程中断水或水压不足时，能自动停止工作。冷却水一般可采用自来水，但当水压小于 0.098MPa 时，必须安装专用液压泵供水，以提高水压，保证冷却效果。

三、任务实施

（一）切割工艺参数的选择

1. 空载电压和弧柱电压的选择

等离子切割电源，必须具有足够高的空载电压，才能容易引弧和使等离子弧稳定燃烧。空载电压一般为 120～600V，而弧柱电压一般为空载电压的一半。提高弧柱电压，能明显地增加等离子弧的功率，因而能提高切割速度和切割更大厚度的金属板材。弧柱电压往往通过调节气体流量和加大电极内缩量来达到，但弧柱电压不能超过空载电压的 65%，否则会使等离子弧不稳定。

2. 切割电流的选择

增加切割电流同样能提高等离子弧的功率，但它受到最大允许电流的限制，否则会使等离子弧柱变粗、割缝宽度增加、电极寿命下降。

3. 气体种类及流量的选择

由于氮气的携热性好、密度大、价格又低，所以目前国内多采用氮气作离子气（切割气体）。但由于氮气的电离电位较高，切割时引弧性和稳弧性都比较差，故需较高的空载电压（一般是 150V 以上）才能使等离子弧稳定。切割大厚度工件时，为提高切割速度和切口质量，一般采用氮加氢混合气作为离子气，但此时需要更高的空载电压（350V 以上）才能稳定电弧。另外，切割不同材料时氮与氢的混合比（体积）不同：切割铝可用 $N_2$75%+$H_2$25%；切割不锈钢可为 $N_2$90%+$H_2$10%。

增加气体流量既能提高弧柱电压，又能增强对弧柱的压缩作用而使等离子弧能量更加集中、喷射力更强，因而可提高切割速度和质量。但气体流量过大，反而会使弧柱变短，损失热量增加，切割能力减弱，甚至会使切割过程不能正常进行。

4. 电极内缩度的选择

所谓内缩度是指电极到割嘴端面的距离，合适的距离可以使电弧在割嘴内得到良好的压缩，获得能量集中、温度高的等离子弧而进行有效的切割。距离过大或过小，会使电极严重烧损、割嘴烧坏和切割能力下降。内缩度一般取 8～11mm。

5. 割嘴高度的选择

割嘴高度是指割嘴端面至被割工件表面的距离。该距离一般为 4～10mm。它与电极内缩度一样，距离要合适才能充分发挥等离子弧的切割效率，否则会使切割效率和切割质量下降或使割嘴烧坏。

6. 切割速度的选择

以上各种因素直接影响等离子弧的压缩效应，也就是影响等离子弧的温度和能量密度，而等离子弧的高温、高能量决定着切割速度，所以以上的各种因素均与切割速度有关。在保证切割质量的前提下，应尽可能的提高切割速度。这不仅能提高生产率，而且能减少被割零件的变形量和割缝区的热影响区域。若切割速度不合适，其效果相反，而且会使黏渣增加，切割质量下降。

（二）提高切割质量的途径

良好的切割质量应该是切口面光洁、切口窄，切口上部呈直角且无熔化圆角，切口下部无毛刺（熔瘤）。为实现上述质量要求，应注意下面几点。

1. 切口宽度和平直度

等离子弧切割的切口宽度一般为氧—乙炔火焰切割时的 1.5～2.0 倍，且随板厚增大，切割宽度也要增大。切口端面往往稍有倾斜，顶部切去较多的金属，顶边缘有时会略带圆角。板厚在 25mm 以下的不锈钢或铝，用小电流切割时可获得平直度很好的切口，8mm 以上板材切口不需加工，可直接焊接。

2. 切口毛刺的消除

用等离子弧切割不锈钢时，由于熔化金属的流动性比较差，不易全从切口处吹掉；又因不锈钢的导热性较差，切口底部金属容易过热，因此切口内没被吹掉的熔化金属容易与切口底部的过热金属熔合在一起，冷却凝固后形成毛刺。这种不锈钢毛刺的强度高，韧性又好，因此难以去除，给加工带来很大困难。所以消除不锈钢切口毛刺是提高切割质量的关键问题。切割铜、铝等导热性好的材料时，一般不易产生毛刺，即使产生毛刺，也容易除掉，对切割质量影响不大。消除毛刺的方法如下。

① 等离子弧应有足够的功率。等离子弧功率增大，则热能增加，可使熔化金属的温度提高，流动性增加，容易被吹掉；同时等离子弧功率增大，还可使其吹力增大，能有效将切口内的熔化金属吹掉，故不易产生毛刺。

② 保证钨极与喷嘴同心。同心能保证等离子弧具有足够的压缩性，使得能量集中，电弧推

力大，能有效地将切口内的熔化金属吹掉，故不易产生毛刺；同时还可避免产生双弧现象，使得切割过程顺利进行。

③ 选择合适的离子气流量。离子气流量合适时等离子弧的挺度好，吹力大，能有效将切口内的熔化金属吹掉，不易产生毛刺。当流量太小或太大时，会因等离子弧吹力过小或带走热量过多而使切口呈V形，故都容易产生毛刺。

④ 选择合适的切割速度。切割速度的影响规律与气体流量相似，过大或过小都将导致切口毛刺增多。

3. 避免产生双弧

在等离子弧切割过程中，为保证切割质量，必须防止产生双弧现象。因为一旦产生双弧，一方面主弧电流减小，主弧功率减小，导致切割工艺参数不稳，切口质量下降；另一方面喷嘴成为导体而易被烧坏，影响切割过程，同样会降低切口质量。

4. 大厚度工件的切割

为保证大厚度工件的切口质量，应采取下列工艺措施。

① 适当提高切割功率。随切割厚度增大，等离子弧的功率必须相应增大，以保证切透工件。一般采用提高切割电压的方法来提高等离子弧的功率。

② 适当增大离子气流量。增大离子气流量可提高等离子弧的挺度，增大电弧吹力，以保证切透工件。切割大厚度工件时，最好采用氮加氢混合气作离子气，以提高等离子弧的温度和能量密度。

③ 采用电流逆增或分级转弧。等离子弧切割时一般采用转移型等离子弧。在转弧过程中，由于有大的电流突变，往往会引起转弧中断或烧坏喷嘴，因此切割设备应采用电流递增或分级转弧。为此，可在回路中串联一个限流电阻，以降低转弧时的电流值，然后再将其短路掉。

④ 切割前预热。切割时要按所割材料的材质和厚度进行足够时间的预热。

知识与能力拓展

（一）等离子弧堆焊

等离子弧堆焊是利用等离子弧的热能将堆焊材料熔敷到工件表面上，从而获得不同成分不同性能堆焊层的方法。该方法主要用于堆焊硬度高、耐磨性好及耐蚀性好的金属或合金。

根据堆焊时熔敷金属送入方式的不同，等离子弧堆焊主要分为粉末堆焊和热丝堆焊两种，其中粉末堆焊应用得较多。

1. 粉末等离子弧堆焊

粉末等离子弧堆焊是将合金粉末装入送粉器中，堆焊时用氩气将合金粉末送入堆焊枪体的喷嘴中，利用等离子弧的热能将其熔敷到工件表面，形成堆焊层。

该种堆焊所用的合金粉末既容易制得，其成分又容易调整，因而生产率高（熔敷率高），堆焊层的质量好（稀释率低），便于实现堆焊过程自动化等。该法目前应用较广泛，特别适合在轴承、阀门、工具、推土机零件、蜗轮叶片等的制造和修复工作中堆焊硬质耐磨合金。

粉末等离子弧堆焊一般采用转移型等离子弧，但也可以采用混合型等离子弧。堆焊设备与相应的等离子弧焊接设备相同，但堆焊时所用的焊枪与焊接时所用的焊枪不同，除有离子气和保护气两条气路外，还有第 3 条送粉气路。由于堆焊时母材熔深不能大，以利于减小堆焊层的稀释率，故堆焊时一般采用柔性弧，即采用较小的离子气流量和较小的孔道比。

堆焊层的质量取决于堆焊工艺参数、粉末入射角（喷粉口轴线与喷嘴轴线间的夹角）、送粉量和送粉的均匀性以及粉末的颗粒度等因素。

2. 热丝堆焊

除依靠等离子弧加热熔化母材和填充焊丝并形成熔池外，填充焊丝中还通以电流以提高熔敷率和降低稀释率。如图 4-22 所示，在两根填充焊丝中通以交流电流，利用焊丝伸出长度的电阻热来增加焊丝的熔化量。采用交流电流既节约成本又可避免其磁场的影响。这种方法主要用于堆焊不锈钢和镍合金等电阻率较大的材料。

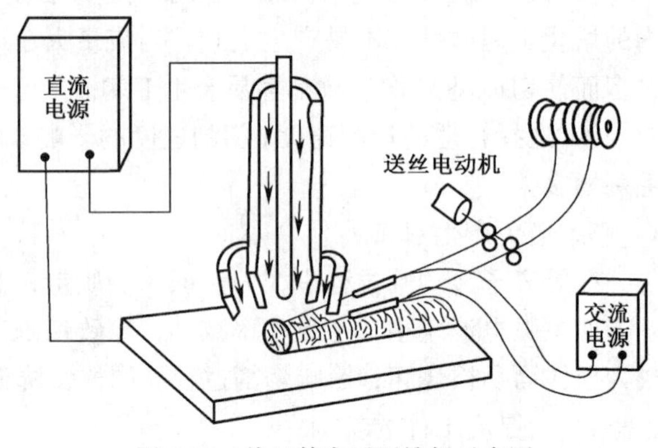

图 4-22　热丝等离子弧堆焊示意图

（二）等离子弧喷涂

等离子弧喷涂方法有两种：一种是丝极等离子弧喷涂；另一种是粉末等离子弧喷涂。因后一种方法用得多，故这里只介绍粉末等离子弧喷涂。

粉末等离子弧喷涂在很多地方与粉末等离子弧堆焊相似。但喷涂时一般采用等离子焰将合金粉末熔化并从喷嘴孔中喷出，形成雾状颗粒，撞击工件表面与清洁而粗糙的工件表面结合形成涂层。因此，该涂层与工件的结合一般是机械结合，基本上不熔化。

喷涂时使用非转移型等离子弧，工件不接电源，因此，可对金属和非金属工件进行喷涂，还可喷涂金属涂层和非金属涂层（如碳化物、氧化物、氮化物、硼化物）等，且有涂层质量好、生产率高、工件不变形、工件金相组织不变化等优点。粉末等离子弧喷涂其缺点是涂层与工件表面的结合强度不高。

涂层的使用性能取决于粉末材料。目前使用的粉末材料主要有以下几种。

① 自熔化硬质合金粉末。主要有镍基合金粉末、钴基合金粉末和铁基合金粉末。前两种合金粉末的喷涂层具有良好的耐磨、耐蚀、抗氧化、耐高温等综合性能，是目前应用较多的获得耐磨耐蚀涂层的合金粉末。铁基合金粉末在耐蚀和耐高温性能方面不如前两种，但耐磨性非常好。

② 包覆粉。即在一种中心为粉末的外面包覆一层（或多层）金属材料而制成的一种新型粉末材料。中心材料可为金属或非金属化合物，包覆层可为镍、钴、铜、铝和银等。

③ 微细粉末。一般喷涂粉末粒度为 150～300 目，为了得到更致密均匀的涂层，可以采用更微细的合金粉末。

由于涂层与工件表面的结合一般为机械结合，因此为提高涂层与工件的结合强度，对工件的清理和粗糙化处理是非常重要的。表面清理可用煤油或三氯乙烯除去油污等杂质，也可用电火花拉毛、喷砂、滚花等工艺。然后对喷涂表面进行预热（80～200℃），目的是产生预热膨胀，以减小工件与涂层间的热应力。

近几年来，在等离子喷涂的基础上又发展了几种新的等离子喷涂技术，如真空等离子喷涂（又叫低压等离子喷涂）和水稳等离子喷涂。

真空等离子喷涂是在真空（4～40kPa）的密封室内进行喷涂的技术。因为工作气体等离子化后，是在低压气氛中边膨胀体积边喷出的，所以喷流速度是超音速的，而且非常适合于对氧化高度敏感的材料。

水稳等离子喷涂的工作介质不是气而是水，它是一种高功率或高速等离子喷涂的方法。其工作原理是喷枪内通入高压水流，并在枪筒内壁形成涡流，这时，在枪体后部的阴极和枪体前部的旋转阳极间产生直流电弧，使枪筒内壁表面的一部分蒸发、分解，变成等离子态，产生连续的等离子弧。由于旋转涡流水的聚束作用，其能量密度提高，燃烧稳定，因此，可喷涂高熔点材料，特别是氧化物陶瓷，喷涂效率非常高。

（三）其他等离子弧切割方法

1. 空气等离子弧切割

采用压缩空气作为离子气的等离子弧切割称为空气等离子弧切割。一方面由于空气来源广，因而切割成本低；另一方面用空气作离子气时，等离子弧能量大，加之在切割过程中氧与被切割金属发生氧化反应而放热，因而切割速度快。空气等离子弧切割原理如图 4-23 所示。空气等离子弧切割特别适合切割厚度在 30mm 以下的碳钢，也可以切割铜、不锈钢、铝及其他材料。

空气等离子弧切割中存在的主要问题有两个：一是电极受到强烈的氧化烧损，电极端形状难以保持；二是不能采用钍钨电极或含氧化物的钨电极。因此限制了该方法的广泛应用。在实际生产中，采用的措施有以下几种。

① 采用镶嵌式锆电极，并采用直接水冷式结构。在空气中工作可形成锆的氧化物，易于发射电子，且熔点高，延长了电极的使用寿命（但使用寿命一般也只在 5～10h）。

② 增加一个内喷嘴，单独对电极通以惰性气体加以保护。

2. 水再压缩等离子弧切割

该方法是在普通的等离子弧外围再用水流压缩。切割时，从割炬喷出的除等离子气体外，还有调整流动的水束，它们共同迅速地将熔化金属排开，其切割原理如图 4-24 所示。

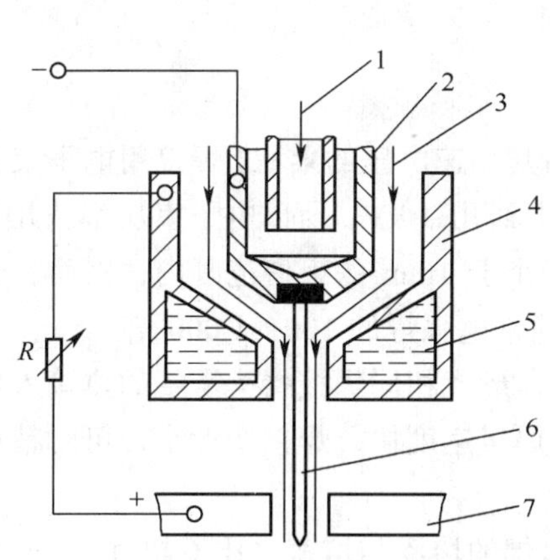

图 4-23　空气等离子弧切割原理

1—电极冷却水　2—电极　3—压缩空气（离子气）
4—镶嵌式压缩喷嘴　5—压缩喷嘴冷却水
6—电弧　7—工件

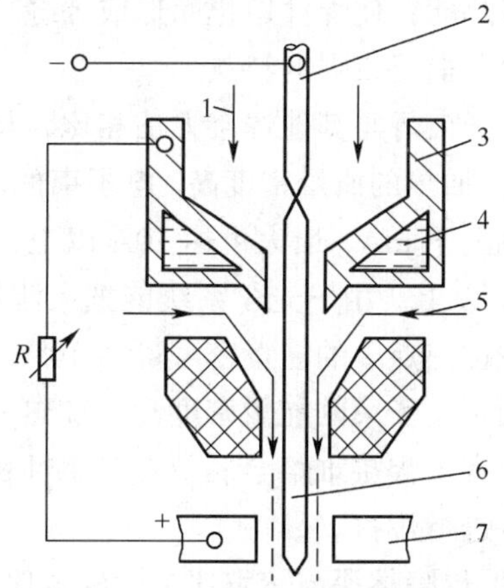

图 4-24　水再压缩等离子弧切割原理

1—离子气　2—电极　3—喷嘴　4—冷却水
5—压缩水　6—电弧　7—工件

高压调整水流由一高压水源提供，在割炬中既对喷嘴起冷却作用，又对等离子弧起再压缩作用。同时，割炬喷出的水束一部分被电弧蒸发分解成氧与氢，它们与工作气体共同组成切割气体，使等离子弧具有更高的能量；另一部分水对电弧有强烈的冷却作用，使等离子弧的能量能为集中，因而可增加切割速度。

由于水束的水压很高，切割时水喷溅严重，因此一般在水槽中进行。将工件浸入水中切割，可有效防止切割时产生的金属蒸汽、烟尘、弧光等，大大地放松了工作条件。由于水的冷却作用，可使切口平整、宽度小，切割后工件变形小，提高了切口质量。但由于同时降低了电弧的热能效率，为保证一定的切割生产率，则必须提高切割电流或电压。

3. 脉冲等离子弧切割

采用 50～100Hz 的脉冲电流进行等离子弧切割，可降低所需电功率，延长电极和喷嘴的使用寿命，这是因为在脉冲产生电流的间隙，电极和喷嘴可得到一定程度的冷却。另外，采用脉冲电流还可提高切口质量。

4. 双弧切割

双弧切割是在非转移普通直流等离子弧的基础上，再在喷嘴与工件之间叠加一个 350Hz 的交流电弧的切割法。它也是一个厚板切割的可行方法。

5. 微束等离子弧切割

切割 0.1～0.5mm 厚的薄板，可采用功率为 0.5～1.5kW，喷嘴孔径为 0.1～0.4mm 的非转移微束等离子弧，最高切割速度可达 10m/min 左右。

（四）高能量密度焊

由于电子束、激光和压缩电弧产生的等离子体三种束流的能量密度特别高，所以将电子束焊、激光焊和等离子弧焊统称为高能量密度焊。下面主要介绍电子束焊和激光焊。

1. 电子束焊

电子束焊是随着现代科学技术发展而出现的一种新颖、高能量密度的熔化焊方法。它是利用电子枪产生的电子束流，在强电场的作用下以极高的速度撞击待焊焊件表面，并把部分动能转化成热能，使焊件熔化而形成焊缝的一种工艺方法。

（1）电子束焊的特点

电子束焊与其他焊接方法相比，具有以下特点。

① 加热的能量密度高。电子束的功率为束电流与其加速电压的乘积。焊接用电子束电流为几十到上千 mA，最大可达 10A 以上，加速电压为几十到几百 kV，所以电子束功率从几 kW 到 100kW 以上。由于光学系统能把束流功率聚积到直径小于 1mm 的束斑范围内，因而，电子束斑（或称焦点）的能量密度可达 10^6～10^8W/cm^2，是通常电弧焊的 100～1 000 倍。

由于电子束的能量密度高，加热集中，热效率高，形成相同焊接接头需要的热输入量小，所以适宜于焊接难熔金属及热敏感性强的金属。又因焊接速度快，焊接变形小，可对精加工后的零件进行焊接。

② 焊缝熔深与熔宽比（即深宽比）大。通常电弧焊的熔深与熔宽之比不超过 2，而电子束焊的比值可达 20 以上。所以用电子束焊基本上不产生角变形，适宜于厚度较大钢板不开坡口的单道焊，从而大大提高厚板焊接的技术经济指标。

③ 焊缝金属纯度高。真空电子束焊是在真空度很高的真空室中进行的，因此焊接过程中熔池金属不存在污染和氧化问题，特别适合于焊接化学性质活泼、纯度高和易被大气污染的金属，

如铝、钛、锆、钼、铍、高强度钢、高合金钢以及不锈钢等。

④ 工艺参数调节范围广，适应性强。电子束焊的各个工艺参数，不像电弧那样受焊缝成形和焊接过程稳定性的制约而相互牵连，它们不仅能各自单独进行调节，且调节范围很宽。电子束焊可以焊接的厚度最小可达 0.1mm，最大可达 300mm 以上。它可以焊接的金属有普通低碳钢、高强钢、不锈钢、有色金属、难熔金属以及复合材料等，也可以焊接一般焊接方法难以施焊的复杂形状焊件。

（2）电子束焊的分类及应用

电子束焊可以从被焊焊件所处真空度和电子束焊机的加速电压两个方面分类。

① 根据被焊焊件所处真空度差异，电子束焊可分为高真空式、低真空式和非真空式 3 类。

a. 高真空电子束焊。高真空电子束焊是把被焊焊件放在真空度为 0.01～0.1Pa 以上的工作室中完成的，是目前应用广泛、发展比较成熟的一种方法。其缺点是焊件的大小受工作室内尺寸的限制，真空系统比较复杂，抽真空时间长，降低了生产率，提高了加工的成本。

b. 低真空电子束焊。低真空电子束焊时电子通过隔离网及气阻孔道进入工作室，工作室的真空度保持在 0.1～25Pa。低真空电子束焊熔池周围气氛仍比焊接用氩气保护要纯净，基本上保持电子束焊方法具有的特点。与高真空电子束焊接方法相比：真空机组简化，降低了成本；启动快，工作室抽真空时间短，因而提高了生产率，能采用局部真空室，因而简化了电子束焊接大型焊件时的工艺及设备；减少了焊接时的金属蒸发，降低了由此产生的工作室内壁、焊件表面及观察系统的污染。

c. 非真空电子束焊。非真空电子束焊是把真空条件下形成的电子束流引入到大气压力的环境中对焊件施焊。为了保护焊缝金属不受空气污染和减少电子束的散射，束流在进入到大气时先经过氦气室，然后与氦气一起进入到大气中去。非真空电子束焊已经发展成为一种实用的焊接方法，其最大优点是摆脱了工作室的限制，扩大了电子束焊接技术的应用范围。

② 根据电子束焊机的加速电压高低，电子束焊可分为高压电子束焊、低压电子束焊和中压电子束焊。

a. 高压电子束焊。高压电子束焊的加速电压范围一般为 60～150kV。在相同功率条件下，高压电子束焊所需的束流小，因而容易获得直径小、能量密度大的束斑，形成熔深与熔宽比大的焊缝，适于大厚度板材单道焊及难熔金属和热敏感性强的材料的焊接。高压电子束焊的缺点是屏蔽焊接时产生较强的 X 射线比较困难；电子枪的静电部分需要耐高压的绝缘物质；结构复杂，只能做成固定式的。

b. 低压电子束焊。低压电子束焊的加速电压低于 30kV，主要用于对焊缝熔深与熔宽之比要求不高的薄板焊接。

c. 中压电子束焊。中压电子束焊所用加速电压范围为 30～60kV。当电子束的功率不超过 30kW 时，其束斑直径小于 0.4mm，除极薄材料外，这样的束斑尺寸完全能满足焊接要求。30kW 的中压电子束焊机可焊接的钢板最大厚度可达 70mm 左右。中压电子束焊接时产生的 X 射线，完全能由适当厚度的钢板制成的真空室壁所吸收，不需采用铅板防护。电子枪极间也不要求特殊的绝缘物质，所以电子枪既可以做成固定式的，也可以做成移动式的。

电子束焊方法可以在一般电弧焊难以进行的场合施焊。例如，由于焊接变形量小，电子束焊能焊接已经精加工后的组装件或形状复杂的精密零部件；可以单道焊接厚度超过 100mm 的碳钢或厚度达到 475mm 的铝板；可以焊接热处理强化和冷作硬化的材料而不恶化接头的力学性能；可以焊接贴近热敏元件的焊件；可以焊接内部保持真空度的密封件；可以焊接难熔金属、活性金属、异种金属或复合材料等。

（3）真空电子束焊接

① 真空电子束焊接的原理。真空电子束焊接装置示意如图 4-25 所示。焊接时，电子枪的阴极 2 通电加热而发射出大量电子，在阴极的表面形成一团密集的电子云，这些热电子在强电场的作用下加速运动，经聚束极 3、阳极 4 的静电场作用和聚焦透镜 6 的电磁场作用而聚焦成高能量密度的电子束，以很高速度轰击焊件表面，使焊件熔化而形成焊缝。

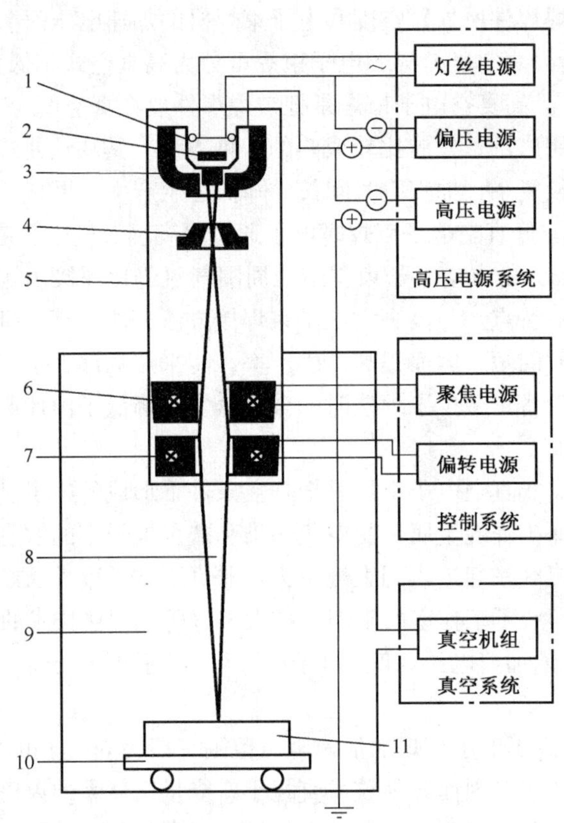

图 4-25　真空电子束焊接装置示意图

1—灯丝　2—阴极　3—聚束极　4—阳极　5—电子枪　6—聚焦透镜　7—偏转线圈
8—电子束　9—真空焊接室　10—焊接台　11—焊件

在低能量密度下，电子束基本上集中于焊件表面，焊接过程与一般电弧焊相似。在高能量密度下，电子束深入到焊件内部。其过程是在电子束轰击下，焊件在瞬间熔化蒸发，强烈的金属蒸汽流将部分液态金属排出电子作用区而电子束在其内部再聚焦，因而形成窄而深的被液态金属包围的空腔。随着焊件移动，液态金属从熔化区沿空腔周围脉动地向结晶区过渡，并有少量金属被排挤到焊件表面上。

② 焊接工艺参数对焊缝形状的影响。电子束焊接的工艺参数主要包括加速电压、轰击偏压、电子束电流、聚焦电流、工作距离、焊接速度及真空度等。电子束焊缝形成如图 4-26 所示。它以熔化深度（s）、焊缝宽度（c）来表示，深宽比是衡量焊接质量的重要指标之一。

a. 加速电压。加速电压是决定焊缝熔深的主要参数，随着加速电压的升高（或降低），焊缝熔深则显著增大（或减小）。

b. 轰击偏压。在间热式电子枪中，可用轰击偏压来控制电子束电流值。随着轰击偏压的增大，电子束电流不断增大。

c. 电子束电流。在一定加速电压下，电子束电流（束流）取决于轰击偏压和灯丝电流。一般情况下，随着电子束电流的增加，焊缝熔深也相应增加。

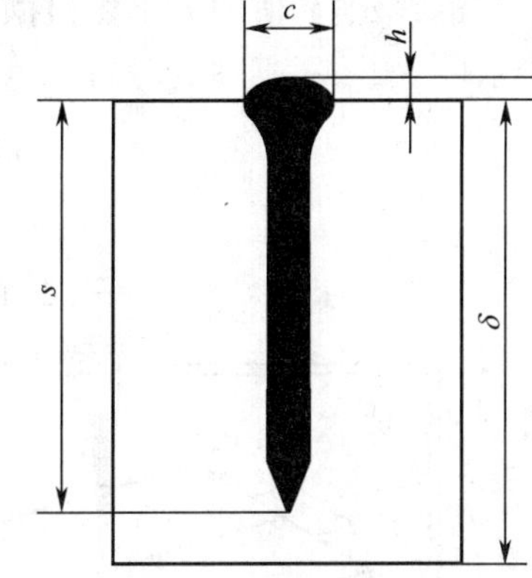

图 4-26　电子束焊缝形状

d. 聚焦电流。它是流过聚焦透镜线圈的电流，在一定加速电压下，聚焦电流是影响熔深的主要因素。聚焦电流有一个最佳范围，其大小随着加速电压的改变而改变。聚焦电流与最佳值相差过大时，电子束焦点变大，能量密度降低，此时热量主要作用于焊件表面。在最佳的聚焦电流作用下，随着加速电压和电子束电流增加，熔深与熔宽之比也相应增加。

e. 工作距离。工作距离是指聚焦透镜与焊件之间的距离，它对聚焦质量有很大影响。工作距离增大，聚焦电流减小，熔深相应减小。

f. 焊接速度。在其他焊接工艺参数不变的情况下，焊缝熔深和熔宽随着焊接速度提高而略有减小。

g. 真空度。在一定的工作距离和加速电压下，存在一个临界直空度。所谓临界真空度，即在一定条件下，熔深为最大值时的真空度。若再提高真空度，熔深将不发生变化。当工作距离越短或加速电压越高时，临界真空度越低；在低于临界真空度时，真空度越高，则熔深越大。

③ 真空电子束焊接工艺。

a. 焊前准备。电子束焊的焊前准备工作十分重要，它直接影响到焊接质量和焊接过程的稳定性。焊前准备主要包括接头形式的选择及装配、焊件表面的清理及焊件装配。

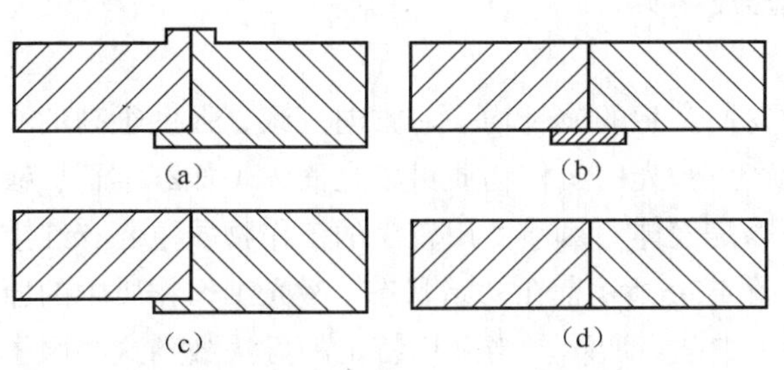

图 4-27　电子束焊几种对接接头形状

● 接头形式及接头装配。真空电子束焊接头形式，多为不开坡口对接接头和锁边形状的对接接头，如图 4-27 所示。由于电子束焦点小而能量集中，所以对焊件坡口机械加工精度以及装配质量有严格要求，对焊缝边缘要求平整、贴紧，一般不留间隙，以免焊后出现焊穿和焊缝下凹的现象。焊件必须定位和牢固夹紧后再施焊，以免在焊接过程中因热变形使间隙增大而影响焊缝成形。为防止焊缝表面下凹的现象，有时把接头加工成图 4-27（a）的形状。

● 焊件表面的清理。焊件表面的清洁度与真空度关系十分密切，如焊件表面有油污和铁锈等污染物，会导致焊接过程中真空度突然下降，影响焊缝质量，甚至产生电子枪断电的现象。焊件表面的清理，一般先用喷砂等机械清除，后用甲醇、丙酮或汽油等溶剂擦洗、吹干。

b. 焊接操作。电子束焊时电子束必须垂直于焊件，否则对大厚度焊件的焊接容易产生焊透和焊偏的现象。

● 直缝的焊接。为确保焊缝质量，在对接直缝起焊处和收尾处必须使用引出板，直焊缝焊接如图 4-28 所示。

- 环焊缝的焊接。在焊接环焊缝时，为确保电子束对准焊缝，一般采用小电子束电流焊接。焊接结束时电流需衰减，以保证收尾质量。另外，在焊环焊缝时，电子束应置于焊件前一定距离 a，其值的大小要根据焊接速度、电子束流和焊件直径来决定。环焊缝焊接如图 4-29 所示。

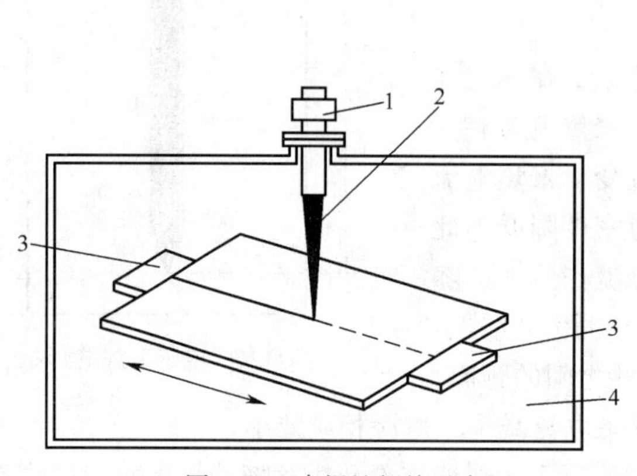

图 4-28　直焊缝焊接示意图

1—电子枪　2—电子束　3—引出板　4—真空焊接室

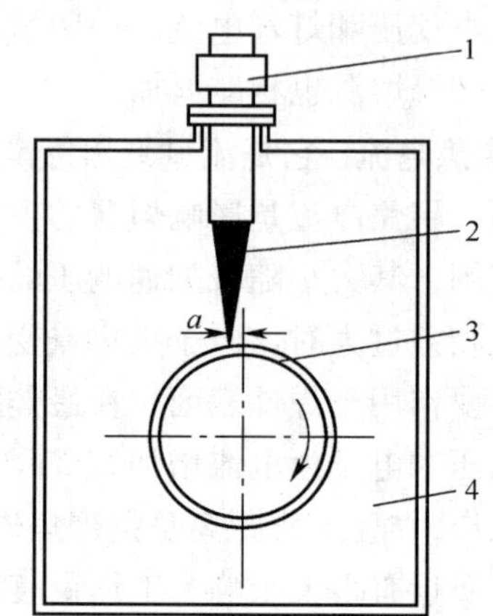

图 4-29　环焊缝焊接示意图

1—电子枪　2—电子束　3—焊件　4—真空焊接室

焊接结束后，必须待焊件冷却后才能开启真空室，否则易使焊件氧化和产生裂纹。

2. 激光焊

激光技术是 20 世纪 60 年代初期发展起来的一项新兴的技术。它与普通光源（电灯光、太阳光、荧光）相比，具有能量密度高、单色性好以及方向性强等特点。激光焊的基本原理是利用激光器产生的激光光束，经聚焦后可达 10^5W/cm^2 以上的能量密度，当作用于焊件接缝处时，焊件吸收光能而转换为热能，便可使金属熔化形成接头。

（1）激光的产生原理

利用原子受激辐射的原理，工作物质受激发而产生的波长均一、方向一致、强度很高的光束称为激光。产生激光的器件称为激光器。能产生激光的工作物质可以是固体（如红宝石、钕玻璃），可以是气体（如 CO_2、氦—氖），也可以是液体。目前使用较广的工作物质主要有红宝石、钕玻璃以及 CO_2 气体等。激光形成过程如图 4-30 所示。在初始状态，激光工作物质中的原子都处于低能级，也就是基态，如图 4-30（a）中圆点所示。当采用特定的方法激励这些原子时，如图 4-30（b）中箭号所示，绝大部分原子被激发到高能级，即图 4-13（a）中圆点转换为图 4-30（b）中圆圈。处在高能级的原子，有少数回到基态的同时产生自发辐射，这些自发辐射的光子在前进中将引起其他原子辐射，并使工作物质沿着轴线方向的辐射得到显著加强，如图 4-30 所示。但是这时的光还很弱，如果在工作物质的两端加两块平行反射镜，便构成了谐振腔，这样可使已经得到初步放大的受激辐射光子在被激活的工作物质内部来回反射，产生振荡，使光进一步放大，如图 4-30（d）所示。受激发射光子经过振荡达到最强，其中一部分从具有部分透过能力的反射镜一端输出成为激光束，如图 4-30（e）所示。对于连续输出的激光器，这时就达到了稳定的激光输出；对于脉冲输出的激光器，当激光输出最强时，由于受激辐射使得高能级粒子数目减少，低能级粒子数目增多，从而使激光减弱，甚至停止，只有新的激励才会产生又一个脉冲输出。

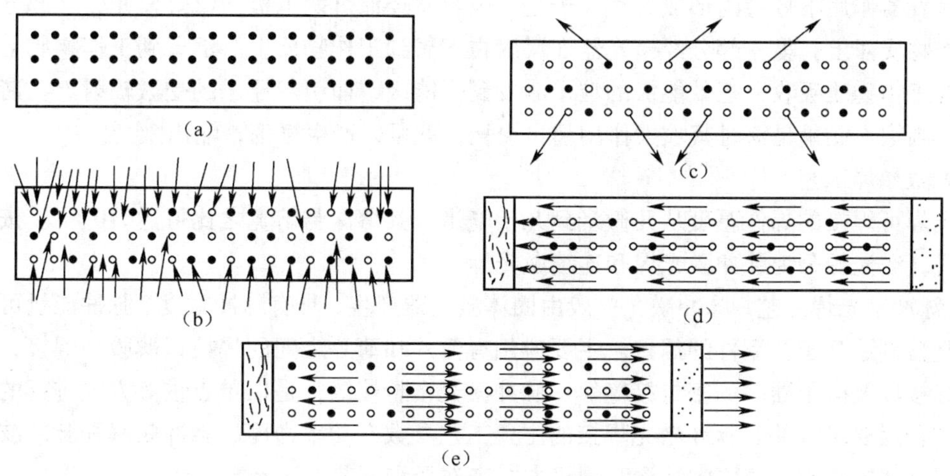

图 4-30　激光的形成过程

（2）激光的特点

激光具有如下特点。

- 方向性强。激光束只能沿着谐振腔的轴线方向传播，因此所有受激发射的光子都沿同一方向运动，发散角很小，这样使激光束具有很强的方向性。
- 单色性好。激光是目前最纯的光。光的单色性用光的波长范围来衡量，又常把光的波长范围定义为光的谱线宽度，其宽度越小，光的单色性越高。
- 亮度高。激光可以聚集成极小的斑点，能量高度集中，因而具有极高的光亮度。一台较高水平的红宝石激光器的亮度是太阳表面亮度的 2×10^{10} 倍左右。

（3）激光器结构及其原理

① 激光器的结构。图 4-31 所示为固体脉冲激光器的结构示意图。其主要组成部分为工作物质、激励源和谐振腔。除上述三部分外，为了更好地利用光泵（图中直流脉冲氙灯）发出的光，把光泵发出的光从四面八方反射回工作物质，固体激光器中还采用于聚光器 3。为了使光泵发光，还要有一套供电系统，它是由储能电容器 10、充电机 1 和触发器 9 组成的。

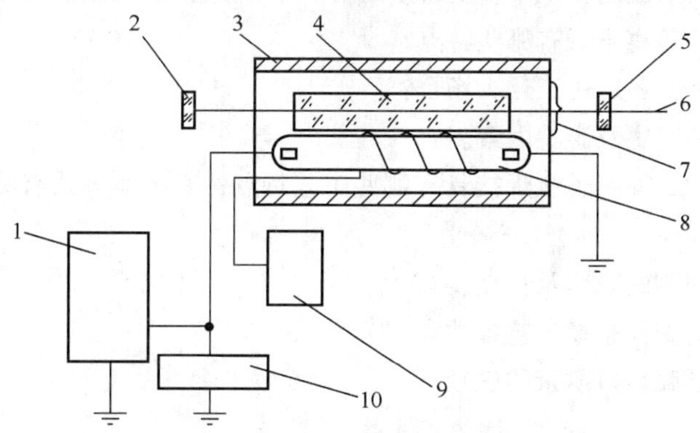

图 4-31　固体脉冲激光器的结构示意图

1—充电机　2—全反射镜　3—聚光器　4—工作物质　5—部分反射镜　6—激光
7—谐振腔　8—直流脉冲氙气　9—触发器　10—电容器组

② 工作原理。电容器组 10 经充电机 1 充电到高压，加在氙灯 8 电极两端，在高压脉冲（几

万伏）触发器作用下灯管内形成火花。于是，电容器经氙灯两电极使氙灯发光，一部分直接照射到工作物质 4 上；另一部分经聚光器 3 反射再汇聚到工作物质上。汇聚到工作物质上的光能一部分被工作物质吸收，把低能级的粒子激发到高能级，而引起原子的受激辐射。在谐振腔的作用下，当输入能量足够时其放大作用超过损耗，就可以产生振荡，输出激光。

（4）激光焊工艺

激光焊可焊接的焊件厚度从几微米到几十毫米，其熔深与熔宽之比可达 10：1。按激光器工作方式，激光焊分为脉冲激光焊和连续激光焊。

① 脉冲激光焊工艺。脉冲激光一般由固体激光器产生，具有脉冲宽度、脉冲能量可调等特点，因此特别适合于微型件的焊接。主要应用有薄片和薄片之间的焊接，薄膜的焊接，丝与丝之间的焊接以及电子器件的密封接缝等。脉冲激光密封接缝，是以单点重叠方式进行的，焊点重叠度与密封要求有关。脉冲激光焊接的主要工艺参数有功率密度、脉冲频率和脉冲波形等，一般根据金属的性能、需要的熔深和焊接方式来选择和调节上述参数。

脉冲激光焊的连接方式一般根据焊件类别和接头形式而定。薄片与薄片之间的连接有对接、端接、深穿入熔化焊以及穿孔焊等 4 种形式。丝与丝之间的连接有端接、交叉连接等几种形式。

② 连续激光焊工艺。连续激光焊接可以使用大功率的掺钕钇铝石榴石连续固体激光器，但目前用得最多的还是二氧化碳气体连续激光器。连续激光焊在激光器输出功率较低时，光的反射损失较大。为减少光能反射损失，通常对被焊材料表面进行适当的处理（如黑化处理）。当激光器输出功率达到千瓦以上时，金属表面焊接处熔化形成孔穴，近似黑体。当功率密度再高时，金属表面急剧蒸发，在焊接熔池上形成蒸汽云（或称等离子体），会使材料吸收光能的能力显著下降，因此必须采取措施去除这种蒸汽云。

习 题

1. 等离子弧是如何形成的？从本质上讲形成等离子弧的主要原因是什么？
2. 与自由电弧相比等离子弧有哪些特点？
3. 等离子弧分几种？各适用于什么场合？
4. 简述双弧现象的产生及影响因素。
5. 与钨极氩弧相比，等离子弧焊接具有哪些工艺特点？其基本方法有哪几种？各适用于哪些范围？
6. 试述等离子弧切割的原理及特点。
7. 等离子弧切割时如何选择工艺参数？
8. 简述提高等离子弧切口质量的途径。

项目五 电阻焊

电阻焊（Resistance Welding）是将被焊工件压紧于两电极之间，并通以电流，利用电流流经工件接触面及邻近区域产生的电阻热效应将它加热到熔化或塑性状态并施加一定压力，使之形成金属结合的一种方法。随着航空航天、电子、汽车、家用电器等工业的发展、电阻焊越加受到广泛的重视。同时，对电阻焊的质量也提出了更高的要求。

任务一　点焊

【学习目标】

1. 能够正确描述电阻焊的实质、分类及特点
2. 能够正确描述电阻焊的基本原理
3. 能够正确描述点焊的设备结构与工作原理
4. 能够正确描述点焊的焊接原理
5. 能够准备点焊操作的各种劳动保护
6. 能够正确选择点焊的参数，并使用电阻焊设备规范地进行焊接操作

一、任务分析

点焊（电阻点焊）是在电极压力作用下，通过电阻热来加热熔化金属，断电后在压力下结晶而形成焊点焊接方法。汽车制造时，车辆各类钢板制件大多使用点焊方式连接。在对汽车车身进行板件更换、挖补等方式修理时，也应使用点焊。

二、相关知识

（一）电阻焊的分类

电阻焊的种类较多，可按多种方式分类。按工艺方法分类如图 5-1 所示。按电源种类分类如图 5-2 所示。

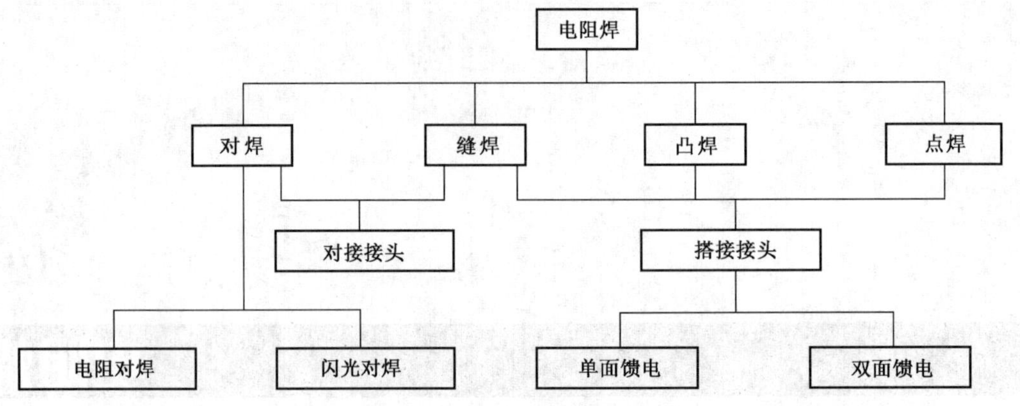

图 5-1　按工艺方法的电阻焊分类

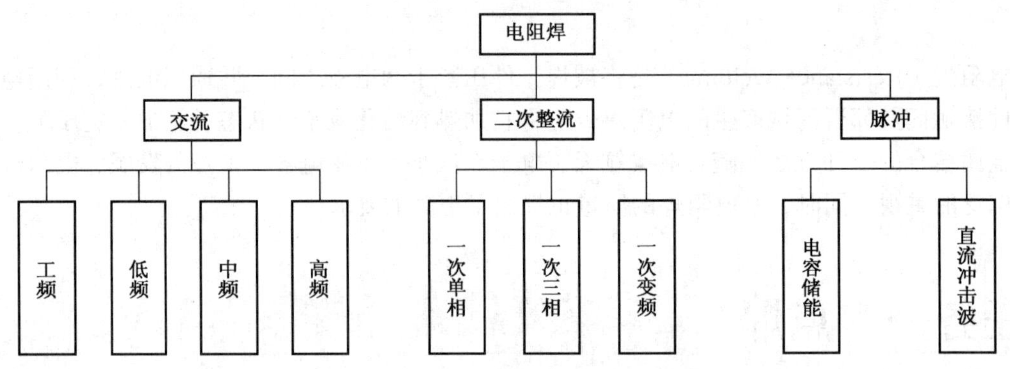

图 5-2　按电流种类划分的电阻焊分类

1. 点焊

点焊及其接头如图 5-3（a）所示。接头装配为搭接形式，电源通过电极向焊件通电加热，在焊件内部的熔化核心达到预定的要求后即可切断电流，在压力作用下凝固结晶形成焊点。在焊点周围有一个环状尚未达到熔化状态的塑性变形区，称为塑性环。它有防止空气对熔化金属的侵袭和防止熔核飞溅的作用。

点焊按工件供电方式分为单面点焊和双面点焊两种。单面点焊是在焊件的一侧供电，通电一次可焊成一个焊点或两个焊点。它直接在装配夹具上施焊，通常用在焊件尺寸较大、夹具笨重而不便移动，或受夹具限制而不便使用通用焊机的场合，例如汽车、飞机等大型薄板冲压件的装配生产线上点焊。双面点焊则是一般电阻点焊中通常使用的点焊方法。

点焊还可按一次形成焊点的数目分为单点、双点、多点焊几种类型。多点焊通常用于大批量生产的焊接结构中。

2. 凸焊

凸焊是点焊的一种变形，通常是在两板件之一上冲出凸点，然后进行焊接。由于电流集中，克服了点焊时熔核偏移的缺点，因而凸焊时工件的厚度比可以超过 6∶1。凸焊时，电极必须随着凸点的被压馈而迅速下降，否则会因失压而产生飞溅，所以应采用电极随动性好的凸焊机。

3. 缝焊

缝焊及其接头形式如图 5-3（b）所示。它实际上是点焊的延伸，缝焊用一个圆形的滚盘代替点焊时的柱状电极，焊接时电极一面通电、加压，同时滚动，即可得到连续焊缝。在实际生产过程中，为了提高电极使用寿命，保证焊接质量，其通电电流通常是断续的，在焊件上形成一个个焊点，并使每个焊点之间相互重叠而形成焊缝。缝焊一般用于有气密性要求的构件焊接，如汽车油箱、消声器等。在某些情况下为了提高点焊的速度，也可考虑用滚点焊法进行点焊，即使用缝焊方法，只要焊点之间不重叠即可。

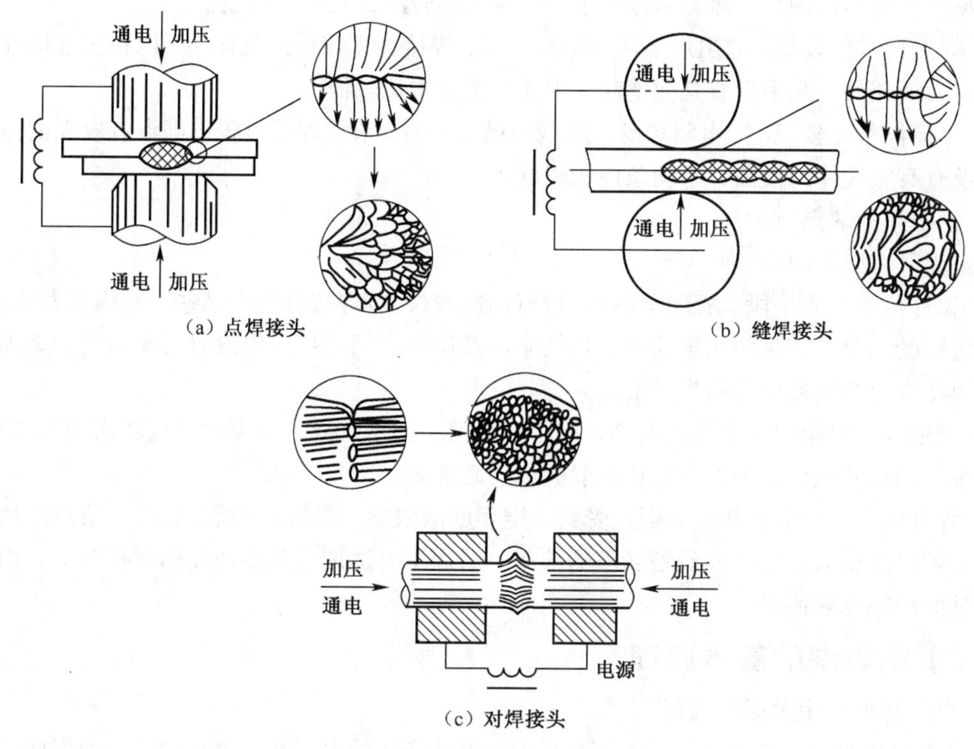

图 5-3　电阻焊接示意图

4. 对焊

对焊及其接接头如图 5-3（c）所示，它的接头一般为对接形式。对接一般按加压及通电方式的不同分为电阻对焊、闪光对焊及滚对焊几种。

（1）电阻对焊与闪光对焊

两者均是基本的对焊方法。焊接时把焊件分别夹持在两对夹具之间，将焊件的两端面对准，并在接触处通电加热进行焊接。电阻对焊与闪光对焊的区别在于操作方法不同，电阻对焊是焊件对正加压后再通电加热；而闪光对焊则是先向焊件通电，而后使焊件接触建立闪光过程进行加热。

（2）滚对焊

这是一种特殊的对焊方法，它与某些成型工艺相配合，适用于制造焊接钢管。当采用中频电源时，其生产率可达 60m/min；若采用高频电源，还能获得更高的生产率。采用滚对焊时可生产直径为 6～600mm，厚度为 0.15～20mm，直径与厚度之比达到 15～20 的各类钢管。

（二）电阻焊的特点

1. 电阻焊的优点

电阻焊具有以下优点。

① 焊接生产率高。例如，点焊时，通用点焊机的生产率约为每分钟 60 点，若用快速点焊机则可达到每分钟 500 点以上；对焊直径为 400mm 的棒材每分钟可焊一个接头；缝焊厚度 1～2mm 的薄板时，其焊速可达每分钟 0.5～1mm。因此，电阻焊非常适用于大批量生产。

② 焊缝质量好。电阻焊冶金过程简单，焊缝金属的化学成分均匀，并且基本上与母材一致。热作用集中，受热范围小，热影响区很小，焊接变形较小，且容易控制。

③ 焊接成本比较低。电阻焊不使用填充材料，焊接也无需保护气体，所以在正常情况下除必要的电力消耗外，几乎没有其他消耗，因此焊接成本比较低。

④ 焊接操作比较规范。电阻焊易于实现机械化和自动化，焊接过程中即没有较强的弧光辐射，也没有有害气体的侵蚀，劳动条件比较好。

2. 电阻焊的缺点

电阻焊具有以下缺点。

① 无易行的检测手段。由于焊接过程进行的比较快，若焊接过程中某些工艺因素发生波动，对焊接过程的稳定性产生较大影响时，往往来不及调整；同时焊后也没有简便易行的无损检测手段，因此重要结构使用电阻焊应慎重。

② 价格高。电阻焊设备比较复杂，除了必要的电力系统外，还需要精度较高的机械系统、液压系统，因而其整套设备的价格比一般焊机要高许多。

③ 焊件的厚度、形状和接头形式受到一定程度的限制。例如，点焊、缝焊一般只适用于薄板搭接；若厚度太大，则受到设备功率的限制。对焊主要适用于紧凑截面的对接接头，而对薄板类零件的焊接比较困难。

（三）电阻焊的基本原理

1. 电阻热的产生及影响因素

电阻焊的热源是电流通过焊件内部及其接触处所产生的电阻热。其热的产生及影响产热的因素由下式决定：

$$Q = I^2 Rt \tag{5-1}$$

式中：Q——产生的热量（J）；

I^2——焊接电流（A）的平方；

R——电极间电阻（Ω）；

t——焊接时间（s）。

（1）电阻 R 的影响

式（5-1）中电极间的电阻包括焊件本身电阻（R_w），两工件间接触电阻（R_c）、电极与工件间接触电阻（R_{ew}）三部分，如图 5-4 所示。

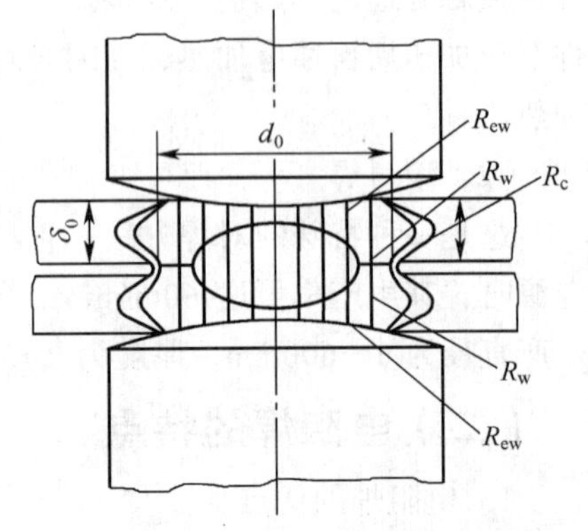

图 5-4　点焊时电阻分布和电流线

点焊时的电阻：

$$R = 2R_w + R_c + 2R_{ew} \tag{5-2}$$

① 焊件本身电阻（R_w）。当工件和电极已定时，工件的电阻（R_w）阻值取决于它的电阻率（ρ）。因此，电阻率是被焊材料的重要性能。电阻率高的金属其导热性差（如不锈钢），电阻率低的金属其导热性好（如铝合金）。

因此，点焊不锈钢时产热易而散热难，点焊铝合金时产热难而散热易。点焊时，前者可以用较小电流（几千安培），后者就必须用很大电流（几万安培）。

金属的电阻率不仅取决于金属的成分，还取决于金属表面状态和温度，随着温度的升高电阻率增大，因此当金属熔化时电阻率要高 1～2 倍。在焊接时，随着温度的升高除了焊件电阻（R_w）阻值增大外，金属的压溃强度降低，使焊件与焊件之间、焊件与电极之间的接触面积增大，电流线分布分散，因而引起焊件电阻（R_w）减小。在上述两种相互矛盾的因素影响下，加热开始时，电阻（R_w）逐渐增大，当熔核形成后又逐渐减小。

② 焊件间接触电阻（R_c）。接触电阻（R_c）由两部分组成：一是焊件表面氧化膜或污物层，它使电流受到较大阻碍，过厚的氧化膜或污物层会导致电流不能导通；二是由于焊件表面的凹凸不平，使焊件在粗糙表面形成接触点，如图 5-5 所示。在接触点形成电流线的集中，增加了接触处的电阻 R_c。

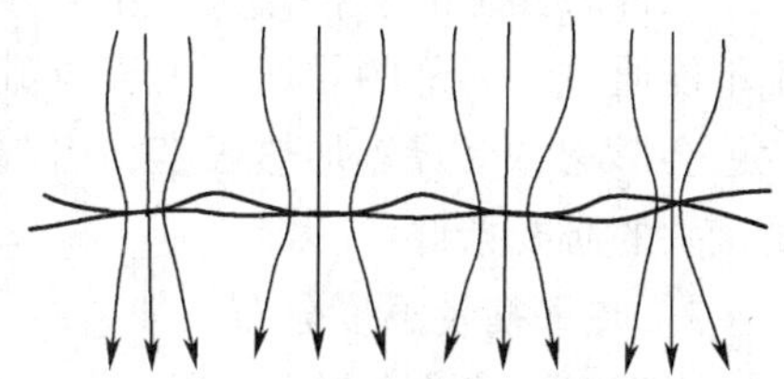

图 5-5　电流经微观粗糙表面时的电流线

电极压力增加或温度升高使金属达到塑性状态时，都会导致焊件间接触面积增加，促使接触电阻（R_c）减小。因此，当焊件表面较清洁时，接触电阻仅在通电开始时极短时间内存在，随后就会迅速减小以至消失。接触电阻尽管存在时间较短，但在点焊极薄的铝镁合金时，对熔核的形成仍有显著影响。

③ 电极与工件间接触电阻（R_{ew}）。由于电极材料通常是铜合金，电阻率比一般焊件低，因此电极与工件间接触电阻（R_{ew}）比 R_c 更小，对熔核的形成影响也更小。

（2）焊接电流的影响

从式（5-1）可见，电流对产热的影响比电阻和时间两者都大。因此，在电阻焊过程中，它是一个必须严格控制的参数。引起电流变化的主要原因是电网电压波动和交流焊机次级回路阻抗变化。阻抗变化的原因是回路的几何形状变化或因在次级回路中引入了不同磁性金属。对于直流焊机，次级回路阻抗变化对电流无明显影响。

除焊接电流总量外，电流密度也对加热有显著影响。已焊成焊点的分流，以及增大电极接触面积或凸焊时的凸点尺寸，都会降低电流密度和焊热接热，从而使接头强度显著下降。

（3）通电时间的影响

为了保证熔核尺寸和焊点强度，焊接时间与焊接电流在一定范围内可以互为补充。获得一定强度的焊点，可以采用大电流和短时间（强条件，又称强规范），也可以采用小电流和长时间（弱条件，又称弱规范）。选用强条件还是弱条件，则取决于金属的性能、厚度和所用焊机的功率。但对于不同性能和厚度的金属所需的电流和时间，都仍有一个上、下限，超过此限，将无法形成合格的熔核。

（4）电极压力的影响

电极压力对两电极间总电阻（R）有显著影响，随着电极压力的增大，R 显著减小。此时焊接电流虽略有增大，但不能影响因 R 减小而引起的产热的减少。因此，焊点抗剪强度总是随着电极压力的增大而降低，如图 5-6 所示。在增大电极压力的同时，

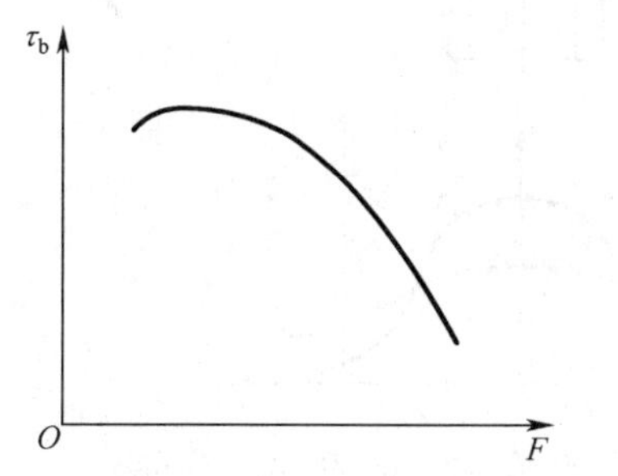

图 5-6　电极压力 F 对焊点抗剪强度 τ_b 的影响

增大焊接电流或延长焊接时间，以弥补电阻减小的影响，可以保持焊点强度不变。采用这种焊接条件有利于提高焊点强度的稳定性。电极压力过小，将引起飞溅，也会使焊点强度降低。

（5）电极形状及材料性能的影响

由于电极的接触面积决定着电流密度，电极材料的电阻率和导热性关系着热量的产生和散失，因而电极的形状和材料对熔核的形成有显著影响。随着电极端头的变形和磨损，接触面积将增大，焊点强度将降低。

（6）工件表面状况的影响

工件表面上的氧化物、污垢、油和其他杂质增大了接触电阻。过厚的氧化物层甚至会使电流不能通过。局部的导通，由于电流密度过大，则会产生飞溅和表面烧损。氧化物层的不均匀性还会影响各个焊点加热程度，引起焊接质量的波动。因此，彻底清理工件表面是保证获得优质接头的必要条件

2. 热平衡及温度分布

点焊时，产生的热量只有一小部分用于形成焊点，较大部分因向临近物质传导或辐射而损失掉了，其热平衡方程式为

$$Q = Q_1 + Q_2 \tag{5-3}$$

式中：Q_1——形成熔核的热量；

Q_2——损失的热量。

有效热量（Q_1）取决于金属的热物理性能及熔化金属量，而与所用的焊接参数无关。Q_1=（10%～30%）Q，导热性好的金属（铝、铜合金等）取下限；电阻率高、导热性差的金属（不锈钢、高温合金等）取上限。损失热量（Q_2）主要包括通过电极传导的热量（30%Q～50%Q）和通过工件传导的热量（20%Q 左右）。辐射到大气中的热量占 5%左右。

经电极传导的热能主要是散热损失，损失多少与电极材料、电极形状、冷却条件以及所采用的焊接工艺有关。例如，用硬规范焊的热损失就要比采用软规范焊的热损失小得多。由于损失的热量随焊接时间的延长和金属温度的升高而增加，因此，选用小电流时，只通过延长焊接时间将无助于熔核的增大，说明小功率的焊机不能焊厚板及铝合金。

在对不同厚度的焊件进行点焊时，还可以通过控制电极的散热，以改善熔核的偏移，增加薄板一侧的熔透率。

焊接区的温度分布是产热与散热的综合结果，点焊加热终了时温度分布如图 5-7 所示。最高温度总是处于焊接区中心，超过金属熔点（T_m）的部分形成熔化核心。核内温度可能大大超过熔点，但在电磁力作用下，温度要进一步升高是困难的。

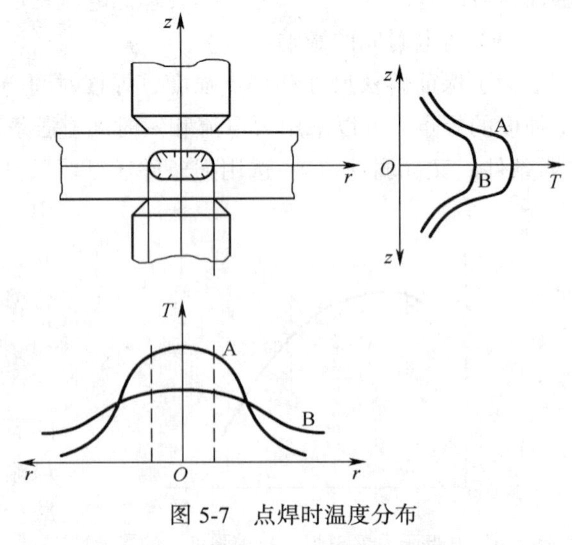

图 5-7　点焊时温度分布

A—焊钢时　B—焊铝合金时

由于电极散热较快，从核界到工件表面的温度梯度较大，外表面的温度通常不超过（0.4～0.6）T_m。

温度在熔核径向也随着离开核界距离的增加而降低，被焊金属的导热性越好、所用

规范越软，这种降低就越平缓，温度梯度也越小。

缝焊时，由于熔核不断形成，对已焊部位起后热作用，故缝焊时温度梯度比点焊时要小，但温度分布沿焊件前进方向不对称，如图 5-8 所示。焊速越快，散热条件越差，则预热作用越小，因此温度分布不对称的现象越明显。采用硬规范的缝焊能改善这种现象，使其温度分布接近点焊。

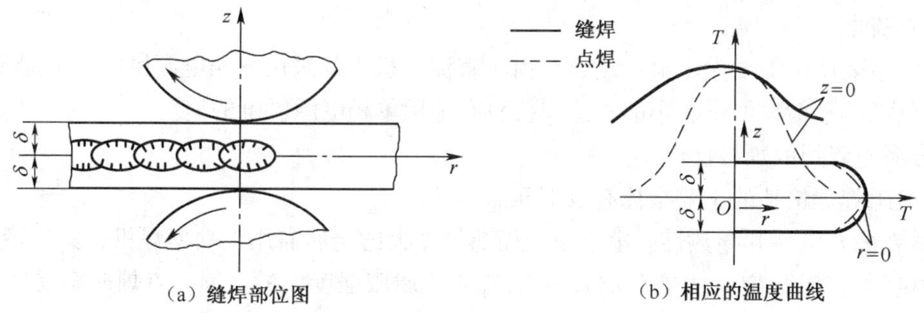

（a）缝焊部位图

（b）相应的温度曲线

图 5-8　缝焊时温度分布

温度分布曲线越平缓，则接头的热影响区越大，焊件表面越容易过热，电极也越容易磨损。因此，在焊机功率允许的条件下，宜采用硬规范进行焊接。

3. 焊接循环

电阻焊的焊接循环由 4 个基本阶段组成，如图 5-9 所示。

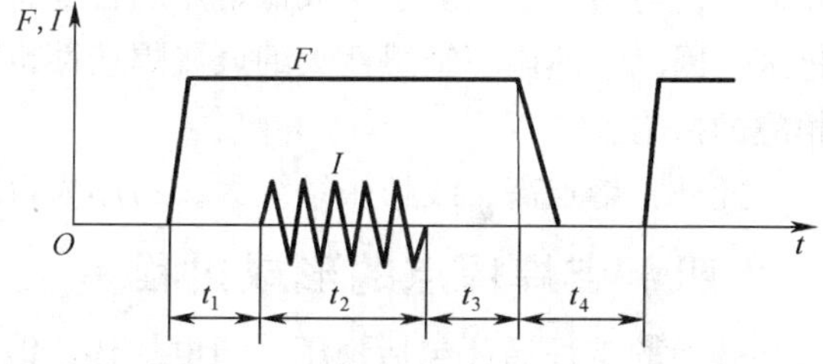

图 5-9　点焊和凸焊时的焊接循环

- 预压时间（t_1）。预压时间是从电极开始下降到电流接通阶段的时间，这一时间是为了确保在通电之前电极压紧工件，使工件间能紧密接触。
- 通电加热时间（t_2）。通电加热时间是焊接电流通过工件，并形成熔核的时间。
- 维持时间（t_3）。维持时间是焊接电流切断后，电极压力继续维持的一段时间。在此时间熔核凝固并具有足够的强度。
- 休止时间（t_4）。电极开始提升到电极再次开始下降，准备在下一个待焊点开始下一个焊接循环。休止时间只适用于焊接循环进行的场合。

通电焊接必须在电极压力达到规定的值后才能进行，否则会因压力过低而引起飞溅。电极提升必须在焊接电流切断之后进行，否则电极间将引起火花，有时会烧穿焊件。

为了改善焊接接头的性能，有时需要将下列各项中的一个或多个加于基本循环。

① 加大预压力以消除厚工件之间的间隙，使之紧密贴合。

② 用预热脉冲提高金属的塑性，使工件易于紧密贴合、防止飞溅。凸焊时这样做可以使多个凸点在通电焊接前与平板均匀接触，以保证各点加热的一致。

③ 加大锻压力以压实熔核，防止产生裂纹或缩孔。

④ 用回火或缓冷脉冲消除合金钢的淬火组织，提高接头的力学性能，或在不加大锻压力的条件下，防止裂纹和缩孔。

4. 焊接电流的种类和适用范围

（1）交流电

通常是单相 50Hz 的交流电，常用的电压为 1～25V，电流为 1～100kA。

交流电可以通过调幅使电流缓升、缓降，以达到预热和缓冷的目的，这对于铝合金焊接十分有利。交流电还可以用于多脉冲点焊，即用于两个或多个脉冲之间，留有冷却时间，以控制加热速度。这种方法主要应用于厚钢板的焊接。

（2）直流电

电流电主要用于需要大电流的场合。由于直流焊机大都采用三相电源供电，可避免单相供电时三相负载不平衡，但中、小的直流焊机也有采用单相电源供电的。

5. 金属电阻焊的焊接性

评定电阻焊焊接性的主要指标有以下几点。

① 材料的导电性和导热性。电阻率小而热导率大的金属需用大功率焊机，其焊接性较差。

② 材料的高温强度。高温（$0.5T_m$～$0.7T_m$）下屈服强度大的金属，点焊时容易产生裂纹、飞溅、缩孔等缺陷，需要使用大的电极压力。必要时还需在断电后施加大的锻压力，焊接性较差。

③ 材料的塑性温度范围。塑性温度范围较窄的金属（如铝合金），对焊接工艺参数的波动非常敏感，焊接性差。因此，要求使用能精确控制工艺参数的焊机，并要求电极的随动性好。

④ 材料对热循环的敏感性。在焊接热循环的影响下，有淬火倾向的金属易产生淬硬组织，冷裂纹；与易熔杂质易于形成低熔点的合金，易产生结晶裂纹；经冷却作强化的金属易产生软化区。因此，热循环敏感性大的金属焊接性也较差。焊接时为防止这些缺陷的发生，必须采用相应的措施。

此外，熔点高、线膨胀系统大、易形成致密氧化膜的金属，其焊接性也比较差。

（四）点焊焊点的形成过程

普通的点焊循环包括预压、通电加热、锻压和休止四个相互衔接的阶段。通电前的加压为预压阶段；加热熔化金属形成熔核称为通电加热阶段；断电后焊点在压力作用下冷却结晶称为锻压阶段；一个焊点焊完并转向下一个焊点的间隔时间称为休止阶段。但具体焊点的形成只在前三个阶段，在此期间所发生的物理过程对焊点质量有较大影响。

1. 预压阶段

预压是为了在通电前使焊件之间紧密接触，并使接触面的凸点处产生塑性变形，破坏表面的氧化膜，以获得稳定的接触电阻。因此，焊机电极预压力在焊接电流接通前即应达到规定值。若电极预压力不足，可能只在少数接触点上形成较大电阻，产生较大电阻热，接触点处的金属很快熔化，并以火花形式飞溅出来，产生所谓的初期飞溅。此时，焊件可能会烧穿，电极可能被烧损。当焊件较厚，结构刚性较大或焊件表面质量较差时，为了使焊件表面紧密接触，稳定电阻，可以加大预压力或在预压阶段施加辅助电流。此时的预压力通常为正常压力的 0.5～1.5 倍；而辅助电流为正常焊接电流的 1/4～1/2。加辅助电流的目的是通过预热使焊件产生塑性变形。

2. 通电加热阶段

预压使工件紧密接触后，即可通电焊接。当焊接工艺参数合适时，总是在电极夹持处的两焊件接触面上，在压力作用下，焊件间接触点内开始形成塑性环与熔核，并随着通电时间的加长而长大，直至所需熔核大小。熔核在压力下结晶，结晶后在焊件间形成牢固的结合。

熔核内的熔化金属被塑性金属塑性环包围，如果这个环不够紧密，部分液体金属将会溢出，形成飞溅。飞溅经常在下列两种情况下出现。

① 在过程开始时加热过快且电极压力过小，导致塑性环形成前金属开始熔化。

② 在点焊过程终了时，由于熔核直径很大，较薄的环已经开始弯曲，熔核中液压增大而使塑性环破坏，如图 5-10（a）所示；或者由于熔核厚度过大而发生表面烧穿，如图 5-10（b）所示。

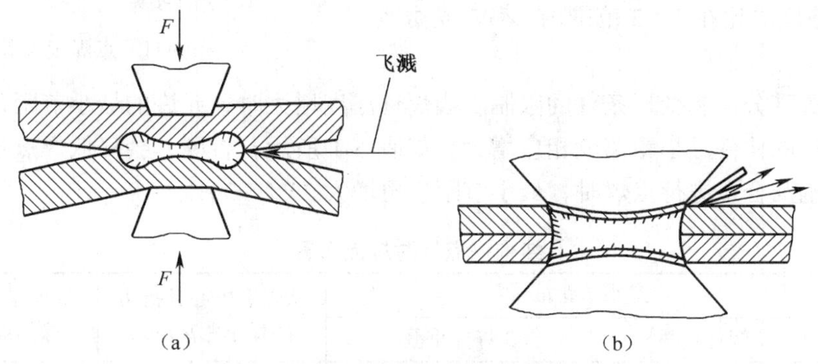

图 5-10　点焊的终期飞溅

在合理的点焊过程中，熔核直径随焊件厚度的增大而增大，通常要满足下列关系式：

$$d_s=(2\delta+3)\text{mm} \tag{5-4}$$

式中：d_s——熔核直径（mm）；

δ——焊件中薄件的厚度（mm）。

在电极压力作用下，焊件表面也会形成凹陷。

3. 锻压阶段（冷却结晶阶段）

当熔核达到合适的形状与尺寸后，切断焊接电流。熔核在电极压力作用下冷却结晶。结晶一般从温度较低、散热能力较强、首先达到结晶温度的熔核边界开始，即从半熔化晶粒表面开始，以枝晶形式沿着与散热相反的方向生长。枝晶生长过程取决于被焊金属及焊接参数。在焊接钢时，几乎全部是枝晶组织。

熔核结晶是在封闭的金属模内进行的，结晶时不能自由收缩，用电极挤压就可使正在结晶的金属变得紧密；使之不会产生缩孔和裂纹。因此，电极压力要在焊接电流断开、熔核金属全部结晶后才能停止作用。板厚为 1～8mm，锻压时间相应为 0.1～2.5s。

当焊接较厚焊件时（铝合金$\delta>1.5$～2mm，钢$\delta>5$～6mm），因熔核周围的金属膜较厚，常采用在切断电流经间歇时间 0～0.2s 后加大锻压力的焊接循环。如果锻压力加得太早，就会挤出熔化金属而产生飞溅；若锻压力加得太迟，则会因熔化金属已凝固而失去作用。

根据实际情况，工艺调节是多种多样的。热裂纹倾向较大的材料可采用附加缓冷脉冲的工艺点焊。这样可降低熔核的凝固速度，同时增加电极的压实作用，防止裂纹和缩孔。经调质处理的材料可采用电极间焊后热处理的工艺，以改善因快速加热、冷却而引起的脆性淬火组织。选用马鞍形、阶梯形等不同形式的压力循环，以满足不同的质量要求。

（五）点焊接头形式及接头结构

最常见的点焊接头是板材的搭接接头及卷边接头，如图 5-11 所示。圆棒的横交叉点焊也常用，圆棒间接触面积小，电流密度大，可在功率较小的点焊机上进行。平行圆棒间的点焊和圆棒与板材间的点焊，由于接触面比较大，焊接比较困难。弯曲棒与板材作 T 形点焊是很方便的。在重要结构上，同时点焊的焊件数目尽量不超过两点。因为随焊点数目的增加，分流的影响更大，焊点强度就更不稳定。两板厚度之比在 1∶3 范围内，都能成功地进行点焊。

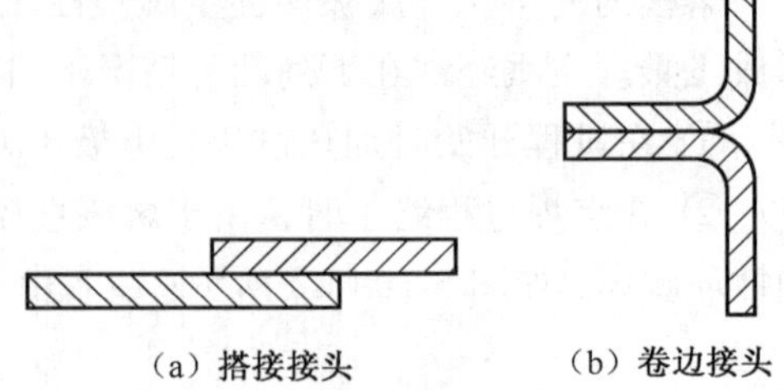

图 5-11　点焊接头形式

焊点的布置受分流和变形条件的限制。当焊件厚度增大时，允许的最小节距及从焊点中心到阻碍焊件变形的构件最小距离就相应增大，如表 5-1 所示，否则，会降低焊点强度。电阻率较高的奥氏体钢及合金进行点焊时，最小节距应再增大 25%～30%。

表 5-1　　结构钢点焊时焊点布置

焊件厚度/mm	最小节距/mm		从焊点中心到折边的最小距离/mm	从焊点中心到焊件边缘的最小距离/mm
	2 焊件重叠	3 焊件重叠		
1	12	20	8	6
2	18	30	12	9
3	26	40	18	10
4	36	50	25	12

对点焊接头的结构形式的要求，由焊接工艺及所选用的设备确定。在特殊的装备上能进行形状十分复杂结构的点焊。在通用式焊机及简单夹具上点焊时，焊接结构的设计要遵循下列原则。

① 伸入焊机回路内的铁磁体焊件或夹具的长度（a）应尽可能小，并在焊接过程中不能剧烈地变化，如图 5-12（a）所示。因为在焊机回路内铁磁体能使回路阻抗增大，使焊接电流减小。带折边的结构（见图 5-12（b））比箱形结构（见图 5-12（c））合理。

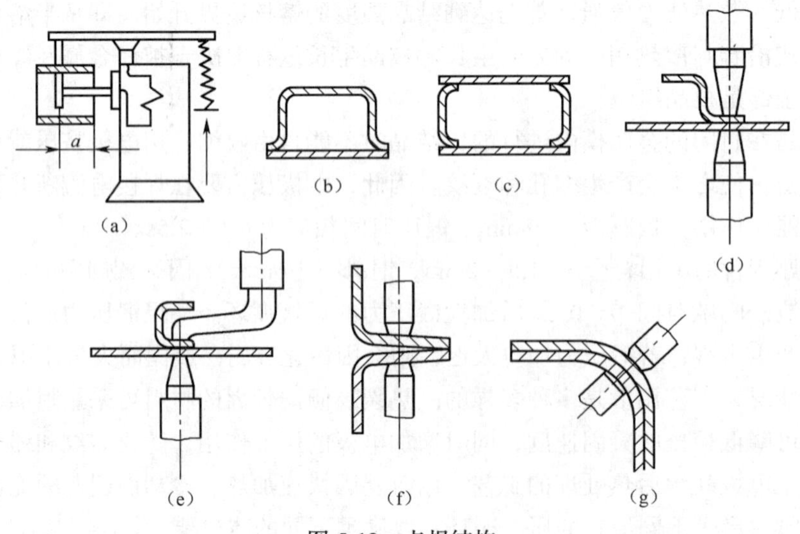

图 5-12　点焊结构

② 尽可能采用有强制水冷的通用电极进行点焊，因而图 5-12（d）比图 5-12（e）接头形式更合理。

③ 可任意调整焊接顺序，以防止变形。

④ 焊点到焊件边缘距离不宜过小。

⑤ 焊点不应布置在难以进行变形的部位。图 5-12（f）、图 5-12（g）均为不合理的布置。

（六）点焊设备

点焊设备由机架、焊接变压器、加压机构及控制箱等部件组成，如图 5-13 所示。

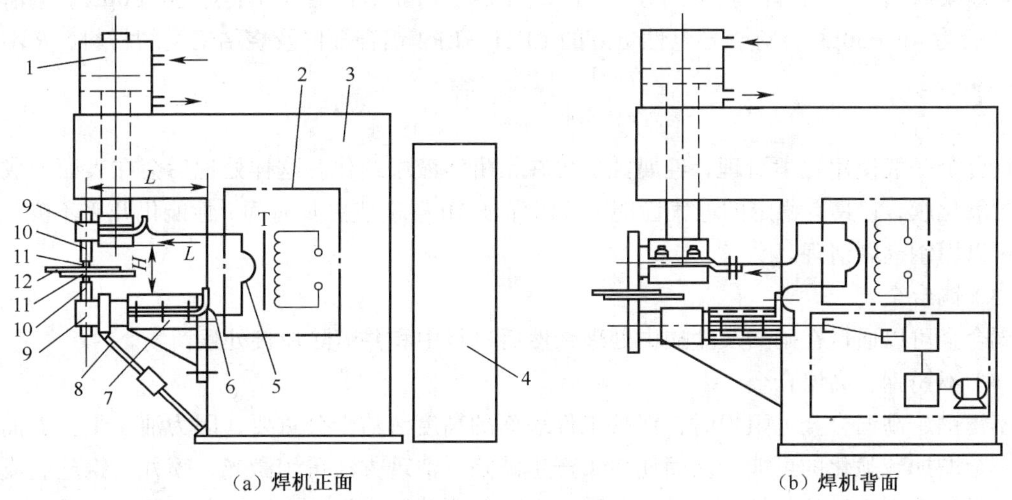

（a）焊机正面　　（b）焊机背面

图 5-13　点焊机

1—加压机构　2—变压器　3—机座　4—控制箱　5—二次绕组　6—柔性母线　7—支座　8—撑杆　9—机臂　10—电极握杆　11—电极　12—焊件

三、任务实施

（一）焊前的工件清理

无论是点焊、缝焊或凸焊，在焊前必须进行工件表面清理，以保证接头质量稳定。

清理方法分机械清理和化学清理两种。常用的机械清理方法有喷砂、喷丸、抛光以及用纱布或钢丝刷等。

不同的金属和合金，需采用不同的清理方法，简介如下。

（1）铝及其合金

铝及其合金对表面清理的要求十分严格。由于铝对氧的化学亲合力极强，刚清理过的表面上会很快被氧化，形成氧化铝薄膜。因此清理后的表面在焊前允许保持的时间是严格限制的。

铝合金的氧化膜主要用化学方法去除，在碱溶液中去油和冲洗后，将工件放进正磷酸溶液中腐蚀。为了减慢新膜的成长速度和填充新膜孔隙，在腐蚀的同时进行纯化处理。最常用的纯化剂是重铬酸钾和重铬酸钠。纯化处理后便不会在除氧化膜的同时，造成工件表面的过分腐蚀。

腐蚀后进行冲洗，然后在硝酸溶液中进行亮化处理，之后再次进行冲洗。冲洗后在温度达 75℃的干燥室中干燥，再用热空气吹干。这样清理后的工件，可以在焊前保持 72h。

铝合金也可用机械方法清理，如用 0 号纱布，或用电动或风动的钢丝刷等。但为防止损伤工件表面，钢丝直径不得超过 0.2mm，钢丝长度不得短于 40mm，刷子压紧于工件的力不得超过 15～20N，而且清理后须在不晚于 2～3h 内进行焊接。

为了确保焊接质量的稳定性，目前国内各工厂多在化学清理后，在焊前再用钢丝刷清理工件搭接的内表面。

铝合金清理后必须测量放有两铝合金工件的两电极间总阻值（R）。方法是使用类似于点焊机的专用装置，上面的一个电极对电极夹绝缘，在电极间压紧两个试件，这样测出的 R 值可以最客观地反映出表面清理的质量。对于 LY12、LC4、LF6 铝合金 R 不得超过 120μΩ，刚清理后的 R 一般为 40～50μΩ，对于导电性更好的 LF21、LF2 铝合金以及烧结铝类的材料，R 不得超过 28～40μΩ。

（2）镁合金

镁合金一般使用化学清理，经腐蚀后再在铬酐溶液中纯化。这样处理后会在表面形成薄而致密的氧化膜，它具有稳定的电气性能，可以保证 10 昼夜或更长时间，性能仍几乎不变。镁合金也可以用钢丝刷清理。

（3）铜合金

铜合金可以通过在硝酸及盐酸中处理，然后进行中和并清除焊接处残留物。

（4）不锈钢、高温合金

不锈钢、高温合金电阻焊时，保持工件表面的高度清洁十分重要，因为油、尘土、油漆的存在，会增加硫脆化的可能，从而使接头产生缺陷。清理方法可用激光、喷丸、钢丝刷或化学腐蚀。对于特别重要的工件，有时用电解抛光，但这种方法复杂而且生产率低。

（5）钛合金

钛合金的氧化皮，可在盐酸、硝酸及磷酸钠的混合溶液中进行深度腐蚀加以去除。也可以用钢丝刷或喷丸处理。

（6）低碳钢和低合金钢

低碳钢和低合金钢在大气中的抗腐蚀能力较低。因之，这些金属在运输、存放和加工过程中常常用抗蚀油保护。如果涂油表面未被车间的脏物或其他不良导电材料所污染，在电极的压力下，油膜很容易被挤开，不会影响接头质量。

钢的供货状态有热轧，不酸洗；热轧，酸洗并涂油；冷轧。未酸洗的热轧钢焊接时，必须用喷砂、喷丸，或者用化学腐蚀的方法清除氧化皮，可在硫酸及盐酸溶液中，或者在以磷酸为主但含有硫脲的溶液中进行腐蚀，后一种成分可有效地同时进行涂油和腐蚀。

有镀层的钢板，除了少数例外，一般不用特殊清理就可以进行焊接，镀铝钢板则需要用钢丝刷或化学腐蚀清理。带有磷酸盐涂层的钢板，其表面电阻会高到在地电极压力下，焊接电流无法通过的程度。只有采用较高的压力才能进行焊接。

（二）点焊方法的选择

1. 双面单点焊

如图 5-14（a）所示，两个电极从焊件上、下两面接近焊件进行焊接。这种焊接方法能对焊件施加足够大的电极压力，焊接电流集中通过焊接区，因而可减小焊件的受热范围，提高接头质量，应优先选用。

2. 单面双点焊

如图 5-14（b）所示，两电极位于焊件一侧，同时能形成两个焊点。这种方法能提高生产率，能方便地焊接尺寸大、形状复杂和难以进行双面单点焊的焊件；除此之外，还有利于保证焊件的一面光滑、平整、无电极压痕。但此法焊接时，部分电流直接经焊件形成分流。为减少分流，通常采用在焊件下面加铜垫板措施，使大部分电流流经此铜垫板即可。

3. 单面单点焊

两个电极位于焊件一侧，其中一个电极工作面很大，仅起到导电块的作用，如图 5-14（c）所示。这种方法上要也是用于不能采用双面单点焊的结构上。

4. 双面双点焊

如图 5-14（d）所示，两台焊接变压器分别对上、下两面的成对电极供电。两台变压器接线方向，应保证上、下对准电极，在焊接时间内极性相反。这样，上、下变压器次电压成顺向串联，形成单一的焊接回路。在一次点焊循环中，同时形成两个焊点。

这种方法的特点是分流小，电极压力的使用不受工件刚性的影响，焊接质量比较好，主要用于焊件厚度较大、质量要求较高的构件。

5. 多点焊

这是将焊件压紧后焊接多个焊点的焊接方法。最常用的是采用数组单面双点焊组成，如图 5-14（e）所示。在个别情况下，也可用数组双面单点焊或双面双点焊组成。多点焊的生产率很高，在大批量生产中应用广泛。

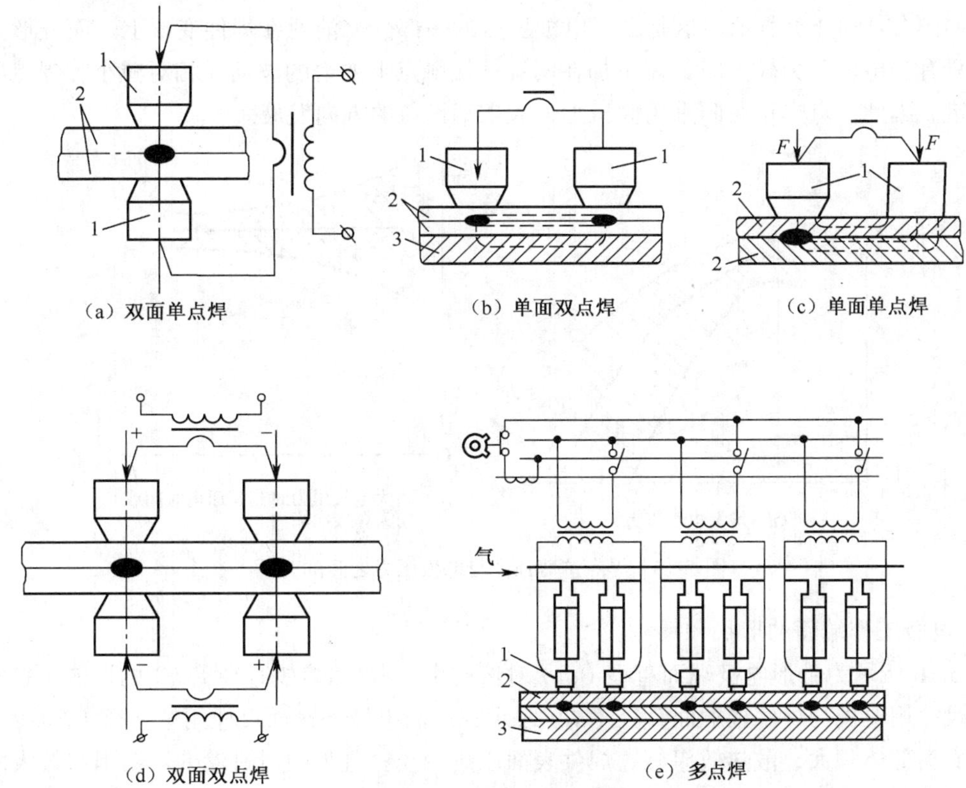

图 5-14 点焊方法示意图

1—电极 2—焊件 3—铜垫板

（三）焊接工艺参数的确定

对于电极压力不变的单脉冲点焊循环，工艺参数主要包括焊接电流、通电时间、电极压力、电极工作面的形状和尺寸。

1. 焊接电流

由焦耳定律得知，焊接电阻热为

$$Q=I^2Rt \tag{5-5}$$

可见焊接电流是决定析热量大小的主要因素，将直接影响到熔核直径与焊透率，从而影响到焊点强度。当其他参数一定时，焊接电流应有一个合理的范围。电流过小、能量过低，不能形成熔核；而电流过大，会产生飞溅。

2. 通电时间

焊接电流决定析热量，而通电时间则同时对析热及散热产生影响。通常在规定的通电时间内，焊接区析出的热量除部分散失外，将逐渐积累，用来加热焊接区，使熔核逐渐扩大到所要求的尺寸。通电时间对焊点的熔核尺寸的影响规律，基本上与焊接电流对熔核的大小的影响相同。

3. 电极压力

此力将影响到焊接区的加热程度和塑性变形程度。随电极压力的增大，焊件间接触电阻和本身电阻会减小，电流密度也会降低。在其他参数不为的条件下，增大电极压力将减慢加热速度，并使焊点熔核尺寸减小而导致焊点抗剪强度降低，如图 5-15（a）所示。如果在增加电极压力的同时，延长通电时间或增大焊接电流，可使焊点熔核强度的分散性降低和平均强度保持不变，如图 5-15（b）所示。这是由于电极压力的一部分需消耗在焊件变形上。而变形力是变化的，只有当电极压力较大时，真正加在两焊件接触点上的力的波动才相对减小，焊点质量才相对稳定。因此，点焊正在向采用大压力、大功率设备的方向发展。

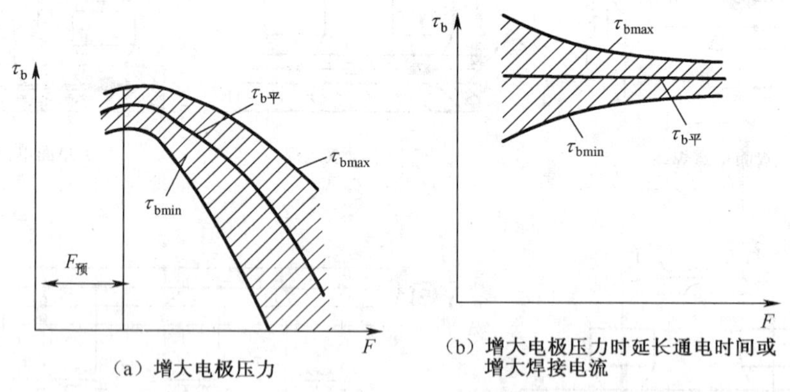

图 5-15　焊点抗剪强度与电极压力之间的关系

4. 电极工作端面的形状和尺寸

图 5-16 所示为锥形电极端面直径（d_e）对熔透率（A）和熔核直径（d_s）的影响。平面电极工作面尺寸用电极与焊件接触面直径（d_e）表示；球面电极工作面尺寸用球半径（R）表示。

球面头部体积大，散热效果好，焊件表面压痕较浅，且为圆滑过渡，不会引起较大的应力集中。此外，上、下电极安装时对准要求低，偏斜时对焊点的质量影响较小。电极的工作面形状与尺寸通常按焊件结构形式、焊件厚度及表面质量要求等因素选取。

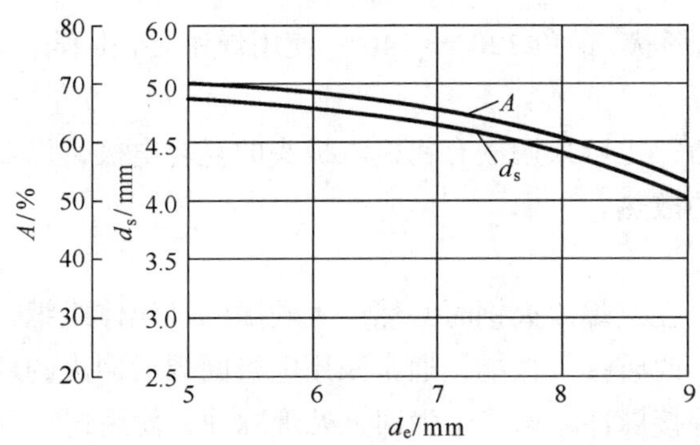

图 5-16 熔核尺寸与电极直径的关系（母材为 1Cr18Ni9Ti）

（四）各类常用材料的点焊工艺特点

1. 低碳钢

低碳钢的含碳量低于 0.25%。其电阻率适中，需要的焊机功率不大；塑性温度区宽，易于获得所需的塑性变形而不必使用很大的电极压力；碳与微量元素含量低，无高熔点氧化物，一般不产生淬火组织或夹杂物；结晶温度区间窄、高温强度低、热膨胀系数小，因而开裂倾向小。

低碳钢具有良好的焊接性，其焊接电流、电极压力和通电时间等工艺参数具有较大的调节范围。表 5-2 列出了低碳钢板的点焊工艺。

表 5-2 低碳钢板点焊工艺

工艺类别	板厚/mm	电极直径/mm	通电时间/周	电极压力/N	焊接电流/kA	熔核直径/mm	抗剪力/N
最佳工艺	0.5	4.8	6	1350	6	4.3	2400
	0.8	4.8	8	1900	7.8	5.3	4400
	1.0	6.4	10	2250	8.8	5.8	6100
	1.2	6.4	12	2700	9.8	6.2	7800
	2.0	8.0	20	4700	13.3	7.9	14500
	3.2	9.5	32	8200	17.4	10.3	31000
中等工艺	0.5	4.8	11	900	5	4.0	2100
	0.8	4.8	15	1250	6.5	4.8	4000
	1.0	6.4	20	1500	7.2	5.4	5400
	1.2	6.4	23	1750	7.7	5.8	6800
	2.0	8.0	36	3000	10.3	7.6	13700
	3.2	9.2	60	5000	12.9	9.9	28500
一般工艺	0.5	4.8	24	450	4	3.6	1750
	0.8	4.8	30	600	5	4.6	3550
	1.0	6.4	36	750	5.6	5.3	5300
	1.2	6.4	40	850	6.1	5.5	6500
	2.0	8.0	64	1500	8.0	7.1	13050
	3.2	9.2	105	2600	10.0	9.4	26600

2. 镀锌钢板

镀锌钢板大致分为电镀锌钢板和热浸镀锌钢板，前者的镀层比后者薄。

点焊镀锌钢板用的电极，推荐用 2 类电极合金。相对点焊外观要求很高时，可以采用 1 类合金。推荐使用锥形电极形状，锥角 120° ～140° 。使用焊钳时，推荐采用端面半径为 25～50mm 的球面电极。

为提高电极使用寿命，也可采用嵌有钨极电极头的复合电极，以 2 类电极合金制成的电极体，可以加强钨电极头的散热。

3. 淬火钢

由于冷却速度极快，在点焊淬火钢时必然产生硬脆的马氏体组织，在应力较大时会产生裂纹。为了消除淬火组织、改善接头性能，通常采用电极间焊后回火的双脉冲点焊方法，这种方法的第一个电流脉冲为焊接脉冲，第二个为回火处理脉冲，使用这种方法时应注意两点：

① 两脉冲之间的间隔时间一定要保证使焊点冷却到马氏体转变点 Ms 温度以下；

② 回火电流脉冲幅值要适当，以避免焊接区的金属重新超过奥氏体相变点而引起二次淬火。

4. 镀铝钢板

镀铝钢板分为两类，第一类以耐热为主，表面镀有一层厚 20～25μm 的 Al-Si 合金（含有 Si_5 约 8.5%），可耐 640° 高温。第二类以耐腐蚀为主，为纯铝镀层，镀层厚为第一类的 2～3 倍。点焊这两类镀锌钢板时都可以获得强度良好的焊点。

由于镀层的导电、导热性好，因此需要较大的焊接电流，并应采用硬铜合金的球面电极。对于第二类，由于镀层厚，应采用较大的电流和较低的电极压力。

5. 不锈钢

不锈钢一般分为奥氏体不锈钢、铁素体不锈钢和马氏体不锈钢三种。由于不锈钢的电阻率高、导热性差，因此与低碳钢相比，可采用较小的焊接电流和较短的焊接时间。这类材料有较高的高温强度，必须采用较高的电极压力，以防止产生缩孔、裂纹等缺陷。不锈钢的热敏感性强，通常采用较短的焊接时间、强有力的内部和外部水冷却，并且要准确地控制加热时间、焊接时间及焊接电流，以防热影响区晶粒长大和出现晶间腐蚀现象。

点焊不锈钢的电极推荐用 2 类或 3 类电极合金，以满足高电极压力的需要。

6. 铝合金

铝合金的应用十分广泛，分为冷作强化和热处理强化两大类。铝合金点焊的焊接性较差，尤其是热处理强化的铝合金，其原因及应采取的工艺措施如下。

① 电导率和热导率较高。必须采用较大电流和较短时间，才能做到既有足够的热量形成熔核；又能减少表面过热、避免电极粘附和电极铜离子向纯铝包复层扩散、降低接头的抗腐蚀性。

② 塑性温度范围窄、线膨胀系数大。必须采用较大的电极压力，电极随动性好，才能避免熔核凝固时，因过大的内部应力而引起的裂纹。对裂纹倾向大的铝合金，如 LF6、LY12、LC4 等，还必须采用加大锻压力的方法，使熔核凝固时有足够的塑性变形、减少拉应力，以避免裂纹产生。在弯电极难以承受大的定锻压力时，也可以采用在焊接脉冲之后加缓冷脉冲的方法避免裂纹。对于大厚度的铝合金可以两种方法并用。

③ 表面易生成氧化膜。焊前必须严格清理，否则极易引起飞溅和熔核成形不良（撕开检查时，熔核形状不规则，凸台和孔不呈圆形），使焊点强度降低。清理不均匀则将引起焊点强度不稳定。

基于上述原因，点焊铝合金应选用具有下列特性的焊机：

- 能在短时间内提供大电流；
- 电流波形最好有缓升缓降的特点；
- 能精确控制工艺参数，且不受电网电压波动影响；

- 能提供价形和马鞍形电极压力；
- 机头的惯性和摩擦力小，电极随动性好。

当前国内使用的多为 300～600kVA 的直流脉冲、三相低频和次级整流焊机，个别的达到 1 000kVA，均具有上述特性。也有采用单相交流焊机的，但仅限于不重要的工件。

点焊铝合金的电极应采用 1 类电极合金，球形端面，以利于压固熔核和散热。

由于电流密度大和氧化膜的存在，铝合金点焊时，很容易产生电极粘着。电极粘着不仅影响外观质量，还会因电流减小而降低接头强度。为此需经常修整电极。电极每修整一次后可焊工件的点数与焊接条件、被焊金属型号、清理情况、有无电流波形调制，电极材料及其冷却情况等因素有关。通常点焊纯铝为 5～10 点，点焊 LF6，LY12 时为 25～30 点。

防透铝 LF21 强度低，延性后，有较好的焊接性，不产生裂纹，通常采用固定不变的电极压力。硬铝（如 LY11、LY12），超硬铝（如 LC4、LC5）强度高、延性差，极易产生裂纹，必须采用梯形曲线的压力。但对于薄件，采用大的焊接压力或具有缓冷脉冲的双脉冲加热，裂纹也不是不可避免的。

采用梯形压力时，锻压力滞后于断电的时刻十分重要，通常是 0～2 周。锻压力加得过早（断电前），等于增大了焊接压力，将影响加热，导致焊点强度的降低和波动。锻压力加得过迟，则熔核冷却结晶时已经形成裂纹，加锻压力已无济于事。有时也需要提前于断电时刻施加锻压力，这是因为电磁气阀动作延迟，或气路不畅通造成锻压力提高缓慢，不提前施加不足以防止裂纹的缘故。

7. 铜和铜合金

铜合金与铝合金相比，电阻率稍高而导热性稍差，所以点焊并无太大困难。厚度小于 1.5mm 的铜合金，尤其是低电导率的铜合金在生产中用的最广泛。纯铜电导率极高，点焊比较困难。

通常需要在电极与工件间加垫片，或使用在电极端头嵌入钨的复合电极，以减少向电极的散热。钨极直径通常为 3～4mm。

焊接铜和高导电率的黄铜和青铜时，一般采用 1 类电极合金做电极；焊接低导电率的黄铜、青铜和铜镍合金时，采用 2 类电极合金。也可以用嵌入钨极的复合电极焊接铜合金。由于钨的导热性差，故可使用小得多的焊接电流，在常用的中等功率的焊机上进行点焊，但钨电极容易和工件粘着，影响工件的外观。下面两表为点焊黄铜的焊接条件。铜和高电导率的铜合金因电极粘附严重，很少采用点焊，即使用复合电极也只限与点焊薄铜板。

（五）点焊的缺陷及质量检测

点焊缺陷分为外部缺陷和内部缺陷两大类。外部缺陷是指表面缺陷，主要是指溢出、表面发黑、接头边缘压溃、开裂及焊点脱开等。这些缺陷可通过肉眼直接观测到。表 5-3 所示为常见表面缺陷及其产生原因。由于这些缺陷都是显而易见的，所以只要查出其产生原因就不难找出防止缺陷产生的办法。

表 5-3　　点焊、缝焊接头常见外部缺陷及其产生原因和改进措施

序　号	缺　　陷	产生缺陷的可能原因	改 进 措 施
1	缝焊焊缝表面压痕形状及波纹度不均匀	电极工作表面形状不正确或磨损不均匀	修整滚盘
		焊接时，焊件与滚盘倾斜	检查机头刚度，预调滚盘倾角
		焊速过快	调整焊速

续表

序　号	缺　　陷	产生缺陷的可能原因	改 进 措 施
2	焊点压坑过深及表面过热	通电时间过长	调整焊接参数
		电极压力不足	改变电极端面锥角角度
		电流过大	改善冷却条件
3	表面局部烧穿或金属强烈外溢	焊件或电极表面不净、污物多	清理焊件与电极表面
		电极压力不足，或焊件与电极间未真正接触	提高电极压力，更换磨损过度的电极
		电极接触表面形状不正确，滚盘过热	修整电极，改善冷却条件
4	焊点表面径向裂纹	电极压力不足或电极冷却不足	调整规范
		锻压力加得不及时或锻压力不足	检查气路系统，消除锻压压力滞后原因
5	焊点表面环裂纹	电流通电时间过长	改变参数，注意消除过热因素
6	接头表面发黑包覆层破坏	焊件或电极表面清理不良	注意及时清理表面
		电极压力不足	调整焊接工艺
		通电时间过长，电流过大	降低焊速或改善冷却条件
7	接头边缘压溃或开裂	边距过小，电极未对中	改进接头设计
		电流过大，时间过长或锻压力过大	调整工艺参数
8	焊点脱开	装配不良，焊接时焊件有位错	注意装配，调整板件间隙与电极挠度

点焊接头的内部缺陷有未焊透、缩孔、裂纹、结合线伸入、核心成分不均匀以及核心中产生层状花纹等。表5-4所示为焊接接头内部缺陷及其产生原因和改进措施。

表 5-4　　焊接接头内部缺陷及其产生原因和改进措施

序　号	缺　　陷	产生缺陷的可能原因	改 进 措 施
1	未焊透，核心小	电流小，电极压力大	调整工艺参数
		电极工作表面直径大	修整电极
		表面清理不良	清理表面
2	裂纹与缩孔	通电时间过长，过热，晶粒边界熔化	调整工艺参数
		通电时间短，冷速过大，电极压力不足或锻压力加得不及时	选用合适的焊接循环形式
		表面清理不良或大量飞溅	表面清理，检修焊机加锻压的速度
3	核心内涡旋状成分不均匀	（1）通电时间短，电流密度小 （2）电极压力过大	调整焊接工艺
4	结合线伸入	表面氧化膜清除不净	注意硬、脆氧化膜的清理，并防止再氧化

续表

序号	缺陷	产生缺陷的可能原因	改进措施
5	环形层状花纹	加热时间过长	调整工艺
6	核心偏移	电极材料、端面尺寸或冷却条件不当	改变电极尺寸、材料和冷却条件，采取其他工艺措施
7	焊透率过大	电流过大，电极压力不足	调整焊接工艺
		通电时间过长，电极冷却条件差	加强冷却
8	板缝间有金属溢出	电流过大，电极压力不足	调整规范
		焊接时焊件放置不平，有倾斜	改进接头设计
		边距小	必要时加支撑夹具
9	脆性焊点	通电时间短焊接循环不合理	调整工艺，改变热循环形式
10	焊缝不气密	焊接参数不稳定，点距不当	调整设备与控制装置
		上、下滚盘直径相差过大	适当改变两滚盘直径或散热条件

焊点的质量检查一般通过拉力试验剪力试验进行。剪力试验的试件宽度 $b=5\delta+15$mm，每对焊件焊一个焊点，如图 5-17 所示，焊点之间距离与实际相同，焊完之后再切开进行拉力试验。对于厚度较小（$\delta\leqslant3$mm）做拉力试验时，应将焊好的试件弯成 U 形之后进行，如图 5-17（c）所示；对于大厚度焊件，则用“+”字形试件进行拉力试验，如图 5-17（d）所示。拉力试验时，一般焊点不被拉开，而只在熔核边缘被拉开才属正常，如图 5-17（f）所示。

此外，还可采用其他简单的检查方法来考核焊点的熔透率，如图 5-17（e）所示，按这个形式进行扭曲试验，承受扭转力大的焊点质量好。

对于重要结构，除了进行拉力试验外，还要对焊点断面进行金相分析，以检查焊点的宏观及微观组织。

无损检验有 X-射线检验和超声波检验两种方法，用于重要结构质量检查。

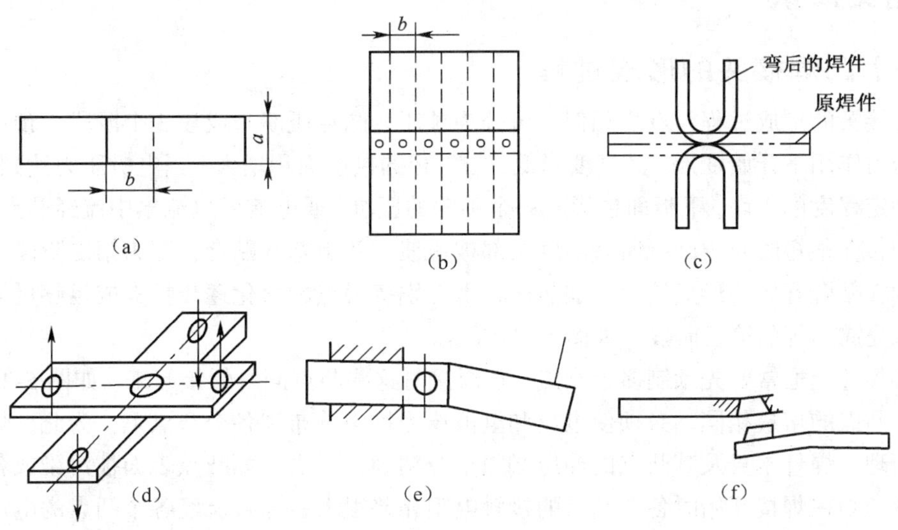

图 5-17　点焊接头试验法

任务二　凸焊

【学习目标】

1. 能够正确描述凸焊接头的形成过程
2. 能够正确描述常用材料凸焊工艺特点
3. 能够准备凸焊操作的各种劳动保护
4. 能够正确选择凸焊的工艺参数，并使用电阻焊设备规范地进行凸焊操作

一、任务分析

凸焊是点焊的一种变化形式，它是利用零件原有型面、倒角、底面或预制的凸点焊到另一块面积较大的零件上。因为是凸点接触，提高了单位面积上的压力与电流，有利于板件表面氧化膜的破裂与热量集中，减小了分流电流，可用于厚度比超过1∶6的焊件的焊接。另外，可采用多点凸焊，以提高生产率和降低接头变形。在使用平板电极凸焊时，零件表面平整无压坑，电极寿命长。凸焊既可在通用点焊机上进行，也可在专用凸焊机上进行，广泛应用于成批生产的仓口盖、筛网、管壳以及T形、十字形、平板等零件的焊接，如图5-18所示。

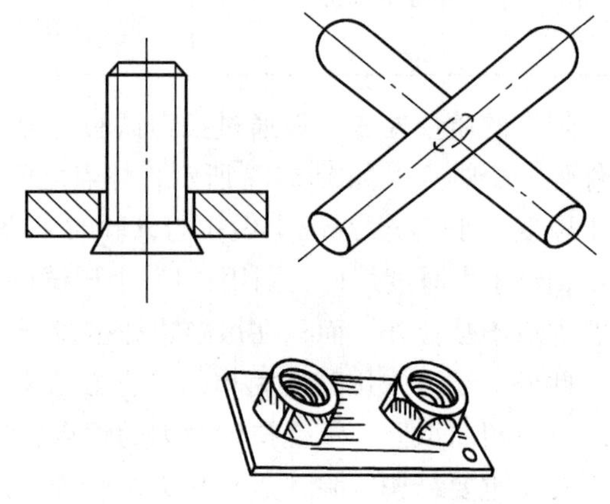

图5-18　凸焊零件示例

二、相关知识

（一）凸焊接头的形成过程

凸焊接头的形成过程与点焊相似，可分为预压、凸点压溃与成核3个阶段。预压时，凸点在电极压力作用下开始变形，其高度降低，与下板的接触面积增大。当电极压力达到预定值时，凸点有一定程度的压塌，下板面也形成一个不深的压坑。通电流后电流集中流经凸点的接触面，加热集中，在很短时间内凸点所余高度全部被压溃，两板基本贴合，即为第二阶段。自凸板被压溃，两板贴合开始，形成较大的加热区，由个别接触点的熔化逐步扩大成足够尺寸的熔核和塑性区，完成凸焊的第三阶段，如图5-19所示。

一个焊件上通常要先预制多个凸点，在焊接时这些凸点同时焊接起来，如图5-20所示。为保证各个凸点的熔透相同，必须使电流和电极压力均匀分布到各个凸点上。为此，焊件表面必须仔细清理，焊件本身及其凸点的冲压必须十分精确；反之，如凸点表面被污染或各个凸点高度不一致，则在焊接开始时各个凸点的接触电阻相差很大，导致流经各个凸点的电流不同，造成焊点质量的差异。有时采用脉冲预热法，凸点的电流和电极压力会趋向均匀。大尺寸焊件凸

焊时，分配给各个凸点的电流取决于这些凸点相对于变压器的位置，距变压器较近凸点的分路具有较小的阻抗，流过该凸点的电流较大。在这种情况下，为使电流分配均匀，可采用三足鼎立的 3 只变压器或环形变压器。

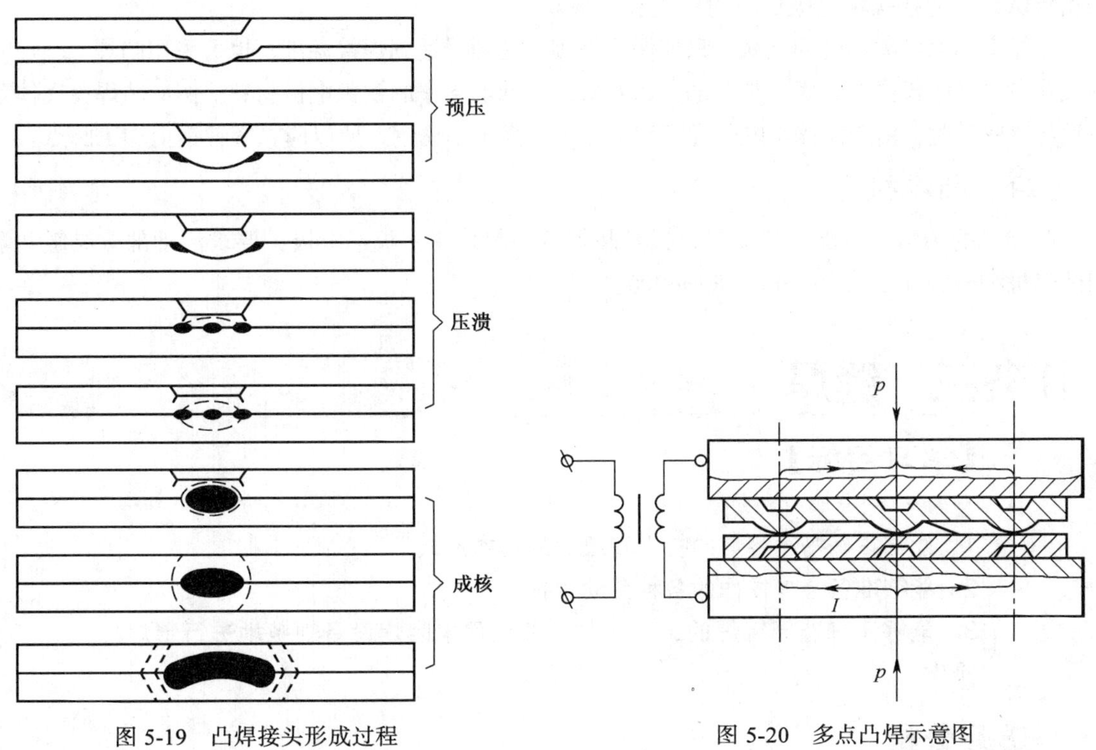

图 5-19　凸焊接头形成过程

图 5-20　多点凸焊示意图

（二）凸焊接头准备

接头的准备除了表面清理外，主要是凸点或凸环的选择和制备。凸点形状如图 5-21 所示，其中以半圆形和圆锥形凸点应用最广。圆锥形凸点的刚度大，可预防凸点过早压溃，还可以减少因电流线过于密集而发生的飞溅。为防止压塌的凸点金属挤在加热不良的周围间隙内而引起电流密度的降低，也可以用带溢出环形槽的凸点，如图 5-21（c）所示。

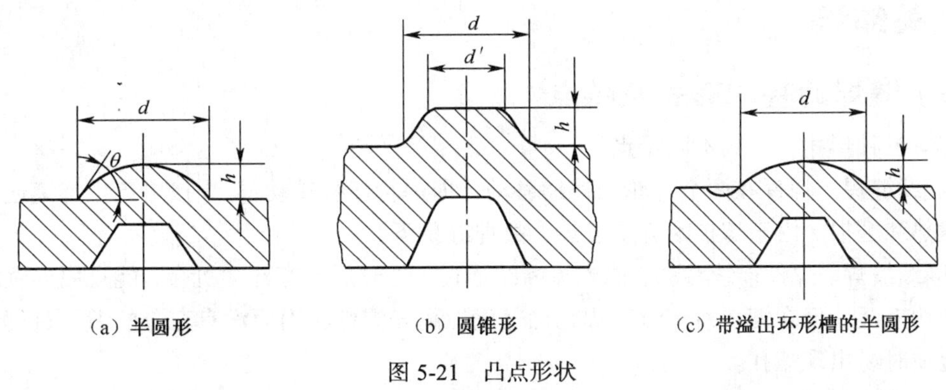

（a）半圆形　　（b）圆锥形　　（c）带溢出环形槽的半圆形

图 5-21　凸点形状

（三）常用材料凸焊及凸焊工艺参数

最适合于凸焊的金属是低碳钢。船用黄铜及不锈钢也可采用凸焊。镀层钢也能采用凸焊，但电极修理的工作量较大。各种冲压件采用凸焊可以实现批量生产。

厚度小于 0.25mm 的薄板采用点焊比凸焊容易，因为在钢板上加工出达到焊接温度前不压溃的凸点是很困难的。易切削钢凸焊也是比较困难的，因为硫和磷的偏析会产生脆性焊缝，但采用特殊设计的接头和电极后有时也能获得成功。

热导率和电导率不同的金属，只要保证焊接面能同时达到焊接温度，也可采用凸焊。凸焊时一般是在电导率较高的金属上加工凸点，或采用较低电导率的铜钨电极材料。例如凸焊奥氏体不锈钢与镀锌钢时，由于镀锌钢的热导率和电导率均高于不锈钢，所以应在镀锌钢上加工凸点。

（四）凸焊机

凸焊机的结构与点焊机相类似，只是凸焊机一般采用平板形电极，要求活动部分灵敏。常用凸焊机型号为 TN—200—1、TR—6000。

任务三　缝焊

【学习目标】

1. 能够正确描述缝焊的特点和缝焊的基本形式
2. 能够准备缝焊操作的各种劳动保护
3. 能够正确选择缝焊的工艺参数，并使用电阻焊设备规范地进行缝焊操作

一、任务分析

缝焊的过程与点焊相似，只是以旋转的圆盘状滚轮电极代替柱状电极，将焊件装配成搭接或对接接头，并置于两滚轮电极之间，滚轮加压焊件并转动，连续或断续送电，形成一条连续焊缝的电阻焊方法。缝焊主要用于焊接焊缝较为规则、要求密封的结构，板厚一般在 3mm 以下。

缝焊即连续点焊，按熔核重叠度不同分为滚点焊和气密缝焊，后者应用较为广泛。缝焊在汽车、拖拉机、飞机发动机、自行车等行业中获得广泛应用。

二、相关知识

（一）缝焊的基本形式及特点

缝焊有三种形式，各具不同特点。

① 连续缝焊。焊件在两个焊轮间连续移动（即焊轮连续转动），焊接电流也连续通过。焊轮易于发热和磨损。由于熔核附近易过热，故焊缝易下凹。

② 断续缝焊。焊件连续移动，而电流断续通过。这时焊轮有冷却机会，能克服连续缝焊的缺点，应用广泛。但在熔核冷却时，焊轮已轻度地离开焊件，因而没有充分的锻压过程，在焊接某些金属时易出现缩孔。

③ 步进缝焊。焊轮间歇式转动，电流只在焊件静止时通过。此时由于熔核在整个结晶过程中都有电极压力存在，所得焊缝比较致密。缺点是需要有使焊轮间歇旋转的比较复杂的机械装置。

缝焊最常用的接头形式是卷边接头和搭接接头，如图 5-22 所示。卷边接头的优点是焊接时

焊件置于焊接回路之外，无交叉焊缝，可保证整个接头周边上焊接条件的稳定，使整个长度的焊缝质量保持一致。缺点是箱形结构一类的零件必须在重型压力机上进行冲压，这只有在大量生产中才适用。卷边宽度不宜过小，δ=1mm 时不应小于 12mm；δ=1.5mm 时不应小于 16mm；δ=2mm 时不应小于 18mm。

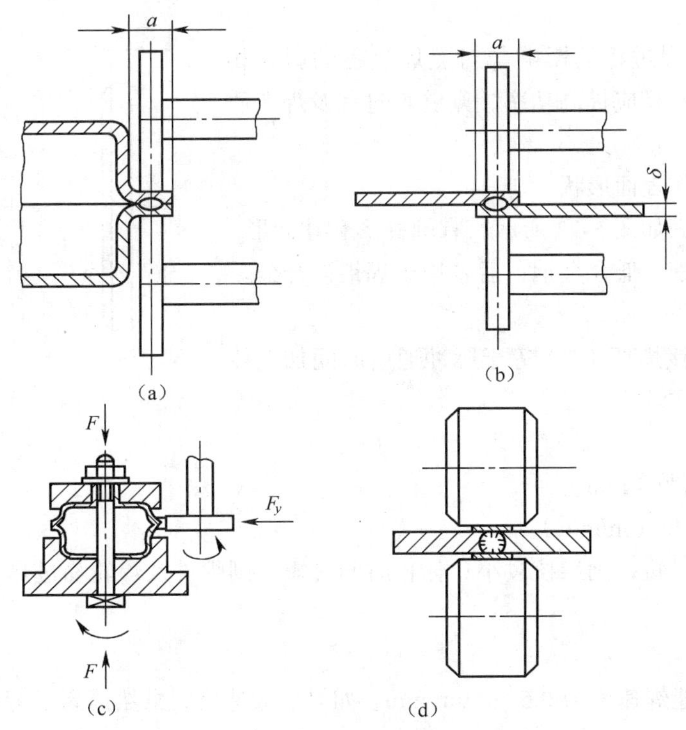

图 5-22　缝焊的接头形式

（二）缝焊设备

缝焊机与点焊机的基本区别在于用旋转的焊轮代替了固定的电极。

缝焊机按下列特征进行分类。

① 按焊件移动方向分，缝焊机有纵缝焊机、横缝焊机、纵横通用焊机及圆缝焊机四种。

② 按馈电方式分，缝焊机有双侧缝焊机和单侧缝焊机两种。

③ 按焊轮数目分，缝焊机有双轮缝焊机和单轮缝焊机两种。

④ 按缝焊方法分，缝焊机有连续缝焊机、断续缝焊机和步进式缝焊机三种。

⑤ 按加压机构传动方式分，缝焊机有脚踏式、电动凸轮式和气压式缝焊机三种。

⑥ 按安装方式分，缝焊机有固定式和移动式缝焊机两种。

目前，常用的是 FNl—150—1 型缝焊机。

三、任务实施

（一）缝焊工艺参数选择

（1）焊点间距离

焊点间距离通常为 1.5～4.5mm，随焊件厚度的增加而增大。为了得到致密的焊缝，相邻焊点彼此交叠不得小于焊点直径的一半。当焊缝不要求致密时，焊点重叠度可以减小。当相邻焊点相分离时，则成为滚点焊。

（2）焊点的直径

焊点的直径通常为 3～8mm，视焊件厚度和焊接参数而定。若焊接参数合适，则焊点直径等于或小于焊轮工作面的宽度。

（3）电极压力

电极电压对缝焊过程的影响与对点焊过程的影响相同。增大电极压力并相应提高功率，则缝焊过程及焊点质量更稳定。

（4）焊轮的工作表面形状

焊轮的工作表面如图 5-23 所示，有圆柱形和球面形。前者常用于焊低碳钢、低合金钢；后者用于焊铝镁合金。

（5）焊接周期

断续焊时，焊接周期（T）等于脉冲通电时间加上休止时间，也可按下式计算：

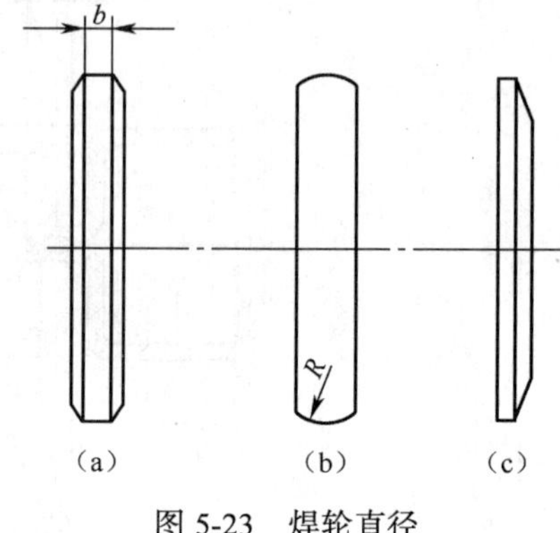

图 5-23　焊轮直径

$$T=3a/v$$

式中：a——焊点间距（mm）；

v——焊接速度（m/min）。

脉冲通电时间过短，则熔核过小；休止时间过短，则焊件及焊轮易过热，易使焊轮磨损及损坏焊件表面。

（6）缝焊速度

成批生产时，缝焊速度为 0.5～3.0m/min。如果加大速度，虽然提高了劳动生产率，但所需设备的功率亦急剧增大。

（7）焊接电流

在连续缝焊时，焊接速度的提高受频率的限制。在制罐工业中，为达到更高的焊接速度采用了频率更高（120～400Hz）的电流。缝焊电流依据所焊材料种类、厚度、焊接速度而定，通常比点焊焊同类焊件所需的电流高 20%～80%。

（8）焊前工件的清理与定位

缝焊时，焊件毛坯的精度、表面清洗程度及装配的精度，对保证焊接质量起着重要作用，如折边不精确和圆弧半径不相等均不允许进行缝焊。焊件两面在焊接前要进行全部或局部清理。清理过的焊件在夹具内装配，或先用夹具夹住，然后进行点焊定位。焊点间距为 75～150mm。焊件的定位焊应从接缝中点开始移向两端。定位焊时边缘可能发生扭曲，因此要求接合边缘相应配置正确，且焊点必须布置在接缝中心线上。另外，定位焊时应当避免在焊件表面留下深的压痕，否则将破坏随后缝焊的正常进行。

焊件间的缝隙（如筒壳与筒底间的缝隙）应尽可能沿其周边均布。重要零件的环形焊缝，在点焊定位后间隙要小于 0.1mm，以保证质量。

为了保证焊接质量和减少焊轮磨损，在缝焊前要用金刚砂轮或钢丝刷把定位焊处的氧化膜清除干净。

缝焊可以从一端焊到另外一端；长缝也可从中间向两端施焊。缝焊同样会导致焊件产生较显著的变形。如果变形较大时，应进行矫正。

（二）常用材料的缝焊

1. 低碳钢

由于低碳钢具有适度的塑性和导电性，因此，它比其他金属更易得到优质的缝焊接头。对于没有油污和铁锈的冷轧低碳钢板，焊前可以不进行特殊清理。热轧钢板必须进行焊前清理。低碳钢薄板的断续缝焊工艺参数如表 5-5 所示。

表 5-5　低碳钢薄板的断续缝焊工艺参数

工艺类别	板厚/mm	焊轮宽度/mm		电极压力/N	最小搭边/mm	焊接时间/周		焊速/（m/min）	点距/mm	焊接电流/kA
		工作面	总宽			脉冲	休止			
高速缝焊	0.4	5	11	2 200	10	2	1	2.8	4.2	12
	0.8	6	13	3 300	12	2	1	2.6	4.6	15.5
	1.0	7	14	4 000	13	2	2	2.5	3.6	18
	1.2	7.7	14	4 700	14	2	2	2.4	3.7	19
	2.0	10	17	7 200	17	3	1	2.2	4.2	22
	3.2	13	20	10 000	22	4	2	1.7	3.4	27.5
中速缝焊	0.4	5	11	2 200	10	2	2	2.0	4.5	9.7
	0.8	6	13	3 300	12	3	2	1.8	4.9	13
	1.0	7	14	4 000	13	3	3	1.8	3.4	14.5
	1.2	7.7	14	4 700	14	4	3	1.7	3.0	16
	2.0	10	17	7 200	17	5	5	1.4	2.5	19
	3.2	13	20	10 000	22	11	7	1.1	1.8	22
低速缝焊	0.4	5	11	2 200	10	3	3	1.2	5.1	8.6
	0.8	6	13	3 300	12	2	4	1.1	5.7	11.7
	1.0	7	14	4 000	13	2	4	1	6.0	13
	1.2	7.7	14	4 700	14	3	4	0.9	5.3	14
	2.0	10	17	7 200	17	6	6	0.7	3.9	16.5
	3.2	13	20	10 000	22	6	6	0.6	5.2	20

低碳钢或其他磁性钢焊件的纵缝长度较大时，由于在焊接过程中伸入焊接回路的铁磁体断面不断变化，引起焊接回路阻抗的变化，从而导致焊接电流的变化。为防止由此造成的影响，可采取下列措施。

① 分二次焊接，从中间焊至两端。

② 长缝应分段施焊，用不同的焊接参数抵消焊接电流的变化。

③ 采用二次整流式焊机。

④ 采用具有恒流控制功能的控制箱。

2. 镀层钢

镀层钢板缝焊时的困难与点焊时相似，只是镀层熔化范围更宽，分流更严重，此时需要更大的焊接电流。焊镀锌钢时，如果温度超过 900℃，则沸点只有 900℃的锌就要蒸发，并向热影响区扩散，导致接头脆性增加，有时还会产生裂纹。此外，焊件表面的熔化锌层与铜焊轮形成铜—锌合金，既增大了焊轮表面电阻，又恶化了散热条件，且粘连严重。当熔核内的锌蒸汽从固溶金属中析出时，便形成气孔。因此，焊接时应尽量采用小电流、低焊速，并加外部水冷。

3. 不锈钢

电导率及热导率都比较低，宜采用小电流和短的焊接时间。但其高温强度高，须采用较大的电极压力和中等的焊接速度进行缝焊。因为不锈钢的线膨胀系数较低碳钢的大，必须注意防止焊接变形。为了防止由于过热引起的碳铬化合物析出，要选用合适的缝焊工艺参数(见表5-6)，同时加强外部水冷。

表5-6　不锈钢缝焊工艺参数（单相交流）

薄件板厚/mm	焊轮宽度/mm	电极压力/N	脉冲时间/周	休止时间/周		最大焊速/(m/min)		焊接电流/kA	最小搭边/mm
				厚度比		厚度比			
				1∶1	1∶3	1∶1	1∶3		
0.15	4.8	1 400	2	1	1	1.52	1.70	4.0	7
0.30	6.4	2 000	3	2	2	1.22	1.40	5.6	8
0.55	6.4	3 200	3	2	3	1.40	1.40	7.9	10
1.0	9.5	5 900	3	5	6	1.20	1.14	13.0	13
1.6	12.7	8 400	4	6	8	1.00	1.04	15.1	16
2.0	15.9	10 400	4	7	8	1.00	1.04	16.5	18
3.2	19.1	15 000	6	7	9	0.97	0.94	17.0	22

4. 铝合金

铝合金的缝焊与点焊相似，但缝焊时焊件表面更易过热，故焊轮粘连更严重，应增加焊轮拆修次数。又由于缝焊时电极压力的压实作用比点焊时差，易造成裂纹、缩孔等缺陷，应降低焊接速度。重要焊件宜使用步进式缝焊，以提高焊缝的强度。

任务四　电阻对焊

【学习目标】

1. 能够正确描述对焊的应用及电阻对焊的特点
2. 能够准备电阻对焊操作的各种劳动保护
3. 能够正确选择电阻对焊的工艺参数，并使用电阻对焊设备规范地进行电阻对焊操作

一、任务分析

对焊用来完成对接接头，生产效率高，并且容易实现焊接过程自动化，适用于批量生产。其具体应用场合大致有接长焊件或毛坯；焊接环形或闭合焊件；制造锻焊、冲焊联合结构。对焊分为电阻对焊和闪光对焊两类。

电阻对焊（以下简称对焊）是利用电阻热将两工件沿整个端面同时焊接起来的一类电阻焊方法，用于对接截面较小（一般小于250mm^2、形状紧凑棒料、厚壁管等）、氧化物易于挤出的工件的对焊。

二、相关知识

（一）对焊的应用

对焊的生产率高、易于实现自动化，因而获得广泛应用。其应用范围可归纳如下。

① 工件的接长。如带钢、型材、线材、钢筋、钢轨、锅炉钢管、石油和天然气输送等管道的对焊。

② 环形工件的对焊。如汽车轮辋和自行车、摩托车轮圈的对焊、各种链环的对焊等。

③ 部件的组焊。将简单轧制、锻造、冲压或机加工件对焊成复杂的零件，以降低成本。如汽车方向轴外壳和后桥壳体的对焊，各种连杆、拉杆的对焊，以及特殊零件的对焊等。

④ 异种金属的对焊。异种金属的对焊可以节约贵重金属，提高产品性能。如刀具的工作部分（高速钢）与尾部（中碳钢）的对焊，内燃机排气阀的头部（耐热钢）与尾部（结构钢）的对焊，铝铜导电接头的对焊等。

（二）电阻对焊的特点

电阻对焊是先加压力后通电。焊件电阻的析热占很大比例，温度沿轴向分布较平缓；最高温度始终低于熔点。只有变形而几乎无烧损，焊件焊后收缩量较小。获得高质量接头的关键，在于保证端面加热均匀及彻底挤出接口内的氧化物，前者由端面焊前准备来保证，后者由加热时防止氧化及增加塑性变形量来保证。电阻对焊对工件的端面加工要求较高，且局限于焊接延伸率较好的材料，有时还需要在保护气氛中加热。

（三）焊接循环

电阻对焊时，两工件始终压紧，当端面温度升高到焊接温度时，两工件端面的距离小到只有几个埃，端面间原子发生相互作用，在接合上产生共同晶粒，从而形成接头。电阻对焊时的焊接循环有两种：等压的和加大锻压力的。前者加压机构简单，便于实现。后者有利于提高焊接质量，主要用于合金钢，有色金属及其合金的电阻对焊。为了获得足够的塑性变形和进一步改善接头质量，还应设置电流顶锻程序。

（四）对焊的接头形式

常用对焊的接头形式如图 5-24 所示。

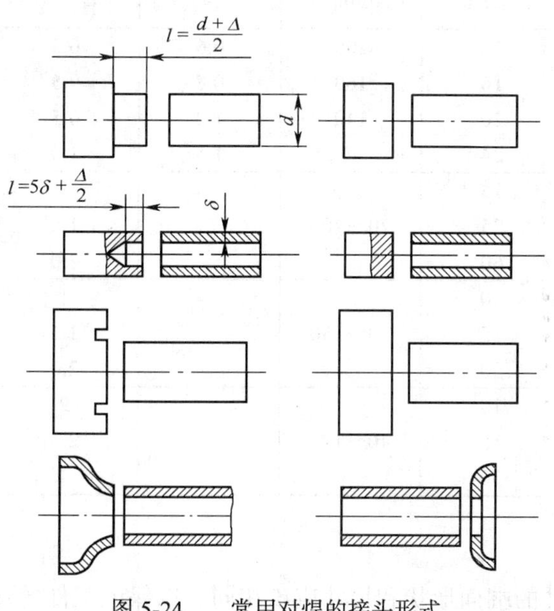

图 5-24　常用对焊的接头形式

d—直径　δ—壁厚　Δ—总留量　l—伸出长度

三、任务实施

（一）工艺参数的选择

电阻对焊的主要工艺参数有伸出长度、焊接电流（或焊接电流密度）、焊接通电时间、焊接压力和顶锻压力。

① 伸出长度 $2L_0$（即工件伸出夹钳电极端面的长度）。选择伸出长度时，要考虑两个因素：顶锻时工件的稳定性和向夹钳的散热。如果 L_0 过长，则顶锻时工件会失稳旁弯。L_0 过短，则由于向钳口的散热增强，使工件冷却过于强烈，会增加塑性变形的困难。对于直径为 d 的工件，低碳钢：L_0=（0.5～1）d，铝和黄铜：L_0=（1～2）d，铜：L_0=（1.5～2.5）d。

② 焊接电流密度（J）。碳素钢取 9 000～70 000A/cm^2 或比功率取 10～50kVA/cm^2。

③ 通电时间（t_w）。碳素钢一般取 0.02～3.0s。电流密度和通电时间可以在一定范围内相应地调配，可以采用大电流密度、短时间（强条件），也可以采用小电流密度、长时间（弱条件）。但条件过强时，容易产生未焊透缺陷；过软时，会使接口端面严重氧化、接头区晶粒粗大、影响接头强度。可按下列经验公式确定电流密度和通电时间。

$$jt_w^{1/2} = K \times 10^3 \tag{5-6}$$

式中：K——常数，碳素钢 K=8～10，铝 K=20，铜 K=27。

④ 焊接压力（p）。低碳钢一般取 10～30MPa；有色金属则视其物理化学性能不同而在 4～45MPa 范围内选取。压力小，接触电阻大，有利于加热；压强大，塑性变形量大，有利于挤出氧化物。为兼顾两者，尤其是对塑性好的材料，可采用两极加压方法。

常用材料电阻对焊工艺参数如表 5-7 所示。

表 5-7　　常用材料电阻对焊工艺参数

焊件材料	截面积/mm^2	伸出长度 $2L_0$/mm	电流密度/（A/mm^2）	焊接时间/s	顶锻量/mm		压力/MPa
					有　电	无　电	
低碳钢	25	12	200	0.6	0.5	0.9	10～20
	50	16	160	0.8	0.5	0.9	
	100	20	140	1.0	0.5	1.0	
	250	24	90	1.5	1.0	1.8	
铜	25	15	70～200		1	1	30
	100	25			1.5	1.5	
	500	60			2.0	2.0	
黄铜	25	10	50～150		1	1	
	100	15			1.5	1.5	
	500	30			2.0	2.0	
铝	25	10	40～120		2	2	15
	100	15			2.5	2.5	
	500	30			4	4	

（二）工件准备

电阻对焊时，两工件的端面形状和尺寸应该相同，以保证工件的加热和塑性变形一致。工件的端面以及与夹钳接触的表面必须进行严格清理。端面的氧化物和脏物将会直接影响到接头的质量。与夹钳接触的工件表面的氧化物和脏物将会增大接触处电阻，使工件表面烧伤、钳口磨损加剧，并增大功率损耗。

清理工件可以用砂轮、钢丝刷等机械手段，也可以用酸洗。

电阻焊接头中易产生氧化物夹杂。对于焊接质量要求高的稀有金属、某些合金钢和有色金属时，常采用氩、氦等保护氛来解决。

电阻对焊虽有接头光滑、毛刺小、焊接过程简单等优点，但其接头的力学性能较低，对工件端面的准备工作要求高，因此仅用于小断面（小于 250mm^2）金属型材的对接。

（三）附加措施

① 中碳钢及合金钢丝对焊后，在同一台设备上进行回火，以提高韧性。回火时的伸出长度约为焊接时的 10～40 倍。

② 直径小于 0.5mm 的钢丝或直径小于 1mm 的铜、铝丝对焊时，常套上一段内径比焊件直径大 0.2～0.5mm 的玻璃或陶瓷管，以增加刚度，防止错位。

③ 管子对焊时、特别是重要零件和有色金属管，应在管内通入保护气体以防止氧化，从而减小为排除氧化物所需的塑性变形量。

任务五　闪光对焊

【学习目标】

1. 能够正确描述对焊焊机的结构与工作原理
2. 能够正确描述闪光对焊的焊接原理
3. 能够准备闪光对焊操作的各种劳动保护
4. 能够正确选择闪光对焊的工艺参数，并使用对焊设备规范地进行闪光对焊操作

一、任务分析

闪光对焊与电阻对焊相似，但其加热量较大，相互对接的两接缝表面金属需达到熔化状态，近而形成焊接连接。闪光对焊适合焊接各种碳钢、铝及铝合金等，焊接材料的厚度范围较大，对管状零件、环状零件及铁轨等均可采用闪光对焊。

二、相关知识

（一）对焊设备

对焊机的基本结构如图 5-25 所示。它由机架、导向机构、夹紧机构、送给机构、顶座、焊接电源及控制系统等几部分组成。

① 机架。一般由各种型材焊接而成。机架内装有电源、气路、水路和控制系统。机架上安装夹紧和送给机构。重型焊机的顶锻力可达 10^6N 以上，因此要求机架应有足够的强度和刚度。

② 导向机构。它主要是导轨，可以制成圆柱形的，也可以制成长方形的或平面的。它应有足够的强度和刚度、精度及耐磨性，并要注意润滑及保护。

③ 夹紧机构。它由动夹具和定夹具组成。前者安装在动板上，随动板一起运动，并与焊接电源输出端的一极相连；而后者直接安装在机架上，并与焊接电源的输出端的另一极相连，但与机架绝缘。其功能是保证焊件准确定位、紧固焊件、传递顶锻压力并向焊件馈送电流。常见的夹具形式有手动偏心轮式、手动螺旋式、气压式、气—液压式和液压式等。

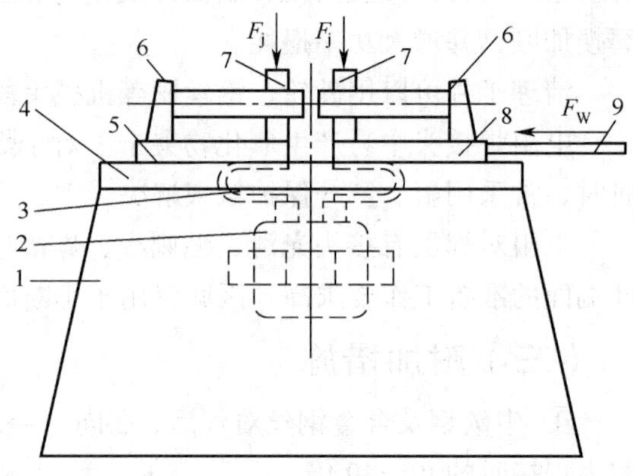

图 5-25 对焊机示意图

1—机架 2—变压器（焊接电源） 3—软导线
4—导轨 5—固定座板 6—顶座 7—夹紧机构
8—动板 9—送给机构

④ 对焊机的电极。与点焊、缝焊相比，对焊机的工作条件十分恶劣，尤其是对焊时夹紧力很大，磨损严重，所以应特别注意选用较高强度和耐磨性的电极材料，但可适当降低对导电性的要求。常用对焊电极材料如表 5-8 所示。

表 5-8 常用对焊电极材料

合金	成分	相对 Cu 的导电性	常温下硬度	再结晶温度	主要应用范围
	质量分数	百分数	HBS	K	
Si-Ni 铜合金	0.4～0.6Si 2.3～2.6Ni	40～45	130～150	723	通用对焊机
Si-Ni-Mg 铜合金	0.4～0.6Si 1.5～1.7Ni 0.15～0.3Mg	40～50	140～170	813	薄板材对焊机
Ni-Mg-Be 铜合金	0.9～1.1Ni 0.15～0.25Mg 0.15～0.25Be	55～60	150～180	823	高精度零件对焊机
Cu-W 合金	60W 40Cu	45	225	1 273	

⑤ 送给机构。其作用是使焊件同夹具一起移动，保证动板按所要求的位移曲线工作。当预热时还应能往返移动，提供必要的顶锻力，因此动作应平稳而无冲击。目前，常用的送给机构有手动杠杆式、弹簧送进式、电动凸轮送进式、气压或气液压复合送进式。

⑥ 焊接电源。常用电源仍是工频变压器，其电源的外特性决定于焊接回路的阻抗。当阻抗很大时，外特性较陡；阻抗较小时，外特性较缓；闪光对焊希望采用缓降外特性电源；而电阻对焊则希望采用陡降外特性电源。

（二）闪光对焊的过程

闪光对焊可分为连续闪光对焊和预热闪光对焊，如图 5-26 所示。连续闪光对焊由两个主要阶段组成：闪光阶段和顶锻阶段。预热闪光对焊只是在闪光阶段前增加了预热阶段。

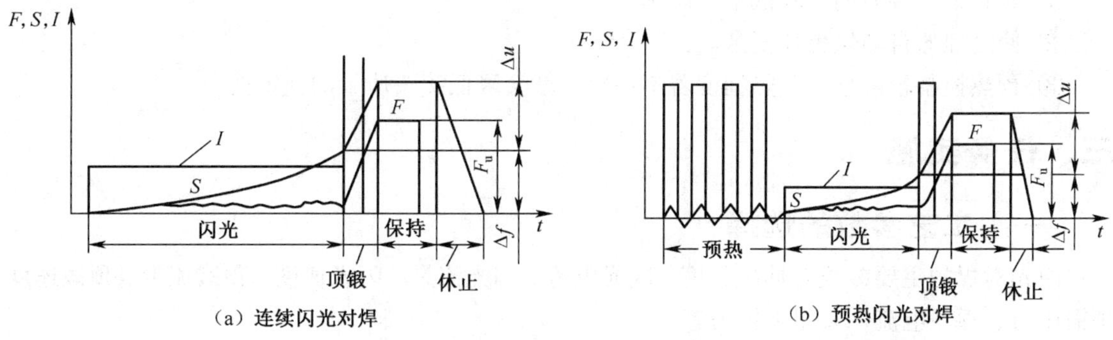

(a) 连续闪光对焊　　(b) 预热闪光对焊

图 5-26　闪光对焊时的全过程

I—电流　F—压力　S—位移　Δu—顶锻留量　Δf—闪光留量　F_u—顶锻力

1. 闪光阶段

闪光的主要作用是加热工件。在此阶段中，先接通电源，并使两工件端面轻微接触，形成许多接触点。电流通过时，接触点熔化，成为连接两端面的液体金属过梁。由于液体过梁中的电流密度极高，使过梁中的液体金属蒸发、过梁爆破。随着动夹钳的缓慢推进，过梁也不断产生与爆破。在蒸汽压力和电磁力的作用下，液态金属微粒不断从接口间喷射出来。形成火花急流——闪光。

在闪光过程中，工件逐渐缩短，端头温度也逐渐升高。随着端头温度的升高，过梁爆破的速度将加快，动夹钳的推进速度也必须逐渐加大。在闪光过程结束前，必须使工件整个端面形成一层液体金属层，并在一定深度上使金属达到塑性变形温度。

由于过梁爆破时所产生的金属蒸汽和金属微粒的强烈氧化，接口间隙中气体介质的含氧量减少，其氧化能力可降低，从而提高接头的质量。但闪光必须稳定而且强烈。所谓稳定是指在闪光过程中不发生断路和短路现象。断路会减弱焊接处的自保护作用，接头易被氧化。短路会使工件过烧，导致工件报废。所谓强烈是指在单位时间内有相当多的过梁爆破。闪光越强烈，焊接处的自保护作用越好，这在闪光后期尤为重要。

2. 顶锻阶段

在闪光阶段结束时，立即对工件施加足够的顶端压力，接口间隙迅速减小过梁停止爆破，即进入顶锻阶段。顶锻的作用是密封工件端面的间隙和液体金属过梁爆破后留下的火口，同时挤出端面的液态金属及氧化夹杂物，使洁净的塑性金属紧密接触，并使接头区产生一定的塑性变形，以促进再结晶的进行、形成共同晶粒、获得牢固的接头。闪光对焊时在加热过程中虽有熔化金属，但实质上是塑性状态焊接。

预热闪光对焊是在闪光阶段之前先以断续的电流脉冲加热工件，然后再进入闪光和顶锻阶段。预热目的如下。

① 减小需用功率。可以在小容量的焊机上焊接断面面积较大的工件，因为当焊机容量不足时，若不先将工件预热到一定温度，就不可能激发连续的闪光过程。此时，预热是不得已而采取的手段。

② 降低焊后的冷却速度。这将有利于防止淬火钢接头在冷却时产生淬火组织和裂纹。

③ 缩短闪光时间。这可以减少闪光余量，节约贵重金属。

预热不足之处有以下几点。

① 延长了焊接周期，降低了生产率。

② 使过程的自动化更加复杂。

③ 预热控制较困难。预热程度若不一致，就会降低接头质量的稳定性。

三、任务实施

（一）工艺参数的选择

闪光对焊的主要参数有伸出长度、闪光电流、闪光流量、闪光速度、顶锻流量、顶锻速度、顶锻压力、顶锻电流、夹钳夹持力等。

1. 预热参数

预热参数分为预热次数及每次短路时间，一般取在选定的起始闪光速度下能正常激起闪光即可。预热时整个端面的温度难以均匀，但增加预热速度和缩短每次的短路时间，有利于温度均匀化。

2. 闪光参数

闪光参数分为闪光模式、闪光留量、空载电压及平均闪光速度。

（1）闪光模式

闪光过程中存在过梁时，焊件主要由液态金属产生的热量进行加热，焊件的温度随过梁存在时间的增长而升高。每个过梁的存在时间就是从形成至气化爆破所需的时间。当输入电功率不变时，随工件温度的上升而每个过梁存在的时间将缩短，即闪光加快，这时只有增加焊件进给速度，才能维持连续闪光。焊件位移的时间函数称为模式，可用 $s=at^n$ 表示，其中 a 及 n 为常数。n=1（即等速度闪光），用于小截面及非重要零件的闪光对焊，此时连续闪光借助输入电功率自然减小来调节。一般地，碳素钢闪光对焊取 n=1.5～2，不锈钢及铝合金取 n=2～2.5，这样能保证闪光后期闪光更激烈，减少氧化量。

（2）闪光留量

随闪光过程的进行，焊件温度上升，同时焊件向空间和钳口的散热也逐渐加大。在输入热量和散失热量相同时，温度不再上升，此时以瞬时闪光端面为动坐标原点所作的温度分布曲线不再变化。此种状态称为准稳定状态，如图 5-27 所示。闪光对焊一般需在准稳定状态后进入顶锻阶段。

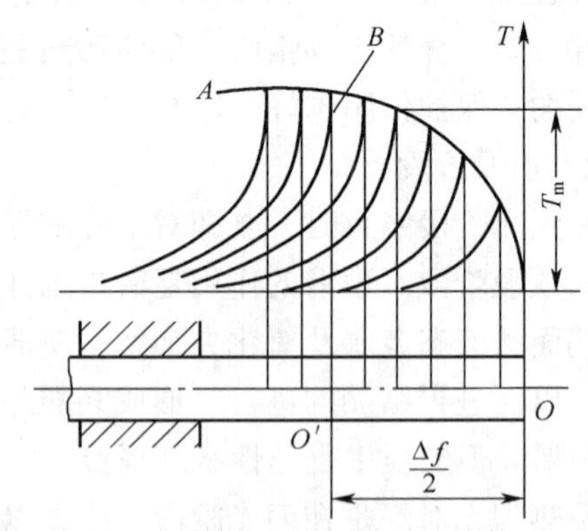

图 5-27　闪光对焊准稳定状态温度沿轴向的分布

A—结合面温度　B—瞬时温度分布

进入准稳定状态所需的最小闪光留量为临界闪光留量，它与闪光模式有关。n 越大，临界闪光留量越小。实际选用的闪光留量 Δf 为临界闪光留量再加上 50%～100%余量。

（3）空载电压

它对动坐标中的温度分布无明显影响。但提高空载电压易于激起闪光和加深弧坑，故一般均选用能保证稳定闪光的最低空载电压。对大截面焊件，也常采用分级调节二次电压的方法，即开始用较高的电压激发闪光，然后在较低的电压下进行正常的加热过程。

（4）平均闪光速度

当闪光模式及闪光留量一定时，提高平均闪光速度将导致焊件温度梯度变陡，加热区变窄。因此，改变平均闪光速度是调节加热区宽度的有效措施，但提高平均闪光速度将导致输入功率增大。

3. 顶锻参数

顶锻参数分为顶锻留量、顶锻力及顶锻速度。其中前两项是可调的，顶锻速度一般均采用焊机所能达到的最大速度。

（1）顶锻留量

顶锻留量根据排除焊口氧化物及过热金属的要求来选择，它由有电顶锻量与无电顶锻量组成。此量过大将使轧制纤维扭曲而导致冷弯性能下降。根据材料的高温性能不同，有电顶锻留量占总顶锻留量的1/5～4/5。

（2）顶锻力

顶锻力根据焊件材质及加热性能确定，如表5-9所示。

表5-9　　闪光对焊的顶锻压力

焊件材料	顶锻压力/MPa	
	连续闪光对焊	预热闪光对焊
低碳钢	60～80	40～60
中碳钢	80～100	40～60
高碳钢	100～120	40～60
低合金钢	100～120	40～60
奥氏体钢	150～220	100～140
纯铜	250～300	
黄铜	140～180	
青铜	140～180	20
纯铝	120～150	
铝合金	150～300	
纯钛	30～60	30～40

在顶锻力、顶锻留量及焊件温度分布三者中，有两个是独立参数。顶锻留量给定后，可用测量顶锻力来判别焊件加热温度的差异，从而判别焊缝质量的优劣。

（3）顶锻速度

为了及时排除氧化物，必须在凝固前将端面上一薄层液体金属及时挤出焊口。由于各种材质的导热系数差别较大，所需最低顶锻速度也各不相同，如表5-10所示。

表5-10　　闪光对焊推荐的最低顶锻速度

材　质	最低顶锻速度/（mm/s）	材　质	最低顶锻速度/（mm/s）
铸铁	20～30	铝合金	＞200
高碳钢	50～60	纯铜	＞200
低碳钢	60～80	黄铜	200～300
复杂合金钢	80～100	镍	＞60

4. 伸出长度

伸出长度（$2L_0$）按下式计算

$$2L_0=\Delta f+\Delta u+\Delta r=2\Delta+\Delta r \qquad (5\text{-}7)$$

式中：L_0——每一焊件伸出钳口长度；

Δf——闪光留量（包括预热部分）；

Δu——顶锻留量，$\Delta u=\Delta u''+\Delta u'$；

Δ——1/2 总留量（见图 5-28）；

Δr——焊缝焊好后的钳口间距离。

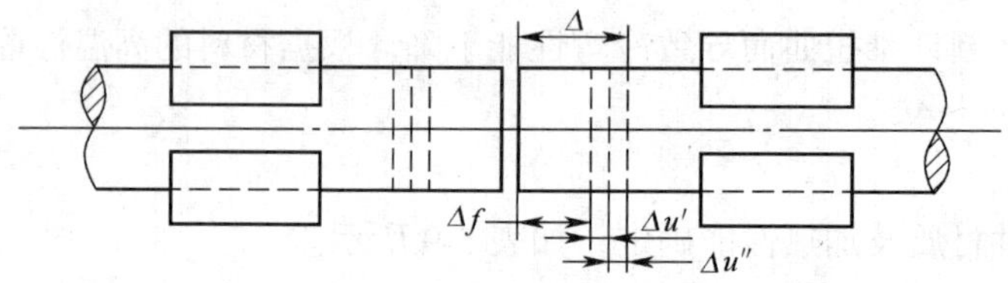

图 5-28　闪光对焊伸出长度

Δ—总留量一半　Δf—闪光留量一半　Δu—有电顶锻留量一半　$\Delta u''$—无电顶锻留量一半

Δr 值的确定，必须考虑到挤出毛刺及接口塑性变形所需空间。Δr 过小对塑性变形不利；过大则因焊件刚度不足而在顶锻时产生较大的弯曲和错位。如果无防止错位的措施，L_0需满足下列要求：

$$L_0 \leqslant (0.7\sim1.0)d \text{ 或 } L_0 \leqslant (4\sim5)\,\delta \qquad (5\text{-}8)$$

式中：d——棒或厚壁管外径（mm）；

δ——平板或薄壁管厚度（mm）。

（二）工件准备

闪光对焊的工件准备包括端面几何形状、毛坯端头的加工和表面清理。

闪光对焊时，两工件对接面的几何形状和尺寸应基本一致，否则将不能保证两工件的加热和塑性变形一致，从而将会影响接头质量。在生产中，圆形工件直径的差别不应超过 15%，方形工件和管形工件不应超过 10%。

在闪光对焊大断面工件时，最好将一个工件的端部倒角，使电流密度增大，以便于激光闪发。这样就可以不用预热或在闪光初期提高次级电压。

对焊毛坯端头的加工可以在剪床、冲床、车床上进行，也可以用等离子或气焰切割，然后清除端面。

闪光对焊时，因端部金属在闪光时被烧掉，故对端面清理要求不甚严格。但对夹钳和工件接触面的清理要求，应和电阻对焊一样。

（三）常用金属的闪光对焊

1. 碳素钢的闪光对焊

碳素钢具有电阻系数高，加热时碳元素的氧化为接口提供保护性气氛 CO 和 CO_2，不含有生成高熔点氧化物的元素等优点，因而都属于焊接性较好的材料。

随着钢中的含碳量的增加，电阻系数增大，结晶区间、高温强度及淬硬倾向都随之增大。

因而需要相应地增加顶锻压强和顶锻留量。为了减轻淬火的影响，可采用预热闪光对焊，并进行焊后热处理。

碳素钢闪光对焊时，由于碳向加热端面扩散并被强烈氧化，以及顶锻时，半溶化区内含碳量高的溶化金属被挤出，所以在接头处形成含碳量低的贫碳层（呈白色，也称亮带）。贫碳层的宽度随着钢含量的提高、预热时间的加长而增宽；随着含碳量的增大和气体介质氧化倾向的减弱而变窄。采用长时间的热处理可以消除贫碳层。

用得最多的是碳素钢闪光对焊。只要焊接条件选择适当，一般不会出现困难。甚至对熔焊来说比较难焊的铸铁也是一样。

铸铁通常采用预热闪光对焊，用连续闪光对焊容易形成白口。由于含碳量很高，闪光时产生大量的 CO 和 CO_2 保护气氛，自保护作用较强，即使在工艺参数波动很大时，在接口中也只有少量氧化夹杂物。

2. 合金钢的闪光对焊

合金元素含量对钢性能的影响和应采取的工艺措施如下。

① 钢中的铝、铬、硅、钼等元素易生成高熔点氧化物，所以应增大闪光和顶锻速度，以减少其氧化。

② 合金元素含量增加，高温强度提高，应增加顶锻压强。

③ 对于珠光体钢，合金元素增加，淬火倾向性就增大，应采取防止淬火脆化的措施。

低合金钢的焊接特点与中碳钢相似，具有淬硬倾向，应采用相应的热处理方法。这类钢的高温强度大，易生成氧化物夹杂，需要采用较高的顶锻压强，较高的闪光和顶锻速度。

高碳合金钢除具有高碳钢的特点外，还含有一定数量的合金元素。由于含碳量高，结晶温度区间宽，接口处的半熔区就较宽，如果顶锻压力不足，塑性变形量不够，残留在半熔化区内的液态金属将形成疏松组织。还因含有合金元素，会形成高熔点氧化物夹杂。因此，需要较高的闪光和顶锻速度，较大的顶锻压强和顶锻留量。

奥氏体钢的主要合金元素是 Cr 和 Ni，这种钢高温强度高，导电和导热性差，熔点低（与低碳钢相比），又有大量易形成高熔点氧化物的合金元素（如 Cr），因此，要求有大的顶锻压强，高的闪光和顶锻速度。高的闪光速度可以减小加热区，可有效地防止热影响区晶粒急剧长大和抗腐蚀性的降低。

3. 铝及其合金的闪光对焊

这类材料具有导电导热性好，熔点低，易氧化且氧化物熔点高、塑性温度区窄等特点，给焊接带来困难。

铝合金对焊的焊接性较差，工艺参数选择不当时，极易产生氧化夹杂物、疏松等缺陷，使接头强度和塑性急剧降低。闪光对焊时，必须采用很高的闪光和顶锻速度、大的顶锻留量和强迫形成的顶锻模式。所需比功率也要比钢件大得多。

4. 铜及其合金的闪光对焊

铜的导热性比铝好，熔点较高，因而比铝要难焊的多。纯铜闪光对焊时，很难在端面形成液态金属层和保持稳定的闪光过程，也很难获得良好的塑性温度区。为此，焊接时需要很高的最后闪光速度、顶锻速度和顶锻压强。

铜合金（如黄铜、青铜）的对焊比纯铜容易。黄铜对焊时由于锌的蒸发而使接头性能下降，为了减少锌的蒸发，也应采用很高的最后闪光速度、顶锻速度和顶锻压强。

铝和铜用闪光对焊焊成的过渡接头广泛用于电机行业。由于它们的熔点相差很大，铝的熔化比铜快 4～5 倍，所以要相应增大铝的伸出长度。铝和铜对焊时，可能形成金属间化合物 $CuAl_2$，增加接头脆性。因此，必须在顶锻时尽可能将 $CuAl_2$ 从接口中排挤出去。

5. 钛及其合金的闪光对焊

钛及其合金的闪光对焊的主要问题是由于淬火和吸收气体（氢、氧、氮等）而使接头塑性降低。钛合金的淬火倾向与加入的合金元素有关。若加入稳定 β 相元素则淬火倾向增大，塑性将进一步降低。若采用强烈闪光的连续闪光对焊，不加保护气体就可获得满意的接头。当采用闪光、顶锻速度较小的预热闪光焊时，应在 Ar 或 He 保护气氛中焊接。预热温度为 1 000℃～1 200℃，工艺参数和焊接钢时基本一致，只是闪光留量稍有增加。此时可获得较高塑性的接头。

（四）典型工件的对焊

1. 棒材对焊

低碳钢棒材的闪光对焊工艺如表 5-11 所示。

表 5-11　　低碳钢棒材的闪光对焊工艺

直径（或短边）/mm	伸出长度/mm	闪光留量/mm	顶锻留量/mm	闪光时间/s	直径（或短边）/mm	伸出长度/mm	闪光留量/mm	顶锻留量/mm	闪光时间/s
5	9	3	1	1.50	18	30	9	3.3	7.50
6	11	3.5	1.3	1.90	20	34	10	3.6	9.00
8	13	4	1.5	2.25	25	42	12.0	4.0	13.00
10	17	5	2	3.25	30	50	15	4.6	20.00
12	22	6.5	2.5	4.25	40	66	20	6.0	45.00
14	24	7	2.8	5.00	50	82	25	6.6	90.00
16	28	8	3	6.75					

2. 管子对接

该方法在压力容器及输气输油管道工程中应用较多。管子闪光对焊的关键在于清除内部毛刺，对已弯过的小直径厚壁管尤为重要。因此，必须选用尽可能小的顶锻留量，但过小将导致冷弯性能下降。焊后去除毛刺有下列方法。

① 焊后立即用压缩空气将中碳钢弹头吹入管内，利用高速运动的弹头切除毛刺。

② 焊后立即通入一定量的高速氧气流，使刚挤出的高温毛刺在氧气流中燃烧掉。

③ 闪光过程中管内吹入保护气体，形成压差，使爆破的过梁随气流飞出管口。

采用上述方法可使焊口通道不小于内径的 80%～90%。表 5-12 所示为部分管子闪光对焊工艺。

表 5-12　　锅炉管子闪光对焊工艺

材　质	管径×壁厚/mm	伸出长度/mm	闪光留量/mm	顶锻留量/mm		闪光时间/s
				有　电	无　电	
20	$\phi32\times3$ $\phi32\times4$ $\phi38\times3.5$	50	10	2	2	5
	$\phi60\times3$ $\phi60\times5$	70	10	2 2	2 3	5 6

续表

材　质	管径×壁厚 /mm	伸出长度 /mm	闪光留量 /mm	顶锻留量/mm		闪光时间 /s
				有　电	无　电	
12Cr1Mo1V 15CrMo	$\phi42\times5$	60	10	4	5	6

3. 钢轨对接

长钢轨是铁路发展方向，钢轨的接长目前主要采用闪光对焊。随着重型钢轨的应用，焊机容量越来越大。除普通的工频交流焊机外，为减少焊机容量还研究了两种新方法：采用二次整流的预热闪光对焊；采用振动闪光的连续闪光对焊。

4. 环形零件对焊

环形零件如链条、钢圈、锚链等可采用对焊。直径为 20mm 以下的链条采用电阻对焊；直径为 20mm 以上的采用闪光对焊。环形焊件对焊时应考虑分流及顶锻时的变形附加力。链条闪光对焊时，因链环直径较小，分流造成的磁场力将使液体过梁推向内侧，引起内侧温度较高。所以变压器应安放在链环的另一侧，以部分抵消磁场影响。表 5-13 所示为小直径链条电阻对焊工艺。

表 5-13　　小直径链条电阻对焊工艺

直径 /mm	二次电压 /V	焊接时间/s		生产率 /（环/min）
		通　电	断　电	
19.8	4.4～4.55	4.5	1.0	6.4
16.7	3.4～3.55	5.0	1.0	6.4
15.0	3.8～4.0	3.0	1.0	6.6
13.5	3.8～4.0	2.5	1.0	8.8
12.0	2.8	1.5	0.8	8.6

（五）闪光对焊的新技术

1. 程控降低电压闪光对焊

这种焊接方法的特点是闪光开始阶段采用较高的次级空载电压，以利于激起闪光，当端面温度升高后，再采用低电压闪光，并保持闪光速度不变，以提高热效率。接近顶锻时，再提高次级电压，使闪光强烈，以增加自保护作用。

程控降低电压闪光对焊与预热闪光对焊相比较，具有焊接时间短、需用功率低、加热均匀等优点。

2. 脉冲闪光对焊

这种焊法的特点是在动夹钳送进的行程中，通过液压振动装置，再叠加一个往复振动行程，振幅为 0.25～1.2mm，频率为 3～35Hz 均匀可调。由于震动，焊件端面交替地短路和拉开，从而产生脉冲闪光。

脉冲闪光对焊与普通闪光对焊相比较，由于没有过梁的自发爆破，喷溅的微粒小、火口浅，因而热效率可提高一倍多，顶锻留量可缩小到 1/2～2/3。

以上两种方法主要是为了满足大断面工件闪光对焊的需要。

3. 矩形波闪光对焊

这种焊法与工频交流正弦波闪光对焊相比较，能显著提高闪光的稳定性。因为正弦波电源当电压接近零位时，闪光会瞬间中断，而矩形波可在全周期内均匀产生闪光，与电压相位无关。

矩形波电源单位时间内的闪光次数比工频交流提高 30%，喷溅的金属微粒细，火口浅、热效率高。矩形波频率可在 30～180Hz 范围内调节。这种方法多用于薄板和铝合金轮圈的连续闪光对焊。

（六）对焊接头常见缺陷及防止

对焊接头常见缺陷有外形不正、宏观缺陷及显微缺陷等几类。

1. 外形不正

外形不正将会降低焊件强度。形成这类缺陷的主要原因有焊件毛坯不准确，焊件装卡不正，电极未装牢，焊机导轨的间隙太大，机架刚度不足，伸出长度控制不当，以及顶锻时失稳等。此外，焊小直径焊件时，如果焊机二次电压过高，也常使电极与焊件接触不良，而损坏焊件表面和外形。

2. 宏观缺陷

宏观缺陷主要包括未焊透、夹渣、疏松及裂纹等。

① 未焊透常与夹渣相伴而生，在未焊透处存在着大片的氧化膜或链状夹杂物，它急剧降低接头的强度；另外，此缺陷用无损检验又难以发现，所以它是较危险的缺陷。造成这种缺陷的主要原因是顶锻前温度太低，接头处不易产生塑性变形，导致难以排除氧化物；顶锻量太小，火门未能封闭；顶锻力和顶锻速度不够；断电过早以及母材金属中存在着非金属夹杂物等。

② 疏松也会削弱接头的强度，当钢的液—固两相共存区宽、FeS 等夹杂物较多、焊接过热区又较宽时，则顶锻中很难完全排除液态金属，冷却后便易形成疏松。为了防止这种缺陷，应降低加热区宽度和提高顶锻压力。

③ 裂纹有纵向和横向两种，如图 5-29 所示，此类缺陷的危害极大。横向裂纹一般是由接头淬硬变脆而引起的；纵向裂纹则是由过热区宽，顶锻量大形成的。这类缺陷应针对其具体产生的原因予以防止。

3. 显微缺陷

显微缺陷有晶粒粗大、非金属夹渣以及显微裂纹等，应视具体原因制定防止措施。例如，晶粒粗大应从加热工艺参数方面考虑；而产生夹渣，则应从顶锻和材料性能方面考虑。

知识与能力拓展

（一）电渣焊

1. 电渣焊的原理及特点

（1）电渣焊的基本原理

电渣焊是利用电流通过液态熔渣时所产生的电阻热为热源进行焊接的方法。焊接过程如图 5-30 所示。

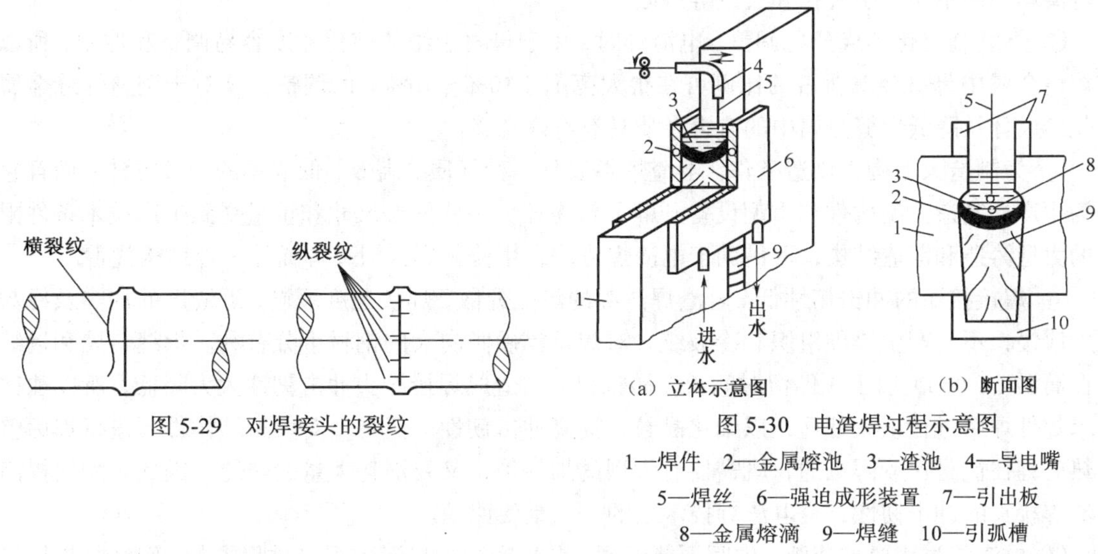

图 5-29 对焊接头的裂纹

(a) 立体示意图 (b) 断面图

图 5-30 电渣焊过程示意图

1—焊件 2—金属熔池 3—渣池 4—导电嘴 5—焊丝 6—强迫成形装置 7—引出板 8—金属熔滴 9—焊缝 10—引弧槽

焊前先把焊件垂直放置，在两焊件间留出一定的间隙（一般为 20～40mm），在焊件下端装好引弧槽，上端装好引出板，并在焊件两侧装好强迫成形装置。先在电极（焊丝或板极等）与引弧板之间引燃电弧，不断加入少量焊剂，利用电弧的热量使之熔化，形成液态熔渣，即渣池，此阶段为造渣过程。待渣池达到一定深度时，增加焊丝送进速度并降低焊接电压，同时电极被浸入渣池，电弧熄灭，转入电渣焊过程。由于高温熔渣具有一定的导电性，当焊接电流从电极端部经渣池流向焊件时，在渣池内产生的电阻热将电极和焊件边缘熔化，熔化的金属沉积到渣池下面形成金属熔池，随着电极不断地送进和熔化，金属熔池逐渐升高，而熔渣始终浮于金属熔池上部。这时离热源较远的熔化金属逐渐冷却，在强制成形装置的作用下凝固形成焊缝。随着焊接过程的进行，机头及强迫成形装置逐渐上升，从而完成了整条焊缝的焊接。

由上述过程可见，为保证电渣焊过程稳定，要求浮在熔池上方的渣池必须有一定的深度和一定的容积。因此，焊缝需处于垂直位置或接近于垂直位置，为防止液态熔渣和熔池金属流失，应在焊件两侧表面装上强迫成形装置。强迫成形装置可以采用伴随机头一起移动的水冷成形滑块，也可以用固定式水冷成形板或用钢板作为密封侧面。此外，为了防止造渣开始处因电渣过程不稳定而产生未焊透、夹渣等缺陷，必须装引弧槽。在焊缝收尾处，为防止产生缩孔、裂纹等缺陷，又必须装引出板。

（2）电渣焊的特点

与一般电弧焊相比，电渣焊具有以下特点。

① 可一次焊接很厚的工件，从而提高了焊接生产率。从理论上讲，电渣焊能焊工件的厚度是无限的，但实际上受设备、电源容量和操作技术等方面的限制，其焊接厚度还是有限的。

② 焊接成本低。电渣焊时焊件不需要开坡口，只要使焊件边缘之间保持一定的装配间隙即可，因而可以节省许多机械加工时间和减少填充金属的消耗，焊剂的消耗量也比埋弧焊时少得多，故焊接成本较低。

③ 焊缝中气孔与夹渣少。电渣焊时熔池体积大，有一层厚厚的熔渣始终覆盖在熔池上。因此，熔池金属的冷却速度比较慢，在高温下停留时间较长，有利于气体和杂质从熔池中析出，

故电渣焊一般不易产生气孔和夹渣等缺陷。

④ 焊缝金属化学成分易调整。电渣焊时，由于母材边缘的熔化宽度容易调整和控制，所以在焊缝金属中母材金属所占的比例可在很大范围（10%～70%）内调整，这对于调整焊缝金属的化学成分及降低焊缝金属中的有害杂质具有特殊意义。

⑤ 为制造大型构件创造条件。电渣焊不仅是一种优质、高效、低成本的焊接方法，而且它还为生产、制造大型构件和重型设备开辟了新途径。一些外形尺寸和重量受到生产技术条件限制的大型铸造和锻造结构，可借助于电渣焊方法，用铸，焊，锻—焊或轧—焊结构代替。

⑥ 焊接接头的冲击韧性低。电渣焊热源的热能分散，焊接速度缓慢，近缝区的加热及冷却速度缓慢，不易产生淬硬组织和冷裂纹，对焊接淬硬倾向大的钢材十分有利。焊缝金属和近缝区在高温（1 000℃以上）停留时间长，晶粒粗大，造成焊接接头冲击韧性大大降低，所以往往要求焊件焊后进行正火处理，以细化晶粒，提高冲击韧性。但是，对大型结构件要进行焊后整体热处理往往是比较困难的，既需要有大型的加热炉，又要消耗大量的热能。因此，如何提高电渣焊接头的冲击韧性，是电渣焊技术中的一个重要课题。

⑦ 电渣焊过程要求连续，中间不能停顿。在生产中如果遇到焊接过程中断，则恢复焊接过程的辅助工作量较大。

⑧ 电渣焊不适合焊接薄板和短焊缝。因此，电渣焊在应用上有一定的局限性。

2. 电渣焊的分类

根据所用电极形状的不同，电渣焊可分为丝极、板极、熔嘴和管极 4 种。

（1）丝极电渣焊

丝极电渣焊是应用得最早、最多的一种电渣焊方法。它利用不断送进的焊丝作为熔化电极（填充金属），如图 5-30 所示。根据焊件厚度不同，可同时采用 1～3 根焊丝。在焊丝根数不变的情况下，为了增加所焊焊件的厚度并使母材在厚度方向上受热熔化均匀，焊丝可沿焊件厚度方向作横向往复摆动。在采用多根焊丝焊接时，焊接设备和焊接技术就比较复杂。丝极电渣焊方法一般用于焊接厚度为 40～450mm 且焊缝较长的焊件，以及环焊缝的焊接。

（2）板极电渣焊

板极电渣焊用金属板条作为熔化电极，如图 5-31 所示。根据焊件厚度不同，板极电渣焊可采用一块或数块板极进行焊接。由于焊接时板极只需向下送进，不作横向摆动，而且板极的送进速度很慢（1～3m/h），完全可以手动送进，因而板极电渣焊设备比较简单。板极材料的化学成分与焊件相同或相近即可，因此可用板材的边角料制作非常方便，但板极电渣焊需要采用大功率电源（因电极的截面大）。同时，要求板极的长度为焊缝长度的 4～5 倍。若焊缝长度增加，板极长度也要增加。这样，板极长度必会受到自身刚度和送进机构的高度限制，所以板极电渣焊的焊缝长度受到限制。

（3）熔嘴电渣焊

熔嘴电渣焊是利用不断送进的焊丝和固定于焊件装配间隙并与焊件绝缘的熔嘴共同作为填充金属的电渣焊方法，如图 5-32 所示。熔嘴由与焊件截面形状相同的熔嘴板和导丝管组成，焊接时，熔嘴不仅起导电嘴作用，而且熔化后又成为填充金属的一部分。根据焊件厚度不同，可采用一个或多个熔嘴同时焊接。

熔嘴电渣焊与板极电渣焊相比，可焊接截面更大的工件，尤其是适用于焊接不规则截面的焊件。此外，焊缝的化学成分可通过熔嘴及焊丝的化学成分的恰当配合进行调整。熔嘴电渣焊所用的设备也比较简单，焊丝的送进只需一般的送丝机构。目前可焊焊件厚度已达 2m，焊缝长度已达 110m 以上。

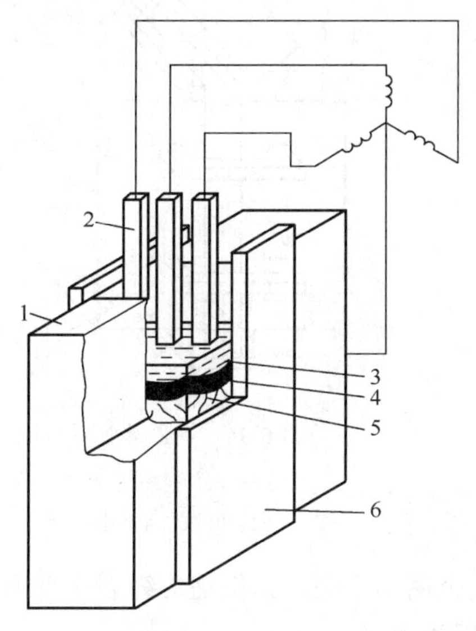

图 5-31　板极电渣焊原理图
1—工件　2—板极　3—渣池　4—金属熔池
5—焊缝　6—冷却成形装置

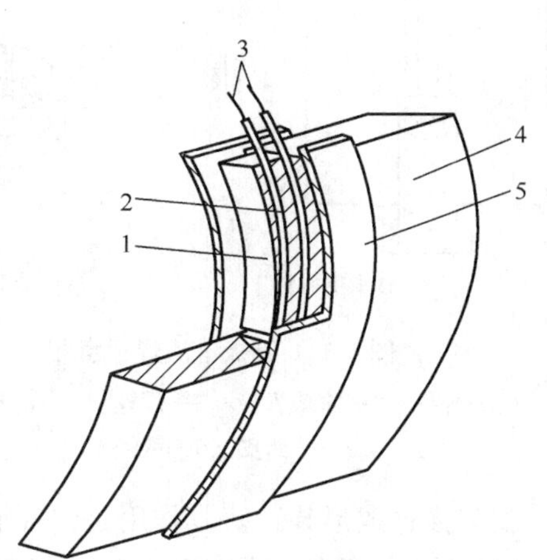

图 5-32　熔嘴电渣焊示意图
1—熔嘴板　2—导丝管　3—焊丝
4—焊件　5—强迫成形装置

（4）管极电渣焊

管极电渣焊又称管状熔嘴电渣焊，它的基本原理与熔嘴电渣焊相同，如图 5-33 所示。管极电渣焊是用一根在外表面涂有药皮的无缝钢管充当熔嘴。在焊接过程中，药皮除可起绝缘作用并使装配间隙减小的作用外，还可以起到随时补充熔渣及向焊缝过渡合金元素的作用。这种方法适用于焊接厚度为 20～60mm 的焊件。

3. 电渣焊工艺

电渣焊工艺主要包括焊前准备、工艺参数的选择和操作技术等几个方面。下面以丝极电渣焊为例介绍电渣焊工艺。

（1）焊前准备

① 焊件装配。为保证电渣焊质量，在焊件装配前应将焊件的焊接面上及其两侧各 50mm 范围内的铁锈、油污等清除干净。若焊件是铸件，则焊前应进行清砂处理，浇冒口不能设在焊接面及其附近，而且焊接面上不能有缩孔、裂纹及夹砂等缺陷。焊接面两侧 70mm 范围内应平整光滑，以便使两侧的冷却成形滑块贴紧焊件并能顺利地滑动。

为便于冷却，方便滑块通过和减少拘束刚度，装配时用Ⅱ形铁固定焊件，如图 5-34 所示。常用的装配间隙为 25～38mm，错边量不大于 2mm。为保证焊缝起始和收尾处的焊接质量，在焊件下端应装引弧糟，上端装引出板。引弧槽高度一般为 50～1100mm，引出板高度一般为 70～80mm。

由于电渣焊时焊缝的收缩变形较大，因此焊件装配时应留出足够的收缩余量，以保证焊接后焊件的形状和尺寸能满足设计要求。收缩变形的规律是先焊处收缩量较小，后焊处收缩量较大。所以装配间隙应该是上面大些，下面小些，焊缝长度越大，其差值也应越大。

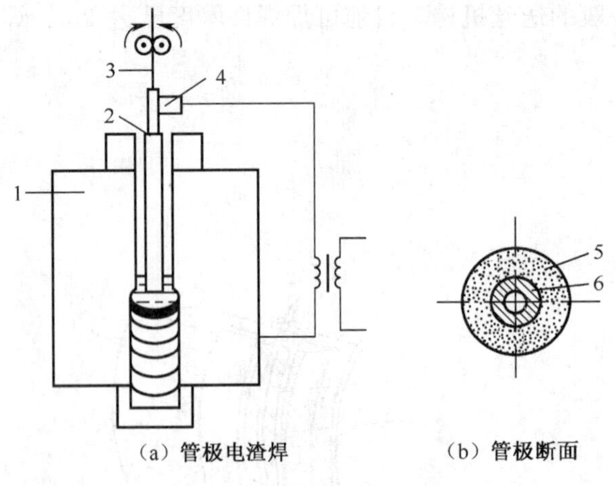

（a）管极电渣焊　　（b）管极断面

图 5-33　管极电渣焊示意图

1—焊件　2—涂药管极　3—焊丝　4—导电板

5—药皮　6—钢管

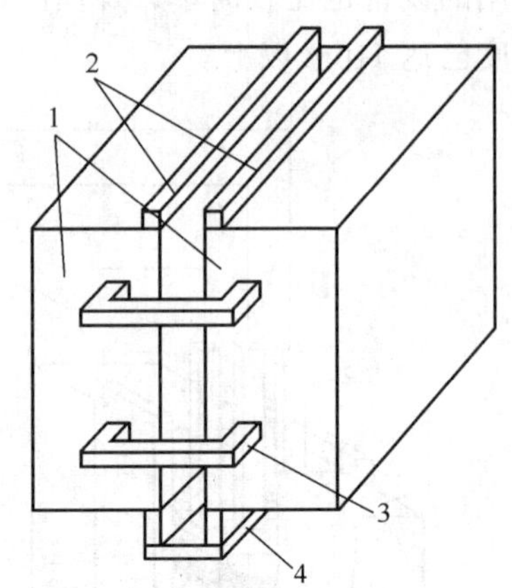

图 5-34　焊件装配示意图

1—焊件　2—引出板

3—Ⅱ形铁　4—引弧槽

② 安装强迫成形装置。其作用是保证渣池和熔化金属不流失，并保证焊缝表面光洁平整。常用的成形装置主要有水冷铜滑块和固定式水冷成形板两种。

- 水冷铜滑块。滑块用纯铜板制成，与焊件接触的一面加工有与焊缝形状相同的成形槽，背面有通冷却水的导水管，如图 5-35 所示。

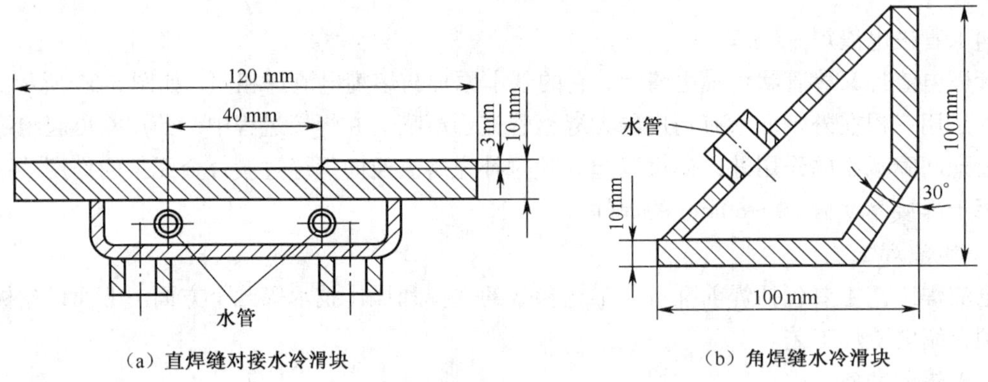

（a）直焊缝对接水冷滑块　　（b）角焊缝水冷滑块

图 5-35　水冷铜滑块示意图

丝极电渣焊时，为便于导电嘴由焊件侧面伸入间隙，一般都采用水冷铜滑块。焊接时，由于冷却滑块是随机头一起移动的，故对焊件装配质量要求比较高，错边量要小；与滑块接触的焊件表面要进行加工。焊接环形焊缝时，滑块的曲面必须与焊件的曲面相吻合，保证滑块表面与焊件表面贴紧，以免焊接过程中产生漏渣现象。

- 固定式水冷成形板。水冷成形板也由纯铜制成，其形状与水冷滑块基本相同，主要区别是水冷成形板比滑块长且固定。焊接时，水冷成形板始终紧贴于焊件表面不移动，不易产生漏渣现象，因而对焊件装配质量的要求没有使用滑块时高。

③ 计算焊丝用量。电渣焊时，要求每盘焊丝必须能一次焊完焊件，因此必须事先计算好焊丝用量。如果焊丝需要接长，则必须事先焊好并锉平，以保证顺利送丝。若焊丝上有铁锈和油污等应清理干净。

④ 调整好焊丝与滑块的相对位置。接通水路和控制电路，启动焊机作空载运行，检查各部分运行是否正常。备好耐火水泥和熔丝（保险丝）以备急用。

（2）操作技术

在各项准备工作就绪后即可开始焊接。电渣焊过程一般包括引弧造渣、正常焊接和焊缝收尾3个阶段。

① 引弧造渣阶段。电渣焊的造渣过程一般是先从电弧过程开始的（使用固体导电焊剂时例外），即先引燃电弧，利用电弧热能使焊剂熔化形成渣池。为便于引燃电弧，可先在引弧槽中放入少量铁屑并洒上一层焊剂，引弧后靠电弧热使焊剂熔化。渣池达到一定深度时，即可将焊接电压和送丝速度（即焊接电流）调节到正常值，使焊丝插入渣池，电弧熄灭，此时可启动机头上升，开始正常的电渣焊过程。

② 正常焊接阶段。正常焊接阶段应保持焊接参数稳定。要保持焊丝在间隙中的正常位置，并定期测量渣池深度，均匀地添加焊剂。要防止产生漏渣现象，当发生漏渣而使渣池变浅时，应降低送丝速度，并迅速逐步加入适量焊剂以维持电渣焊过程稳定。

③ 焊缝收尾阶段。由于电渣焊焊缝收尾部分含杂质较多，而且往往存在缩孔和裂纹缺陷。为了将缺陷多、质量差的收尾部分引出焊件之外，电渣焊的收尾工作必须在引出板上进行。

当收尾焊缝进入引出板后，应逐渐减小送丝速度（即减小焊接电流），并适当提高电压以减小熔池深度而增大熔池宽度，即增大焊缝成形系数，防止产生裂纹等缺陷。为了防止产生缩孔和火口裂纹，最好在收尾结束前再继续送几次焊丝，也可用逐渐减小电流和电压直至断电的方法。收尾工作结束后，不要立即放掉熔渣，以减小熔池金属的冷却速度，防止产生裂纹。另外，应及时切除引出板及引出部分的焊缝金属，以避免引出部分可能产生的裂纹扩展到焊缝上。

焊接过程全部结束后，需根据工艺规程的要求，进行检验和热处理。

（3）焊接工艺参数选择及其对焊缝质量的影响

丝极电渣焊的主要工艺参数有焊接电流（即送丝速度）、焊接电压、渣池深度、装配间隙、焊丝根数和直径、焊丝伸出长度。如果焊丝需作横向摆动则还包括焊丝摆动速度、摆动幅度、焊丝在滑块旁停留时间、焊丝至滑块的距离等工艺参数。

① 焊接电流（送丝速度）。在其他工艺参数不变的情况下，焊接电流在一定范围内增加时，母材边缘的熔化宽度增大（即焊缝宽度增大）。这是因为焊接电流增加时渣池的温度升高，熔渣的对流作用增强，有利于将热能传至母材边缘，所以母材边缘熔宽增大。但当焊接电流超过一定值后若再继续增大，则母材边缘的熔宽反而减小。因为焊接电流太大时，焊丝末端与金属熔池间距离过小，对流作用减小，不能很好地熔化母材边缘，熔宽反而要减小。电流过大还会影响焊缝金属的结晶方向，使焊缝金属抗裂性能降低。

② 焊接电压。当焊接电流不变时，增加焊接电压，则热功率增大。同时，焊接电压增高时，焊丝端部离熔池表面的距离增大，熔渣对流作用增强，故母材边缘熔宽增大。但焊接电压不能太高，如果电压过高，会因熔渣沸腾而使飞溅增大，甚至会在焊丝端部与渣池表面处产生电弧，破坏电渣焊过程的稳定性。电压过低会导致焊丝与熔池短路，引起熔渣飞溅。

③ 渣池深度。渣池深度对金属熔池宽度影响较大，随着熔池深度的增加，金属熔池宽度减小，金属熔池深度也稍有减小。因为渣池深度增加时，作为热源的渣池与母材边缘接触面积增加，使输入母材的热能分散。此外，当渣池深度增加时，因焊丝伸入渣池内的长度增加，使电流分散作用增强，也使母材熔化宽度减小。当渣池深度过大时，就可能产生未焊透。但渣池深

度也不能过浅，否则容易产生飞溅。选择渣池深度还应考虑到焊剂物理性能，并随着送丝速度的增加而增加。通常采用的渣池深度为 40～70mm。

④ 装配间隙。随着装配间隙的减小，母材熔宽增大。装配间隙减小时，熔渣的对流作用和对母材边缘的冲刷作用增强了，故母材边缘的熔宽增大。但装配间隙过小，不仅焊接困难，焊丝容易与焊件短路，破坏电渣焊过程的稳定，而且由于熔渣的对流作用减小，母材边缘熔化宽度减小，容易产生未焊透和夹渣等缺陷，对抗裂性能也是不利的，故装配间隙一般不小于 20mm。但装配间隙也不能太大，否则，不仅会降低生产率、增加焊丝的消耗量，而且也会产生未焊透和夹渣等缺陷。电渣焊焊件的装配间隙一般为 20～40mm，常用的为 25～38mm。

⑤ 焊丝根数和直径。丝极电渣焊的焊丝直径一般为 3mm，焊丝根数取决于焊件厚度。为保证焊透，焊丝不摆动时单根焊丝焊接焊件最大厚度不应超过 150mm。当焊件较厚时，可用两根、三根或者更多的焊丝进行焊接。

⑥ 焊丝伸出长度

焊丝伸出长度是指从导电嘴末端到渣池表面之间的焊丝长度。在送丝速度不变的情况下，如果伸出长度过大，不仅会降低焊丝在间隙中位置的准确性，还可能使焊丝在渣池表面熔断起弧，破坏电渣焊过程稳定性。如果焊丝伸出长度过小，又易烧坏导电嘴，同样也会破坏电渣焊过程稳定性。焊丝直径为 3mm 时，焊丝伸出长度一般为 50～70mm。

⑦ 焊丝摆动参数。焊接厚度较大的焊件时，为使熔池金属的温度均匀，焊丝必须作横向往复摆动。在保证焊透的前提下，适当提高焊丝的摆动速度或减小焊丝在滑块旁的停留时间，可增加母材熔宽的均匀性；但焊丝摆动速度过快，或在滑块旁停留时间太短，则容易产生未焊透。所以焊丝摆动速度一般取 30～40m/h，焊丝在滑块旁停留时间一般取 3～6s。

工艺参数的影响是错综复杂互相牵制的。因此在选择工艺参数时应抓住主要矛盾，掌握它们的内在联系，做到灵活而合理，并通过试验进行调整。表 5-14 所示为国产 120 000kN 水压机部分结构件的丝极电渣焊时所用的焊接工艺参数。

表 5-14　丝极电渣焊的焊接工艺参数

板厚/mm	焊丝根数	装配间隙/mm	焊接电压/V	焊接电流/A	渣池深度/mm	伸出长度/mm	焊丝间距/mm	焊丝摆动速度/（m/h）	焊丝离滑块距离/mm	焊丝停留时间/s
50	1	28～35	48～50	480～520	60～70	60	—	—	25	—
80	2	30～35	40～42	400～440	60～70	60	50	—	15	—
100	2	30～38	42～44	420～460	60～70	60	60～65	—	15	—
100	2	30～38	42～44	450～500	60～70	60	55～60	39	10	3
120	2	35～40	46～48	450～500	60～70	60	60～65	—	20	—
120	2	35～40	46～48	500～520	60～70	60	55～60	39	10	3

（二）螺柱焊

螺柱焊是将螺柱一端与板件（或管件）表面接触，通电引弧，待接触面熔化后给螺柱一定的压力形成牢固连接的工艺方法。按热源方式，螺柱焊可分为电弧螺柱焊与电容储能螺柱焊两种主要形式。

1. 螺柱焊的特点及应用

（1）螺柱焊的特点

① 螺柱焊与一般电弧焊相比，焊接时间短，输入母材的能量很小，因而焊缝金属和热影响区均很窄，焊件变形小。

② 采用螺柱焊生产率高，焊接时间通常不超过 1s。

③ 采用螺柱焊不仅可以节约材料，而且可以减少连接部件所需的机械加工及焊接工作量。

④ 若采用电容储能螺柱焊可以将小的螺柱与薄件相连接。

⑤ 因为螺柱焊熔深浅，焊接过程不会损害预先进行加工的结构背面，焊后无需清理。

⑥ 焊接淬硬倾向大的材料容易在焊缝及热影响区引起淬硬组织，造成焊接接头塑性不足。

⑦ 与焊条电弧焊相比，螺柱焊所用设备轻便且便于操作。

⑧ 螺柱焊与螺纹拧入的螺柱相比，在满足强度的条件下所需要的母材厚度小。

（2）螺柱焊的应用

螺柱焊可用于螺纹紧固件、普通销钉和开口销钉、内螺纹紧固件、矩形断面的扁头紧固件的焊接。螺柱焊可以焊接的材料包括低碳钢、低合金钢、不锈钢及有色金属。

螺柱焊在汽车、锅炉和建筑结构、工业及家用设备制造、造船、国防工业等方面得到较广泛的应用。

2. 电弧螺柱焊

（1）电弧螺柱焊的原理

电弧螺柱焊使用类似焊条电弧焊所用的电源，用螺柱与焊件之间产生的电弧热作为热源，将被连接表面加热到适当温度，在压力作用下使两者连接在一起。焊接过程自动完成，一般不超过 1s。电弧螺柱焊一般使用一个陶瓷圈环绕螺柱，以保护熔化金属并保护电弧。为了使紧固件有足够强度，焊件的最小厚度约为待焊螺柱直径的 1/3。每种规格的螺柱要求一个最小的板材厚度，以保证不产生焊穿和过大的变形。钢板厚度与待焊螺柱底端直径的最小比值一般规定为 1/5。

（2）电弧螺柱焊的操作过程

电弧螺柱焊方法与其他电弧焊方法的基本原理相同。该方法的操作包括以下两个步骤。

① 由螺柱与焊件之间燃烧的电弧产生热能。

② 达到适当温度时施加一定的作用力，使螺柱与焊件直接接触。

焊接设备由螺柱焊枪、控制装置和电源组成。焊接过程如图 5-36 所示。将螺柱装在夹头内，陶瓷保护圈放在螺柱的端头位置，将焊枪准确地放在焊接位置，然后按下启动开关，即开始自动的焊接程序。接通焊枪枪体内的螺旋线圈，使螺柱提升而脱离焊件，同时引燃电弧。螺柱底端和焊件被电弧熔化。在达到预调的燃弧时间后，焊接电流自动切断。焊枪的主弹簧将螺柱压入焊件上的熔池内而完成焊接。最后，提起焊枪并打碎陶瓷圈。

3. 电容储能螺柱焊

（1）电容储能螺柱焊的原理

电容储能螺柱焊利用存储在电容器中的电能高速放电形成的电弧加热螺柱和焊件，在电容放电过程中或放电后立即对螺柱施加压力，使螺柱插到焊件的熔池中。采用电容储能螺柱焊电弧的燃烧时间短，并且接头处形成的熔化金属少，所以不需要陶瓷圈，这种方法适用于中小尺寸的螺柱焊接。

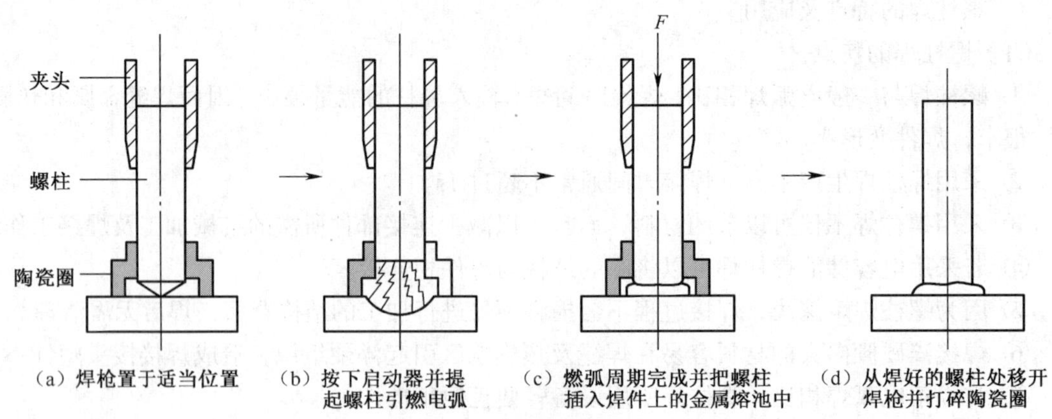

（a）焊枪置于适当位置　（b）按下启动器并提起螺柱引燃电弧　（c）燃弧周期完成并把螺柱插入焊件上的金属熔池中　（d）从焊好的螺柱处移开焊枪并打碎陶瓷圈

图 5-36　电弧螺柱焊过程

电容储能螺柱焊焊件熔透很浅，螺柱金属与焊件熔合，适于将螺柱焊到异种金属上。通常不能用熔化焊的许多特殊金属也可以用这种方法焊接。电容储能螺柱焊焊件表面焊后不需要清理和抛光，这种方法也可用来焊接那些表面已经喷漆、电镀、抛光及表面涂有陶瓷或塑料的零件。

（2）电容储能螺柱焊的操作过程

电容储能螺柱焊有 3 种不同形式，即预接触法、预留间隙法和拉弧法，其主要差异是引弧方法不同。预接触法和预留间隙法电容储能螺柱焊是将待焊螺柱端部设计成小凸台（尖头的）；而拉弧法电容储能螺柱焊是在焊枪将螺柱提升离开焊件时引燃电弧，这与电弧螺柱焊相似。

① 预接触法。在预接触螺柱焊时，首先将螺柱对准焊件放好。然后，存储的电能通过螺柱待焊端的凸台放电。由于电流密度很高，凸台很快雾化，这就引燃了电弧，并熔化待连接的表面。在电弧燃烧过程中，被焊零件在弹簧力或汽缸的作用下结合在一起。在两表面接触时，产生熔化并在螺柱与焊件之间形成焊缝。

② 预留间隙法。首先在螺柱与焊件之间留有一定间隙。螺柱在弹簧力作用下向焊件移动。同时在螺柱与焊件之间加有一定空载电压，当螺柱与焊件接触时，其存储的电能放电，大电流使尖头熔化而引燃电弧。在电弧作用下螺柱和焊件表面熔化，螺柱插入焊件完成焊接。

③ 拉弧法。电弧引燃方法与电弧螺柱焊相同。待焊的螺柱端面不需要设计成尖头，焊接时间由自动控制装置控制，焊枪与电弧螺柱焊枪相似。首先，将螺柱对准焊件放置，按下焊枪启动开关，接通焊接回路和枪体内的电磁线圈，将螺柱拉离焊件，在它们之间引燃小电流电弧。当提升线圈断电时，螺柱开始向焊件移动，焊接电容器存储的能量通过电弧放电，电容释放的大电流将螺柱的待焊端及相邻焊件表面熔化，在焊枪弹簧力的作用下使螺柱插入熔融的金属中，完成焊接过程。

（三）摩擦焊

摩擦焊是利用待焊金属表面摩擦产生的热量加热，同时在压力作用下使焊接区产生塑性变形，在固态下完成连接的一种焊接工艺方法。

1. 摩擦焊的原理

在进行摩擦焊时，大多数情况下是使两焊件之一绕着垂直于接合面的对称轴旋转。摩擦焊原理如图 5-37 所示。

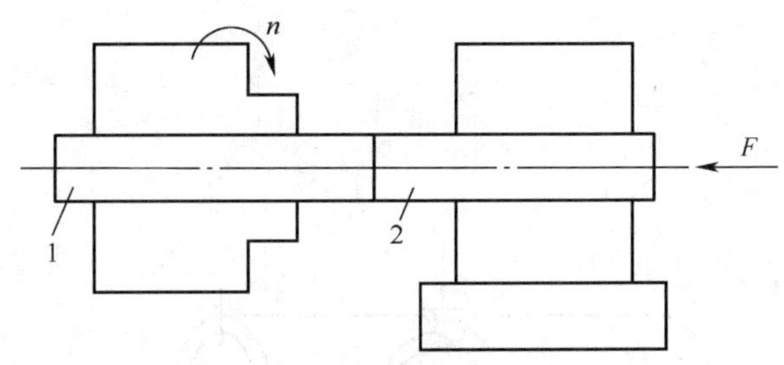

图 5-37　摩擦焊原理示意图

1、2—焊件　n—转速　F—轴向压力（摩擦力或顶锻力）

最常见的是两焊件都为圆形截面，首先将焊件 1 夹持在可以高速旋转的夹头上。焊接开始时，焊件 1 首先高速旋转，然后焊件 2 向焊件 1 方向移动使之相互接触，并施加一定的轴向力（即摩擦力），这时摩擦加热过程开始。当经过一段选定的摩擦时间或达到规定的摩擦变形量（即焊件 2 的摩擦移动量）后，立即停止焊件 1 的转动，同时施加较大的顶锻力，使连接处在顶锻压力的作用下产生一定的塑性变形，即顶锻变形量。在保持一段时间以后，松开两夹头，取出焊件，全部焊接过程结束。

2. 摩擦焊的分类

摩擦焊的分类方法通常有两种：一种是按接头的摩擦运动形式分类；另一种是按焊接过程的工艺特点分类。

（1）按接头的摩擦运动形式分类

① 旋转式摩擦焊。旋转式摩擦焊以焊件结合面中心为轴做旋转摩擦运动，主要用于焊接那些圆形截面的焊件，如圆棒、轴和管子等。只要两个焊件的焊接表面有一个是圆面，都可以采用旋转式摩擦焊。根据能源及焊件不同，旋转式摩擦焊又分为若干种。

a. 普通摩擦焊。在焊接过程中，焊件被主轴电动机连续驱动，以恒定的转速旋转，所以又称连续摩擦焊。其焊接原理如图 5-37 所示。

b. 储能摩擦焊。它是在大功率短时间焊接时，为了降低主轴电动机的功率，利用和主轴相联结的飞轮储能来焊接的方法。若焊接所需能量全部取自飞轮，通常称为惯性摩擦焊。焊接时飞轮存储的能量全部用于接头的摩擦加热，焊接过程终了时，焊件和飞轮同时停止旋转。若焊接所需能量一部分取自飞轮，而另一部分仍取自主轴电动机，则称为飞轮摩擦焊，它兼有普通摩擦焊和惯性摩擦焊的特点。飞轮摩擦焊中飞轮存储的能量只有一部分用于接头的摩擦加热，焊接过程在终了之前，焊件通过离合器与飞轮脱开，停止旋转。

c. 相位摩擦焊。普通摩擦焊在焊件停止旋转和顶锻以后，两个焊件的焊接相位是不能控制的。但是，在焊接一些有相位配合要求的工件，如六方钢、八方钢和汽车操纵杆等产品时，要求两个焊件焊后的棱边或方向对正，相位配合适当，这样需采用相位配合摩擦焊。

d. 径向压力摩擦焊。它将一个带有斜面的圆环 1 装在一对开坡口的管子 2 端面上，如图 5-38 所示。焊接时圆环 1 旋转，并向两个管端施加径向摩擦压力（P_0）。当摩擦加热终了时，停止圆环的转动，并向它施加顶锻力（F）。由于被连接的管子 2 本身并不转动，管子内部不产生飞边，全部焊接过程大约只需 10s，因此这种方法适用于长管的现场焊接，也可用于焊接套管和轴。

e. 摩擦堆焊。其原理如图 5-39 所示。堆焊金属圆棒 1 以高速 n_1 旋转，并向焊件施加摩擦压力 P_f。由于母材体积大，导热性好，冷却速度快，在摩擦加热过程中摩擦表面从堆焊金属与母材的交界面移向堆焊金属一边。当母材相对于堆焊金属圆棒以 n_2 速度转动或移动时，在母材上就会形成堆焊焊缝。

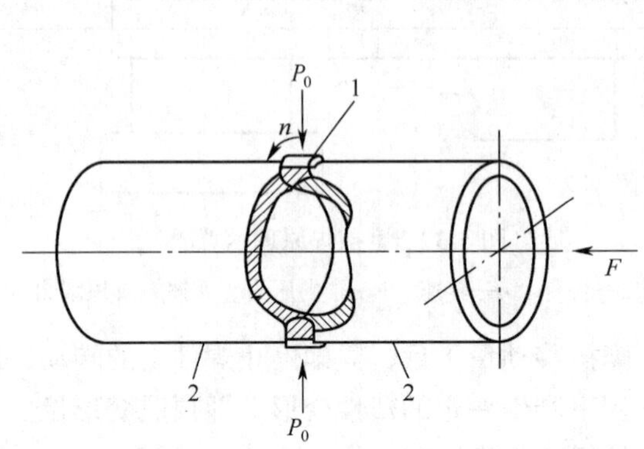

图 5-38　径向压力摩擦焊示意图

1—旋转圆环　2—管子　F—顶锻力　P_0—径向压力

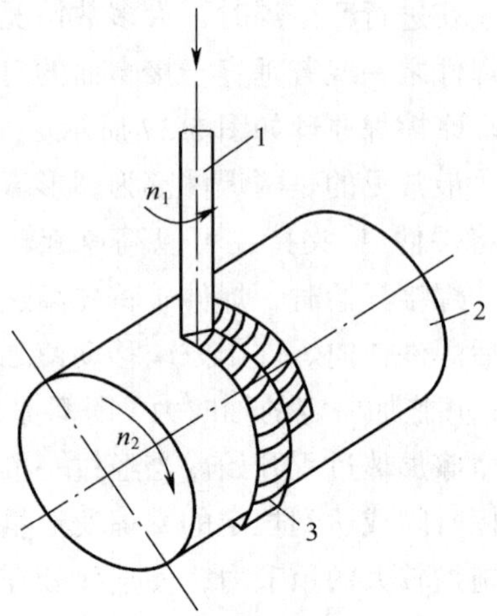

图 5-39　摩擦堆焊示意图

1—堆焊金属圆棒　2—堆焊件（母材）
3—堆焊焊缝
n_1—堆焊金属圆棒转速　n_2—堆焊件（母材）转速　P_f—摩擦压力

② 轨道式摩擦焊。它分为直接轨道（往复振动）摩擦焊与圆形轨道摩擦焊；它们的焊接原理如图 5-40 所示。轨道式摩擦焊是一种新发展起来的焊接方法，它主要用于焊接非圆截面焊件。图 5-40（a）所示为焊件沿直线轨道以一定的振辐和频率往复运动，使连接表面相对地反复振动摩擦的摩擦焊。图 5-40（b）所示为焊件是以一定半径和转速运动，使焊接表面作相对移动摩擦的摩擦焊。这种焊接方法当接头的加热温度达到要求的数值以后，即停止焊件的摩擦运动，进行顶锻焊接。

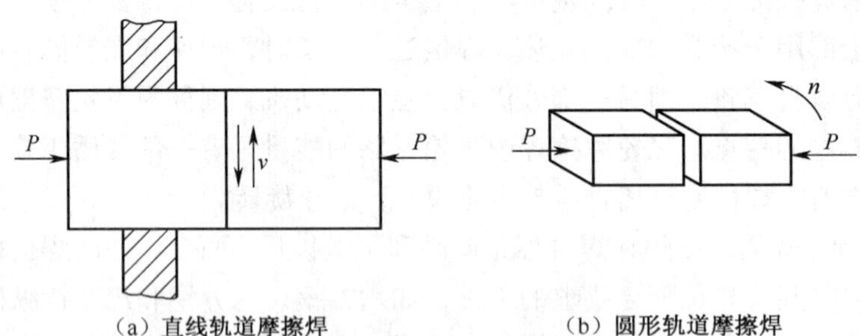

（a）直线轨道摩擦焊　　（b）圆形轨道摩擦焊

图 5-40　轨道式摩擦焊示意图

n—摩擦转速　P—压力　v—振动速度

（2）按焊接过程工艺特点分类

摩擦焊按焊接过程工艺特点分为普通（高温）摩擦焊，封闭摩擦焊，预热摩擦焊，低温摩擦焊，钎层摩擦焊，气体保护摩擦焊和水下摩擦焊等。

3. 摩擦焊的特点

（1）摩擦焊的优点

① 接头质量好，稳定，废品率低。

② 适用于异种材料的焊接，如工具钢、镍合金的焊接，以及铜与不锈钢、铜与铝、钢与铝的焊接。

③ 焊接尺寸精度高，可以实现直接装配焊接。

④ 焊接生产率高，是闪光焊的 4～5 倍。

⑤ 与熔化焊相比，摩擦焊实现的是固态焊接，因此接头通常有较好的力学性能和较窄的热影响区。

⑥ 焊机耗能少，而且需要的功率小。

⑦ 加工费用低，接头焊前不需特殊清理，接头上的飞边有时可以不必去除，焊接时不需要填充材料和保护气体。

⑧ 设备易于实现机械化和自动化，操作技术简单，容易掌握。

⑨ 工作场地卫生，没有火花、弧光及有害气体，有利于环境保护，适于设置在自动生产线上。

（2）摩擦焊的局限性

① 摩擦焊主要是一种旋转焊件的压力焊方法，因此非圆截面焊件的焊接较困难。

② 大截面焊件的焊接受到焊机主轴电动机功率及压力的限制，因此摩擦焊焊件最大截面积不超过 20 000mm^2。

③ 大型盘状焊件和薄壁管件由于不易夹持，因此焊接这类焊件有一定困难。

④ 摩擦系数特别小及脆性材料很难进行摩擦焊。

⑤ 摩擦焊机的一次投资较大，因此不适于单件生产，而更适于大批量集中生产。

4. 摩擦焊工艺

摩擦焊常用的接头形式如图 5-41 所示。摩擦焊过程中，接头上要有适当的加热温度，既要使焊缝金属容易产生塑性变形和扩散，又不要使金属过热。为了防止接头金属过热，提高生产率，加热时间要短，接头加热要均匀，以保证得到所要求的温度分布。在有效地破坏了焊接表面上原有的氧化膜和防止了焊缝继续氧化情况下，还要有足够的顶锻力、顶锻速度及合适的顶锻变形量，以得到理想的接头金属组织、力学性能和较大的焊合面积，这需要由合理的焊接工艺参数来实现。

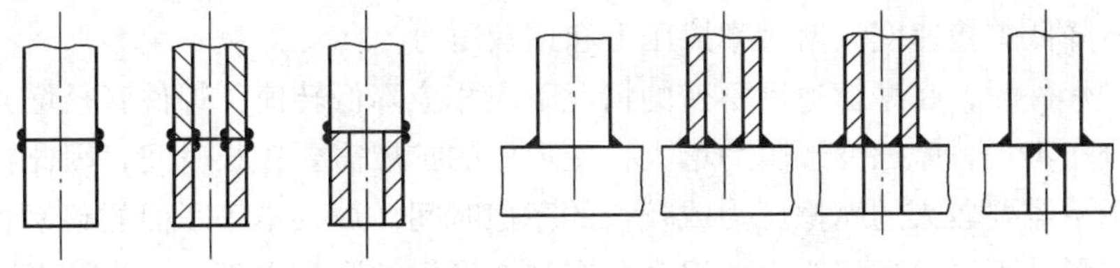

（a）结构钢的棒材、管材和板材接头

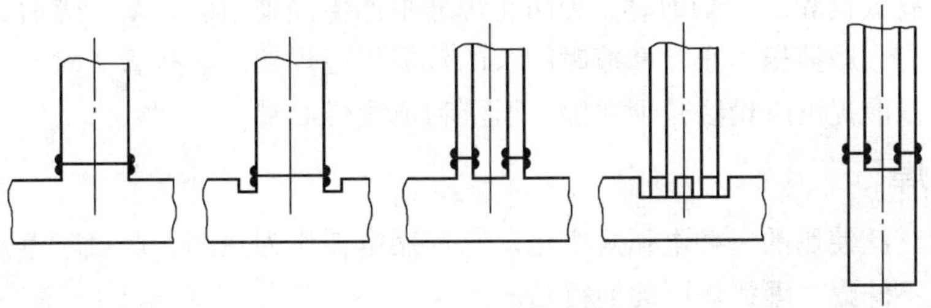

（b）板管和棒管改型等截面接头

图 5-41 摩擦焊接头形式

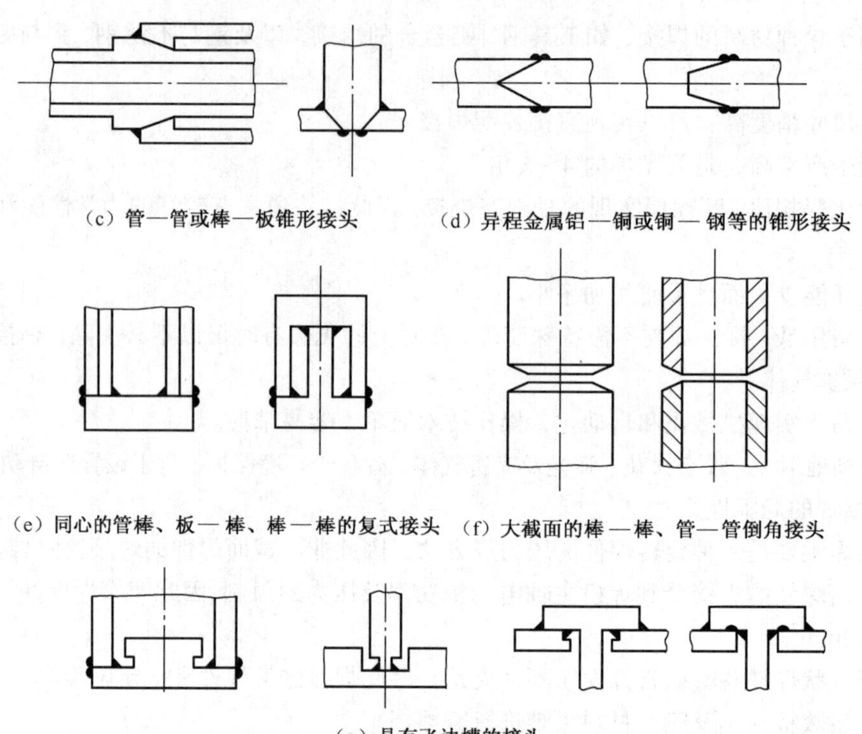
（c）管—管或棒—板锥形接头　（d）异程金属铝—铜或铜—钢等的锥形接头

（e）同心的管棒、板—棒、棒—棒的复式接头　（f）大截面的棒—棒、管—管倒角接头

（g）具有飞边槽的接头

图 5-41　摩擦焊接头形式（续）

摩擦焊的焊接工艺参数主要有转速、摩擦压力、摩擦时间和顶锻力，还有由这些主要参数引起的二次参数，如摩擦变形量、顶锻变形量、摩擦扭矩和接头的摩擦加热温度，它们反映了摩擦焊过程最本质的现象，如发热、变形等。

焊接高温高强度的高合金钢时，需要增大摩擦压力和顶锻力，并适当延长摩擦时间。焊接高温强度差别比较大的异种金属时，除了在高温强度低的材料一方加一个模子以外，还要适当延长摩擦时间，以提高摩擦压力和顶锻力。焊接产生脆性合金层的异种金属时，需要采用模子封闭接头金属，降低焊接速度，增大摩擦压力和顶锻压力。

焊接大直径焊件时，在摩擦速度不变的情况下应相应降低转速。焊件直径增大，摩擦压力在摩擦表面上分布不均，摩擦变形阻力增大，变形层的扩展需要较长时间，因此在保持摩擦变形量不变的情况下需要较大的摩擦压力或较长的摩擦时间。焊接不等断面的碳钢和低合金钢焊件时，由于导热条件不同，在接头上的温度分布和变形层的厚度也不同。为了得到较均匀的温度分布和相等厚度的变形层，需要采用转速较低、摩擦压力大、摩擦时间短的强规范焊接。

焊接中碳钢、高碳钢和低合金钢时，为防止焊缝中产生淬硬组织，减少焊后回火热处理工序，应选用转速较高、摩擦压力小、摩擦时间长的较弱规范焊接。焊接管子时，为了减少内毛刺，在保证接头质量前提下应设法减少摩擦变形量和顶锻变形量。

（四）埋弧焊

埋弧焊是目前广泛使用的一种电弧焊方法。它利用电弧作为热源，焊接时电弧掩埋在焊剂层下燃烧，电弧光不外露，埋弧焊因此而得名。

1. 埋弧焊的工作原理

在无特别说明的情况下通常说的埋弧焊均指自动埋弧焊，它的电弧引燃、焊丝送进和使电弧沿焊接方向移动等过程都是由机械装置自动完成的。埋弧焊的焊接过程如图 5-42 所示。焊接时电源的两极分别接在导电嘴和焊件上，焊丝通过导电嘴与焊件接触，在焊丝周围撒上焊剂，然后起动电源，则电流经过导电嘴、焊丝与焊件构成焊接回路。

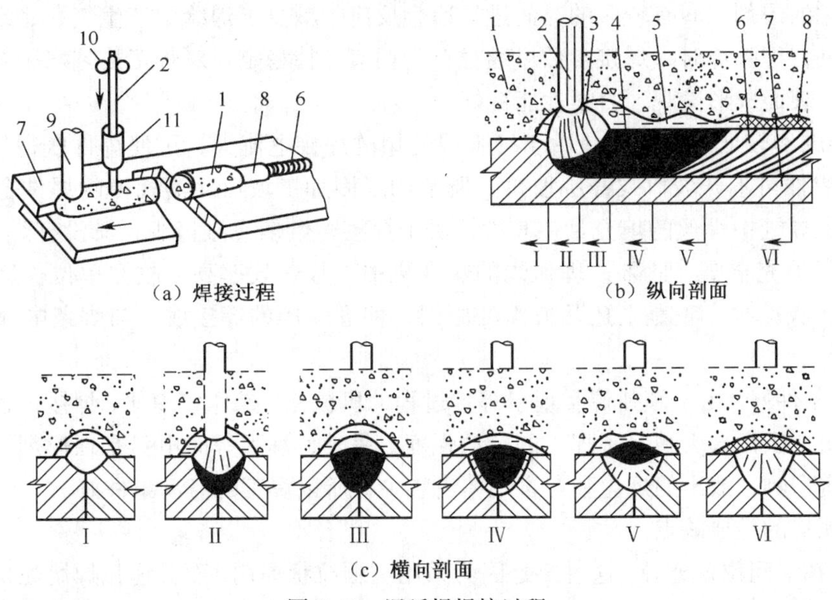

图 5-42 埋弧焊焊接过程

1—焊剂 2—焊丝 3—电弧 4—金属熔池 5—熔渣 6—焊缝 7—工件 8—渣壳 9—焊剂漏斗 10—送丝滚轮 11—导电嘴

当焊丝和焊件之间引燃电弧后，电弧的热量使周围的焊剂熔化形成熔渣，部分焊剂分解、蒸发成气体，气体排开熔渣形成一个气泡，电弧就在这个气泡中燃烧。连续送入电弧的焊丝在电弧高温作用下加热熔化，与熔化的母材混合形成金属熔池。金属熔池上覆盖上一层熔渣，熔渣外层是未熔化的焊剂，它们一起保护着金属熔池，使它与周围空气隔离，并使有碍操作的电弧光辐射不能散射出来。电弧向前移动时，电弧力将熔池中的液态金属排向后方，则熔池前方的金属就因暴露在电弧的强烈辐射下而熔化，形成新的熔池，而电弧后方的熔池金属则冷却凝固成焊缝，熔渣也凝固成渣壳（焊渣）覆盖在焊缝表面。由于熔渣的凝固温度低于液态金属的结晶温度，因此熔渣总是比液态金属凝固迟一些。这就使混入熔池的熔渣、溶解在液态金属中的气体和冶金反应中产生的气体能够不断地逸出，使焊缝不易产生夹渣和气孔等缺陷。

2. 埋弧焊的特点

（1）埋弧焊的主要优点

① 生产率高。这主要是因为埋弧焊是经过导电嘴将焊接电流导入焊丝的，与焊条电弧焊相比，导电的焊丝长度短，其表面又无药皮包覆，不存在药皮成分受热分解的限制，所以允许使用比焊条电弧焊大得多的电流，使得埋弧焊的电弧功率、熔透深度及焊丝的熔化速度都相应增大。在特定条件下，埋弧焊可实现 10～20mm 钢板一次焊透双面成形。另外，由于焊剂和熔渣的隔热作用，电弧基本上没有热的辐射散失，金属飞溅也小，虽然用于熔化焊剂的热量损耗较大，但总的热效率仍然大大增加。因此埋弧焊的焊接速度大大提高，最高可达 60～150m/h，而焊条电弧焊则不超过 6～8m/h，故埋弧焊与焊条电弧焊相比有更高的生产率。

② 焊缝质量好。这首先是因为埋弧焊时电弧及熔池均处在焊剂与熔渣的保护之中，保护效果比焊条电弧焊好。其电弧气氛（主要成分为 CO 和 H_2气体）是具有一定还原性的气体，因而可使焊缝金属中氮含量、氧含量大大降低。其次，焊剂的存在也使熔池金属凝固速度减缓，液态金属与熔化的焊剂之间有较多的时间进行冶金反应，减少了焊缝中产生气孔、裂纹等缺陷的可能性。此外，埋弧焊时，焊接参数可通过自动调节保持稳定。对焊工技艺水平要求不高，焊缝成分稳定，表面成形美观，力学性能良好。

③ 焊接成本较低。这首先是由于埋弧焊使用的焊接电流大，可使焊件获得较大的熔深，故埋弧焊时焊件可不开坡口或开小坡口，既节约了因加工坡口而消耗掉的焊件金属和加工工时，又减少了焊缝中焊丝的填充量。其次，由于焊接时金属飞溅极少，又没有焊条头的损失，所以也节约了填充金属。此外，埋弧焊的热量集中，且热效率高，故在单位长度焊缝上所消耗的电能也大大减少。正是上述几方面的原因，使埋弧焊的焊接成本与焊条电弧焊相比大为降低。

④ 劳动条件好。由于埋弧焊实现了焊接过程的机械化，操作较简便，焊接过程中操作者只负责监控焊机，因而大大减轻了焊工的劳动强度。另外，埋弧焊时电弧是在焊剂层下燃烧，没有弧光的有害影响，放出的烟尘和有害气体也较少，所以焊工的劳动条件好。

（2）埋弧焊的主要缺点

① 难以在空间位置施焊。这主要是因为采用了颗粒状焊剂，而且埋弧焊熔池也比焊条电弧焊的大得多，为保证焊剂、熔池金属和熔渣不流失，埋弧焊通常只适用于平焊位置的焊接。其他位置焊接需采用特殊措施，以保证焊剂能覆盖焊接区。

② 难以焊接易氧化的金属材料。这是由于焊剂的主要成分为 MnO、SiO_2 等金属和非金属氧化物，具有一定的氧化性，故难以焊接铝、镁等对氧化性敏感的金属及其合金。

③ 对焊件装配质量要求高。由于电弧埋在焊剂层下，操作人员不能直接观察电弧与坡口的相对位置，当焊件装配质量不好时易焊偏而影响焊接质量。因此，埋弧焊时焊件装配必须保证接口中间隙均匀，焊件平整、无错边现象。

④ 不适合焊接薄板和短焊缝。由于埋弧焊电弧的电场强度较高，电流小于 100A 时电弧稳定性不好，故不适合焊接太薄的焊件。另外，埋弧焊受焊车的限制，机动灵活性差，一般只适合焊接长直焊缝或大圆弧焊缝；焊接弯曲、不规则的焊缝或短焊缝则比较困难。

3. 埋弧焊的应用范围

（1）焊缝类型和焊件厚度

凡是焊缝可以保持在水平位置或倾斜度不大的焊件，不管是对接、角接和搭接接头，都可以用埋弧焊焊接，如平板的拼接缝、圆筒形焊件的纵缝和环缝、各种焊接结构中的角缝和搭接缝等。

埋弧焊可焊接的焊件厚度范围很大。除了厚度在 5mm 以下的焊件由于容易烧穿，埋弧焊用得不多外，较厚的焊件都适于用埋弧焊焊接。目前，埋弧焊焊接的最大厚度已达 650mm。

（2）焊接材料种类

随着焊接冶金技术和焊接材料生产技术的发展，适合埋弧焊的材料已从碳素结构钢发展到低合金结构钢、不锈钢、耐热钢以及某些有色金属，如镍基合金、铜合金等。此外，埋弧焊还可在基体金属表面堆焊耐磨或耐腐蚀的合金层。

铸铁一般不能用埋弧焊焊接。因为埋弧焊电弧功率大，产生的热收缩应力很大，焊后很容易形成裂纹。铝、镁、钛及其合金因还没有适当的焊剂，目前还不能使用埋弧焊焊接。铅、锌等低熔点金属材料也不适合用埋弧焊焊接。

可以看出，埋弧焊的适用范围是很广的。最能发挥埋弧焊快速、高效特点的生产领域，包括造船、锅炉、化工容器、大型金属结构和工程机械等工业制造部门。

埋弧焊还在不断发展之中，例如，多丝埋弧焊能达到厚板一次成形；窄间隙埋弧焊可使厚板焊接提高生产效率，降低成本；埋弧堆焊，能使焊件在满足使用要求的前提下节约贵重金属或提高使用寿命。这些新的、高效率的埋弧焊方法的出现，更进一步拓展了埋弧焊的应用范围。

4. 埋弧焊机

常用的埋弧焊机有等速送丝式和变速送丝式两种类型。它们一般都由机头、控制箱、导轨（或支架）及焊接电源组成。按照不同的工作需要，埋弧焊机可做成不同的形式。常见的有焊车式、悬挂式、车床式、悬臂式和门架式等。图 5-43 所示为各种形式的埋弧焊机（不带焊接电源）简图。

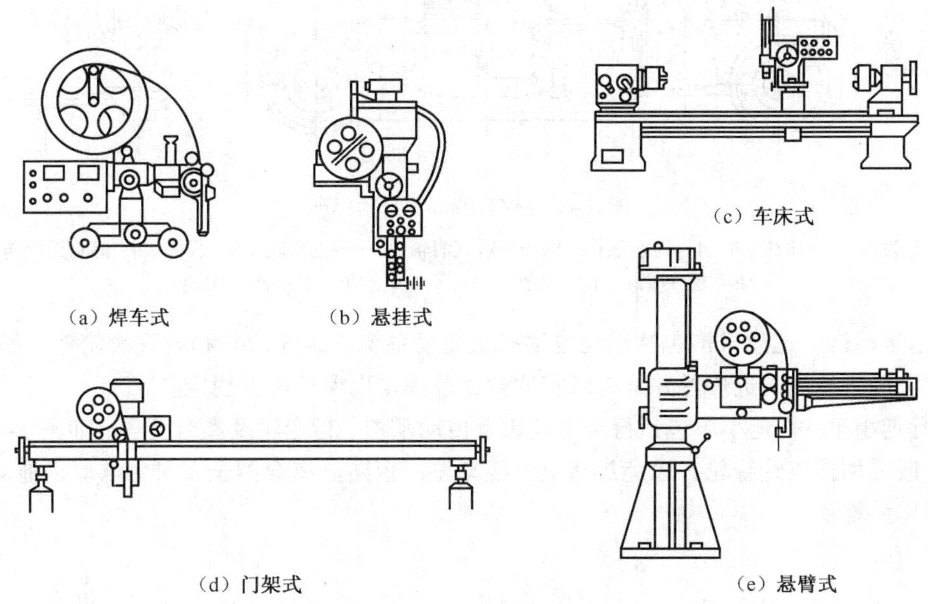

（a）焊车式　（b）悬挂式　（c）车床式　（d）门架式　（e）悬臂式

图 5-43　常见的埋弧焊机类型

目前国内使用最普遍的埋弧焊机是 MZ-1000 型，它采用发电机—电动机反馈调节器组成自动调节系统，是一种变速送丝式埋弧焊机。这种埋弧焊机适合于水平位置或与水平面倾斜不大于 15° 的各种有无坡口的对接、角接和搭接接头的焊接，也可借助滚轮转胎焊接圆筒形焊件的内外环缝。

MZ-1000 型埋弧焊机主要由自动焊车、控制箱和焊接电源三部分组成，相互之间由焊接电缆和控制电缆连接在一起。

（1）自动焊车

MZ-1000 埋弧焊机配用的焊车是 MZT-1000 型，它由送丝机构、行走小车、机头调整机构、控制盒、导电嘴、焊丝盘和焊剂斗等部分组成。焊车的外形结构如图 5-44 所示。

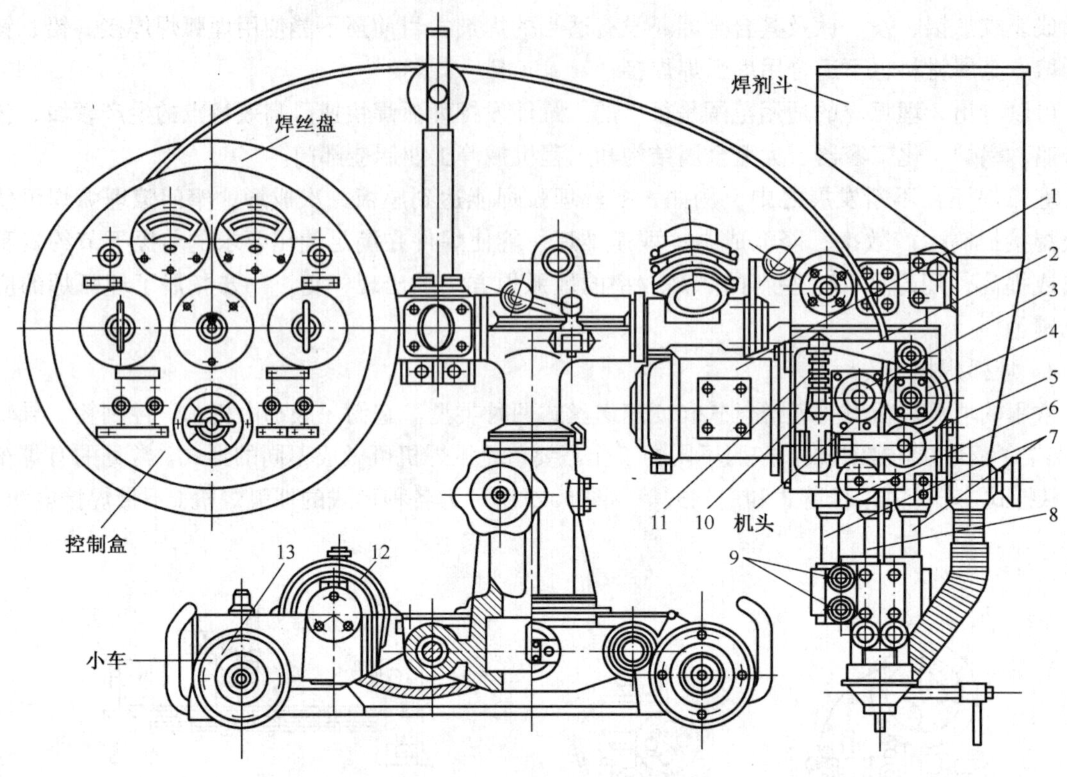

图 5-44　MZT-1000 型自动焊车

1—送丝电动机　2—摇杆　3、4—送丝滚轮　5、6—矫直滚轮　7—圆柱导轨　8—螺杆　9—螺钉（接电极用）　10—调节螺母　11—弹簧　12—小车电动机　13—小车车轮

① 送丝机构。送丝机构包括送丝电动机及传动系统、送丝滚轮和矫直滚轮等，如图 5-45 所示。它应能可靠地送进焊丝并具有较宽的调速范围，以保证电弧稳定。

② 行走小车。行走小车包括行走电动机及传动系统、行走轮及离合器等，如图 5-46 所示。行走轮一般采用橡胶绝缘轮，以免焊接电流经车轮而短路。离合器全上时由电动机拖动，脱离时焊车可用手推动。

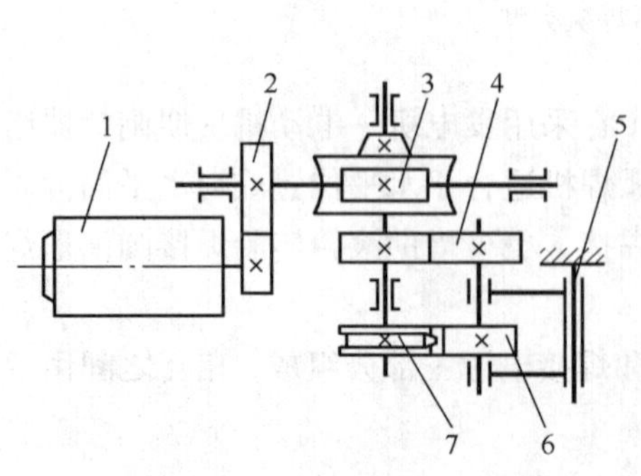

图 5-45　焊丝给送机构示意图

1—电动机　2、4—圆柱齿轮　3—蜗轮蜗杆　5—摇杆　6、7—送丝滚轮

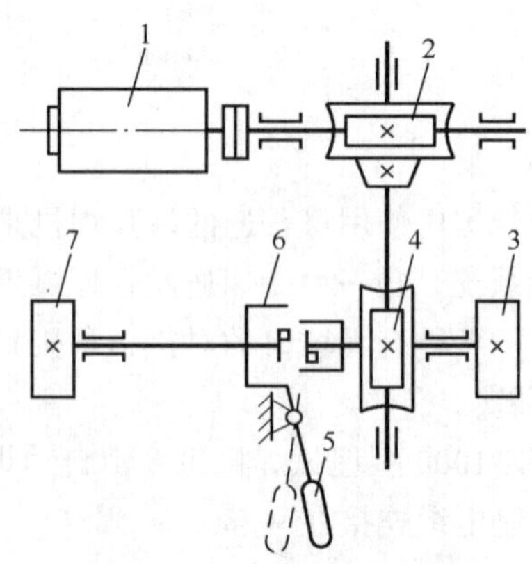

图 5-46　行走小车示意图

1—行走电动机　2、4—蜗轮蜗杆　3—行走轮　5—手柄　6—离合器　7—行走轮

③ 机头调节机构。它可使焊机适应各种位置焊缝的焊接，并使焊丝对准接缝位置。为此，焊接机头应有足够的调节自由度。MZT-1000型焊车的机头调节自由度及调节范围如图 5-47所示。

④ 导电嘴。其作用是引导焊丝的传送方向，并且可靠地将电流输导到焊丝上。它既要求有良好的导电性，又要求有良好的耐磨性，因此一般由耐磨铜合金制成。常见的导电嘴结构有滚动式、夹瓦式和管式，如图 5-48 所示。

⑤ 焊丝盘。其作用是固定支撑焊丝，并且保证焊丝流畅地输送。常见的焊丝盘有金属材质和塑料材质两种。

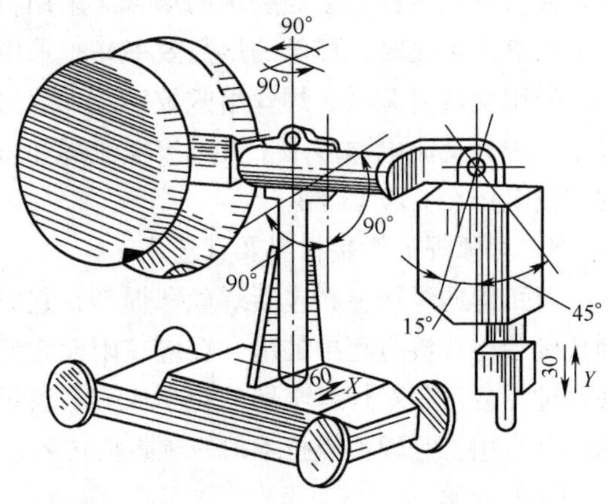

图 5-47 MZT-1000 型焊车的机头调节自由度及调节范围示意图

⑥ 焊剂斗。其作用是盛装焊剂，保证焊剂流畅均匀地覆盖在待焊接位置上。现代新型的焊剂斗利用负压回收方式实现焊剂的自动回收，这样避免了焊剂的浪费，降低了生产成本。

（2）控制箱

MZ-1000 型埋弧焊机配用的控制箱是 MZP-1000 型。控制箱内装有电动机-发电机组、接触器、中间继电器、变压器、整流器、镇定电阻和开关等元件，用以和焊车上的控制元件配合，实现送丝和焊车拖动控制及电弧电压反馈自动调节。

（3）焊接电源

MZ-1000 型埋弧焊机可配用交流或直流电源。配用交流电源时，一般用 BX2-1000 型同体式弧焊变压器；配用直流电源时，可配用 ZXG-1000 型或 ZDC-1000R 型饱和电抗器式弧焊整流器。

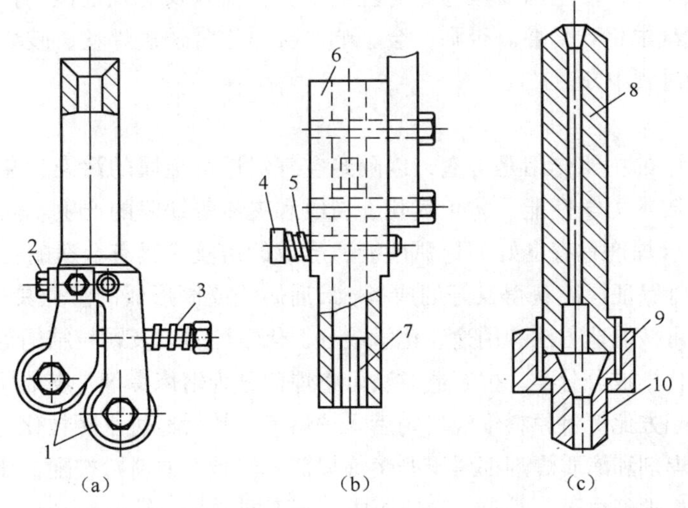

图 5-48 导电嘴结构示意图

1—导电滚轮 2、4—旋转螺钉 3、5—弹簧 6—接触夹瓦 7—可换衬瓦 8—导电杆 9—螺母 10—导电嘴

通常直流电源适用于小电流飞快速引弧、短焊缝、高速焊接以及所采用焊剂稳弧性较差和

对焊接参数稳定性有较高要求的场合。采用直流电源时，不同的极性将产生不同的工艺效果。当采用直流正接时，焊丝的熔敷效率高；采用直流反接时，焊缝熔深大。

采用交流电源时，焊丝熔敷效率及焊缝熔深介于直流正接与反接之间，而且电弧的磁偏吹最小。因而交流电源多用于大电流埋弧焊和采用直流时磁偏吹严重的场合。一般要求交流电源的空载电压在65V以上。

5. 埋弧焊的焊接材料及其选用

埋弧焊的焊接材料包括焊丝和焊剂，它们相当于电焊条的钢芯和药皮。埋弧焊时焊丝和焊剂直接参与焊接过程中的冶金反应，因而它们的化学成分和物理特性都会影响焊接工艺过程，并通过焊接过程对焊缝金属的化学成分、组织和性能产生影响。正确地选择焊丝、焊剂并合理地配合使用，是埋弧焊技术的一项重要内容。

（1）焊丝

焊丝在埋弧焊中作为填充金属，也是焊缝金属的组成部分，所以对焊缝质量有直接影响。根据焊丝的成分和用途可将焊丝分为碳素结构钢、合金结构钢和不锈钢三大类，随着埋弧焊所焊金属种类的增加，焊丝的品种也在增加，出现了高合金钢焊丝和各种有色金属焊丝以及堆焊用的特殊合金焊丝等。

埋弧焊焊接低碳钢时，常用的焊丝牌号有H08、H08A、H15Mn等，其中以H08A的应用最为普遍。当焊件厚度较大或对力学性能的要求较高时，则可选用含Mn量较高的焊丝。在对合金结构钢或不锈钢等合金元素较高的材料焊接时，则应考虑材料的化学成分和其他方面的要求选用成分相似或性能上可满足材料要求的焊丝。

为适应焊接不同厚度材料的要求，同一牌号的焊丝可加工成不同的直径。埋弧焊常用的焊丝直径有2mm、3mm、4mm、5mm和6mm五种。使用时，要求将焊丝表面的油、锈等清理干净，以免影响焊接质量。有些焊丝表面镀有一薄层铜，可防止焊丝生锈并使导电嘴与焊丝间的导电更为可靠，提高电弧的稳定性。

焊丝一般成卷供应，使用前要盘卷到焊丝盘上，在盘卷及清理过程中，要防止焊丝产生局部小弯曲或在焊丝盘中相互套叠。否则，会影响焊接时正常送进焊丝，破坏焊接过程的稳定，严重时会迫使焊接过程中断。

（2）焊剂

焊剂在埋弧焊中的主要作用是造渣，以隔绝空气对熔池金属的污染，控制焊缝金属的化学成分，保证焊缝金属的力学性能，防止气孔、裂纹和夹渣等缺陷的产生。同时，考虑实施焊接工艺的需要，还要求焊剂具有良好的稳弧性能，形成的熔渣应具有合适的密度、黏度、熔点、颗粒度和透气性，以保证焊缝获得良好的成形，最后熔渣凝固形成的渣壳具有良好的脱渣性能。

埋弧焊的焊剂可按制造方法、用途、化学成分、化学性质以及颗粒结构等分类。我国目前主要是按制造方法和化学成分分类。按制造方法可将焊剂分为熔炼焊剂、烧结焊剂和陶质焊剂三大类。熔炼焊剂是按配方比例将原料干混均匀后入炉熔炼，然后经过水冷粒化、烘干、筛选而成为成品的焊剂；烧结焊剂和陶质焊剂都属于非熔炼焊剂，都是将原料粉按配方比例混拌均匀后，加入黏结剂调制湿料，再经烘干、粉碎、筛选而成。所不同的是烧结焊剂是在400℃～1 000℃温度下烘干（烧结）而成的；而陶质焊剂则是在350℃～500℃的较低温度下烘干而成的。

熔炼焊剂成分均匀、颗粒强度高、吸水性小易存储，是国内生产中应用最多的一类焊剂。其缺点是焊剂中无法加入脱氧剂和铁合金，因为熔炼过程中烧损十分严重。非熔炼焊剂由于制造过程中未经高温熔炼，焊剂中加入的脱氧剂和铁合金等几乎没有损失，可以通过焊剂向焊缝过渡大量合金成分，补充焊丝中合金元素的烧损。国外非熔炼焊剂，特别是烧结焊剂的应用较多，常用来焊接高合金钢和进行堆焊。另外，烧结焊剂脱渣性能好，所以大厚度焊件窄间隙埋弧焊时均用烧结焊剂。

（3）焊丝、焊剂的选用与配合

焊丝与焊剂的正确选用及二者之间的合理配合，是获得优质焊缝的关键，所以必须按工件的成分、性能和要求正确、合理地选配焊丝和焊剂。

在焊接低碳钢和强度等级较低的合金钢时，选配焊丝、焊剂通常以满足力学性能要求为主，使焊缝强度达到与母材等强度，同时要满足其他力学性能指标要求。在此前提下，可选用下面两种配合方式中的任何一种：用高锰高硅焊剂（如 HJ430、HJ431）配合低碳钢焊丝（如 H08A）或含锰焊丝（如 H08MnA）；用无锰高硅或低锰中硅焊剂（如 HJl30、HJ250）配合高锰焊丝（如 H10Mn2）。焊接低合金高强度钢时，除要使焊缝与母材等强外，还要特别注意提高焊缝的塑性和韧性，一般选用中锰中硅或低锰中硅焊剂（如 HJ350、HJ250）配合相应钢种焊丝。焊接低温钢、耐热钢和耐蚀钢时，选择焊丝、焊剂时首先要保证焊缝具有与母材相同或相近的低温或耐热、耐腐蚀性能，为此可选用中硅或低硅型焊剂与相应的合金钢焊丝配合。焊接奥氏体不锈钢等高合金钢时，要保证焊缝与母材有相近的化学成分，同时要满足力学性能和抗裂性能等方面的要求。由于在焊接过程中，铬钼等主要合金元素会烧损，应选用合金含量比母材高的焊丝。焊剂要选用碱度高的中硅或低硅焊剂，以防止焊缝增硅而使性能下降。如果只有合金成分较低的焊丝，也可以配用专门的烧结焊剂或陶质焊剂焊接。依靠焊剂过渡必要的合金元素，同样可以获得满意的焊缝成分和性能。

6. 埋弧焊工艺

（1）焊接准备

埋弧焊的焊前准备包括焊件坡口的选择与加工、焊件的清理与装配、焊丝表面清理及焊剂烘干、焊机检查与调整等工作。这些准备工作与焊接质量的好坏有着十分密切的关系，所以必须认真完成。

① 坡口的选择与加工。由于埋弧焊可使用较大电流焊接，电弧具有较强穿透力，所以当焊件厚度不太大时，一般不开坡口也能将焊件焊透。但随着焊件厚度的增加，由于不能无限地提高焊接电流，为了保证焊件焊透，并使焊缝有良好的成形，应在焊件上开坡口。坡口形式与焊条电弧焊时基本相同，其中尤以 Y 形、双 Y 形和 U 形坡口最为常用。当焊件厚度为 10～24mm 时，多为 Y 形坡口；厚度为 24～60mm 时，可开双 Y 形坡口。埋弧焊焊缝坡口的基本形式已经标准化，各种坡口适用的厚度、基本尺寸和标注方法见 GB 986—88 的规定。

坡口可用气割或机械加工方法制备。气割一般采用半自动或自动气割机方便地割出直边、Y 形和双 Y 形坡口。手工气割很难保证坡口边缘的平直和光滑，对焊接质量的稳定性有较大影响，尽可能不采用。如果必须采用手工气割加工坡口，一定要把坡口修磨到符合要求后才能装配焊接。用刨削、车削等机械加工方法制备坡口，可以达到比气割坡口更高的精度。目前，U 形坡口通常采用机械加工方法制备。

② 焊件的清理与装配。焊件装配前，需将坡口及附近区域表面上的锈蚀、油污、氧化物、水分等清理干净。大量生产时可用喷丸处理方法；批量不大时也可用手工清理，即用钢丝刷、风动、电动砂轮或钢丝轮等进行清除；必要时还可用氧—乙炔火焰烘烤焊接部位，以烧掉焊件

表面的污垢和油漆，并烘干水分。机械加工的坡口容易在坡口表面沾染切削用油或其他油脂，焊前可用挥发性溶剂将污染部位清洗干净。

焊件装配时必须保证接缝间隙均匀，高低平整不错边，特别是在单面焊双面成形的埋弧焊中更应严格控制。装配时，焊件必须用夹具或定位焊缝可靠地固定。定位焊使用的焊条要与焊件材料性能相符，其位置一般应在第一道焊缝的背面，长度一般不大于 30mm。定位焊缝应平整，且不允许有裂纹、夹渣等缺陷。

对直缝的焊件装配，须在接缝两端加装引弧板和引出板。如果焊件带有焊接试板，应将它与焊件装配在一起。焊接试板、引弧板、引出板在焊件上的安装位置如图 5-49 所示。加装引弧板和引出板是因为埋弧焊焊接速度快，刚引弧时焊件来不及达到热平衡，使引弧处质量不易保证。装上引弧板后，电弧在引弧板上引燃后进入焊件，可使焊件上焊缝首端保证质量。同理，焊件（包括试板）焊缝焊完后将整个熔池引到引出板上再结束焊接，可防止收弧处熔池金属流失或留下弧坑，保证焊缝末端质量。引弧板和引出板的材质和坡口尺寸完全与所焊接的焊件相同，焊接结束后将引弧板和引出板割掉即可。焊接环焊缝时，引弧部位被正常焊缝重叠，熄弧在已焊成的焊缝上进行，不需另加装引弧板和引出板。

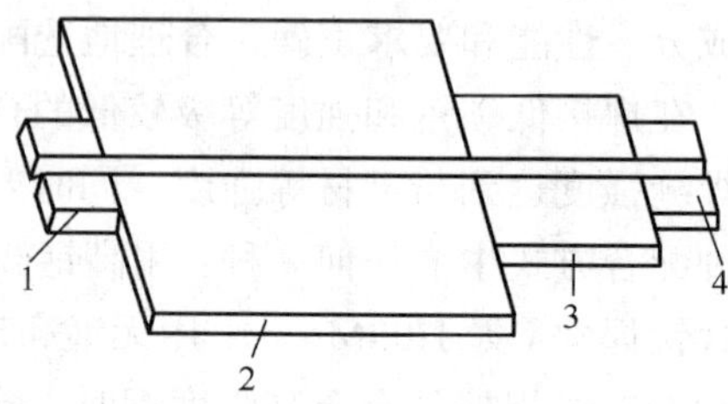

图 5-49　焊接试板、引弧板、引出板在工件上的安装位置

1—引弧板　2—工件　3—焊接试板　4—引出板

③ 焊丝的表面清理与焊剂的烘干。埋弧焊用的焊丝要严格清理，焊丝表面的油、锈及拔丝用的润滑剂都要清理干净，以免污染焊缝造成气孔。

焊剂在运输及存储过程中容易吸潮，所以使用前应经烘干去除水分。一般焊剂须在 250℃下烘干，并保温 1～2h。限用直流的焊剂使用前必须经 350℃～400℃烘干，并保温 2h，烘干后立即使用。回收使用的焊剂要过筛清除渣壳等杂质后才能使用。

④ 焊机的检查与调试。焊前应检查接到焊机上的动力线、焊接电缆接头是否松动，接地线是否连接妥当。导电嘴是易损件，一定要检查其磨损情况和是否夹持可靠。焊机要做空车调试，检查仪表指示及各部分动作情况，并按要求调好预定的焊接参数。对于弧压反馈式埋弧焊机或在滚轮架上焊接的其他焊机，焊前应实测焊接速度。测量时标出半分钟或或一分钟内焊车移动或工件转动过的距离，计算出实际焊接速度。

启动焊机前，应再次检查焊机和辅助装置的各种开关、旋钮等的位置是否正确无误，离合器是否可靠接合。检查无误后，再按焊机的操作顺序进行焊接操作。

（2）焊接工艺参数的影响及选择

埋弧焊最主要的工艺参数是焊接电流、电弧电压和焊接速度，其次是焊丝直径、焊丝伸出长度、焊剂和焊丝类型、焊剂粒度和焊剂层厚度等。只有深入了解这些参数对焊缝形成及焊接质量的影响，才能正确选择和调节工艺参数，焊出优质焊缝，并尽可能提高焊接生产率。

① 工艺参数对焊缝成形及质量的影响。下面分别介绍各种工艺参数对焊缝成形及质量的影响。

a. 焊接电流。焊接电流是埋弧焊最重要的工艺参数，它直接决定焊丝熔化速度、焊缝熔深和母材熔化量的大小。

焊接电流增大使电弧的热功率和电弧力都增加，因而焊缝熔深增大，焊丝熔化量增加，有利于提高焊接生产率。焊接电流对焊缝形状的影响如图 5-50 所示。在给定焊接速度的条件下，如果焊接电流太大，焊缝会因熔深过大而熔宽变化不大造成成形系数偏小。这样的焊缝不利于熔池中气体及夹杂物的上浮和逸出，容易产生气孔、夹渣及裂纹等缺陷，严重时还可能烧穿焊件。太大的电流也使焊丝消耗增加，导致焊缝余高过大。电流太大还使焊缝热影响区增大，并可能引起较大的焊接变形。焊接电流减小时焊缝熔深减小，生产率降低。如果电流太小，就可能造成未焊透，电弧也不稳定。

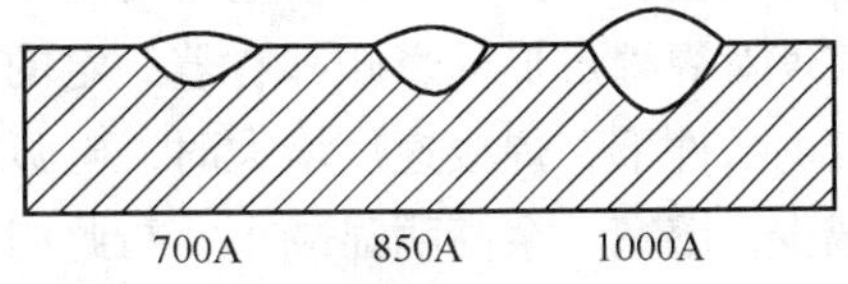

图 5-50　焊接电流对焊缝形状的影响

电流种类和极性对焊接过程和焊缝成形也有影响。当使用含氟焊剂进行埋弧焊时，焊接电弧阴极区的产热量产大于阳极区，因此采用直流正接比采用直流反接时焊丝获得的热量多，因而熔敷速度比反接时快，使焊缝的余高较大而熔深较浅；采用直流反接时，则与前述相反，可使焊件得到较大熔深。所以从应用的角度来看，直流正接适用于薄板焊接、堆焊及防止熔合比过大的场合；直流反接适用于厚板焊接，以使焊件熔透。交流电源对熔深的影响介于直流正与反接之间。

b. 电弧电压。电弧电压与电弧长度成正比。电弧电压主要决定焊缝熔宽，因而对焊缝横截面形状和表面成形有很大影响。

提高电弧电压时弧长增加，电弧斑点的移动范围增大，熔宽增加。同时，焊缝余高和熔深略有减小，焊缝变得平坦，如图 5-51 所示。电弧斑点的移动范围增大后，使焊剂熔化量增多，因而向焊缝过渡的合金元素增多，可减小由焊件上的锈或氧化皮引起的气孔倾向。当装配间隙较大时，提高电弧电压有利于焊缝成形。但电弧电压太高，对接焊时会形成“蘑菇形”焊缝，如图 5-52（a）所示，容易在焊缝内产生裂纹；角焊时会造成咬边和凹陷焊缝，如图 5-52（b）所示。如果电弧电压继续增加，电弧会突破焊剂的覆盖，使熔化的液态金属失去保护而与空气接触，造成密集气孔。降低电弧电压可增强电弧的刚直性，能改善焊缝熔深，并提高抗电弧偏吹的能力。但电弧电压过低时，会形成高而窄的焊缝，影响焊缝成形并使脱渣困难；在极端情况下，熔滴会使焊丝与熔池金属短路而造成飞溅。

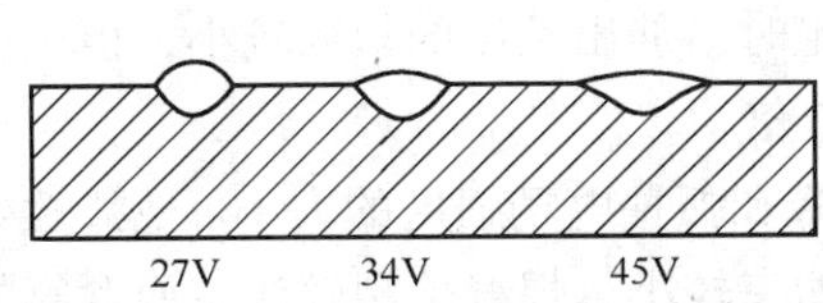

图 5-51　电弧电压对焊缝形状的影响

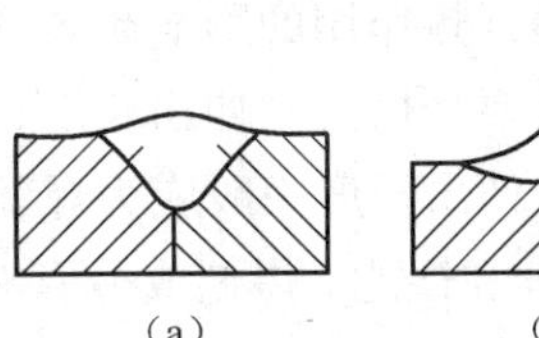

图 5-52　电弧电压过高时造成的焊接缺陷

因此，埋弧焊时适当增加电弧电压，以改善焊、缝形状、提高焊缝质量，但应与焊接电流相适应，如表 5-15 所示。

表 5-15　埋弧焊电流与电弧电压的配合关系

焊接电流/A	520～600	600～700	700～850	850～1 000	1 000～1 200
电弧电压/V	34～36	36～38	38～40	40～42	42～44

c. 焊接速度。焊接速度对熔宽、熔深有明显影响，它是决定焊接生产率和焊缝内在质量的

重要工艺参数。不管焊接电流与电弧电压如何匹配，焊接速度对焊缝成形的影响都有着一定的规律。在其他参数不变的条件下，焊接速度增大时，电弧对母材和焊丝的加热减少，熔宽、余高明显减小；与此同时，电弧向后方推送金属的作用加强，电弧直接加热熔池底部的母材，使熔深有所增加。当焊接速度增大到 40m/h 以上时，由于焊缝的线能量明显减少，则熔深随焊接速度增大而减小。焊接速度对焊缝形状的影响如图 5-53 所示。

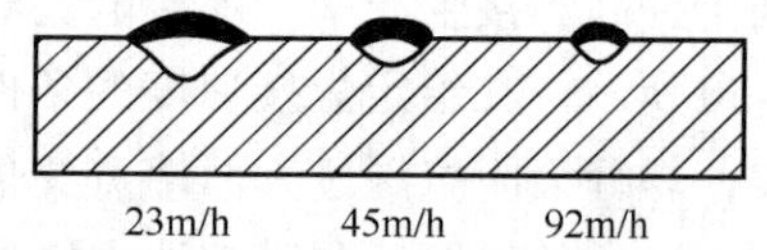

图 5-53　焊接速度对焊缝形状的影响

焊接速度的快慢是衡量焊接生产率高低的重要指标。从提高生产率的角度考虑，总是希望焊接速度越快越好；但焊接速度过快，电弧对焊件的加热不足，使熔合比减小，还会造成咬边、未焊透及气孔等缺陷。减小焊接速度，使气体易从正在凝固的熔化金属中逸出，能降低形成气孔的可能性；但焊速过低，将导致熔化金属流动不畅，易造成焊缝波纹粗糙和夹渣，甚至烧穿焊件。

d. 焊丝直径与伸出长度。焊丝直径主要影响熔深。在同样的焊接电流下，直径较细的焊丝电流密度较大，形成的电弧吹力大，熔深大。焊丝直径也影响熔敷速度。电流一定时，细焊丝比粗焊丝具有更高的熔敷速度；而粗焊丝比细焊丝能承载更大的电流，因此，粗焊丝在较大的焊接电流下使用也能获得较高的熔敷速度。焊丝越粗，允许使用的焊接电流越大，生产率越高。当装配不良时，粗焊丝比细焊丝的操作性能好，有利于控制焊缝成形。

焊丝直径应与所用的焊接电流大小相适应，如果粗焊丝用小电流焊接，会造成焊接电弧不稳定；相反，细焊丝用大电流焊接，容易形成“蘑菇形”焊缝，而且熔池不稳定，焊缝成形差。不同直径焊丝适用的焊接电流范围如表 5-16 所示。

表 5-16　　不同直径焊丝适用的焊接电流

焊接电流/A	200～400	350～600	500～800	700～1 000	800～1 200
焊丝直径/mm	2	3	4	5	6

在焊丝伸出长度上存在一定的电阻，埋弧焊的焊接电流很大，因而在这部分焊丝上产生的电阻热很大。焊丝受到电阻热的预热，熔化速度增大，焊丝直径越细、电阻率越大以及伸出长度越长时，这种预热作用的影响越大。所以，焊丝直径小于 3mm 或采用不锈钢焊丝等电阻率较大的材料时，要严格控制伸出长度；焊丝直径较粗时，伸出长度的影响较小，但也应控制在合适的范围内，伸出长度一般应为焊丝直径的 6～10 倍。

e. 焊剂成分和性能。焊剂成分影响电弧极区压降和弧柱电场强度的大小。稳弧性好的焊剂含有易电离的元素，所以电弧的电场强度较低，热功率较小，焊缝熔深较浅；而含氟的焊剂则相反，它的稳弧性差，但有较高的电场强度，电弧的热功率大，所以焊接时可得到较大的熔深。

焊剂的颗粒度和焊剂层厚度也会影响焊缝的成形与质量。当焊剂的颗粒度较大或堆积的焊剂层较薄时，电弧四周的压力低，弧柱膨胀，电弧燃烧的空间增大，所以熔宽增大，熔深略有减小，有利于改善焊缝成形。但焊剂颗粒度过大或焊剂层厚度过小时，不利于焊接区域的保护，使焊缝成形变差，并可能产生气孔。

除上述工艺参数外，埋弧焊时还有一些参数，如焊剂、焊丝的种类和合理配合，焊丝和焊件的倾斜角度，焊件的材质、厚度、装配间隙和坡口形状等也对焊缝的成形和质量有着重要影响。工艺参数对埋弧焊焊缝形状及组成比例的影响如表 5-17 所示。

表 5-17　　工艺参数对焊缝形状及组成比例的影响（交流电焊接）

焊缝特征	下列各项值增大时焊缝特征的变化										
	焊接电流≤1 500A	焊丝直径	电弧电压		焊接速度		焊丝后倾角度	焊件倾斜角		间隙和坡口	焊剂粒度
			22～34V	35～60V	10～40m/h	40～100m/h		下坡焊	上坡焊		
熔深（s）	剧增	减	稍增	稍减	稍增	减	剧减	减	稍增	几乎不变	稍减
熔宽（c）	稍增	增	增	剧增（但直流正接时例外）	减		增	增	稍减	几乎不变	稍增
余高（h）	剧增	减	减		稍增		减	减	增	减	稍减
成形系数（φ）	剧减	增	增	剧增（但直流正接时例外）	减	稍减	剧减	增	减	几乎不变	增
余高系数（ϕ）	剧减	增	增	剧增（但直流正接时例外）	减		剧增	增	减	增	增
母材熔合比（γ）	剧增	减	稍增	几乎不变	剧增	增	减	减	稍增	减	稍减

注：1. 坡口深度和宽度都不超过在板上堆焊时的深度和宽度。

2. 用直流电源反接施焊时，焊缝尺寸和形状的变化特征与用交流电焊接时相同，但直流反接与直流正接相比，反接的熔深比正接的大。

② 工艺参数的选择原则。工艺参数的选择首先应保证满足焊接结构设计的要求，达到规定的焊缝尺寸，保证结构强度，并使焊缝有良好的成形；同时还应保证焊接过程的顺利进行，即使电弧稳定地燃烧，易于调节和控制，以获得满意的焊接质量；还应尽可能地提高焊接生产率，减轻劳动强度，节约材料和电能，降低生产成本。然而，在选择某种工艺参数时要同时满足上述各方面的要求是很难的，所以只能在保证焊缝成形良好、内在质量和接头性能满足要求的前提下，再兼顾其他方面的要求。

③ 工艺参数的选择方法。工艺参数的选择可以通过计算法、查表法和试验法进行。计算法是通过对焊接热循环的分析计算以确定主要工艺参数的方法。查表法是查阅与所焊产品类似焊接条件下所用焊接的各种工艺参数表格，从中找出所需参数的方法。试验法是将计算或查表所得的工艺参数或人们根据经验初步估算的工艺参数，结合产品的实际状况进行试验，以确定恰当的工艺参数的方法。但不论用哪种方法确定的工艺参数，都必须在实际生产中加以修正，最后确定出符合实际情况的工艺参数。

④ 工艺参数之间的配合。按上述方法选择工艺参数时，必须考虑各种工艺参数之间的配合，通常要注意以下三方面。

a. 焊缝的成形系数。成形系数大的焊缝，其熔宽较熔深大；成形系数小的焊缝，熔宽相对熔深较小。焊缝成形系数过小，则焊缝深而窄，熔池凝固时柱状结晶从两侧向中心生长，低熔点杂质不易从熔池中浮出，积聚在结晶交界面上形成薄弱的结合面，在收缩应力和外界拘束应力作用下很可能会在焊缝中心产生结晶裂纹。因此，选择埋弧焊工艺参数时，要注意控制成形系数（c/s），一般以1.3～2左右为宜。

影响焊缝成形系数的主要工艺参数是焊接电流和电弧电压。埋弧焊时，与焊接电流相对应的电弧电压如表5-17所示。

b. 熔合比。熔合比是指被熔化的母材金属在焊缝中所占的百分比。熔合比越大，焊缝的化学成分越接近母材本身的化学成分。所以在埋弧焊工艺中，特别是在焊接合金钢和有色金属时，调整焊缝的熔合比常常是控制焊缝化学成分、防止焊接缺陷和提高焊缝力学性能的重要手段。

埋弧焊的熔合比通常为30%～60%，单道焊或多层焊中的第一层焊缝熔合比较大，随着焊接层数增加，熔合比逐渐减小。由于一般母材中碳的含量和硫、磷杂质的含量比焊丝高，所以熔合比大的焊缝，由母材带入焊缝的碳量及杂质量较多，对焊缝的塑性、韧性有一定影响。因此，对要求较高的多层焊焊缝应设法减小熔合比，以防止第一层焊缝熔入过多的母材而降低焊缝的抗裂性能。此外，埋弧堆焊时为了减少堆焊层数和保证堆焊层成分，也必须减小熔合比。

减小熔合比的措施主要有减小焊接电流，增大焊丝伸出长度，开坡口，采用下坡焊或焊丝前倾布置，用正接法焊接，用带极代替丝极堆焊等。

c. 线能量。焊接接头的性能除与母材和焊缝的化学成分有关外，还与焊接时的线能量有关。线能量增大时，热影响区增大，过热区明显增宽，晶粒变粗，焊接接头的塑性和韧性下降。对于低合金钢而言，这种影响尤其显著。埋弧焊时如果用大的线能量焊接不锈钢，会使近缝区在"敏化区"范围停留时间增长，降低焊接接头抗晶间腐蚀的能力。焊接低温钢时，大的线能量会造成焊接接头冲击韧性明显降低。

所以，埋弧焊时必须根据母材的性能特点和对焊接接头的要求选择合适的线能量。而线能量与焊接电流和电弧电压成正比，与焊接速度成反比，即焊接电流和电弧电压越高，线能量越大；焊接速度越大，线能量越小。由于埋弧焊的焊接电流和焊接速度能在较大范围内调节，故线能量的变化范围比焊条电弧焊大得多，能满足不同焊件对焊接线能量的要求。

（3）埋弧焊技术

① 对接接头的焊接。对接接头是焊接结构中应用最多的接头形式。对接接头埋弧焊时，可根据工件厚度和结构分别采用单面焊或双面焊方法。

a. 对接接头双面埋弧焊。双面焊是埋弧焊对接接头最主要的焊接技术，适用于中厚板的焊接。这种方法须由焊件的两面分别施焊，焊完一面后翻转焊件再焊另一面。由于焊接过程全部在平焊位置完成，因而焊缝成形和焊接质量较易控制，焊接工艺参数的波动小，对焊件装配质量的要求不是太高，一般都能获得满意的焊接质量。

在焊接双面埋弧焊第一面时，既要保证一定的熔深，又要防止熔化金属流溢或烧穿焊件。所以焊接时必须采取一些必要的工艺措施，以保证焊接过程顺利进行。按采取的不同措施，可将双面埋弧焊分为以下几种。

- 不留间隙双面焊。这种焊接法就是在焊接第一面时焊件背面不加任何衬垫或辅助装置，因此也叫悬空焊接法。为防止液态金属从间隙中流失或引起烧穿，要求焊件在装配时不留间隙或只留很小的间隙（一般不超过1mm）。第一面焊接时所用的工艺参数不能太大，只需使焊缝的熔深达到或略小于焊件厚度的一半即可。而焊接反面时由于已有了第一面的焊缝作依托，且为了保证焊件焊透，便可用较大的工艺参数焊接，要求焊缝的熔深应达到焊件厚度的60%～70%。这种焊接法一般不用于厚度太大的焊件焊接，其焊接工艺参数如表5-18所示。

表 5-18　　不留间隙双面埋弧焊的焊接工艺参数

钢板厚度 /mm	焊丝直径 /mm	焊 接 顺 序	焊接电流 /A	电弧电压 /V	焊接速度 /（m/h）
6	4	正 反	380～420 430～470	30 30	34.6 32.7
8	4	正 反	440～480 480～530	30 31	30 30
10	4	正 反	530～570 590～640	31 33	27.7 27.7
12	4	正 反	620～660 680～720	35 35	25 24.8
14	4	正 反	680～720 730～770	37 40	24.6 22.5
15	ϕ5	正 反	800～850 850～900	34～36 36～38	38 26
17	ϕ5	正 反	850～900 900～950	35～37 37～39	36 26
18	ϕ5	正 反	850～900 900～950	36～38 38～40	36 24
20	ϕ5	正 反	850～900 900～1 000	36～38 38～40	35 24
22	ϕ5	正 反	900～950 1 000～1 050	37～39 38～40	32 24

- 预留间隙双面焊。这种焊接法是在装配时，根据焊件的厚度预留一定的装配间隙，进行第一面的焊接。为防止熔化金属流溢，接缝背面应衬以焊剂垫（见图 5-54）或临时工艺垫板（见图 5-55），并须采取措施使其在焊缝全长都与焊件贴合，并且压力均匀。第一面的焊接工艺参数应保证焊缝熔深超过焊件厚度的 60%～70%；焊完第一面后翻转工件，进行反面焊接，其工艺参数可与第一面焊接时相同，但必须保证完全熔透。对重要产品，在反面焊接前需进行清根处理，此时焊接工艺参数可适当减小。预留间隙双面埋弧焊的焊接工艺参数如表 5-19 所示。

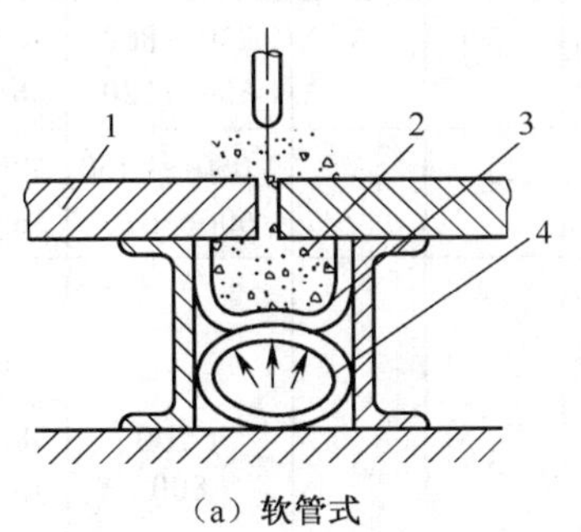

（a）软管式

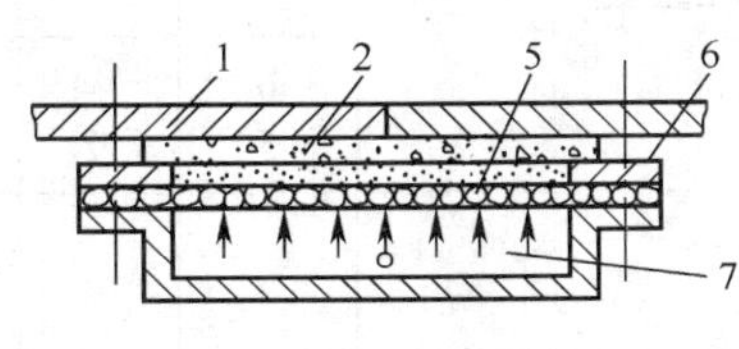

（b）橡胶膜式

图 5-54　焊剂垫结构

1—工件　2—焊剂　3—帆布　4—充气软管　5—橡皮膜　6—压板　7—气室

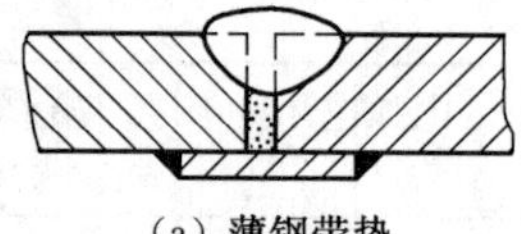
（a）薄钢带垫

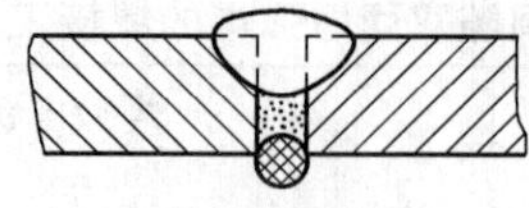
（b）石棉绳垫

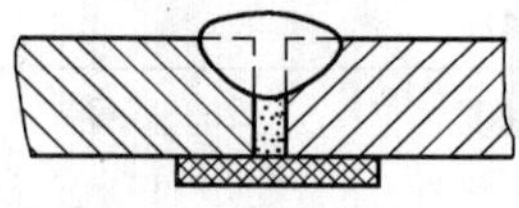
（c）石棉板垫

图 5-55 临时工艺垫结构

表 5-19　　预留间隙双面埋弧焊的焊接工艺参数

钢板厚度/mm	装配间隙/mm	焊丝直径/mm	焊接电流/A	电弧电压/V	焊接速度/（m/h）
14	3～4	$\phi5$	700～750	34～36	30
16	3～4	$\phi5$	700～750	34～36	27
18	4～5	$\phi5$	750～800	36～40	27
20	4～5	$\phi5$	850～900	36～40	27
24	4～5	$\phi5$	900～950	38～42	25
28	5～6	$\phi5$	900～950	38～42	20
30	6～7	$\phi5$	950～1 000	40～44	16
40	8～9	$\phi5$	1 100～1 200	40～44	12
50	10～11	$\phi5$	1 200～1 300	44～48	10

注：焊接用交流电、焊剂 431。

● 开坡口双面焊。对于不宜采用较大线能量焊接的钢材或厚度较大的焊件，可采用开坡口双面焊。坡口形式由焊件厚度决定，焊件厚度小于 22mm 时开 Y 形坡口；大于 22mm 时开双 Y 形坡口。开坡口的焊件焊接第一面时，可采用焊剂垫。当无法采用焊剂垫时可用悬空焊，此时坡口应加工平整，同时保证坡口装配间隙不大于 1mm，以防止熔化金属流溢。开坡口双面焊的焊接工艺参数如表 5-20 所示。

表 5-20　　开坡口双面埋弧焊的焊接工艺参数

焊件厚度/mm	坡口形式	焊丝直径/mm	焊接顺序	坡口尺寸			焊接电流/A	电弧电压/V	焊接速度/（m/h）
				α/（°）	b/mm	p/mm			
14	①	5	正 反	70	3	3	830～850 600～620	36～38 36～38	25 45
16		5	正 反	70	3	3	830～850 600～620	36～38 36～38	20 45
18		5	正 反	70	3	3	830～860 600～620	36～38 36～38	20 45
22		6 5	正 反	70	3	3	1 050～1 150 600～620	38～40 36～38	18 45
24	②	6 5	正 反	70	3	3	1 100 800	38～40 36～38	24 28

续表

焊件厚度/mm	坡口形式	焊丝直径/mm	焊接顺序	坡口尺寸			焊接电流/A	电弧电压/V	焊接速度/(m/h)
				α/(°)	b/mm	p/mm			
30		6	正 反	70	3	3	1 000 900～1 000	36～40 36～38	18 20

注：① 第一面在焊剂垫上焊接；② 江南造船厂资料。

● 焊条电弧焊封底双面焊。对无法使用衬垫或不便翻转的焊件，也可采用焊条电弧焊先仰焊封底，再用埋弧焊焊正面焊缝的方法进行焊接。这类焊缝可根据板厚情况开或不开坡口。一般情况下，厚板焊条电弧焊封底焊的典型坡口为 U 形，如图 5-56 所示，保证封底厚度大于 8mm，以免埋弧焊时烧穿。由于焊条电弧焊熔深浅，所以在正面进行埋弧焊时必须采用较大的焊接参数，以保证焊件熔透。板厚大于 40mm 时宜采用多层多道自动埋弧焊，其焊接条件如表 5-21 所示。

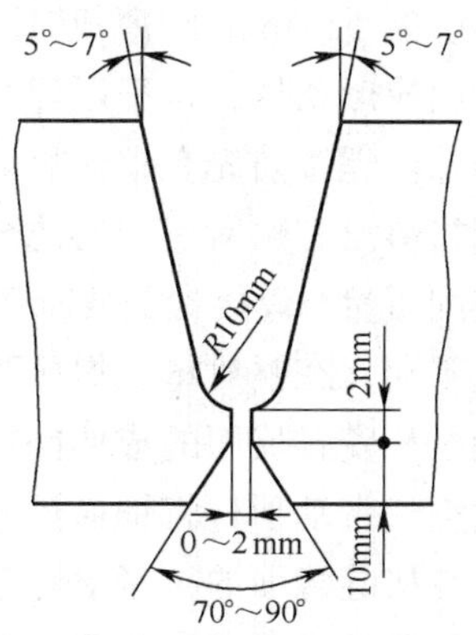

图 5-56 厚板工件焊条电弧焊封底多层埋弧焊典型坡口

表 5-21 板焊件多层埋弧焊的焊接条件

焊丝直径/mm	焊接电流/A	电弧电压/V		焊接速度/(m/h)
		交流	直流	
4	600～700	36～38	34～36	25～30
5	700～800	38～42	36～40	28～32

b. 对接接头单面埋弧焊。双面埋弧焊虽然广泛应用，但由于施焊时焊件需翻转，给生产带来很大麻烦，也使得生产率大大降低。在对接接头中采用单面埋弧焊，可用强迫成形的方法实现单面焊双面成形，因而可避免焊件翻转带来的问题，大大提高生产率，减轻劳动强度，降低生产成本。但用这种方法焊接时，电弧功率和线能量大，接头的低温韧性较差，通常适用于板厚小于 12mm 的中、薄板焊接。

对接接头单面埋弧焊是使用较大焊接电流将焊件一次熔透的方法。由于焊接熔池较大，只有采用强制成形的衬垫，使熔池在衬垫上冷却凝固，才能达到一次成形。按衬垫的形式，对接接头单面埋弧焊可分为以下几种。

● 在铜衬垫上焊接。铜衬垫是有一定宽度和厚度的纯铀板，其上加工有一道成形槽，其截面形状如图 5-57 所示，截面尺寸如表 5-22 所示。采用机械方法将它贴紧在焊件接缝的下面，就能托住熔池金属，控制焊缝背面成形。

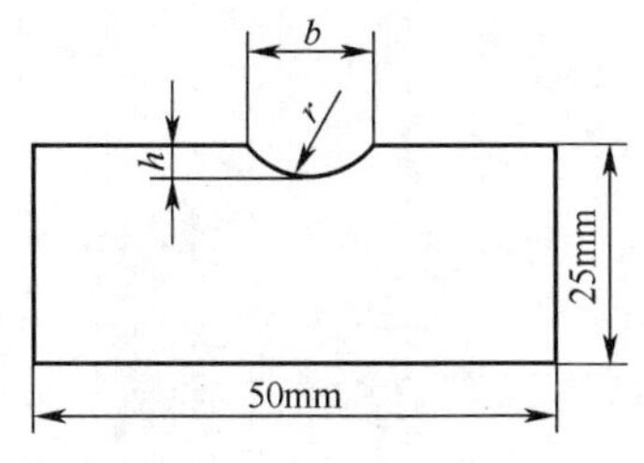

图 5-57 铜衬垫截面形状

表 5-22　　铜垫板截面尺寸

焊件厚度/mm	槽宽（b）/mm	槽深（h）/mm	槽曲率半径（r）/mm
4～6	10	2.5	7.0
6～8	12	3.0	7.5
8～10	14	3.5	9.5
12～14	18	4.0	12

焊接厚度为 1～3mm 的薄板时不留装配间隙，直接在铜衬垫板上焊接。焊接更厚的焊件时，为了改善背面成形条件，常采用焊剂—铜垫法。使用这种方法时焊件可以不开坡口，但要留合适的装配间隙。焊接前先在铜衬垫的成形槽中铺上一层薄焊剂，焊接时这部分焊剂既可避免因局部区段铜衬垫没有贴紧而使熔池金属流溢，又可保护铜衬垫免受电弧的直接作用。这种焊接法对焊件装配质量、焊接参数要求不是十分严格，其焊接条件如表 5-23 所示。根据铜衬垫尺寸及贴紧方式不同，在铜衬垫上焊接可分为龙门压力架固定式和随焊车联动的移动式两种。固定式需沿焊缝全长安置反面的成形铜衬垫，为使铜衬垫板贴紧焊件背面，除龙门压力架压紧外，还可用压缩空气带动顶杆将铜衬垫向上顶紧，如图 5-58 所示。移动式则将一个长度较短的水冷铜衬垫安装在接缝背面的拉紧滚轮架上，利用装在焊车上的钢制薄片，通过坡口间隙使其贴紧并随焊车一起移动，其结构如图 5-59 所示。

表 5-23　　在铜衬垫上单面焊的焊接条件

焊件厚度/mm	装配间隙/mm	焊丝直径/mm	焊接电流/A	电弧电压/V	焊接速度/（m/h）
3	2	3	380～420	27～29	47
4	2～3	4	450～500	29～31	40.5
5	2～3	4	520～560	31～33	37.5
6	3	4	550～600	33～35	37.5
7	3	4	640～680	35～37	34.5
8	3～4	4	680～720	35～37	32
9	3～4	4	720～780	36～38	27.5
10	4	4	780～820	38～40	27.5
12	5	4	850～900	39～41	23
14	5	4	880～920	39～41	21.5

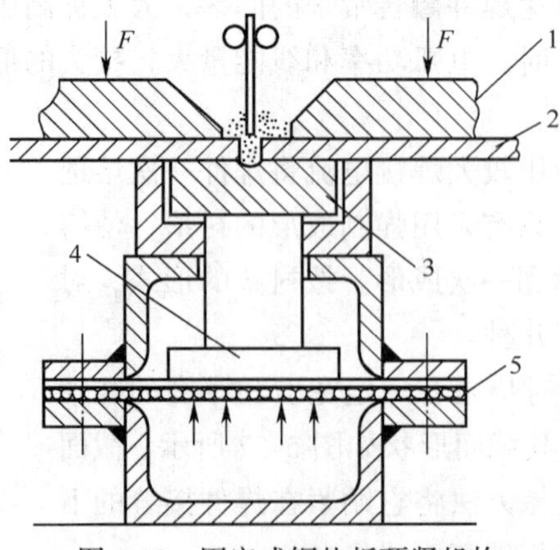

图 5-58　固定式铜垫板顶紧机构

1—压板　2—工件　3—铜垫板　4—顶杆　5—橡胶帆布

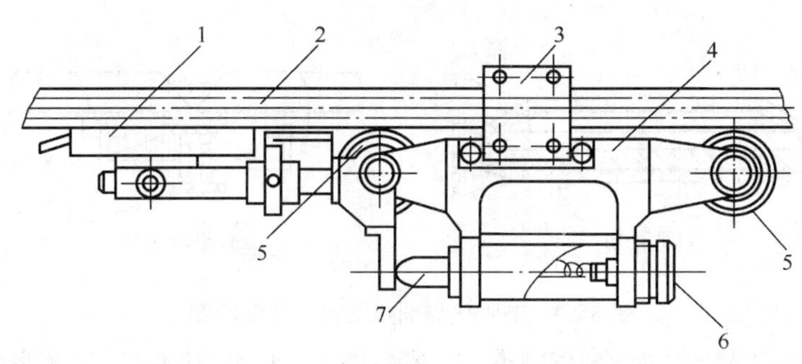

图 5-59 移动式水冷铜滑块结构

1—铜滑块 2—工件 3—拉片 4—拉紧滚轮架 5—滚轮 6—夹紧调节装置 7—顶杆

- 在焊剂垫上焊接。利用焊件的自重或充气的橡皮软管衬托的焊剂垫，也可防止熔池金属的流溢，达到单面焊双面成形的目的。用这种方法焊接时，使用的焊剂垫结构与前述图 5-54 相同。为使背面成形均匀整齐，要求焊剂垫的衬托压力必须适当且均匀，焊件装配间隙必须整齐。薄板焊接时，为了防止因变形而造成焊剂垫贴紧程度变差，一般用压力架式电磁平台等方法将焊件紧紧吸附在电磁平台上，使焊件保持平整。板厚 2～8mm 的对接接头在具有焊剂垫的电磁平台上焊接所用的焊接工艺参数如表 5-24 所示。

表 5-24 在电磁平台-焊剂垫上单面焊的焊接工艺参数

板厚/mm	装配间隙/mm	焊丝直径/mm	焊接电流/A	电弧电压/V	焊速/（m/h）	电流种类	焊剂垫中焊剂颗粒	焊剂垫软管中的空气压力/kPa
2	0～1.0	1.6	120	24～28	43.5	直流（反接）	细小	81
3	0～1.5	1.6	275～300	28～30	44	交流	细小	81
		2	275～300	28～30	44			
		3	400～425	25～28	70			
4	0～1.5	2	375～400	28～30	40	交流	细小	101～152
		4	525～550	28～30	50			101
5	0～2.5	2	425～450	32～34	35	交流	细小	101～152
		4	575～625	28～30	46			101
6	0～3.0	2	475	32～34	30	交流	正常	101～152
		4	600～650	28～32	40.5			
7	0～3.0	4	650～700	30～34	37	交流	正常	101～152
8	0～3.5	4	725～775	30～36	34	交流	正常	101～152

对于焊件位置不固定的曲面焊缝，可采用热固化焊剂垫法焊接。这种方法是将热固化焊剂制成柔性板条，使用时将此板条紧贴在焊件接缝的背面，并用磁铁夹具等固定，如图 5-60 所示。由于这种焊剂垫中加入了一定比例的热固化物质，当温度升高到 100～150℃时焊剂垫固化成具有一定刚性的板条，用以在焊接时支撑熔池和帮助焊缝成形。采用该法时常用的焊接工艺如表 5-25 所示。

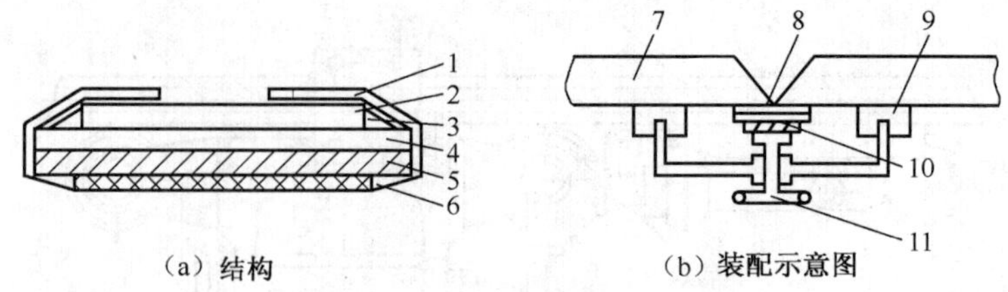

（a）结构　　（b）装配示意图

图 5-60　垫固化焊剂垫结构及装配简图

1—双面粘接带　2—垫收缩薄膜　3—玻璃纤维布　4—垫固化焊剂　5—石棉布
6—弹性垫　7—工件　8—焊剂垫　9—磁铁　10—托板　11—调节螺钉

表 5-25　　垫固化焊剂垫埋弧焊焊接工艺

焊件厚度/mm	V 形坡口		焊件倾斜度		焊道顺序	焊接电流/A	电弧电压/V	金属粉末高度/mm	焊接速度/(m/h)
	角度/(°)	间隙/mm	垂直/(°)	横向/(°)					
9	50	0～4	0	0	1	720	34	9	18
12	50	0～4	0	0	1	800	34	12	18
16	50	0～4	3	3	1	900	34	16	15
19	50	0～4	0	0	1 2	850 810	34 36	15 0	15
19	50	0～4	3	3	1 2	850 810	34 36	15 0	15
19	50	0～4	5	5	1 2	820 810	34 36	15 0	15
19	50	0～4	7	7	1 2	800 810	34 34	15 0	15
19	50	0～4	3	3	1	960	40	15	12
22	50	0～4	3	3	1 2	850 850	34 36	15	15 12
25	50	0～4	0	0	1	1 200	45	15	12
32	45	0～4	0	0	1	1 600	53	25	12
22	40	2～4	0	0	前 后	960 810	35 36	12	18
25	40	2～4	0	0	前 后	990 840	35 38	15	15
28	40	2～4	0	0	前 后	900 900	35 40	15	15

注：采用双丝埋弧自动焊时，焊丝为“前、后”排列。

● 在永久性垫板或锁底上焊接。当焊件结构允许焊后保留永久性垫板时，厚度在 10mm 以下的焊件可采用永久性垫板单面焊的方法。永久钢垫板的尺寸如表 5-26 所示。垫板必须紧贴在待焊焊件表面，垫板与焊件板面间的间隙不得超过 1mm。厚度大于 10mm 的焊件，可采用锁底接头焊接的方法，如图 5-61 所示。

表 5-26　　对接用的永久钢垫板

板厚（δ）/mm	垫板厚度/mm	垫板宽度/mm
2～6	0.5δ	$4\delta+5$
6～10	（0.3～0.4）δ	

c. 对接接头环缝埋弧焊。环缝埋弧焊是制造圆柱形容器最常用的一种焊接形式，它一般先在专用的焊剂垫上焊接内环缝，如图 5-62 所示，然后再在滚轮转胎上焊接外环缝。由于筒体内部通风较差，为改善劳动条件，环缝坡口通常不对称布置，将主要焊接工作量放在外环缝，内环缝主要起封底作用。焊接时，通常采用机头不动，让焊件匀速转动的方法进行焊接，焊件转动的切线速度即是焊接速度。环缝埋弧焊的焊接条件可参照平板双面对接的焊接条件选取，焊接操作技术也与平板对接时的基本相同。

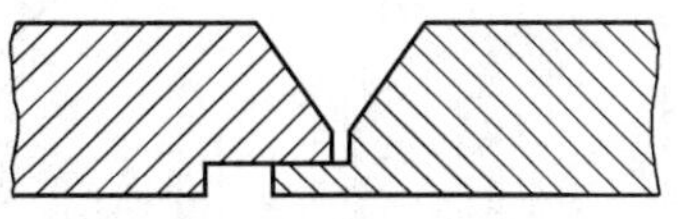

图 5-61　锁底对接接头

为了防止熔池中液态金属和熔渣从转动的焊件表面流失，无论焊接内环缝还是外环缝，焊丝位置都应逆焊件转动方向偏离中心线一定距离，使焊接熔池接近于水平位置，以获得较好成形。焊丝偏置距离随所焊筒体直径而变，一般为 30～80mm，如图 5-63 所示。

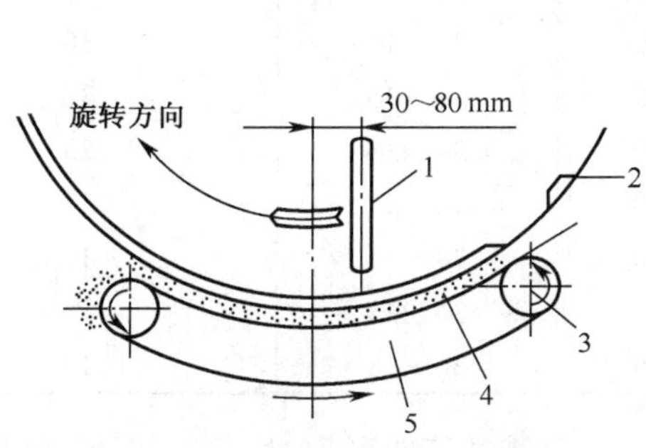

图 5-62　内环缝焊接示意图

1—焊丝　2—工件　3—辊轮　4—焊剂垫　5—皮带

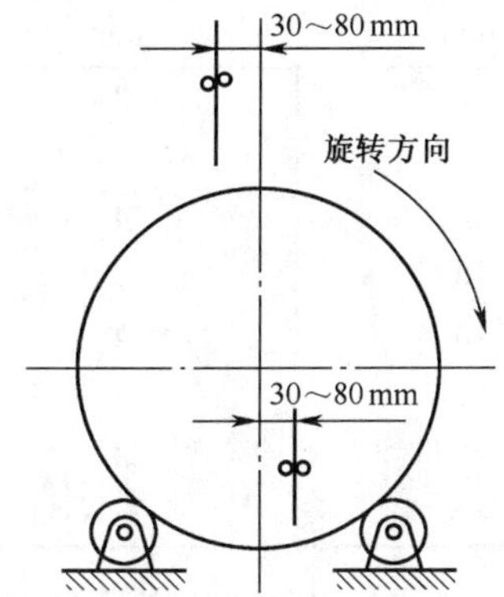

图 5-63　环缝自动焊焊丝偏移位置示意图

② T 形接头和搭接接头的焊接。T 形接头和搭接接头的焊缝均是角焊缝，用埋弧焊时可采用船形焊和横角焊两种形式。小焊件及焊件易翻转时多用船形焊；大焊件及不易翻转时则用横角焊。

a. 船形焊。船形焊示意图如图 5-64 所示。它将装配好的焊件旋转一定的角度，相当于在呈 90° 的 V 形坡口内进行平对接焊。由于焊丝为垂直状态，熔池处于水平位置，因而容易获得理想的焊缝形状。一次成形的焊角高度较大，而且通过调整焊件旋转角度（α）就可有效地控制角焊缝两边熔合面积的比例。当板厚相等即 $\delta_1=\delta_2$ 时，可取 $\alpha=\beta_1=\beta_2=45°$，为对称船形焊，此时焊丝与接头中心线重合，熔池对称，焊缝在两板上的焊脚相等；当板厚不相等（$\delta_1<\delta_2$）时，取 $\alpha<45°$，此为不对称船形焊，焊丝与接头中心线不重合，焊丝端头偏向厚板，因而熔合区偏向厚板一侧。

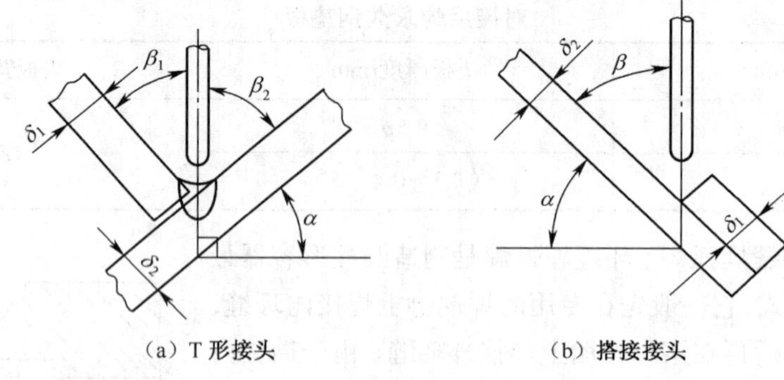

（a）T 形接头　（b）搭接接头

图 5-64　船形焊

船形焊对接头的装配质量要求较高，要求接头的装配间隙不得超过 1～1.5mm。否则，便需采取工艺措施，如预填焊丝、预封底或在接缝背面设置衬垫等，以防止熔化金属从装配间隙中流失。选择焊接参数时应注意电弧电压不能过高，以免产生咬边。此外，焊缝的成形系数不大于 2 才有利于焊缝根部焊透，也可避免咬边现象。船形焊的焊接工艺参数如表 5-27 所示。

表 5-27　船形焊的焊接工艺参数（交流电源）

焊脚高度 /mm	焊丝直径 /mm	焊接电流 /A	电弧电压 /V	焊接速度 /（m/h）
6	2	450～475	34～36	40
8	3	550～600	34～36	30
8	4	575～625	34～36	30
10	3	600～650	34～36	23
10	4	650～700	34～36	23
12	3	600～650	34～36	15
12	4	725～775	36～38	20
12	5	775～825	36～38	18

b. 横角焊。当焊件太大，不便翻转或因其他原因不能进行船形焊时，可采用焊丝倾斜布置的横角焊来完成，其示意图如图 5-65 所示。横角焊在生产中应用很广，其优点是对接头装配间隙不敏感，即使间隙达到 2～3mm，也不必采取防止液态金属流失的措施，因而对接头装配质量要求不严格。横角焊时由于熔池不在水平位置，熔池中的液体金属因自重的关系不利于立板侧的焊缝成形，使焊接时可能达到的焊脚高度受到限制，因而单道焊的焊脚高度很难超过 8mm，更大的焊脚需采用多道焊焊接。

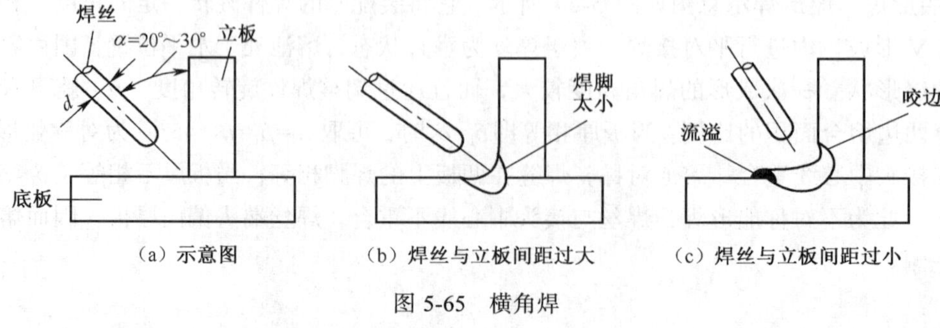

（a）示意图　（b）焊丝与立板间距过大　（c）焊丝与立板间距过小

图 5-65　横角焊

横角焊时焊丝与焊件的相对位置对焊缝成形影响很大，当焊丝位置不当时，易产生咬边或使立板未熔合。为保证焊缝的良好成形，焊丝与立板的夹角α应保持在 15°～45° 范围内。选择焊接参数时应注意电弧电压不宜太高，这样可减少焊剂的熔化量，从而减少熔渣，以防止熔渣流溢。使用较细焊丝可减小熔池体积，有利于防止熔池金属的流溢，并能保证电弧燃烧的稳定。自动埋弧横角焊时的焊接工艺参数如表 5-28 所示。

表 5-28　　横角焊的焊接工艺参数（直流电源）

焊脚高度/mm	焊丝直径/mm	焊接电流/A	电弧电压/V	焊接速度/（m/h）
3	2	200～220	25～28	60
4	2	280～300	28～30	55
4	3	350	28～30	55
5	2	375～400	30～32	55
5	3	450	28～30	55
7	2	375～400	30～32	28
7	3	500	30～32	28

习　题

1. 什么是电阻焊？它的特点是什么？常用的电阻焊有哪几种？
2. 什么是接触电阻？它受哪些因素影响？
3. 点焊时焊点的形成分几个阶段？试用循环图表示点焊的过程。
4. 预压的作用是什么？为提高预压质量，应采用什么附加措施？
5. 如何控制点焊冷却结晶阶段的参数，来保证焊点的质量？
6. 什么叫焊透率？应如何确定它的大小？
7. 点焊的工艺参数是怎样确定的？
8. 试比较低碳钢和铝合金点焊时所使用工艺参数的特点。
9. 如何控制点焊的分流，来保证焊点强度？
10. 不同厚度、不同材料点焊时应注意什么问题？
11. 什么是凸焊？它有什么特点？
12. 缝焊的种类有几种？各有什么特点？
13. 缝焊的工艺参数应怎样确定？
14. 点焊时对电极有什么要求？
15. 试述电阻对焊及闪光对焊的操作过程。
16. 什么是预热闪光焊？预热的作用是什么？试述闪光过程的原理。
17. 如何控制闪光过程及顶锻过程的工艺参数以保证焊接质量？
18. 试比较电阻对焊和闪光对焊的特点及其应用范围。